谨以此书

纪念毛泽东同志诞辰130周年

在中国这样的社会历史条件下建设社会主义，没有先例，犹如攀登一座人迹未至的高山，一切攀登者都要披荆斩棘、开通道路。

实现“两个一百年”奋斗目标，我们不知还要爬多少坡、过多少坎、经历多少风风雨雨、克服多少艰难险阻。我曾经引用过杨万里的一首诗：“莫言下岭便无难，赚得行人错喜欢。正入万山圈子里，一山放出一山拦。”应对和战胜前进道路上的各种风险和挑战，关键在党。

——习近平

一山放出一山拦

慕芝群◎著

浙江人民出版社

图书在版编目（CIP）数据

一山放出一山拦 / 慕芝群著. -- 杭州 : 浙江人民出版社，2020.7（2025.2重印）

ISBN 978-7-213-09761-4

Ⅰ. ①一… Ⅱ. ①慕… Ⅲ. ①《红楼梦》研究 ②毛泽东思想-历史观-研究 Ⅳ. ①I207.411 ②A841.692

中国版本图书馆CIP数据核字(2020)第095490号

一山放出一山拦

慕芝群 著

出版发行：浙江人民出版社（杭州市环城北路177号 邮编 310006）
市场部电话：(0571)85061682 85176516

责任编辑：钱 丛 张世琼 徐 婷

责任校对：姚建国

责任印务：幸天骄

封面设计：奇文云海

电脑制版：杭州兴邦电子印务有限公司

印 刷：浙江新华数码印务有限公司

开 本：710毫米×1000毫米 1/16

印 张：29.25

字 数：426千字

插 页：6

版 次：2020年7月第1版

印 次：2025年2月第8次印刷

书 号：ISBN 978-7-213-09761-4

定 价：128.00元

【题记】

马克思在《资本论》第一卷第一版序言中说："我的观点是把经济的社会形态的发展理解为一种自然史的过程。"透过毛泽东评荐《红楼梦》的视角及其领导革命和社会主义建设的实践历程，经济社会发展的这种自然史反映在政治特别是意识形态领域，既是一部精英史观繁花开尽后的消解史，也是一部人民史观在风刀霜剑中的生发史。

马克思还说，我们"既不能跳过也不能用法令取消自然的发展阶段"，但是"现在的社会不是坚实的结晶体，而是一个能够变化并且经常处于变化过程中的有机体"。

自拟诗一首：

帝制乘风踏千山，危楼百尺立沙塬。
拧沙成石巨缸碎，寒梅傲雪云崖暖。
只争朝夕辟新径，举步维艰怨斥鷃。
十年燎原烟墟上，乱云飞渡霞满天。

推荐序

我是经友人推荐，偶然读到这本书稿的。据说作者是在实践一线工作的同志，在书稿中署的是笔名。贸然评论，似不合古人说的“知人论世”要求，下面只是粗读后的几句感想。

该书的写法比较特别。作者从毛泽东在实践中关注和运用《红楼梦》的有关评论入手，延伸开去，重点揭示毛泽东的人民观和历史观，并着力于阐述毛泽东在探索中国革命和建设道路过程中，呈现出来的史诗般的心路历程。这一叙述架构，读起来感觉叠层多了些，但有气势，成系统，视之为试图反思和总结中国近代以来历史变迁的大脉络、大理路的书，也未尝不可。

上面之所以用了个“大”字，是基于我在阅读中感受到作者拥有海量式的阅读，海量式的引用。由此注定，作者的视野和发表的议论，放得很开，文笔通达活泼，时有警句，且观点鲜明利落，却又非即兴之论，多有理路支撑。正如作者介绍中所言，是“学思践悟，吐为斯文”。

该书体现出来的发自内心的道路自信和文化自信，无疑是“学思践悟”的结果，缘自一线工作同志，尤为难得和可贵，值得珍视。这是我愿意写下读后感的原因。

陈　晋

（本文作者陈晋，系全国人大外事委员会委员、原中央文献研究室副主任）

序　言

不忘初心，继续前进

毛主席说过，中国两千多年，只有一本《红楼梦》。

《红楼梦》讲的，不是哪一朝哪一代的故事，它讲的其实是一个简单的道理：前辈爬冰卧雪、茹毛饮血，一次次从死人堆里爬出来，啃草根、吃树皮、喝马尿，拽着马尾巴，在刀山火海里九死一生打出的江山，由于后人的不争气，被轻而易举地败坏了。

这就是因为他们忘记了“枪杆子里面出政权”的道理，忘记了“艰苦奋斗”的道理，忘记了“枪可以杀人”的道理，他们被胜利冲昏了头脑，从而不能冷静地反思自己并观察周边残酷的世界，他们把自己关在“大观园”里，看不到“谁是我们的朋友，谁是我们的敌人”，而是骄奢淫逸、尔虞我诈、安富尊荣，他们在“大观园”里泯灭了初心，自己消灭了自己，同时也背叛并消灭了前人的事业。

“大观园”者，大官园也。

这是极为残酷的故事，这是常人不以为是悲剧的大悲剧，这不是哪朝哪代的故事，因为这就是中国的历史——二十五史和《资治通鉴》很长，但总的来说，讲的就是这样同一个故事。

因此，毛泽东同志才说，中国两千多年，只有一本《红楼梦》。

古往今来，研究《红楼梦》的著作很多，而这一本不同，因为它以“初心”立论，深刻地抓住了历史的主题。

什么是“心”？王阳明说过，“性是心之体，天是性之原，尽心即是尽性”，“心之本体即是性，性即是理”，“身之主宰便是心，心之所发便是意，意之本体便是知，知之本体便是物”。

王阳明后来还说过："六经皆史，史即是事。"

什么是心？什么是性？

心与性，首先就是指观察世界、认识世界的能力，而《红楼梦》所谓"通灵宝玉"之丧失，就是指冷静观察世界变局能力之丧失，就是指自我反思和冷静地看待残酷世界的能力的丧失——这就是王阳明所谓"失却了本心"。

自明清以来，所谓中国读书人的本心与本性被幻觉迷失了，这就是指：他们丧失了批评与自我批评的能力，丧失了冷静地观察和分析数百年未有之大变局的能力，他们丧失了认识自我、认识世界和改造世界的能力。

所谓"通灵宝玉"之失，不过乃是丢失"初心"的一种说法。

从这个角度说，鸦片战争，只是压倒中国的最后一根稻草，真正的丧失——心之丧失，实则早已经发生。

王阳明在世时，哥伦布开始了发现美洲之旅（1492），托马斯·莫尔发表了《乌托邦》（1516），麦哲伦开始了大航海（1519），亨利八世宣布脱离罗马天主教会，宣布自己是英国国教会的首领（1533），由此拉开了英国资产阶级革命的序幕。

"四海翻腾云水怒，五洲震荡风雷激"，1500年——这是世界历史发生天翻地覆大变革的时代，是世界进入"近代"的开端。

曹雪芹在世时，正值所谓"康乾盛世"，然而那时，《国富论》已经发表，美国革命和法国大革命的序幕已经拉开，一个革命的新时代，已经到来了。

所谓"主静察机"，所谓"君子见机"，所谓"见微知著"，所谓"复本心"——其前提就在于冷静的观察能力，孤独的思考能力。

关于曹雪芹的家道中落，也可以有许多种说法，但重要的一点是，通过大喜大悲，他看到了世人的真面目，看到了历史的真面目，从而洞悉了"数千年未有之大变局"之到来。

人摔个跟头，这不是什么坏事，因为这可以使他头脑冷静下来，从上层掉到下层，也不是什么坏事，因为这可以使他摆脱热锅上的蚂蚁的状态，冷静地观察和思考周围的世界。

关于王阳明的"龙场悟道"，可以有许多种解释，但很重要的一点是，通过这次官场挫折，使他冷静下来，能够“慎独”，即在孤独中思考，在冷静中观察，在沉思中发现变化之契机，从而能够“于无声处听惊雷”。

今天看来，如果明清时代中国的读书人都有王阳明这样的虚心，这样的静心，这样的警觉和冷静观察分析能力，如果他们能够有曹雪芹那种冷静察觉并把握浮华背后的危机的能力和定力——那么，他们是否就会见微知著，把握住“数千年未有之大变局”呢？

历史不能假设。

还有一点——王阳明不仅是文人，还是军人，同时紧握枪杆子、笔杆子——王阳明大概是传统中国读书人里面，最后一个能把这“两杆子”统合在一起思考、践行的人。他每遇大事，必然独处；每逢大战，必然静坐，而这就是为了冷静地分析局势，冷静地思考世界的变化，以便去抓住变化的契机。

而我们当然也不要忘记，曹雪芹其实是在西山的兵营里写下了《红楼梦》，“醉里挑灯看剑，梦回吹角连营”，在他的身体里，毕竟流着祖宗从龙入关的血，而火之将熄，火种还在，心冷了，血总是热的。

只有放在“数千年未有之大变局”的背景下，我们才能真正理解王阳明对于“主静察机”之强调的深刻历史意义，只有这样，也才能理解《红楼梦》里所谓“心”与“性”究竟是什么。

心事浩茫连广宇，心，是用来观察分析世界的，正如脑袋是用来想事的。

性，首先就是血性，因为政治就是斗争，毛泽东说，他读《红楼梦》，是从政治上看问题的。

人是要吃饭的，枪是能够打死人的，我们必须用自己的脚走自己的路，用自己的头脑思考自己的问题——一个人无论读了多少书，只要他不懂得上述这些道理，便不能算作真正有知识的人。

这本书的作者，并不是一般所谓学者，而是为人民办事的人。“六经皆史，史即是事”，在办事里得到的知识，并不是书本里能够得来的。

毛主席说过，“我赞成这样的口号，叫做‘一不怕苦，二不怕死’”。为人民办事不怕苦，这就是王阳明所谓把心放在事上“磨”，而为人民的利益不怕死，这就是“每临生死有静气，石火光里可读书”。

什么叫政治定力，这就是政治定力。

什么是心？什么是性？

南宋的陆九渊，曾经对儒家思想做了两个字的概括，这就是“亲民”。他说，天下只有一事，就是民事，即老百姓的事。将儒家思想归结于一事，就是“亲民”，就是把老百姓的事，当成自己的事，而全心全意去“亲民”，把百姓事当自己的事，这是最大的超功利，这就是儒家的真理。如果说儒家也是一教，那么，它就是全心全意的“亲民教”。

“大学之道在明明德，在亲民，在止于至善”，考察官员的道德标准，不在读圣贤书，而在办圣贤事，不在媚上，而在亲民。

道德的基础无他，就在“亲民”二字。

马克思在《政治经济学批判（1857—1858年手稿）》中说过，中国是在共同劳动中形成的共同体。在共同的劳动与斗争中建立起来的共同体——这就是天下。

“天下者，我们的天下，国家者，我们的国家”，没有“天下”，国家的存在就没有合法性基础。

什么是“夷夏之变”？

当中国不再是一个共同劳动的共同体，当国家沦为了“官家”，当社会分裂为“官与民”对立的时候，儒家就堕落为官方意识形态，而中国也就不再是华夏。

我心即是民心，养我心，便是养我民。

什么叫“正心诚意”？“我心即是民心”，全心全意为人民服务，这才是正心诚意。

要救中国，就必须把中国读书人的思想，从“官家的文化”中解救出来。

“相信人民，相信党”，“不忘初心，继续前进”，所谓“改造我们的学习”，就是“洗心革面”，而改造党风、学风和文风——其根蒂可谓深远。

这是一本别样的书。这本别样的书，是作者在一位老同志的指导下，在中共中央党校学习期间写成的。中共中央党校实行毕业论文答辩制度，而作者就是以这样一篇论文，向党校答辩的。

薪火相传，我们的事业，是前赴后继的长征，而每一代人，都要走好自己的长征路。

在中共中央党校办公楼与大礼堂之间的广场上，伫立着中共中央党校的老校长毛泽东同志的塑像。他身穿单薄的棉衣，双手叉腰，仿佛在向我们演讲。

当面对他清癯的面庞、忧思如海的目光时，我们能够想到什么？

毛泽东同志曾经说过，万里长征，“我们每人开动两只脚，走了两万五千里”。现在，只有同时开动思想的机器，我们才能胜利。

今天同样如此，我们固然有了一定的物质基础，但必须看到，我们的思想基础、文化基础还是不牢固的，只有把物质基础和思想基础都牢固起来，并紧密地结合在一起，这样才能算是强起来，我们才能夺取两个一百年奋斗目标的胜利。

每一天的太阳依旧鲜红，在党校学习的同志，每一天都能看到我们的老校长和我们站在一起，仿佛每一天都能听到他在黄土高原上向我们演讲。作为本书最早的学习者，在阅读过程中，我每每感到，自己仿佛在与作者推心置腹地讨论：怎么读书，怎样办事，怎样做人，怎么做一个合格的共产党人。

我常常想，如果我自己在党校学习，能否以这样的毅力和诚心，写出这样一份作业和答卷？如果每一个在党校学习的同志，都能像本书作者一样，在我们的老校长面前，交出这样一份答卷，我们的毛主席，是否会感到欣慰呢？

愿我们的党，永远保持革命战争时期那样一股劲，那样一种工作热情，那样一种拼命精神，那样一种全心全意为人民服务的初心。

愿我们的党永远年轻。

韩毓海

（本文作者韩毓海，系北京大学习近平新时代中国特色社会主义思想研究院副院长，北京大学中国语言文学系教授）

目　录

第三章 探春也当过家，不过她是代理：唤起工农千百万，风卷红旗过大关

第四章 《红楼梦》写得比较有希望：已是悬崖百丈冰，犹有花枝俏

第五章 贾宝玉林黛玉不足为训：天连五岭银锄落，六亿神州尽舜尧

第六章 各人又有各人的打算：心事浩茫连广宇，又踏层峰望眼开

第七章 曹雪芹在《红楼梦》里还是想补天：凭栏静听潇潇雨，故国人民有所思

第八章 凤姐说“大有大的难处”：壁上红旗飘落照，彩云长在有新天

写在前面的话

文学不见得只是文学

中国共产党第十九次全国代表大会的胜利召开，是2017年中国乃至世界政治舞台上最为重大的事件；“中国特色社会主义进入了新时代”[1]，是党的十九大作出的极其重要的历史性判断。习近平强调：“中国特色社会主义进入新时代，意味着近代以来久经磨难的中华民族迎来了从站起来、富起来到强起来的伟大飞跃，迎来了中华民族伟大复兴的光明前景；意味着科学社会主义在二十一世纪的中国焕发出强大生机活力，在世界上高高举起了中国特色社会主义伟大旗帜；意味着中国特色社会主义道路、理论、制度、文化不断发展，拓展了发展中国家走向现代化的途径，给世界上那些希望加快发展又希望保持自身独立性的国家和民族提供了全新选择，为解决人类问题贡献了中国智慧和中国方案。”[2]

学习习近平新时代中国特色社会主义思想和党的十九大精神，回顾100年来国际共产主义运动从高潮迭起到遭受严重挫折，回顾中国共产党从山河破碎的凄风苦雨中诞生，领导人民群众一路浴血奋战和曲折探索，到迎来中华民族伟大复兴光明前景的历史过程，禁不住使人胸荡层云、常有沧海桑田之叹。

很幸运，我在2017年有机会脱离具体工作，集中一年时间投入专题政治理论学习。在这“桃吐丹霞、柳披金纱”的季节，思想徜徉于马克思主义的精神殿堂，回顾着党领导人民奋斗的光辉历史，脑海中逐渐浮现出一个愈加清晰的想法：从1840年鸦片战争到2049年新中国成立100周年，是中华民族凤凰涅槃的200年。其中，从1919年《湘江评论》创刊到1978年中共十一届三中全会决定党的工作重心转移到经济建设之前，这是一段毛泽东对中国产生巨大影响的岁月；毛泽东一生酷爱读书，他熟读、评论和向人推荐《红楼梦》透露的信息尤其丰富，是一个不错的分析视角，能否结合理论学习，从马克思主义哲学的立场出发，就其缘由做番思考，并以此作题成文呢？

我本愚钝、读书寡浅，哪里敢窥探如此宏大命题，这个想法将自己吓了一跳，但它太过顽强，几个月理论学习之下终究按不下兴致，清幽雅静的掠燕湖畔春逝秋浓、暑往寒来，竟一发难收地写下了30余万字。述其情形得《梅花引》一首：

> 暮云斜阳松径幽，孤身游，心愈忧。何事堪忧，枉凝眉头愁？风拍疏柳婆娑舞，余晖洒，再临湖，人影瘦。
>
> 人瘦人瘦君知否？登红楼，史海舟。思耶思耶，思不透，倚栏挠首。陋室黄灯，孜孜破卷求。都道无人勤似我，杀青夜，有梅花，暗香幽。

稿子写到紧要关头，党的十九大开幕了。2017年10月18日上午收看大会开幕直播，聆听习近平总书记重申，毛泽东时代“完成了中华民族有史以来最为广泛而深刻的社会变革，为当代中国一切发展进步奠定了根本政治前提和制度基础”[3]，顿生无限感慨。

《红楼梦》是中国最伟大的一部现实主义古典文学作品。但“文学不见得只是文学”[4]，毛泽东自己也说“从政治上看问题，我的兴趣在这里”[5]，他擅长借用文学故事、文学人物、文学语言，深入浅出地阐发哲学思想、宣达政治理念，堪称从政治角度看文学和运用文学谈政治的巨匠。毛泽东对《红楼梦》眷爱优渥、读解颇深、评荐甚殷，他从青年时代开始阅读《红楼梦》，不仅自己读过多遍、边阅读边评论，还经常劝别人要读一点《红楼梦》。对于《红楼梦》的主旨思想和艺术水准，毛泽东见解独到、自成一家；对于书中故事情节和人物语言，毛泽东信手拈来、转借妙用。但真正让《红楼梦》产生重大影响，还要从1954年毛泽东写下《关于〈红楼梦〉研究问题的信》算起。

毛泽东时代政治运动颇多，他眷渥和评荐《红楼梦》带动的全民性阅读热潮，让不少人云山雾罩。拨开那些政治运动的表层喧嚣，深入到那个时代的中心命题和毛泽东的精神世界，因《红楼梦》引发的政治话题要严肃得多，现实意义要重大得多，历史影响也要深远得多。

在毛泽东眼里，《红楼梦》不仅是中国古代小说写得最好的一部，更是一部资料极为丰富的历史。他“历来把《红楼梦》看做是社会历史乃至阶级斗争的典型反映。不论是对《红楼梦》社会意义的认识上，还是对这部著作的评价上，毛泽东同过去的‘旧红学’和‘新红学’都截然不同”[6]。托尔斯泰说过：“文学使人靠近。”[7]毛泽东看待《红楼梦》的独特视角、评荐《红楼梦》的独到见解及其“以红论政”的独家手法，给我们理解和感悟毛泽东的精神世界，提供了一把特别的钥匙。

进入新时代的中国特色社会主义事业，在以习近平为核心的党中央领导下固然是“风正一帆悬”，但前行的道路上也少不了激流险滩和风险挑战。“中华民族伟大复兴，绝不是轻轻松松、敲锣打鼓就能实现的”[8]，从毛泽东的革命和实践探索中感受精神、领悟哲理、守住初心，对于我们更好地做好当下、更好地走向未来，也会有所裨益。

一、一切现实都是历史实践破旧立新的结果

毛泽东是酷爱读书的马克思主义革命家，逝世时身边藏书近10万册，是典型的“图书馆”式海量阅读和“研究生”式深思细读。他一生读得最多、推荐最多的书有可能是《共产党宣言》和《红楼梦》。如果说《共产党宣言》是从理论的高度，阐述了西方世界的资本主义发展“已经达到这样一个阶段，即被剥削被压迫的阶级（无产阶级），如果不同时使整个社会永远摆脱剥削、压迫和阶级斗争，就不再能使自己从剥削它压迫它的那个阶级（资产阶级）下解放出来”[9]的基本思想的话，那么，《红楼梦》则是曹雪芹以文学艺术的方式，反映了东方世界以皇权制度为核心的封建社会以及支撑它的那一整套制度和思想体系，经过

两千年发展也已走到自己的反面——彻底腐朽了。

马克思主义追求全人类共同的彻底解放，反对任何形式的剥削和压迫，是彻底的以人民为中心的政治发展观。从这一立场出发，人类过去的历史是一个由精英主义主导的完全颠倒的世界。行走在历史天空的精英主义自感虚弱，中华文明下的精英主义则在血统世袭的贵族精英制度大崩溃中，选择将王权上升为系统化的皇权崇拜，来壮大自己、统治人民。

帝制乘风踏千山。从公元前221年秦始皇即位、皇权制度确立，到1780年乾隆帝看到《红楼梦》抄本，封建王朝皇权体系刚好走过两千年，这是一部皇权成长史，也是一部各路精英势力的消亡史。原本作为统治工具被创造出来的皇权，自己要做真正的“主人”。它一路碾压各路社会精英势力，从秦汉魏晋时期的皇族、宦官和外戚集团，到南北朝隋唐时期的门阀势力，再到两宋蒙元时期的武人集团，最后是明清时期的官僚士大夫阶层。到清乾隆时期，皇权终于取得对全部社会精英势力的完胜，但整个社会也因此变成一盘散沙，完全没有活力和生气。春秋时期的自由尚辩气息、秦汉时代的尚武张扬精神、唐代的开放包容气象、宋明时代的士人风骨等，中华文化当中积极进取的一面被消磨一光。

因政治需要而被精英势力创造出来的皇权制度，在权力有限时，不能有效承担“均衡”功能，导致社会周期性崩溃；在权力无限时，又完全挣脱了所有社会力量的牵制和儒家思想的束缚，将包括各种精英势力在内的整个社会碾为粉末。

毛泽东希望所有的人都能从《红楼梦》里看出，清乾隆时期是皇权完全失控而走向极端的畸形社会。他在阅读和推荐《红楼梦》时说，《红楼梦》描写的是乾隆年间，清朝开始走下坡路，曹雪芹借贾、史、王、薛四大家族的兴衰，揭示了封建制度的腐朽。从人民史观出发，毛泽东眼中的《红楼梦》，绝不是索隐和考据的对象，也不是单纯的文化分析和文学欣赏对象，只能是他批判封建社会和精英史观的武器，教育广大党员干部和人民群众的教材。

二、判明矛盾性质是科学实践的认识基础

面对完全失去约束的皇权，《红楼梦》提供的丰富社会史料，揭露了封建社会必然灭亡的历史宿命。毛泽东说，《红楼梦》不读五遍，根本不要发言的，因为你不能把它的阶级关系弄清楚。我是把它当历史读的。开头当故事读，后来当历史读。那里写贪官污吏，写了皇帝王爷，写了大小地主和平民奴隶。大地主是从小地主里冒出来的。麻雀虽小五脏俱全。看了这本书就懂了什么是地主阶级，什么是封建社会，就会明白为什么要推翻它！

《红楼梦》通过描写贾、王、薛、史“四大家族”，特别是贾家的前生、今世和未来结局，呈现了一个“盛筵必散”的封建社会。这个社会从皇妃、贵族到奴仆，所有的人“统统没有好结果。这种情形，断非个人的原因所得以解释，而是当日的制度已至山穷水尽，上自天子，下至庶民，无不成为牺牲品而遭殃受祸”[10]。

在《红楼梦》里，皇帝本人并未“出场”，但皇权的威风笼罩着一切。贾蓉捐官和元春省亲等情节，让读者对捐官制度和皇帝出巡制度有了直观、深刻的认识；对于清代的其他重要政务制度，《红楼梦》也有大量揭露，不但充分展现出皇权的威势和像贾家这样的勋旧贵族在皇权面前的渺小，还向读者揭示了皇权制度取得无限权力的最本质政治属性、攫取无限物质财富的最本质经济属性和确保自身绝对安全的最本质社会属性。

危楼百尺立沙塬。联系史实看，清朝皇权制度在取得超然地位和超级权力的同时，已经全面异化为一只饕餮怪兽：它像抽水机一样从社会各个层面拼命捞钱，又像粉碎机一样为自己的享乐和尊荣拼命花钱。皇帝以及皇室的生活太过奢靡，治国理念又严重落伍，除毫无节制地搜刮和挥霍之外，他们完全不愿意、也没有能力发展社会生产力，更没有意愿和能力平抑社会矛盾。皇权制度敛财手段成本太高，回馈社会能力极低，造成了无可救药的政治腐败、经济凋敝和民生痛殇。皇权制度的成本，已让整个社会无法承受。

在这种情况下，反抗、改良和革命的风潮此起彼伏、相互激荡，但资本主义列强入侵后，为维护“抽水机”的需要而加持皇权制度，加大了民众反抗的难度。有见识的思想者发现，皇权制度不是一人一姓的制度，它是有着列强加持的一套完整的社会结构、一套完备的思想体系，腐而不倒、烂而不死，它从根本上排斥改良，改良对它也不起作用。

“当旧制度本身还相信而且也应当相信自己的合理性的时候，它的历史是悲剧性的。”[11]

精英史观繁花开尽自当消解，人民史观风刀霜剑必然兴起。中国救亡图存的唯一途径和当务之急，即“用革命的方法，坚决彻底干净全部地消灭一切反动势力，不动摇地坚持打倒帝国主义，打倒封建主义，打倒官僚资本主义”[12]。

三、事物发展的根本动力蕴藏于内部

中国革命从一开始就是在两个层面展开的：一个是底层群众的盲目抗争，如太平天国运动和义和团运动；一个是精英阶层向西方学习，企图走资本主义道路。而西方列强势力在中国追求的只是利益，底层反抗遭到无情镇压，许多社会精英都被迫或者主动成为它们的“代理人”。幼年中国共产党也没有真正认识和组织动员起革命的内生力量，没能完全摆脱精英革命的老路。中国共产党成立后10年间，苏联通过共产国际迫使有着书生式独立思想的领导人陈独秀、瞿秋白下台，滞押不顾苏联利益的“冒险家”李立三，扶持“百分之百忠实”的王明上台，助长机会主义和教条主义横行多年，为害甚烈。毛泽东说，“王明问题的关键、症结之所在，就是他对自己的事考虑得太少了！对别人的事操心得太多了”[13]。

毛泽东不但目睹了各路军阀在列强势力中各寻靠山，聆听了共产国际代表对中共领导人的罢斥指任，承受了王明“左”倾教条主义错误对党内生态的摧残打击。他对生搬硬套别人经验的代理政治十分厌恶，在谈到《红楼梦》里的贾家衰败时曾说过，探春也当过家，不过她是代理。这绝不仅仅是对小说人物的文字褒贬，也绝不只是对历史发展一般规律的泛泛议论。毛泽东提出“中国革命斗争的胜利要靠中国同志了解中国情况”[14]的著名论断，不长的一句话三次强调“中国”一词，反映出毛泽东对掌握革命自主权的理解之深切和愿望之强烈。

代理政治的本质是精英史观作祟。代理者总是将自己的前途命运寄托在他人身上，信人不信己，靠人不靠己。贾探春做代理，全身心地相信和依靠王夫人，影响的不过是贾家的命运；王明全身心地相信和依靠共产国际的“本本”，他将中国革命拖进了差一点就万劫不复的深渊。精英主义“歧路亡羊”，他们狐假虎威、拾人牙慧，虽能树得起旗帜、甚至领一时风骚，但终究不能产生真正的力量。

拧沙成石巨缸碎。要彻底打破腐朽透顶的旧制度，必须以彻底的人民史观和拧沙成石的力度，组织和动员起全社会的内在力量。1937年毛泽东在延安窑洞油灯下写就的《实践论》和《矛盾论》，为中国革命实践提供了科学清晰的哲学认识论基础；在随后展开的全民族抗日战争实践锤炼中，毛泽东找到了拧沙成石的“三大法宝”——统一战线、武装斗争、党的建设，以“战争的伟力之最深厚的根源，存在于民众之中”[15]为信条，在血雨腥风中不断推动人民史观由哲学认识论转化为中国共产党日渐稔熟的磅礴实践。

坚持实事求是、坚持群众路线、坚持独立自主，毛泽东将马克思主义、中国农民、枪杆子三者有机结合起来，在血泊中反复浸泡，终于裂变出“一切反动派都是纸老虎”[16]的巨大革命能量，彻底打破了“蒋介石那口大水缸”[17]。

四、立足现实、追逐理想是最好的实践之道

人民立场和实践至上，是毛泽东作为彻底的马克思主义者，始终坚持的互为一体、不可分割、不能偏废的两条重要法则，也是他全部力量的源泉。

毛泽东建设新社会的畅想，是从改变农村的所有制结构、农业的生产方式和农民的生活状态开始的。但从1959年开始，毛泽东热切推动的

人民公社制度在全面建立之后，很快遭遇到极大困难，“三年困难时期”以及之后刮起的“退社风”“单干风”，一浪接一浪地冲击着毛泽东划出的制度底线和政治红线。联系当时的苏联，赫鲁晓夫、勃列日涅夫的修正主义路线把苏共高层演化为以官僚权贵为主体的新精英集团，“列宁缔造的党”变得如此不堪，毛泽东看在眼里、忧在心头；再看看国内人民公社运动中出现的种种乱象，不管是从他固有的人民立场出发，还是从防范未来政治风险出发，严厉惩治党员干部队伍中滋生的官僚主义倾向，特别是防止中央层面出现赫鲁晓夫、勃列日涅夫一类修正主义头子，迅速上升为毛泽东的头号政治责任。

寒梅傲雪云崖暖。1962年，在北戴河召开的中共中央工作会议上，毛泽东以《红楼梦》为例，重点强调面对暂时性困难，要心向光明、要看到希望：“有些小说如《官场现形记》等，是光写黑暗的，鲁迅称之为谴责小说。只揭露黑暗，人们不喜欢看，不如《红楼梦》《西游记》使人爱看。《金瓶梅》没有传开，不只是因为它的淫秽，主要是它只暴露，只写黑暗，虽然写得不错，但人们不爱看。《红楼梦》就不同，写得有点希望么。”[18]从后来的实践发展看，无论是什么人，如果被暂时性困难吓倒，进而在政治上退缩，即为触及毛泽东划定的制度底线和政治红线：“三级所有、队为基础，是现阶段人民公社的根本制度”[19]。

存在了26年的人民公社制度，并没有完成“由社会主义的集体所有制向社会主义的全民所有制过渡”的初级目标，也谈不上实现“由社会主义向共产主义过渡”[20]的高级目标。但是，人民公社制度将土地集体所有制固定下来，并培养了新一代农民、供养了近3亿的新增人口，还以剪刀差形式“以农补工”，为城市发展和工业化发展提供了大量物质和人力资源，这些都为新中国社会主义制度的确立和巩固起到了历史性作用。当中国社会的基本组成细胞退回为家庭时，中国“农村业已超越了传统的循环，现代化业已有了崭新的起点”[21]。

人民事业的实践探索，与其他任何事物的发展规律一样，不可能是平衡的、直线的发展，而只能是阶梯式、螺旋式甚至波浪式的发展。革命时期的毛泽东是立足现实追逐理想，建设时期的毛泽东是立足理想改造现实。对比来看，前者是更为可靠的实践方式。

五、人是实践的主体也是实践的目的

在毛泽东的哲学思想当中，人是历史发展的主体和目的，也是现实社会活动的主体和目的。他要造就“全面发展的新人”，既体现在对人的内在精神的高标准要求上，也体现在对作为外在条件的时代精神的营造上。在社会主义建设实践中，毛泽东以《红楼梦》中的贾宝玉、林黛玉为反面实例，提出青年人要有活力，有热情，有干劲和坚强意志。

在中国传统社会的政治关系和政治力量结构中，“国是放大的家、家是缩小的国”，几乎所有人都依附于别人而存在。《红楼梦》反映的社会里，没有一个人是独立和自由的，也没有一个人有可以期望的独立和自由的未来，很多人都是不创造任何价值的“闲人”或“无事忙”。中国要改变被掠夺、被压迫而“亡国灭种”的命运，就必须解放人，要把每一个人创造物质文化财富的热情和潜能释放出来，使其成为独立且有价值的人。

从这一立场出发，毛泽东对西方自由主义经济模式和苏联社会主义经济模式（简称“苏联模式”）都不满意。苏联模式高度集中统一、见物不见人，指令第一、命令主义盛行，其实质是坚持“计划本位”。

只争朝夕辟新径。毛泽东经济思想的核心，是在市场资本和计划政府之外，重点将人的精神因素凸显出来，他强调坚持人民主体地位，主张把人民群众“组织起来”，通过调动人的积极性和创造力，向精神要物质、要进步、要生路。他真诚地认为人民是真正的英雄、是历史的创造者；他真心实意地相信群众、依靠群众，见不得社会贫富分化、苦乐不均，见不得少数人压迫多数人、作威作福，见不得游手好闲、好吃懒做。毛泽东开创和推崇的经济建设模式，是以劳动为根本、以激发人民群众创造性为中心的动员型竞赛式经济建设。

只要将人民群众组织起来，用自己的双手就可以创造一切、改变一切。在延安的早期实践中看到这种力量的毛泽东，一贯重视激发人的活力、重视调动人的内心深处积极向上的力量。毛泽东经济思想的实质，是通过造就“全面发展的新人”推动经济发展，通过经济发展更好地造就“全面发展的新人”，也就是在人的发展与经济发展之间建立相互作用、相互促进的辩证关系。实践证明，要真正做到这一点，远比认识到这一点复杂、困难得多。

六、领袖的力量来源于最广大的人民群众

马克思曾指出，物质生活的生产方式制约着整个社会生活、政治生活和精神生活的过程，而经济基础的变更，全部庞大的上层建筑也或慢或快地会发生变革。中国革命要取得最终胜利，政治上的新中国是基础条件，文化上的新中国是根本追求，而经济上的新中国是关键环节。

从1953年提出过渡时期总路线、组织开展社会主义“三大改造”，到1958年提出社会主义建设总路线、组织开展人民公社和“大跃进”运动，毛泽东的目的，就是要打倒经济上的人民敌人，推翻旧中国的全部经济基础，建立起经济上的新中国。这个经济上的新中国有两层含义，一是要通过新型上层建筑的强制性作用，建立以公有制为核心的新型生产关系，从经济基础上消除中国社会再次发生剥削压迫、阶级分化、贫富分化的私有制土壤，让中国彻底走出治乱循环的传统社会；二是要通过新型生产关系解放和发展生产力，为建设文化上的新中国打下坚实的经济基础。

当时，中国生产力水平相当落后，数千年的封建私有制观念和官僚政治文化传统仍然深厚。生产关系的迅速调整，对于人民群众特别是亿万农民来说，是一场深刻的生产生活方式的革命；对于广大党员干部特别是人民公社的基层党员干部来说，直接掌握集体化的全部社会生产资料后，怎么使用这种权力，他们几乎一无所知，结果就出现了“全社会集体性不适应”。毛泽东视其为实践曲折，但当时的党内和社会认知却要复杂得多。

举步维艰怨斥鷃。毛泽东的人民立场和对苏共修正主义的高度警惕，使他决不允许出现实践倒退。1962年的那场政策分歧，看似“不经意”，实则是一种带有历史必然性的“认知错位性”分歧。毛泽东从人民史观出发，认为人民公社制度下的农村集体所有制是建设经济上的新

中国的最佳形式，“三级所有、队为基础”是避免出现“各人又有各人的打算”的恶劣政治局面的底线。他既不允许经由人民公社组织起来的农民退回到散沙般的单干状态，也不允许确立了集体所有制的农村生产关系退回到变相私有状态。这与党内很多同志的认知产生分歧。这种认知错位必然导致实践上的断裂，而实践上的断裂又进一步加剧了认知错位。就是在这样的循环当中，毛泽东的忧患意识越来越强。熟读《红楼梦》的毛泽东曾以贾母自况，就不会允许贾母的悲剧在自己身上重演。这一急，就急出了只争朝夕，急出了防患于未然，急出了定性过重和下手欠准。由此开启的以社会主义教育运动和“文化大革命”为表现形式、以“斗私、批修”为主要内容的斗争，最终引发“十年内乱”的政治大火。

七、重大实践不可能一蹴而就，也不会一劳永逸

马克思指出：“共产主义革命就是同传统的所有制关系实行最彻底的决裂；毫不奇怪，它在自己的发展进程中要同传统的观念实行最彻底的决裂。”[22]这两个“最彻底的决裂”，前者是共产主义革命的焦点，后者是共产主义革命的难点，也是确保革命成果不丧失、不反复的重点，它集中表现为站在人民立场上与精英史观“实行最彻底的决裂”。毛泽东认为，曹雪芹在《红楼梦》里还是想补天，想补封建制度的天，但是《红楼梦》里写的却是封建家族的衰落，可以说是曹雪芹的世界观和他的创作发生矛盾。与曹雪芹想让精英主义回归节制的“补天”相比，毛泽东领导的社会主义革命，则是要“换天”，也就是在意识形态领域以人民史观取代精英史观。

马克思主义认为，意识形态是经济基础和政治上层建筑的反映，同时又对经济基础和上层建筑具有独立性、能动性和巨大的反作用。意识形态的反作用，主要是通过文化传播的形式弥散于整个社会的各个层面、各个角落，渗透于人的思想深处并指导和规范着人的行为，使得社会在物质文化、制度文化、行为文化和心态文化四个层面打上意识形态的烙印。

意识形态是一个社会政治经济秩序的灵魂，与其相生相符的社会文化则是社会政治经济秩序的气血，它既是整合社会各阶层、各系统的黏合剂，又是社会作为一个整体运转的润滑剂，它塑造和决定着一个社会的气质和形象。意识形态形成和生长的时间越长，它对社会文化的塑造越重、对社会心理的浸润越深，对社会成员的规范支配能力就越强大，正如《红楼梦》里的许多奴仆，本是封建制度的受害者，却根本不可能“认清自己的阶级利益”，始终在主动捍卫欺压、残害他们的封建制度。这种现象，可以称为旧文化体系和旧意识形态体系的顽固性，也可以称为意识形态的历史后坐力。

十年燎原烟墟上。毛泽东主张以人民史观取代精英史观，但以精英史观为指导的封建主义意识形态和旧思想、旧文化死而不僵，一遇机会就会沉渣泛起，甚至在思想文化领域卷土重来，进而在政治、经济领域露出獠牙。社会上存在的这种思想土壤，无可避免地会侵蚀共产党的人民立场，进而影响党内政治生态环境。毛泽东从防止党改变性质和国家政权改变颜色的高度，反对封建主义、反对资本主义、反对修正主义、反对教条主义，努力清除旧意识形态和旧文化的影响，他想彻底扫除社会主义政治和经济建设中遇到的这些障碍性、破坏性因素。

毛泽东发动“文化大革命”，主观上是想以大破求大立，为此他甚至不惜“天下大乱”。在这场被毛泽东称为“演习”的“文化大革命”中，成千上万本在或本想、本能“安享尊荣”的党员干部和青年学生，或被迫或自愿地离开领导岗位和大城市，到“贫下中农中接受再教育”。

“文化大革命”破字当头，“天下大乱”如期而至，却没能实现毛泽东“天下大治”的主观追求。但“失之东隅，收之桑榆”，成千上万的党员干部和青年学生被下放生产一线犹如千锤百炼、又如大浪淘沙，推动着人民史观生根长大、开花结果。他们以不同的方式融入普通群众当中，了解中国社会实际情况、理解中国发展对社会主义的本质要求。在毛泽东身后，他们已经成长起来，正在领导中国共产党和中华民族不断走向新的成功。

历史和哲学的逻辑，在以这种方式展现实践的磨难魅力的同时，也在为未来的实践发展不断提出新的更加严肃的课题。

八、找准力量和利益边界是实践持续的重要前提

在国内持续深入推进从生产力、生产关系到政治和思想文化上层建筑深刻变革的同时，毛泽东也以宏大的哲学思想，推动形成了全新的国际格局。

第二次世界大战之后，全球性的民族解放运动浪潮涌向东亚，但强权已经划定势力范围，谁也不甘心就此退出。美国势力逼向朝鲜、中国台湾、菲律宾一线，在西太平洋组成军事岛链，法国以越南南部为支点在中南半岛卷土重来，后来的越南企图称霸中南半岛，印度企图称霸南亚。新中国别说是在天空下正常地沐浴阳光雨露、享受惠风和畅，就连在国内从容开展经济社会建设的片刻安宁，也面临着随时被打破的危险。毛泽东高举反帝、反霸两面大旗，通过在朝鲜半岛、中南半岛和印度半岛三个方向的一系列军事斗争和政治外交行动，硬生生地将一个两极对立、冷战残酷的世界格局，改造成美、苏、中大三角关系。

毛泽东敢于如此、能够如此的哲学思维灵感，是借喻《红楼梦》中王熙凤对贾家“外头看着虽是烈烈轰轰的”，实际上已经只剩下一个空架子的含蓄表述——“殊不知大有大的艰难去处”。大家族如此，称霸的“精英主义国家”特别是超级大国只会更甚于此。野心和欲望都膨胀到了极致的美国和苏联，在第二次世界大战之后开始习惯于动用自己强大的军事能力，配合利用媒体、情报机构的隐蔽行动、援外行动、腐败行为等非军事手段，在全球范围内无节制地推进自己的利益。在毛泽东看来，超级大国划分势力范围的做法，与世界大多数国家特别是最广大的世界人民谋求国家独立和民族解放的愿望是相冲突的。美、苏两霸欲壑难填，为压服中间地带国家处处侵略扩张，从而激起这些国家和人民的反抗，必然也遭到其国内人民的反对。

乱云飞渡霞满天。毛泽东抓住美、苏两霸“大有大的难处”的特点，不冒进、不退缩地组织开展了坚决斗争。25年努力下来，不但有效打退了美国、遏阻了苏联的军事干涉和军事入侵，成功催生了中美外交革命，成功维护和扩展了新中国的战略安全空间，还成功取得了世界大

多数国家的政治承认和尊重，顺利恢复了联合国安理会常任理事国席位，推动世界政治格局发生了根本性调整。毛泽东提出“三个世界”的战略思想，既反映出其熟练运用“利用矛盾、争取多数、反对少数、各个击破”的唯物辩证法哲学思维、深刻体察世界局势发展走向的历史深度，又展现出毛泽东彻底告别单纯以国家意识形态划线、转而站在世界人民的立场上求平等反压迫的时代高度，堪称毛泽东国际战略思想发展的理论高峰和神来之笔。

中华民族实现伟大复兴在望，中华民族还要走向更远的未来。因此，既要坚守“己所不欲，勿施于人”的道义原则，又要清楚界定自己的力量和利益边界，坚持量力而行与有利方行的统一，不充胖子、不好面子。苏联解体和美国衰退都是十分深刻的教训，值得认真汲取，万不可蹈其覆辙；毛泽东的斗争艺术和斗争哲学都包含着十分宝贵的经验，值得认真借鉴。

九、善于在实践论中突出矛盾论

毛泽东评荐《红楼梦》的视角是独特的，毛泽东所领导的革命和建设实践是伟大的。无论毛泽东晚年的实践探索有多么曲折，但他从人民立场出发，深怀忧患意识，他是要打破“其兴也浡焉，其亡也忽焉”[23]的历史周期律，是要防止贾家“树倒猢狲散”和“落了片白茫茫大地真干净”的悲剧重演，是想让中华民族在完成“救亡”的基础上，能够在“图存”的道路上行稳致远。特别是他始终不忘且不断诫勉全党秉持“进京赶考”“不学李自成”和“让人民群众起来监督政府”的“初心和使命”，牢牢抓住坚决防止党内滋生脱离群众的官僚主义思想和官僚主义作风的主要矛盾，管党治党甚严，也确实从政治、思想、纪律和作风上管住了党、管好了党员干部队伍。有了这一条，再大的政治风浪中国也经得住，也能劈波前行。

毛泽东领导革命和建设的实践证明，站在人民立场上改造客观世界和主观世界，我们只能是在认识与实践的循环往复中前行，一切问题都没有现成的答案，一切时代都不可能同步解决所有矛盾、更不可能预先解决尚未出现的矛盾。在事物发展过程中，有许多矛盾存在，其中必有一种是主要矛盾，它规定或影响着其他矛盾的存在和发展，一定要在“实践论”中突出“矛盾论”，善于抓住主要矛盾和矛盾的主要方面。

毛泽东领导革命和建设实践的核心要义，在于他坚持人民立场和实践至上，牢牢抓住建设强大的中国共产党这一伟大工程，并以永不懈怠的精神状态和一往无前的奋斗姿态，为中国共产党注入了“党要管党、从严治党”的政治基因。在毛泽东身后，他所构建的党政体系散发着新的活力，他领导革命和建设实践所创造的物质基础，建立起来的国民经济体系、国民教育体系，创造的全新国际环境，已经形成了一股新的历史合力，迅速将中国推向了一个全新的历史方位。党的十一届三中全会实行改革开放以来，中国经济社会建设取得了举世瞩目的成绩，但在一定时期出现的管党治党“宽松软”现象，也带来了巨大风险和严峻挑战。党的十八大后，以习近平为核心的党中央坚持“勇于面对党面临的重大风险考验和党内存在的突出问题”[24]，把党风廉政建设和反腐败斗争摆到前所未有的新高度，迎来了“反腐败斗争压倒性态势已经形成并巩固发展”[25]的良好局面。实践从不同的侧面给人以深刻的警醒：

“不忘初心，方得始终。”[26]

伟大的事业必须有坚强的中国共产党来领导。在中华民族救亡图存和伟大复兴的实践征程中，“伟大斗争，伟大工程，伟大事业，伟大梦想，紧密联系、相互贯通、相互作用，其中起决定作用的是党的建设新的伟大工程”[27]。

楔　子

《红楼梦》走进现实政治

1954年10月1日，中华人民共和国成立5周年。这天晨曦乍现，北京城内成千上万的群众举着红旗、拿着花束、唱着歌曲，从各个方向走向修葺一新的天安门广场，参加包括阅兵仪式和群众游行在内的盛大庆典。

61岁的毛泽东站在天安门城楼的中央位置，频频向受阅部队和欢呼群众挥手致意，站在他左边的是苏共中央第一书记赫鲁晓夫。步兵、骑兵、炮兵、装甲兵等38个清一色的苏式装备方阵，伴随着空中4个飞行方阵战机轰鸣，军容严整地自东向西走过长安街，整个广场成了欢乐的海洋[1]。无论是站在城楼上的毛泽东等党和国家领导人、站在城楼两边2470平方米观礼台上的各界嘉宾，还是天安门广场上的50万名游行群众，个个欢欣鼓舞、笑逐颜开，他们的神情、心情，是全中国人民的缩影。

这一年，这一天，中国最广大的人民群众确实有理由、也应该展露出最灿烂的笑容。

1954年是农历甲午年。按照中国传统的天干地支纪年法，60年一个轮回。上个甲午年（1894）夏天，凝结着清廷洋务运动主要精华的北洋水师，在黄海丰岛水域遭遇日本帝国联合舰队袭击导致全军覆没，中国在无边的战祸兵灾当中再难自拔，内乱如蜂似蝗，外贼豆剖瓜分，救亡图存道路上抛洒着无尽的仁人泪、流淌着不干的志士血。60年血雨腥风之中，十月革命一声炮响，给中国送来了马克思列宁主义，中国共产党和毛泽东以之为思想武器，唤起人民的力量，推动历史走到了浴火重生的1948年。这年夏天，中国迎来了两条道路、两种命运总决战的关键时刻，新华通讯社8月1日发表社论，重申毛泽东半年前“历史转折点”的判断：“这是一个历史的转折点。这是蒋介石的二十年反革命统治由发展到消灭的转折点。这是一百多年以来帝国主义在中国的统治由发展到消灭的转折点。这是一个伟大的事变。”[2]一个月后，标志历史转折点的“伟大事变”即辽沈、淮海、平津三大战役从东北地区拉开序幕，三战三捷，人民解放军以摧枯拉朽之势消灭国民党主力部队，并将国民党残余势力赶出大陆，为新中国的诞生扫除了最后障碍。

新生的中华人民共和国气势如虹，对外通过抗美援朝和援越抗美，北拒美军于朝鲜半岛北纬38°线以南，南拒美军于印支半岛北纬17°线以南；内部通过土地改革和“三反”“五反”运动，医治战争创伤，迅速涤荡干净了旧政权留下来的污泥浊水。

1954年9月15—28日，第一届全国人民代表大会第一次会议在北京召开。此时浙江、福建沿海岛屿还盘踞着国民党残军，东南近海还游弋着美军舰艇，解放军正在组织第一次炮击金门，毛泽东的大会开幕词如诗如歌、如格言警句，自信满满、责任满满：

> ……
>
> 我们正在前进。
>
> 我们正在做我们的前人从来没有做过的极其光荣伟大的事业。
>
> 我们的目的一定要达到。（鼓掌）
>
> 我们的目的一定能够达到。（鼓掌）
>
> 全中国六万万人团结起来，为我们的共同事业而努力奋斗！（热烈鼓掌）
>
> 我们伟大的祖国万岁！（热烈的长时间的鼓掌）[3]

这次大会是载入史册的，特别是9月20日全票通过的《中华人民共和国宪法》，标志着人民民主专政性质的国家政权及社会主义国家制度以根本大法的形式确定下来。

成立于1949年的这个新中国，是两千多年封建帝制瓦解后旧中国脱胎换骨的重生，是中国历史上第二次真正意义上的政治革命，立名号、建制度、长精神，需要时间，更需要实践。

开国立制，毛泽东具有高度的理论和历史自觉。早在1948年1月，毛泽东就从战略高度对新中国的性质、道路、制度框架等基本问题，作了定性描述。他当月18日发表的《关于目前党的政策中的几个重要问题》指出，新中国将要建立的新民主主义的政权是工人阶级领导的人民大众的反帝反封建的政权，人民大众组成自己的国家（中华人民共和国），工人阶级经过自己的先锋队中国共产党实现对于人民大众的国家及其政府的领导，中华人民共和国的权力机关是各级人民代表大会及其选出的各级政府。开国前夕，毛泽东进一步明确指出："我们应当将全中国绝大多数人组织在政治、军事、经济、文化及其他各种组织里，克服旧中国散漫无组织的状态，用伟大的人民群众的集体力量，拥护人民政府和人民解放军，建设独立民主和平统一富强的新中国。"[4]

国家的一切权力必须、也只能属于人民；而人民必须组织起来才有力量。

目标清晰，过程艰难。1949年1月8日，淮海战役激战犹酣，毛泽东在西柏坡中央政治局会议上设想说，"如果完成了全国革命的任务，这是铲地基，花了三十年。但是起房子，这个任务要几十年工夫。"[5]形象地讲，铲地基是推翻旧制度、埋葬旧中国，建房子是建立新制度、建设新中国。但是，"做前人从没有做过的事业"，没有蓝图、没有经验，全国性革命胜利扑面而来，也没有预留太多的论证时间。从百万大军强渡长江后南京解放，到筹备召开中国人民政治协商会议，举行开国大典，只有不到半年时间，之前虽有陕甘宁边区十年建政的经验积累和理论探索，但与建立全国性政权相比毕竟又有很大不同；新政协颁布的《中国人民政治协商会议共同纲领》，共七章六十条，虽曰"临时宪法"，实质更像是粗线条的政权宣言和政策宣示；新中国成立后又要外战强敌、内去残匪，鼎新政治、恢复经济，在中央人民政府之下的各级地方政府基本上是化军为政、以党领政。这样一忙三年，日新月异的国家政治经济发展形势，促使毛泽东决意“克服困难”[6]，腾出身心认真考虑人民政权的具体制度设计问题。

1953年元旦，中共中央以《人民日报》社论的方式公布，“召集全国人民代表大会，通过宪法，通过国家建设计划”是当年的三项伟大任务。制定宪法是重中之重，毛泽东亲自担任宪法起草委员会主任委员，党外座谈、党内研究。经过近一年的酝酿准备，1953年12月，毛泽东带领宪法起草小组离开北京下榻杭州北山街84号，集中精力主持起草新中国第一部宪法。毛泽东在列车上对随行人员说“治国，须有一部大法”。之后，起草小组经过77个日夜，数易其稿，写成一个“比较成熟”的“五四宪法”草案稿本，经宪法起草委员会7次讨论修改和中央人民政府委员会研究通过后形成宪法草案，《人民日报》1954年6月16日全文刊登并配发社论，号召开展广泛讨论。“新中国第一部宪法草案”（又称“五四宪法”）一时成为街头巷尾的热门话题，参加讨论者超过1亿人。就连旧时代成长起来的著名哲学家、时任北京大学副校长汤用彤在看到宪法草案后也由衷感叹：“有了自己的政权，才有这样的宪法。我们的宪法是革命的结果，不折不扣的人民的宪法，超过了过去人们的梦想，对流血牺牲的先烈们也是很大的安慰。”[7]

这部“人民的宪法”，承载着毛泽东对新中国国体、政体等事关政权性质和组织架构的根本性问题深思熟虑后作出的制度性安排，“每一条、每一个字都是认真搞了的”[8]。这部“人民的宪法”通过规定国家的社会主义性质、中国共产党的领导核心地位、民主集中制的组织原则、人民代表大会制度、中国共产党领导下的多党合作和政治协商制度、民族区域自治制度、宗教信仰自由方针等，搭起了新中国政治制度、经济制度、社会制度的基本框架和运转规则，是此后中国历部宪法的母本和所有法律制度的最初根源，决定并塑造着现代中国的前途命运、基本面貌和性格气质，其重要性无论如何评价都不过分。正因为如此，这部“人民的宪法”的文本被制成巨大模型，由众多群众抬着、簇拥着，出现在国庆当天的游行队伍当中，接受人们的欢呼。

庆典在夜晚的漫天烟花后散去，北京的天气秋意渐浓，人们返回各自的工作岗位，热烈兴奋之情慢慢归于平静。毛泽东一连半个月都在进行繁忙的国务活动，开会、签批文件，组织国家机构班子、任命重要干部，会见赫鲁晓夫、金日成、尼赫鲁等外国领导人，与达赖、班禅喇嘛谈话，这些大多是国庆之前工作的延续。但他在10月16日写下并发出的一封亲笔信，却犹如向另一片湖面投下巨石，当时就掀起巨澜并产生了深远的历史影响，成为新宪法颁布和新制度确立后第一个大的政治冲击波。

这封信是关于《红楼梦》研究的，提出的问题很像是就事论事，乍看上去与时局并无关系，与毛泽东之前一个月的日程焦点更是风马牛不相及，却一下子占据了他接下来半个月的大半日程，直至10月31日离开北京、南下广州开始第一个五年计划的制订修改工作。这封信后来加注标题为《关于〈红楼梦〉研究问题的信》，全文如下：

各同志：

驳俞平伯的两篇文章付上，请一阅。这是三十多年以来向所谓《红楼梦》研究权威作家的错误观点的第一次认真的开火。作者是两个青年团员。他们起初写信给《文艺报》请问可不可以批评俞平伯，被置之不理。他们不得已写信给他们的母校——山东大学的老师，获得了支持，并在该校刊物《文史哲》上登出了他们的文章驳《红楼梦简论》。问题又回到北京，有人要求将此文在《人民日报》上转载，以期引起争论，展开批评，又被某些人以种种理由（主要是“小人物的文章”“党报不是自由辩论的场所”）给以反对，不能实现；结果成立妥协，被允许在《文艺报》转载此文。嗣后，《光明日报》的《文学遗产》栏又发表这两个青年的驳俞平伯《红楼梦研究》一书的文章。看样子，这个反对在古典文学领域毒害青年三十余年的胡适派资产阶级唯心论的斗争，也许可以开展起来了。事情是两个“小人物”做起来的，而“大人物”往往不注意，并往往加以阻拦，他们同资产阶级作家在唯心论方面讲统一战线，甘心作资产阶级的俘虏，这同影片《清宫秘史》和《武训传》放映时候的情形几乎是相同的。被人称为爱国主义而实际是卖国主义影片的《清宫秘史》，在全国放映之后，至今没有被批判。《武训传》

虽然批判了，却至今没有引出教训，又出现了容忍俞平伯唯心论和阻拦“小人物”的很有生气的批判文章的奇怪事情，这是值得我们注意的。

毛泽东

一九五四年十月十六日

俞平伯这一类资产阶级知识分子，当然是应当对他们采取团结态度的，但应当批判他们的毒害青年的错误思想，不应当对他们投降。[9]

毛泽东指定的阅信人，包括绝大多数中共中央政治局委员、中央相关领导同志、自己的秘书班子成员和文艺界相关领导同志[10]，范围不大、分量却极重。很快，郭沫若、茅盾、周扬等文艺界领导表态，全国文联、作协等单位党组开会，《文艺报》及其总编辑冯雪峰等检讨，《人民日报》等报刊开始发表批判性文章。毛泽东南下广州前，从繁忙的国务活动中抽出身来，26日、27日、28日连续听取周扬、陆定一、邓拓等有关《红楼梦》研究问题的汇报，批阅中宣部有关报告、亲笔修改袁水拍《质问〈文艺报〉编者》的批判文章等。他在27日下午修改袁文时特别加写了一段话：“文艺报在这里跟资产阶级唯心论和资产阶级名人有密切联系，跟马克思主义和宣扬马克思主义的新生力量却疏远得很，这难道不是显然的吗？”[11]在随后的一系列批示、批注中，毛泽东批评的调子越来越高、口气越来越严厉，一时间，形成一场声势浩大的批判浪潮。

党和国家最高领袖在新局初开、众心正欢之际，针对思想文化问题兜头泼下一瓢冷水，打出一套超强力度的组合拳，在政治上虽不寻常，却也有迹可循。毛泽东一向重视思想文化领域工作、大力倡导思想革新和新文化建设，早在1942年10月的延安整风运动当中，他就为新成立的延安平剧院题词“推陈出新”。这个题词在新中国成立前后密集地、重复性地题赠多个文化团体，这次信中追忆对影片《清宫秘史》和《武训传》批判不彻底的强烈不满等，可谓蓄势已久；在杭州起草宪法闲谈时，毛泽东强调，“红学”派、“新红学”派，他们借研究《红楼梦》，推销他们的主观唯心论，毒害着青年人，[12]突破点已呼之欲出。现在，经过5年打拼的新中国在政治、经济、军事等方面舵正帆满，在思想文化领域加紧“推陈出新”，从根本上重塑政治意识形态、掌握思想文化领导权，自然被提上日程。

但是，毛泽东的政治发力在很多人看来太过突然，并没有得到充分的理解。与他的郑重态度和严厉言辞相比，阅信的领导同志可能感到毛泽东切入问题的领域太具体、太陌生，提出的问题太专业、太深奥，一时间竟然皆无反应，或者说不知道该作何反应；中宣部的报告只是泛泛地说“批评具有重要意义”，“这次讨论应该发展到其他部门去”，“以确立和巩固我国整个学术界马克思主义思想的领导地位”，等等，毛泽东批示“退陆定一同志照办”。[13]但事后看，这样的“发展”只是“文化界、思想界、学术界、教育界等，总之凡是过去受胡适学派影响较深的领域，都举行各种类型的座谈会、讨论会和批判会”[14]，刮起的风暴固然动作大、声音高，可很大程度上更像是顿觉事态重大之下的即时政治表态或者完成政治任务，许多人始终没能将研究《红楼梦》这个看似微观的“学术问题”，与**国家思想意识形态领域领导权**这样宏大的命题联系起来，更没能从树立马克思主义在整个学术界指导地位的高度，看待整个思想文化领域深受唯心论思想影响和控制的严重性。

当时在《人民日报》文艺组工作的袁鹰领受任务撰写了“第一篇表态性文章”，在50多年后回忆此事说，在一片明艳的秋阳中，蓦然感到飘来一片阴霾，跟着就是一阵迷茫的烟雨。

袁鹰不在阅信人范围，他是在该信1967年5月26日公开见报后才读到具体内容的，回忆又是历经了50年政治风雨之后，自然会加入一些后来的理解，但主基调仍是“烟雨迷茫”。其他文艺界阅信人的反应则不着边际。

周扬作为文化界领导层第一人，参加过延安整风运动，在理解和落实毛泽东文艺思想方面当属得力，自此却反复念叨文艺是阶级斗争的晴雨表。也许周扬的思想深处还存有即使到了新社会，人民意识中的旧的趣味与欣赏习惯的惰性仍可以延续很长一个时期的一种认识，对全国革命胜利后立即批判“旧的趣味与欣赏习惯”不以为然。

何其芳作为俞平伯所在单位的主要领导，除反复强调自己还没有成为俞平伯的俘虏外，翌年就发愤深读《红楼梦》，以唯物史观为指导写出了8万字的长篇论文《论〈红楼梦〉》。该文质量颇高，曾被毛泽东仔细阅读并多处圈点批画和专门提及，缩写后成为“1957年人民文学版”《红楼梦》的代序言。何其芳以文表态，虽尽显书生本色和学术才情，但毕竟还是就事论事的性质。

至于俞平伯本人，在批判开始后深感震惊，一方面“表现消极，闭门谢客，不接电话”，一方面十分不满地表示“我不配研究《红楼梦》，也不配研究任何中国古典文学，以后我不再研究了”[15]。随后为形势所迫，态度转变并做了检讨，但在两年后被所在单位评定为一级研究员的谈话中却平淡地表示，我是应该的。其对这场批判的真实心态和知识分子的倔强，尽在此言矣。

直到许多年以后，红学家和毛泽东研究专家的领悟解读，才使对这一问题的认识逐渐深入起来。

红学家们普遍肯定并欣喜于毛泽东的介入带动了全国性的《红楼梦》热。也有学者从政治角度提出了颇有深度的论述，认为，在夺取了全国政权，恢复了国民经济生产，已确立了绝对领导权的毛泽东，在经济建设上提出了很得人心的第一个五年建设计划之后，也期待着能在思想与学术领域掀起与“改造旧世界”相适应的思想风暴；这场运动对历史有深远的影响。它是思想界与学术界首次大规模运用辩证唯物主义与历史唯物主义，对学术界传统的研究方法、学术思想和思维方式，作了摧毁性的批判。以后，学术界的所有政治运动，其实质都可以归到辩证唯物主义、历史唯物主义和资产阶级唯心主义作斗争这一范畴。这也是不断改造知识分子的根源。[16] 这些认识虽有很大提高，但仍未触及问题的实质，仍未摆脱将历史性问题个人化的倾向。

逄先知、陈晋等毛泽东研究专家认为，这次批判看起来好像是偶然的，其实有其必然性。他们明确指出，对《红楼梦》研究问题的批判，一开始便不只是对一部古典小说的评价和一个纯粹的文学问题；表明毛泽东迫切希望真正确立马克思主义在古典文学等学术领域的主导地位，使之成为人们自觉和普遍运用的指导方法；就文学批评建设来说，这场批判使历史唯物主义方法成为了“共识”。[17]这些认识开始将毛泽东的政治举动与他作为马克思主义者的思想原则、作为中国人民革命导师的特殊身份和他正在推进社会主义建设的实践任务联系起来看待：**毛泽东是站在巩固政权，特别是站在巩固中国共产党在思想文化和意识形态领域里的领导权和话语权的高度，将是否坚持唯物史观的指导地位，作为在革故鼎新历史进程中的重大政治原则问题对待的。**

中国历史在1840年与西方列强势力迎头相撞后，历史的水流陡然变窄变急，时代主题聚焦于“救亡图存”这一急病难症，欲意在中国政治舞台上有所作为的力量及其代表人物，都须开出自己的药方。“革命”虽是中国社会的主流选择，但不同政治力量和政治人物在革命的本质、路径、深度以及革命的主体、对象等方面的理解差异甚大。毛泽东是19世纪中叶以来中国从传统社会衰败走向现代社会新生的近200年间，最为重要的承前启后的马克思主义革命大家，“构成毛泽东政治哲学的核心观点是冲突或矛盾，以及由此引起的变化”[18]。毛泽东的革命哲学和马克思主义立场决定了他认识、分析和处理问题，向来是在事物的矛盾对立冲突中支持新的、代表进步的方面或因素，反对旧的、代表落后的方面和因素。向往新社会和挑战一切不合理的社会秩序罗网，既是革命的全部逻辑，也是毛泽东的人生主题。很多人将实现国家独立和民族解放视为革命目的，毛泽东的政治追求则要远大得多，“夺取全国胜利，这只是万里长征走完了第一步……中国的革命是伟大的，但革命以后的路程更长，工作更伟大，更艰苦。……我们不但善于破坏一个旧世界，我们还将善于建设一个新世界”[19]。

就1954年10月的情况看，新中国成立已整整5年，中共广大干部特别是党的中高级领导干部们大多醉心于各条战线的捷报频传，对新中国可能出现的“文化合法性危机”问题缺乏警觉，思想文化领域整体上“涛声依旧”。毛泽东思想深处的忧虑则另有乾坤，面对寄托着自己全部政治理想的新生政权，精神劳动产品的主导权到底执于谁手？是翻身解放的广大民众成为精神文化上的真正主人和歌颂对象，还是延续数千年来的旧传统，任由吹捧帝王将相、才子佳人的那一套思想文化笼罩整个社会、占据人们头脑，翻身解放的广大民众“帮助丧失了经济地位和基础的资产阶级'在文化上'统治自己，甚至听任他们从文化上摧毁社会主义制度的文化合法性"[20]。在毛泽东看来，放眼长远必须以马克思主义唯物史观为指导，建设新思想新文化，为新制度注入新灵魂，才能真正地巩固完善新制度，立足当下必须彻底批判资产阶级唯心主义思想，**"没有这个思想战线上的胜利，社会主义建设和社会主义改造的任务就将受到严重阻碍"**[21]。批判《红楼梦》研究领域存在的"胡适派资产阶级唯心论"，不过是他精心地、小心翼翼地为新制度安全选择的一个奠基礼。

后来有人批评毛泽东频频介入和干预思想文化问题，过于直接、过于具体，甚至"简单粗暴"。"抛开毛泽东是否'简单粗暴'这一问题暂且不论。1980年代以来，我国文艺和思想理论界对待毛泽东文艺文化观的态度恰恰是十足的'简单粗暴'。这种'简单粗暴'，特别表现为毛泽东的批判者们很可能并没有搞清楚现代政治与现代文化的关系究竟是什么。"[22]韩毓海先生进一步解释毛泽东反复在思想文化领域政治发力的举动，"革命的胜利只不过意味着劳动者获得了政治、经济领导权，但是，这与他们获得的'文化领导权'根本不是一回事，从后一个意义上说，劳动者阶级离真正'解放'的距离还非常遥远。这就是毛泽东所谓'万里长征走完第一步'的题中之意。'文化领导权'问题对于无产阶级之所以重要，其核心大概就在于此"[23]。简而言之，毛泽东念兹在兹的是巩固"人民当家作主"的社会主义制度，借用马克思"不受思想指导和推崇的行动，只不过是行尸走肉——没有灵魂的躯体"[24]的话说，如果没有思想文化领导权，社会主义制度不过是个漂亮的空壳，人民革命的成果就可能蜕化为又一次了无新意的"改朝换代"。

我们不妨再来认真看看毛泽东的这封信。它看似带有强烈情绪，实则具有超级理性，包含着极其丰富的政治信息。

从写信的时间节点看，新宪法和新制度刚刚确立，国家各项事业百废待兴，"续绝世、举废国"，是毛泽东全部精力的投放焦点、占满了其当时几乎全部的工作日程。在这封信写作前后，毛泽东3次会见印度总理尼赫鲁，谈的都是新中国的政策前景，很难想象一个与立新的主题议程无关、又无破旧现实紧迫性的"学术研究问题"会横插进来，逼迫其大时段地投入精力、拉偏他的注意力。

从信件形成过程看，早在9月中旬和下旬，他曾让江青先后两次到《人民日报》社交涉转载李、蓝文章事宜，第一次登门还口头传达了毛泽东指示，但《人民日报》的领导同志恐怕只是从一般“学术研究问题”认识这篇稿件的，没有安排刊载，这才有了毛泽东向中央政治局成员及相关负责同志写信之举。这样来看，信件的酝酿构思应该是与新宪法及一系列国家机关组织法的颁布大体同步的。

从信件手迹看，这封信显然经过深思熟虑、精心构思，字面比较干净，甚至逐页写上页码，一反毛泽东其他信件手稿大多随心挥洒、修改得满纸花脸的情形。

从阅信范围看，指定的阅信人并不仅仅是思想文艺界领导，还包括了绝大多数中央政治局委员和自己的秘书班子成员，如果不是政治性的、事关大局的问题，则没有这种必要。

从信件内容和毛泽东随后指示看，最后一段关于对俞平伯们“应当采取团结态度”的话是加写的，他关注的是社会上存在的“资产阶级腐朽思想”，是普遍存在的对这种腐朽思想容忍麻痹、无动于衷的现象，出发点绝不仅仅只是为“两个共青团员”伸张委屈，更不是要“整俞平伯”。

从后续事态发展看，《红楼梦》研究问题批判既是此后一系列文化批判运动的总开端，也是《红楼梦》走进中国现实政治的总开端，此后又出现了20世纪60年代的“曹雪芹逝世200周年纪念活动”和70年代的“文革评红”。

如果我们将目光投向历史深处，视野放得更开阔、更深远一些，仔细考察毛泽东一生酷爱《红楼梦》，并系统评论、信手引用《红楼梦》和反复推荐多读《红楼梦》的史实，认真分析他领导中国革命和社会主义建设的实践得失，可以进一步看出，《红楼梦》在毛泽东眼中绝不只是一部古典小说，借用转引和评论推荐之间，包含并反映着毛泽东对中国历史和现实问题、对未来政治发展和国际形势判断的深刻哲学思考。

在这样一个视野的基础上回望1954年，发生在中华人民共和国成立5周年前后一个月时间内的两个大事件——新制度以宪法形式确立和《红楼梦》研究清源，绝不是孤立的时间巧合，两者“推陈出新”的联系可以从毛泽东“铲地基”和“建房子”的比方中找到内在政治逻辑：批旧只是手段，立新才是目的。1954年宪法的颁布和新制度的确立，是“用几十年工夫建房子”的开始；发动《红楼梦》研究问题批判，是“三十年革命铲地基”的继续，是吹响了在思想文化领域消除唯心史观消极影响、确立唯物史观指导地位的号角。毛泽东此后的实践探索，始终在“铲地基”和“建房子”之间转换，特别是在经济领域“建房子”遇到困难和挫折时，他的目光总会转向思想文化领域“铲地基”，且心情越来越急、力道越来越大。在这个过程中，毛泽东一再以各种方式将《红楼梦》拉入现实政治，凸显出《红楼梦》在毛泽东心目中具有特殊分量，也让他阅读、评论和推荐《红楼梦》变得更加发人深思。

立新才是目的。那么，毛泽东所追求的新中国从何而来，又是什么模样呢？毛泽东所追求的新中国既来源于马克思主义关于“人民，只有人民，才是创造世界历史的动力”的哲学立场，也来源于他在几十年革命生涯中得到人民群众的拥护支持，看到千百万人民群众的流血牺牲，以及由此与人民群众建立起来的深厚情感。在毛泽东看来，只有人民群众才是共产党赖以生存的衣食父母，才是人民共和国的当然主人，这不仅是一个理论问题，也是活生生的现实问题。新中国，应当是由《暴风骤雨》里的赵光腚，《红旗谱》里的朱老忠，《林海雪原》里的李永奇、小常宝，《红灯记》里的李玉和、李奶奶、李铁梅，《三毛流浪记》里的三毛，这一类广大穷苦人翻身当家作主的共和国。这样一个新中国是要改写人类历史的，是要让穷苦泥腿子当家主事、说话算话的，他们既不能是受压迫、受剥削的对象，也不能是只会在工厂生产线上或辽阔田野里从事物质生产的工具。他们，必须是政治、经济、文化上的真正主人。

《红楼梦》里鲜花盛开、纷争未起的那个充满欢乐融洽气氛的大观园，是曹雪芹希望将时间定格的理想国；毛泽东心中也有一个爱的、盼的、想要的理想大观园，这就是人民群众真正扬眉吐气、当家作主的新中国。毛泽东希望她在自己手里降临人间、在斗争实践中化为现实。

“文化大革命”末期的1975年1月，第四届全国人民代表大会第一次全体会议对1954年宪法作出重大修改，重新制定的1975年宪法集中体现了毛泽东晚年实践探索的理论和“成果”。但这些“成果”，特别是

“无产阶级专政条件下继续革命”的理论体系及其指导下的“文化大革命”实践，已被实践证明是不成功的。1975年7月的一个夜晚，在白内障摘除手术撤除纱布后，毛泽东一卷在手，读到南宋陈亮《念奴娇·登多景楼》词中“危楼还望，叹此意，今古几个曾会”一句时，无尽感伤一时涌上心头，起初是低声抽泣，进而竟至泪雨滂沱、号啕大哭，类似的情绪失控，在他晚年还有多次。[25]

曹雪芹“于悼红轩中披阅十载、增删五次”撰就一部《红楼梦》，一首绝句“满纸荒唐言，一把辛酸泪！都云作者痴，谁解其中味”，道尽内心悲凉。毛泽东一生对《红楼梦》眷爱优渥，但他晚年精神之痛楚、思想之悲苦，可能远在曹公之上。

历史最无情也最公正，它“总是按自己的逻辑向前演进”，忧患兴邦、勤成嬉荒，是一般法则。曹雪芹“十年辛苦不寻常”，哭出惊世巨著；毛泽东筚路蓝缕悲苦辞世，奠定旷世基业。“天若有情天亦老，人间正道是沧桑”，毛泽东身后的中国社会主义制度地基稳、框架牢，经过40年改革开放洗礼，终究在险象环生的内外环境剧变中站稳了脚跟，并在自身不间断的伟大变革中焕发着勃勃生机。在纪念毛泽东诞辰100周年、110周年和120周年大会上，江泽民、胡锦涛、习近平明确指出，以毛泽东为代表的中国共产党人确立了社会主义基本制度，成功实现了中国历史上最深刻最伟大的社会变革，为当代中国一切发展进步奠定了根本政治前提和制度基础。习近平总书记特别强调：“他的名字、他的思想、他的风范，将永远鼓舞我们继续前进。”[37]

放眼当今世界、展望前方道路，中华民族如行进在高风急浪海面上的一艘巨轮，伟大复兴的彼岸虽已遥然可见，但激流暗礁遍布、风险挑战甚大、自身问题积累颇多。毛泽东当年担忧并试图解决的那些问题仍在深刻地困扰着我们，我们已经知道毛泽东的实践探索充满曲折和波折，我们还应该知道这些曲折和波折是如何发生的，我们尤其不能因为这些曲折和波折而回避他提出的问题、否定其艰苦探索的正面价值。

托尔斯泰说“文学使人靠近”，毛泽东看待《红楼梦》的独特视角、阅读评论《红楼梦》的独到见解以及将《红楼梦》引入政治领域的独家手法，给我们理解和感悟毛泽东的内心世界提供了一把特别的钥匙；培根说“历史使人明智”，毛泽东时代正在历史长河中渐行渐远，而《毛泽东年谱》《毛泽东传》《毛泽东文集》等能够反映其平生思想和实践历程的文献相继出版，记录毛泽东实践言行的许多回忆文章和相关研究成果相互汇集、日益深入，给我们开展相关解析工作提供了现实可能。

为什么是《红楼梦》而不是其他作品，能够引起毛泽东长时间反复阅读并引发其深彻的思想共鸣呢？为什么是《红楼梦》研究问题而不是其他问题，被毛泽东选中成为巩固社会主义制度的起手式并最终演变得烟云模糊呢？

因为，毛泽东说过，《红楼梦》，我是把它当历史读的。

事情，还要从《红楼梦》是一部什么样的书和毛泽东如何读书，以及他希望我们从《红楼梦》中读到些什么谈起。

第一章

《红楼梦》是中国古典文学最好的一部：

五帝三皇神圣事，骗了无涯过客

我国过去是殖民地、半殖民地，不是帝国主义，历来受人欺负。工农业不发达，科学技术水平低，除了地大物博，人口众多，历史悠久，以及在文学上有部《红楼梦》等等以外，很多地方不如人家，骄傲不起来。[1]

——1956年4月25日，毛泽东在中共中央政治局扩大会议上的讲话，即《论十大关系》。

中国古代小说写得好的是这一部，最好的一部，创造了好多文学语言呢。[2]

——1973年12月21日下午，毛泽东在中南海游泳池住处接见参加中共中央军委会议全体成员时的谈话。

乾隆四十五年（1780），和珅向皇帝进呈《红楼梦》抄本，“然不知所指，高庙阅而然曰：‘此盖为明珠家事作也。’后遂以此书为珠遗事”[3]。此说可以理解为，乾隆帝在1780年看了《红楼梦》，认定此书系写康熙朝大学士明珠家事。这时的乾隆帝已是古稀天子，涉世深广、阅文无数，有此淡淡一论，竟于不经意间夺得红学索隐先声。《红楼梦》后来流播甚广、名声日隆，百余年后竟蜚声中外，占据中国古典文学巅峰位置，成为“前不见古人、后不见来者”的旷世奇作；《红楼梦》研究更是遍地开花、风起云涌，红学竟与甲骨文学、敦煌学并称三大汉语显学，这些都是乾隆帝开腔论红时想象不到的。相比此后评论者毫不吝啬的誉美、雅仰之词，毛泽东称《红楼梦》是中国古代小说写得最好的一部，可谓通俗质朴而又无以复加，这些恐怕更是封建正统史家根本难以理解，也无法认同的。

中国正统文脉讲究“文以载道”，正史大家一向看重经、史、子、集，于文学一途，主要看重能够表达“修齐治平”者雅洁情志的诗词歌赋，讲述野史趣闻和怪异之事的小说历来地位颇低。毕竟“小说”之所以被称为“小说”，本身就是一种歧视性称呼。鲁迅认为，小说是人们劳作之余必要寻一种事情以消遣闲暇。这种事情，就是彼此谈论故事。我国古典文言小说成熟于唐，白话小说成熟于明，但小说的发展终究只能在民间涌动生灭，而难登封建主流文化大雅之堂，更不可能得到官方意识形态的赞许鼓励和实际支持。乾隆帝下令组织编纂《四库全书总目》讲到小说时说，“唐宋而后，作者弥繁。中间诬谩失真，妖妄荧听者固为不少，然寓劝诫，广见闻，资考证者，亦错出其中……然则博采旁搜，是亦古制。固不必以冗杂费矣。今甄录其近雅驯者，以广见闻。惟猥鄙荒诞，徒乱耳目者，则黜不载焉”。

在这种思想指导下，康乾之世对小说等文学创作基本持钳制、否定态度。康雍乾祖孙三代皇帝接力赛般屡兴“文字狱”，其中又以乾隆朝最多最狠，对文学创作负面影响最大。乾隆帝兴文字狱135起，占清朝

80%以上，这些文字狱少则牵涉百人，多则牵涉万人，“动辄凌迟、灭族、妻女卖为奴隶”[4]，文网之密、文祸之奇远超其祖其父。

在文化高压政策钳制下，士人为避文祸，大多一头钻进故纸堆里搞考据训诂之学，不敢写诗言志、不敢著文论政，小说创作迅速失去明末势头，小说家的地位从《明史·艺文志》第四位降至《清史稿·艺文志》第十二位。万马齐喑之时，曹雪芹和他的《红楼梦》犹如巨石缝隙中的一株嫩苗，在缺水、缺阳光的条件下，能够巧避“一年三百六十日，风刀霜剑严相逼”[5]，忽喇喇长成为一棵“明媚鲜妍”的参天巨木。

◆ 横看成岭侧成峰:《红楼梦》及红学的前生今世

《红楼梦》的成书时间，向来论家纷争、众说纷纭，笔者暂依其成书应在乾隆二十五年（1760）前后之说[6]，作者曹雪芹为康熙帝侍卫、奶兄曹寅之孙，曹颙遗腹子。曹家先祖从龙入关，曹玺、曹寅、曹颙（曹頫）三代四人任职江宁织造达57年之久，是与康熙帝渊源极深的百年望族、心腹内臣。

雍正六年（1728），曹家因涉政争被抄。曹雪芹当时年岁尚小，随家获罪迁回北京，靠朝廷发还崇文门外蒜市口的少量旧置房屋度日。在《红楼梦》创作方面，家族老人“闲坐说玄宗”式的回忆，旧时亲族之间走动的见闻，从天上跌落人间后与底层百姓广泛接触，是其主要的创作素材来源；仕途受限的获罪之身、狷狂孤傲的独特个性，是其主要的创作驱动力量；曹雪芹深刻的哲学思辨能力、惊人的文学才华、厚实广博的汉文化家学积淀，是其创作成功的坚实基础。1760年前后的中国社会发展，正处在清“康乾盛世”中后期，清朝入主中原已过百年，社会贫富分化严重、新经济因素虽有发生但极其缓慢、文化上的高压政策有增无减，《红楼梦》诞生于这样的时代背景下，为免招“文字奇祸”，只能使用“假语存焉”（贾化、贾雨村），而将“真实隐去”（甄费、甄士隐）。曹雪芹的创作实属戴着脚镣跳舞，在贫病交加中用如椽巨笔给中国文学史留下了一座最高丰碑，用他自己的话说，真可谓“字字看来皆是血，十年辛苦不寻常”。

《红楼梦》之前的中国传统小说，大多是以民间话本为基础整理出来的作品，算不得文人原创。《红楼梦》完全跳出传统小说从正史和佛道神话中取材演绎的套路，首开架空历史背景之先河。曹雪芹自己搭建起一套独特的神话体系和复杂的故事架构，以处在末世的封建贵族贾、王、薛、史“四大家族”，特别是贾家的宁国府、荣国府“盛筵必散”的盛极而衰为背景，以描写贾宝玉、林黛玉的爱情悲剧为主线，笔触细腻入微，文字精准灵动，全景式地描述了中国传统社会的社情、家情、人情百态，刻画了400多个文学人物，场景之宽宏、体量之大、涉及范围之广、哲学追问之深，均远超其他优秀的中外文学作品，具有极高的思想文化价值、社会史料价值和文学艺术价值，在鲁迅先生眼中是一部将“传统的思想和写法都打破了”[7]的奇书，被公认为是“封建社会的百科全书”。《红楼梦》成书后，脂砚斋、畸笏叟等先睹亲友不断批阅、传抄，形成了许多带有评语的手抄版本，但八十回以后的内容在传抄过程中散佚，曹雪芹可能并不知情，于乾隆二十八年（1763）春壮年病逝。命运多舛固然是《红楼梦》极为遗憾之事，但残缺的文本命运与情节的悲剧色彩相吻合，客观上却让《红楼梦》的迷人程度更胜一筹。乾隆帝看到的是哪个手抄本、是否全本，现已无从考证，可以推断的是，乾隆帝看到《红楼梦》的时间并不算早，现存最早的甲戌本抄于乾隆十九年（1754），之后不断有手抄本在市面流传，“好事者每传抄一部，置庙市中，昂其值得数十金”[8]。

乾隆五十六年（1791）、五十七年（1792），程伟元特邀好友高鹗将其“数年以来自藏书家”购得的廿余卷和“一日偶与鼓担上”重价购得的十余卷残本编辑整理，补写为后四十回，并对前八十回文字修补后两次刻版排印。《红楼梦》问世后，以高超的文学艺术性受到热烈追捧，其深刻的思想性、庞大的体量、杂多的版本、独特的写作手法、作者的神秘家世等也成为众多论家的关注重点，并由此诞生和形成了拥有全球众多方家的“红学”。

中国自古以来就有注经解史的传统，并由此产生和发展出了专门的经学、史学。文学作品吸引注家目光晚至明代，金圣叹评《水浒传》、李卓吾评《西游记》、毛宗岗评《三国演义》都很精彩。在整个评注界，像《红楼梦》这样以一部文学作品为研究对象而称“红学”，绝世仅有。

注经、解史、评文，素来就有“我注六经”和“六经注我”之说，二者的本质区别，在于注者、解者、评者的主观意念、主观立场对母体作品的介入程度不同。“我注六经”式的注解评，着眼的是过去，是对母体作品产生背景、内在涵义的解读，目的是为了让人看明白经史文本身的含义；“六经注我”式的注解评，属二次创作性质，是作者立足自己的实践背景和价值立场，发挥和借用母体作品的一种新的创作活动，着眼的是当下和未来，目的是为了让人看明白注者自己的心思。写于千百年前的经史文，能够穿透时间设下的层层铁幕，在时代变换中始终作为一种“活”的存在，不断焕发出新的时代价值，除母体作品伟大外，大量子作品作为维护品、补养品，也功不可没。

《红楼梦》研究，基本上是与《红楼梦》成书同步或稍晚开始的。脂砚斋、畸笏叟等人当属先睹的有幸一代，也是最早的红学研究者，他们可能是作者的亲朋，也可能是作品创作的参与者，对《红楼梦》的评注更多是“我注六经”式的。

《红楼梦》问世之后的研究者则离开了作品的创造环境，逐步走上了“六经注我”式的研究道路。这种性质的红学研究起步之初，大多以探索小说故事隐藏的历史真相为主，乾隆帝说是“明珠家事”，周春说是“金陵张侯家事”，也有人说是“傅恒家事”，但这些所谓研究最初大多是文人之间的笑谈戏言。周春在乾隆五十九年（1794）著有《阅红楼梦随笔》，被认为是“红学”研究的第一本专著，周春本人被认为是索隐派鼻祖。

民国时期，蔡元培坚持从《红楼梦》的故事人物中索隐历史旧事，并集之前索隐者之大成，得出了《石头记》是清康熙朝政治小说的结论，认为该书是“在吊明之亡，揭清之失”[9]。胡适随之以实证主义立场登场，否定索隐主张考据，并认为《红楼梦》是“平淡无奇”的自传体小说，“只是老老实实的描写这一个‘坐吃山空’‘树倒猢狲散’的自然趋势”[10]，考据之风迅速兴起，俞平伯、周汝昌都是考据派的重要代表。

1954年，毛泽东发动对《红楼梦》研究领域“胡适派资产阶级唯心论”的批判后，从阶级斗争观点研究《红楼梦》又领一时风气，形成了蔚为壮观的马克思主义唯物史观“红学”。1964年8月18日，毛泽东在北戴河与几位哲学工作者谈话时说，“《红楼梦》写出来有二百年了，研究红学的到现在还没有搞清楚，可见问题之难。有俞平伯、王昆仑，都是专家。何其芳也写了个序，又出了个吴世昌。这是新红学，老的不算。蔡元培对《红楼梦》的观点是不对的，胡适的看法比较对一点”[11]。以毛泽东这段评论为依据，学界一般将蔡元培及之前的索隐派称为旧红学，将胡适、俞平伯为代表的考据派称为新红学，将毛泽东等为代表的历史唯物主义派称为马克思主义红学。谈“新”论“旧”之间，隐然存在着一条进化论的逻辑，也就是新红学的出现是以批判和推翻旧红学为基础的，马克思主义红学的产生，又是以批判和推翻胡适资产阶级唯心派新红学为基础的。

新旧红学的划分方式，在毛泽东时代是合理的，因为那是历史发展的峡谷期。所谓历史峡谷期，是指社会矛盾积累到十分尖锐对立的程度、时代主题高度集中、各种思想力量激烈碰撞的一种情形，犹如宽阔平静的江河水进入急速下泄的峡谷当中，万流归一，主流奔腾倾泄，涤荡着一切污泥浊水，其情形正如黄河壶口瀑布及其下浊浪排空的十里龙槽。毛泽东在《在延安文艺工作座谈会上的讲话》中指出：“在现在世界上，一切文化或文学艺术都是属于一定的阶级，属于一定的政治路线的。”[12]“你是资产阶级文艺家，你就不歌颂无产阶级而歌颂资产阶级；你是无产阶级文艺家，你就不歌颂资产阶级而歌颂无产阶级和劳动人民：二者必居其一。”[13]讲的就是这样的道理。

《红楼梦》诞生后不过百年，中国就进入了以“救亡图存”为唯一主题的历史峡谷期，研究《红楼梦》的红学家们也超越不了时代。

乾隆帝认为是“明珠家事”，整个清代的《红楼梦》爱好者虽众说纷纭，但基本上跳不出探究故事原型的索隐路子，区别无非是对于故事背后的真相为谁家的认识不同罢了。究其主因，大体是他们在思想认识上，难以摆脱封建思想文化的影响或者对其仍有深深迷恋，所谓的红学研究，只能是陷于其中不能自拔而已。

学问广博的胡适，一口咬定《红楼梦》“只是老老实实的描写这一个‘坐吃山空’‘树倒猢狲散’的自然趋势”，是“平淡无奇”的自然写实主义。主要是因为，胡氏见到了清帝逊位和民国议和，站在资产阶级改良派立场上，秉持着封建社会必然自动消亡并被资本主义社会取代的思想，在画地为牢中限制了自己。信仰政治改良主义的胡适始终理解不了共产党的革命思想，终生都只能站在美国和蒋介石一边，最后在美国待不住，还是跑到台湾去为蒋氏帮闲、装点门面。有意思的是，胡适1962年在台湾去世后，蒋介石一面前往祭悼，亲书挽联称其为“新文化旧道德的楷模，旧伦理新思想的师表”，一面在当天日记中写道，“闻胡适心脏病暴卒，对革命事业确实去除了一个障碍”。毛泽东公开发动批判“胡适派资产阶级唯心论”运动后，却在1956年与知识分子谈话时说，胡适这个人真顽固，托人带信劝他回来，也不知他到底贪恋什么？批判总没有什么好话，说实话，新文化运动他是有功劳的，不能一笔抹煞，应当实事求是。一个政治思想跟不上时代发展的思想家，实际境遇如此尴尬，足见历史峡谷期时代主流冲刷威力之巨大。

毛泽东以马克思主义立场看待红学研究，势必会从人民主体和革命的思想立场出发，以唯物史观分析《红楼梦》，必然会将全书的第四回作为总纲，看到的必然是阶级斗争和人民必胜。走出历史峡谷期之后的情况又有不同，历史的激流来到宽阔地带，重现主流与多个支流共存共生、汇分变换的情形，事物发展大多呈现出一个面上的多样性，即在多条线上同时发展演变的情况。

《红楼梦》是一部百科全书式的优秀作品，犹如耸立在中华民族文学史上的一座巍巍高山，供无数学者攀登、赏游。如果是登山比赛，必然是你追我赶式的互相超越；如果是自在欣赏，必然是各得其乐式的随意游走。由于这座山太高太大，本身就有万千沟壑纵横、数百奇峰妖娆，其间又有千红万艳、飞瀑潺流，任何一条沟壑、一座山峰，都有可能阻挡赏析者的脚步，让他不愿挪开或者不能前行，任何一棵树、一枝花、一块石头、一处溪水，都有可能吸引赏游者的注意力，让他深陷沉迷以至流连再三。再加上《红楼梦》是一部没有完成的作品，文字上的前后不一、人物命运发展变化有预言式结果，过程却残缺，这些一般作品的大忌，在这部作品里却像高山上的云雾缭绕、断崖叠瀑、溶洞怪泉一样，显出另样的美学魅力。面对这样一部作品，本就会见仁见智，再加上众多评读者的思想立场、个人阅历、专业特长、知识素养差异甚大，“一入红学深似海、立足自身去理解”就是一种必然现象。鲁迅先生说，一部《红楼梦》，经学家看见《易》，道学家看见淫，才子看见缠绵，革命家看见排满，流言家看见宫闱秘事。走出历史峡谷期的红学发展情况再次证实了这一点：新红学并没有取代旧红学。在马克思主义红学大发展的同时，索隐红学卷土重来、考据红学屡开新局；还有许多《红楼梦》研究者不索隐、不考据、不研究历史背景，主张欣赏小说的文学之美者有之，利用小说开发商品者有之。当真只要是“良辰美景奈何天”，必有那“姹紫嫣红开遍”。

红学经历20世纪前80年的线性发展和后20年的面上展开之后，红学界曾于21世纪即将到来的1997年，在曹雪芹埋骨之地北京组织召开一次红学研讨会，对红学发展进行回顾和展望，有学者提出红学研究要有新的研究范式，体现出主流红学家们希望《红楼梦》研究真正“学科化”的强烈企图。红学家们未必能够认识到，**红学的真正生命力在于政治庙堂、学术殿堂和民间厅堂三者有张力的互动，特别是在中国社会发展实践更加波澜壮阔的新时代，红学注定会在更加宽广的维度上展开，不可能蜷缩起来变成象牙塔里的学问，任何企图将《红楼梦》研究定于一尊、建立“范式”的努力，恐怕都是徒劳的。**上述研讨会之后的红学发展实践，也证明了这一点。

如果我们仔细考察，走出历史峡谷期的红学发展更像是以《红楼梦》这部小说为中心，在一个四维空间中向不同方向展开。截至目前大体可以归纳为历史索隐、作品考证、商业开发、文化解析、文学欣赏和史料价值六个展开方向，今后可能还会有第七个、第八个方向，甚至更多。考察红学发展流变的历史过程，每一个方向的产生和发展，都与时代风潮密切相关，在此之下，才是研究者的政治哲学立场、个人现实使命、思想文化素养、所处环境志趣等。

历史索隐方向。胡适说索隐派是“猜笨谜”，这种谜猜了200多年，不同时期的索隐重点都带有明显的时代特点。比如，前清的红学索隐大多认为是暗指谁家家事，辗转相传为更多人接受的是明珠家事说，认为贾宝玉原型是明珠次子纳兰容若；辛亥革命前后的红学索隐则指向吊明、排满的宏大政治命题，认为贾宝玉暗指清朝皇帝玉玺；改革开放后卷土重来的索隐路子则显得光怪陆离，与当时社会氛围中“气功”盛行、异能之士满街跑的乱哄哄景象基本相符。索隐派起于猜测，止于猜测，犹如一个谜面并不规范的谜语，谜底是如流水般发展变化的时代风潮，恐怕只会不断翻新，却不会被批倒或者自行退去。《红楼梦》索隐，也是一个观察时代风潮变化的窗口。

作品考证方向。胡适于1921年发表《红楼梦考证》，以大量资料论证《红楼梦》是以作者身世经历为底本的自传性文学作品，其目的全在于推销自己的实证主义哲学观和多研究问题、少谈些主义的改良主义政治观。胡适自己说，我的几十万字的小说考证，都只是用一些“深切而著明”的实例来教人怎样思想。但是，在这些文字里，我要读者学得一点科学精神，一点科学态度，一点科学方法。科学精神在于寻求事实，寻求真理。科学态度在于撇开成见，搁起感情，只认得事实，只跟着证据走。科学方法只是“大胆的假设，小心的求证”十个字。[14]

商业开发方向。一大批人钻进小说去考据建筑、服饰、饮食、医药等等，有的考据越来越细微，某一道菜如何做、某一个药方治什么病、疗效是否有据等，进而派生出了大观园建筑复实、拍摄相关影视剧、卖红楼梦酒、红楼梦人物扑克、做贾母生日宴，等等。胡邦炜先生在考察这一现象之后认为，这是商品经济条件下难以避免的必然产物。社会转型时期的思想纷纭和道德无序，重物质而轻精神的普遍价值取向和追求轰动效应的浮躁心理，都使得类似现象必然层出不穷。

文化解析方向。企图从《红楼梦》中破解中国传统文化、中华民族道德价值谱系，以保持中华文化的血脉，在新世纪寻回失落的人文精神和传统价值的根基。这样的努力近些年已有成效并在持续深化中，可以看作是红学界响应中央要求，增强文化自信，为构建中华民族共有精神家园作出的积极尝试。

文学赏析方向。纯粹的文本欣赏，近些年有遍地开花之势，其中又尤以台湾学界为盛，就连台湾学者自己也说研究《红楼梦》，多半侧重文本欣赏。无论是蒋勋的佛经说，白先勇的文本人物欣赏说，还是欧丽娟的“复杂精神”说，都显露出明显的“见树不见林”，而把研究局限于执着文本内部（人物、文字、象征）的倾向。台湾学者企图将自己的心灵和精神封闭进一本书里，汲汲于遗民情怀，拒绝观察外面的世界，类似情绪近些年显得愈加强烈。深层原因在于，少数“台独”小丑聒噪“去中国化”，导致根在大陆、心系中华的岛内文化界进退失据、只能回避。

受历史上线性冲突理论和实践惯性影响，以上五个方向的红学研究发展，各方向往往结为门户、是我非人，相互攻伐否定。其实，这样的自结门户毫无必要，在外人看来也显得多少有些可笑，大家所处时代和环境不同，对《红楼梦》的感受和理解自然会有差异，这种情形下的攻伐否定与相声中的“关公战秦琼”似有偶合乃尔。“六经注我”现象的存在和蓬勃发展本身就说明，历史和现实承认阅读者、接受者和运用者以各自的角度介入文学作品的必然性和合理性。也有学者甚至明确提出，如果没有读者的多样性的介入，文学活动并不算最终完成，既成的文学作品也就不可能真正“活”起来。[15]

面对《红楼梦》这座巍峨的文学高山，所有的解读者都戴着一副或政治、或经济、或文化的眼镜。时代给红学发展提供主题，社会政治经济文化发展给红学研究提供养分，只要能够守住法律道德和学术规范底线，或自成一说，或自得其趣，任何“一家之言”都不为无宜。况且，像《红楼梦》这样高山仰止的宝藏式作品，本就不是一家之言能够独步江湖的，在奔腾的时代主流之外，激溅出朵朵浪花纵情飞舞、散发出几支细流低吟浅唱，这样的画卷比之单纯的一流直泄，要丰富、有趣、耐看得多。这些浪花、支流，经过时间的沉淀，不靠谱者自然会被淘汰，有价值的留下来自能汇涓成溪、集腋成裘，在互相补充、互相映衬、互相借鉴中不断深化、不断丰满。曾任中国红楼梦学会会长的冯其庸先生长期致力于《红楼梦》研究，他曾著文详细阐述自己解读《红楼梦》的心路历程，最终结论正是上述包容开放的态度：“《红楼梦》是历史、是社会、是人生、是艺术，而归根结底，它是人生的历史长卷。在这个长卷里，人们可以各有取舍，各有所悟，各有会心。总之，能悟其大，得其要，斯为得矣”[16]，并认为“让《红楼梦》留些悬念，也未尝不是有趣的事”。斯人已逝，后学无缘当面请教，所谓“其大”“其要”，关键恐怕还是要与时代主题同频共振，只要时代发展的脚步不停歇，《红楼梦》的悬念也将永远存在。

◆ 拿起唯物史观的锄头：“书痴”毛泽东及其红学观点

毛泽东阅读评论和推荐《红楼梦》开创的马克思主义红学，可以视为开宗立派的史料价值方向，即第六个方向，也就是“把小说当历史读”，从中找到解决现实生活中遇到的矛盾和问题的思路办法，这也是毛泽东作为革命家和政治领袖，读书治世的惯常路子。

陈晋先生说：“在中外历史上，像毛泽东那样酷爱读书，并且读有所得，得而能用，用而生巧的革命家、战略家和理论家，非常罕见。”[17] 毛泽东一生读了多少书，谁也无法统计清楚。目前知道的是，在他去世后，留在中南海住处的书籍就达1万多种、近10万册，他睡觉的硬板床做了特别加宽，有一大半位置是放书用的。他与书形影不离，战争年代每到一地先找书籍和报纸。江西时期给远在上海的中共中央写信汇报工作，也不忘要求“另请购书一批”，并“务请勿以事小弃置”。长征时带着书，红军到毛儿盖，毛泽东躺在担架上读书，看见刘英走过来就说，“刘英，实在饿，炒点麦粒吃吧！”一边看书、一边抓着麦粒吃。撤离延安时将带不走的书埋藏起来，大部分则随他转战陕北。新中国成立后每逢出差也总是事先开出书单、与书同行。读书就是毛泽东的生活方式，他在延安时期曾说：年老的也要学习，我如果再过十年死了，那末就要学九年零三百五十九天。[18] 毛泽东是1976年9月9日凌晨逝世的，前一天的9月8日，重病中的毛泽东已是弥留状态，一时昏迷一时清醒，口不能言，得靠工作人员将书举到眼前阅读，他当天醒来16次，阅读16次，直至下午4时37分最后一次昏迷为止。

毛泽东读书，可谓“图书馆式”的海量阅读和“研究生式”的深思细读。他广纳善用，历来反对死读书、读死书，特别瞧不起迷信本本的教条主义者，甚至贬损其“连狗屎都不如”。正如陈晋先生所言，有三根柱子支撑着毛泽东的读书世界：一根叫“无信不立”，也就是他在读书时有自己的信仰、信念和立场；一根叫“无学难为”，也就是读书的目的全在于增长学识和提高解决实际问题的本领；一根叫“无实必败”，也就是从书本中所悟所得必将用来指导实践并接受实践检验。

毛泽东在他人生的不同阶段，针对不同的形势任务，总能将实践之感与读书所思交会融通，着眼现实问题、解决现实问题。青年时代，他立志“读书要为天下奇，即读奇书，交奇友，做奇事，做奇男子”，人称“毛奇”。[19] 救亡图存的信念支撑他从书中寻找真理，在他接触马克思主义之前的1917年至1918年，仅一本德国哲学家泡尔生的《伦理学原理》，他就在仔细通读的基础上作了12000字的批注。这本书在学生时期被同学杨韶华借走，1950年才委托周世钊带至北京奉还，毛泽东手抚旧书感慨：只因那时我们学的都是唯心论一派的学说，一旦接触一点唯物论的东西，就觉得很新颖，很有道理，越读越觉得有趣味。[20] 正是在这样的发愤读书中，毛泽东确立了马克思主义信仰，并矢志不渝地为之奋斗终身；革命战争年代，他在硝烟中、油灯下读书立说，特别是到延安后“憋着一口气恶补”马克思列宁主义理论，硬啃经典作家主要著作、集中总结中国革命的历史经验教训，形成了一整套关于中国革命和战争的战略策略思想，伴随着他大批著作的问世和传播，中国共产党有了自己的思想灵魂和独立成熟的理论体系。当时为了写《论持久战》，毛泽东把自己关在窑洞里九天九夜没有出门。警卫员后来回忆：“他九天九夜不休息，就是铁人也要熬倒了啊，主席当时真是拼了命了。”[21] 新中国成立后，毛泽东积极探索建设社会主义的中国道路，他在全党相当迷信苏联经验中保持着政治清醒并很快提出，“最近苏联方面暴露了他们在建设社会主义过程中的一些缺点和错误，他们走过的弯路，你还想走?”[22] 在刻苦自学的基础上，他还多次组织学习小组集中研究马克思列宁主义经济学经典著作。晚年面对中苏对峙压力和“文化大革命”的乱象，他大量阅读南宋辛弃疾、陆游的诗词以壮情怀，阅读陈亮、张孝祥词作和汉代的《风赋》《月赋》《枯树赋》等，以疏解情绪、寻求精神和心灵慰藉。台湾学者蒋勋浸淫中华传统文化几十年，在总结读书体会时讲了三条，一是致广大而尽精微，二是无处不在的阅读才是真正的阅读，三是文学不见得只是文学。蒋勋先生的这三条总结，可以视为毛泽东读书精神的恰当注脚。

在无止境的精神和实践追求中，毛泽东通过读书一步步开拓自己的知识领域，一步步使自己成长为站位高度、视野宽度、思想深度和政治敏锐度远超时代、冠盖古今的学习典范和英雄巨人。他在延安时期曾说："有了学问，好比站在山上，可以看到很远很多的东西。没有学问，如在暗沟里走路，摸索不着，那会苦煞人。"[23] 推及诸人，他曾多次向全党特别是党的高级领导干部开列书单，经常向身边工作人员或者熟悉的同志推荐特定书目。毛泽东阅读推荐较多的书可能要算《共产党宣言》和《红楼梦》。

毛泽东在《论十大关系》中讲到，中国除了地大物博，人口众多，历史悠久，以及在文学上有部《红楼梦》等等以外，很多地方不如人家，骄傲不起来。三联书店编辑部在出版《毛泽东的读书生活》时加写的《写在前面》里说，"他最喜欢《红楼梦》，把《红楼梦》当历史来读，不但自己反复读，也劝别人反复读"[24]。读《红楼梦》、品《红楼梦》、研究和推荐别人读《红楼梦》，可谓是毛泽东的一生偏好。他自己说"《红楼梦》我至少读了五遍"，还要求别人"最少看三遍，不看三遍没有发言权"。根据相关资料，毛泽东最早接触《红楼梦》是1913年在长沙第四师范学校读书期间，此后他对《红楼梦》相关内容的引用、转用、评论和推荐就没有停止过，特别是在推荐别人阅读方面，甚至到了见人就说"看没看过""看了几遍""一定要看"的程度。

《红楼梦》作为伟大的文学作品，魅力超凡。酷爱读书、又具有极高文学素养的毛泽东喜欢《红楼梦》到着迷的程度是正常的，毛泽东曾多次坦言自己对《红楼梦》所塑造的人物、所使用的语言等高超文学艺术水平的高度欣赏。1954年9月11日恰逢中秋节，第一届全国人民代表大会筹备就绪，会议代表们正在陆续进京，心境颇佳的毛泽东夜读《红楼梦》，在第十九回"情切切良宵花解语　意绵绵静日玉生香"的尾部挥笔写下了一大段文学分析性批注，相关分析精彩细腻，尽现大家功力：

此回是一篇伟大的现实主义作品。

情切切段，是将两种人生观相互冲突的爱情，用花一样的语言，切切道出。宝玉与袭人相爱，两者都是诚恳的，但他们性格不同，思想有矛盾，无法统一，在袭人看宝玉，是：性格异常，放荡驰纵，任情恣性。而宝玉对袭人，也只能“坐八人轿”慰之。

意绵绵段与前段相反，这里是将同一人生观相互结合的爱情，像玉一样的光辉，香一样的气氛，绵绵地喷发出来，宝玉与黛玉的相爱，不光是真挚的，而且建筑在思想一致的基础上，是任何人不能相比的，故宝玉说“见了别人，就怪腻的”，他把黛玉比作“真的香玉”。而黛玉说：“真正你是我命中的妖魔星。”

在袭人的口中，听到切切的箴言，故待之以八人大轿，从黛玉的身上，闻到绵绵的幽香，故比之以优美的童话。[25]

但是，毛泽东毕竟不是普通的文学爱好者，也不是专门的文学评论家，他集战略、理论、政治等多个大家于一身，举世闻名的身份是马克思主义革命家，他自己最在意的身份是教员[26]，毫无疑问他正是一位伟大的革命导师。就在这段文学分析性批注写下一个月后，1954年10月16日“一信激出千层浪”，以发动《红楼梦》研究问题批判为开端，他将《红楼梦》推入中国政治舞台中心，历时二十余年而热情不减，就绝不是一句“个人爱好”能够诠释的。

毛泽东说《红楼梦》是中国古典小说中写得最好的一部，有着极为丰富的社会史料。这是将《红楼梦》与其革命导师的身份相联系，敲骨吸髓，读出了小说是什么、社会怎么了、革命为什么的个中三味。这三个问题，是史料价值方向的核心问题，就其哲学高度、历史深度和实践力度来说，一则对研究客体也就是对小说本身的质量要求极高，二则对研究主体也就是对解读者的知识素养要求极严。毛泽东提出相关要求后，由于其特殊的政治身份，自然应者云集，但大多数研究主体作为政治上的追随者，由于缺乏毛泽东的政治情怀和政治站位，有的甚或纯属政治投机，所受启发要么离题万里、要么剑走偏锋。仅就《红楼梦》研究而言，离题万里者，主要表现为无原则呼应“阶级斗争论”，从书本里竟然读出“作者（曹雪芹）是站在农民的立场上或者市民的立场上”，而且“是正在酝酿着起义的农民或代表资本主义萌芽的市民”，被何其芳称为“老的牵强附会再加上新的教条主义”现象；剑走偏锋者，像林彪看了《红楼梦》，对贾雨村打发门子一节感悟出“勿过密，亲则疏”的六字邪术，江青看了《红楼梦》，对贾宝玉的婚事感悟出“母党与父党斗争，母党胜利了”的怪诞逻辑等。毛泽东开创史料价值方向，则是以其马克思主义政治家的深厚理论功底，在认识和把握中国社会发展规律层面感悟深刻，他感悟到的是“道”。

毛泽东作为革命导师，对现实社会介入极深、把握极准。他看小说，主要是从作品与现实生活的联系中来理解其内容，从作者所持立场中把握其价值，从作品体现出来的才情才华中评论其成就。对小说的评价和运用，是毛泽东的历史观、哲学观和文学观综合作用的结果，根本支撑点是其彻底的唯物史观。1926年，毛泽东在广州农民运动讲习所讲过这样一段话：中国的历史甚多，而小说史如《三国》《说唐》《水浒传》《说岳》等，都是看过的，昔人的思想，多偏袒统治者及地主阶级。我们是革命者，这种思想，是不可要的。我们要造一个锄头，这个锄头，马克思已经造出来了，即唯物史观。[27]

唯物史观，也叫历史唯物主义，是马克思主义关于人类社会发展一般规律的根本观点，也是认识和改造社会的一般方法论。需要特别强调的是，**马克思主义哲学所谓“唯物”之物，主要是指有血有肉的人及人的实践活动，绝不能庸俗化地理解为看得见、摸得着的所谓物质，更不能由此庸俗化理解演绎歪曲出离题万里的拜物主义、拜金主义。**唯物史观认为，“一切社会变迁和政治变革的终极原因，不应当到人们的头脑中，到人们对永恒的真理和正义的日益增进的认识中去寻找，而应当到生产方式和交换方式的变更中去寻找；不应当到有关时代的哲学中去寻找，而应当到有关时代的经济中去寻找”[28]。1964年春，面对复杂严峻的国际国内形势，毛泽东“以辩证唯物主义与历史唯物主义的深邃眼光来看待几十万年前至今的人类发展史和社会发展史”[29]，用一首《贺新郎·读史》重申1945年就已申明的鲜明政治立场：**“人民，只有人民，才是创造世界历史的动力。”**[30]

人猿相揖别。只几个石头磨过，小儿时节。铜铁炉中翻火焰，为问何时猜得，不过几千寒热。人世难逢开口笑，上疆场彼此弯弓月。流遍了，郊原血。

一篇读罢头飞雪，但记得斑斑点点，几行陈迹。五帝三皇神圣事，骗了无涯过客。有多少风流人物？盗跖庄蹻流誉后，更陈王奋起挥黄钺。歌未竟，东方白。[31]

这就是毛泽东眼中的历史，这就是毛泽东笔下的哲学：历史属于人民，唯物史观就是人民史观。反映客观世界的小说，在他这里就是对历史的形象化描述。通过小说等文学作品了解社会历史，感受和分析不同阶级在社会政治经济生活中的地位和作用，并以此阐发政治道理、教育干部群众，是毛泽东很重要的一个学习、思考和工作方法。毛泽东在不同时期对一些文学作品特别是几部古典名著的评论，大多体现出这一点。在他看来，《三国演义》仍然是一部帝王将相的通俗史，人民在里面没有地位，作者是站在刘汉王朝立场上说话，将代表历史进步势力的曹操骂为“一代奸雄”；《水浒传》反映宋代的社会政治情况，有些人民立场，颂扬的英雄人物多半来自平凡的社会底层，是被逼上梁山，所谓官逼民反，但不彻底，好就好在投降，做反面教材，使人民都知道投降派；《金瓶梅》反映宋代的经济情况，暴露了封建统治，揭露了统治者和被统治者的矛盾，也有一部分写得很细致，但自己没有立场，只是那么揭露，人们不爱看；《西游记》是反官僚主义的，玉皇大帝是很专制的，一定会被打倒。孙行者很多，就是人民。[32]

我们不妨拿起“唯物史观的锄头”，来看看毛泽东笔下“人世难逢开口笑”的历史是如何演进的，或者说来看看《红楼梦》所反映和描写的“末世社会”是如何形成的。

◆ 你方唱罢我登场：精英史观和各路精英势力兴衰考

马克思主义追求全人类共同的彻底解放，反对任何剥削和压迫，是最彻底的以人民为中心的政治发展观，亦可称为人民史观。站在马克思主义立场上看，人类过往的历史是由精英史观[33]主导的完全颠倒的世界，作为历史创造者的最广大人民群众，始终处在受压迫、受剥削、受奴役的地位；占人口极少数的社会精英，譬如《红楼梦》里的薛宝钗，秉持精英主义理念建立或竭力维持统治秩序并行使统治权；大多数被统治者，譬如《红楼梦》里的花袭人，服膺精英史观并帮助他们维持这种统治，梦想着有朝一日，自己也能成为社会精英的一分子。这个颠倒的世界，由三个层面组成，即作为经济物质层面的生产力、作为所有权和分配权层面的生产关系以及作为法律制度和思想文化层面的上层建筑，前者决定后者，后者又反作用于前者。它们互相作用、不断发展变化，形成了极为复杂的系统，我们称之为“文明社会”。这样的文明社会对于广袤的宇宙不过犹如一瞬和一粒尘埃[34]，但对于人类却是全部血泪奋斗的结晶和全部情感希望的寄托。

汤因比说，“自这种社会代表性文明在6000年以前第一次出现以来，曾经先后存在过19种文明，现在只剩下其中的5种了”[35]，文明“社会瓦解的常规模式是这个正在瓦解的社会分裂成为一个拒不服从的下层与一个越来越不能有效统治的少数阶层”[36]而“自我撕裂”。这种“自我撕裂”，究其实质就是精英主义的偏执化、极端化和无节制贪婪带来迷茫腐朽，最终让整个文明系统在自我撕裂中疯狂毁灭。在地球上现存的几大文明体系中，唯有中华文明情况最为特殊，是古文明系统中唯一不废不绝、连绵发展至今者。

中华文明源远流长，暂借太史公说法，“夫神农以前，吾不知已”，只讲“诗书所述虞夏以来”[37]的事情，也就是拿信史说话。起源于黄河中下游地区的华夏文明，一般被视为中华文明正脉，生活在这一地区的众多部族从游牧、渔猎到农耕，在长期生产生活特别是在治理大洪水的实践中，不断融合并向周边地区扩展。“茫茫禹迹，画为九州”[38]，禹子启以夏为号建立起以王领政、逐层分封的血统世袭制“家天下体系”，即所谓“溥天之下，莫非王土；率土之滨，莫非王臣”[39]。自周代起，周王称“天子”，其分封者为“诸侯”。公元前770年周平王东迁洛阳，宗周变成周进入礼崩乐坏的春秋时代，“礼乐征伐自天子出”[40]，司马迁说，“春秋之中，弑君三十六，亡国五十二，诸侯奔走不得保其社稷者不可胜数”[41]。

如果从公元前2000年前后夏朝建立算起，随着行世1500年左右的血统世袭制分封体系崩溃，一股总结夏、商、周三代治理经验、反思现实社会乱象的思潮逐渐兴起，特别是民本思想觉醒，诸子百家横空出世，竞相争鸣，中华文明迎来了华夏历史上的第一次革命。

这次革命，可分为思想先声、制度变革和价值确立三个步骤。思想先声起自孔子周游列国（前496），成于商鞅亡魏入秦（前361）；制度变革起自商鞅变法（前359），成于刘邦称帝（前202）；价值确立则伴随整个过程并定调于汉武帝独尊儒术（前134），成于汉章帝召开白虎观会议（79）。三个步骤全部算下来用了575年，但其中的标志性人物孔子、商鞅和秦始皇都在前期。孔子持儒，广收弟子、周游列国传播思想种子；商鞅持法，依靠秦孝公支持，深刻改变中国传统社会结构和民众生活方式，为实现政治上的大一统打下坚实基础；始皇帝奋六世余烈横扫六合，立皇帝制度、行郡县政治，秦朝虽在其身后覆亡，但之后中国“百代都行秦政法”。

这次革命的核心环节，是起自商鞅入秦变法到刘邦灭楚称帝大约160年的制度变革，关键节点是公元前221年。这一年，秦国完成消灭六国的统一之战，秦王嬴政与廷尉李斯等商议认为：“天下共苦战斗不休，以有侯王，赖宗庙，天下初定，又复立国，是树兵也，而求其宁息，岂不难哉！”[42]乃废分封、划海内尽为郡县，建立起以皇帝制度为核心的“王朝体系”。实际上，分封制的取缔和皇帝制的确立又是以土地制度革命为前提的，或者说是土地制度革命的必然结果。

商鞅变法之前的土地制度，是“溥天之下，莫非王土”的分封制和授田制，天子将土地分封给诸侯、诸侯分封给大夫等。这些受了封地的领主，将土地授予农人为其耕种，农人年壮受田、年老归田，土地是不能买卖的，“如果他想卖去主人的土地来谋利，那便是犯罪的行为了”[43]。商鞅变法以奖励耕战为主轴，第一项措施就是田制改革，废井田、开阡陌，许人民私有土地，可以自由买卖，使土地商品化，也就是所谓的“秦开阡陌，遂得买卖”。商鞅奖励耕战的主要目的，在于通过大规模开发民力、地力实现富国强兵，土地私有和买卖也是其顺应社会发展形势作出的必然选择。

春秋时期，随着铁器牛耕的出现和推广等，生产力水平有了较大提高，在山东诸国已经出现了老百姓开垦私田、荒芜封田的现象，且不断蔓延。公元前685年齐国管仲“相地而衰征”，公元前594年鲁国首开“初税亩”，都是通过对私田征税的办法变相承认土地私有。进入战国后，土地私有之风日炽，李悝在魏国变法、吴起由魏入楚变法的主要政策都是“尽地力之效”，这些改革虽因旧贵族的抵抗都不彻底且最终失败，但他们为商鞅提供了样板。商鞅在秦国变法十八年，采取了宗室非有军功论，不得属籍，实行“有功者显荣，无功者虽富无所芬华”[44]。分封贵族垄断土地资源的格局开始被打破，深刻改变了社会生产关系，动摇了血统世袭贵族作为精英集团统治社会的经济和思想根基，并从制度上为普通民众上升为精英阶层打开了一扇门。**“天下以智力相雄长”[45]，以血统论贵贱的上古精英主义从此式微，以财富和能力论高下的新型精英主义开始崛起。**

商鞅变法对中国社会的深远影响，后来被孟子偷换概念后归纳为“有恒产者有恒心，无恒产者无恒心”，打着“民为贵，社稷次之，君为轻”[46]的旗帜，大力鼓吹经济私有制。商鞅被车裂（前338）10年后，孟子居宋，当时还是滕国世子的滕宏（后来的滕文公）出使楚国来回皆过境宋国，两次向孟子请教治国之道。孟子说：“民事不可缓也。《诗》云：‘昼尔于茅，宵尔索绹；亟其乘屋，其始播百谷。’民之为道也，有恒产者有恒心，无恒产者无恒心。苟无恒心，放辟邪侈，无不为已。”[47]

在农耕文明时代，土地始终是最重要的生产资料，也是体现和决定着人的家庭社会、经济地位的根本性指标。土地私有制推行的结果，就是造成了越来越多的“有恒产者”，新兴的精英群体——地主阶级出现了。有恒产的地主阶级求稳怕乱，企盼得到更加强大的政治权力的保护，废除分封和强化王权就这样结合在一起，皇帝制度如同水到渠成一般成为历史的必然。但是在后来的历史发展中，皇权对待地主阶级体现出两面性，一方面是要努力保护地主阶级的利益，因为他们是对抗分封制死灰复燃和卷土重来的主要力量，也是帮助皇帝将所有人都牢牢地摁在土地上创造财富的主要力量；另一方面又要适度打压新生地主阶级的过分发展壮大，防止他们挑战皇权。皇权对地主阶级的保护，造成土地兼并泛滥，商鞅变法之后不过两三百年。“买卖的结果使贫者益贫，而富者益富。所以班固说：‘庶人之富者累巨万，而贫者食糟糠。’董仲舒说：‘民得买卖，富者田连阡陌，贫者无立锥之地。’”[48]皇权对地主阶级的防范和打压，使得在土地兼并中形成的新贵们不敢也不能利用积累起来的财富发展自己的其他力量。他们只能依附皇权，作为单纯的食利阶层存在，像一堆缺少骨骼的肥肉，在骄奢淫逸中腐化堕落下去，两晋时代的大地主斗富就是这种情形的反映。石崇和王恺在洛阳公开斗富，引发官员和百姓围观，晋武帝非但不制止，还认为比赛有趣，将宫里收藏的一株两尺多高的珊瑚树赐给舅舅王恺去斗。

失去血缘分封体系支撑的皇权，犹如没了四肢和躯体的“头颅”，难以仅靠一家一姓之力有效统治国家；没有政治军事骨骼的地主阶级，只不过是坐享财富快感的“猪羊”，承担不起治理社会的重担。这样的皇权和地主阶级相互扶持，他们很容易在无节制的土地兼并中发展壮大，也很容易在骄奢淫逸中将事情弄糟。在这种情况下，社会以服膺和襄助皇权为名，很自然地生长出填补政治权力缺失的精英集团；这些精英集团登上政治舞台，却必然要侵犯皇权、分割地主财富，因而得不到皇权和地主阶级的充分信任。当他们坐大时，皇权依靠地主阶级的支持，总能将这些精英政治力量碾得粉碎，并让三者一同跌向历史的深渊。其主要表现形式，要么是忍无可忍的人民群众铤而走险，以向死求生的方式将它们一并推翻；要么是北方民族乘虚而入，以狼入羊群的方式将它们闹个狼藉一片。由于社会经济基础和思想文化的基本面未变，这样折腾的结果，只能是新王朝的建立、新地主阶级的形成和新精英集团的登场，是皇权在一轮轮改朝换代中食利自肥。

皇帝制度在政治设计上属于超越一切的独裁性质，如同追求增值最大化是资本的天性一样，追求权力和安全最大化是皇帝制度的天性。但秦汉皇权初立时，皇帝名义上的无边权力实际上还比较有限，朝廷上有开府丞相行使的行政权、有大将军主领的军权，朝廷外有学派领袖主导的舆论权、有世族门阀结成的宗法权，等等。这些由各路精英群体组成的权力分中心，从不同方向上制约着皇权的绝对化。始皇帝即位后，对内不立皇后、不封子侄，对外杀戮、流放六国贵族，企图以有生之年甚至一夕之间，尽削各路权力分中心掣肘，因用力过猛、过急、过激，很快引发贵族势力激烈反弹和全社会的强大离心力，陈胜一夫登高揭竿，皇室马上众叛亲离，秦朝迅速崩溃。汉室以及此后历代王朝汲取秦崩教训，皇权在碾压社会精英集团时，开始呈现出打拉结合、先急后缓、远近有序的碾压次序。

如果从公元前221年始皇帝即位、皇帝制度确立算起，到1780年乾隆帝看到《红楼梦》抄本为止，封建王朝体系走过了2000多年光景。这2000多年，基本上就是一部皇帝制度的延续成长史，也是一部各路社会精英集团的消亡史，当然更是一部人民群众的生产史、反抗史。从皇帝制度成长史和各路社会精英消亡史的角度看，其情形真像甄士隐为《好了歌》做注所言："乱烘烘你方唱罢我登场，反认他乡是故乡。甚荒唐，到头来都是为他人作嫁衣裳。"这里的"你我"，就是各路精英集团；这里的"他人"，就是皇帝制度。但有一点，当我们真正走进两千多年封建王朝兴替，"你方唱罢我登场"还是有规律可循的，并不是表面看上去的"乱烘烘"，按照不同精英集团在政治舞台上的花开花落划分，大致可分为四个阶段。

秦汉魏晋时期。旧的血统贵族被消灭，新的地主阶级正在成长，皇室、外戚、宦官三大集团离皇权最近，对皇权的挑战也最直接，是皇权碾压的首要对象。自秦二世对兄弟姐妹的冷血杀戮失败后，后来的皇帝们在不断探索并付出惨痛教训后，想出一个办法，就是要让被始皇帝打散的贵族社会体系，借助由新兴地主阶级升华出来的世族门阀重新还魂。汉代发明的"荐举制"和曹魏发明的"九品中正制"，正是这一思路的制度性成果。荐举制，是由地方官推荐地方上的"孝廉"出仕，官员察举孝廉自然会选亲择贵，很快就形成了"贡荐则必阀阅为前"的局面，"选士而论族姓阀阅"成为"天下有三俗"之"一俗"。两汉能够确定出身的184名孝廉中，官宦世族和地方豪强出身的139名，占75%以上；曹丕搞出"九品中正制"以后，士族子弟可以"世仕州郡"，几乎形成了变相的世袭制度。门阀社会的崛起，的确有力制约了三大集团对皇权的挑战，但门阀祖制的实施却让门阀自身崛起为新的精英阶层，出现了门阀势力挑战皇权的状况。两晋时期，世家大族可以罢黜皇帝，琅琊王氏在东晋成帝时甚至能压皇族司马氏一头，出现了“王与马，共天下”[49]的局面。皇帝像走马灯一般换，世家门阀大族则始终保持着相对稳定。

南北朝隋唐及五代十国时期。面对门阀势力的挑战，皇权开始寻找新的力量碾压门阀，西凉及关陇武人集团由此崛起，以致南北朝后期两边的皇帝大多是武人出身，皇帝在支持武人集团的同时还开始重用寒门。武人和寒门从不同方向压缩世族门阀势力，“旧时王谢堂前燕，飞入寻常百姓家”，正是门阀衰落的写照。隋炀帝创立科举制度，是皇权引寒门文人力量入局的制度性安排，只是当时的知识资源为上层社会垄断，虽然唐太宗“私幸端门，见新进士缀行而出，喜曰：天下英雄入吾彀中矣”[50]，但科举的制度性力量真正培养出新的精英群体，要在武人集团彻底打碎门阀势力后才能展现威力。

以安史之乱为开端的武人集团全面崛起，将天下搅得天翻地覆，在彻底打垮门阀势力、摧毁门阀社会的同时，也让唐末及五代十国的皇权尊严几乎变得分文不值。欧阳修曾有统计，“五代之乱可谓极矣，五十三年之间，易五姓十三君，而亡国被弑者八，长者不过十余岁，甚者三、四岁而亡”[51]。当皇帝，已经沦为高危职业。

宋、元时期。面对历史上武人精英集团的野蛮挑战，同样以武人身份黄袍加身的宋太祖赵匡胤在上演了“杯酒释兵权”的大戏之后，一方面分散军人权限、压低军人地位，大搞“兵不知将、将不知兵”的新军事体系；一方面大力强化科举制度，极力提高科举文人的政治地位。史载赵匡胤即位后，在太庙寝殿夹室内秘密立下誓碑，其中一条：不得杀士大夫，及上书言事者，子孙有渝此誓者，天必殛之。自此，北宋各代皇帝“皆踵故事，岁时伏谒，恭读如仪，不敢泄漏”[52]。

宋代大兴科举制度，打破门第限制，官府补贴路费，只要不是残障人士皆可应举，每科录取人数也比唐代增长10倍以上。两宋历319年，共开科118次，取进士2万人以上，进士由皇帝在皇宫内亲掌殿试并定出名次，所有进士由此成为天子门生，“状元登第，虽将兵数十万，恢复幽蓟，逐强敌于穷漠，凯歌劳还，献捷太庙，其荣亦不可及也”[53]。

宋真宗赵恒亲作劝学诗说："富家不用买良田，书中自有千钟粟；安居不用架高楼，书中自有黄金屋；娶妻莫恨无良媒，书中自有颜如玉；出门莫恨无人随，书中车马多如簇。男儿欲遂平生志，五经勤向窗前读。"宋朝儿童开蒙读物《神童诗》开篇就说："天子重英豪，文章教尔曹；万般皆下品，唯有读书高。"皇权如此作养文气，有一宋代便形成了皇帝"与士大夫治天下"[54]这样权力共享的政治局面，"士大夫作为一个不容忽视的强大阶层真正崛起"，成为一支具有相对独立品格的政治精英力量。

明清时期。朱元璋建立明朝后发现，皇权面对的唯一政治挑战力量就是由读书人构成的士大夫阶层。朱元璋不允许有人游离于皇权之外，说"率土之滨，莫非王臣。寰中士大夫不为君用，是自外其教者，诛其身而没其家，不为之过"[55]，中国从此无隐士、无游侠。当时有诗曰："洪武驱儒无噍类，倡优孔子役颜回。偶容泉下歌《渔父》，不许人间赋《采薇》。"不足百年后的成化年间（1465—1487），社会控制愈加严密，甚至有诗曰"量尽山田与水田，只留沧海与青天。如今哪有闲洲渚，寄语沙鸥莫浪眠"，也就是"别说是人，很快就连飘飘天地之间的沙鸥都没停脚安睡的地方了"[56]。

大批读书人纷纷入朝，形成了具有强大舆论力量的"士林议论"和所谓"清议"，对皇权形成了实质性牵制。明宣德以后，"非进士精英不入翰林院、非翰林出身不得入内阁"已是成例，科举群体牢牢把控了行政权，有明一代170多名内阁大学士中，卒于官及致仕者共109人，约占65%。获罪的只有28人，约占15%，阁臣地位之稳定可见一斑。但是，官僚士大夫阶层一无血统连接、二无经济基础、三无寸铁在手，他们的政治强势，凭的只是一张嘴、一支笔。皇权只要心肠狠些、脸皮厚些，便能将它们碾压得粉碎。所谓"秀才遇着兵、有理说不清"，其情形犹如《红楼梦》中家藏古扇的石呆子碰到有兵有权的贾雨村。

皇权碾压个别官员的方式是直接施以"廷杖"，也就是在宫禁之内直接扒下裤子打屁股；碾压官僚群体的方式是"长时间罢工"，嘉靖帝、万历帝祖孙二人都曾长时间不临朝听政，万历帝甚至长时间不任免官吏。清代皇帝则直接拿起钢刀面对官僚士大夫阶层，雍正帝不准有

“朋党”、乾隆帝不准有“名臣”，再加上一百年的文字狱，官僚士大夫阶层的政治品格和独立性被彻底打散。

皇帝制度成长史，始终伴随着血雨腥风，几乎每一个朝代的覆灭都是皇权在与社会精英集团的斗争中罔顾民众死活，而招致民众抛弃。但前一个王朝覆灭后，紧接着就是下一个王朝皇权碾压的胜利，皇权就是这样在一次次的碾压中无往不胜地将各个社会精英集团变成粉末，直到将整个社会变成一盘散沙，让所有人都伏地匍匐在皇权面前，变成为人人平等的奴隶。相权的变化作为观察窗口，可以清楚地反映出皇权的成长过程。丞相从秦汉的位列三公、开衙建府，降至隋唐以后的三省分权，再到明太祖直接废丞相、设内阁和清雍正帝弃内阁、设军机处，一人之下的丞相（内阁大学士、军机大臣）在皇帝面前，从坐着到站着、再到跪着，终于也成了“奴才”，皇权最终取得了对其他一切权力斗争的完胜。故宫乾清门西侧、隆宗门内军机处办公的那一排低矮平房，连一个普通后妃的居所都不如，这就是相权最终政治地位的直观反映。

皇权残酷无情地碾压各路精英，而每一个新兴的精英阶层又都离不开皇权的庇护，并在不断地加持皇权。究其原因是，精英主义面对社会普罗大众，其政治经济强势地位掩盖不了内心深处的空虚和恐惧，他们在精神上需要高高在上的皇权来壮胆。精英史观创造了皇权并将其供养成一头大型饕餮，皇权反过来又吞噬着精英集团和精英主义自己，这是历史以自身内在逻辑证实着精英主义的荒诞。

2000多年间，皇帝制度在碾压一切社会精英集团的同时，也将社会罗网屡破屡补，网眼越织越密，触角越伸越长，到乾隆朝时期已经笼罩了整个社会，覆盖了每一个人的思想和行为，捆得整个社会完全没有活力，捆得每个人完全喘不过气来，春秋时期的自由尚辩气息、秦汉时代的尚武张扬精神、唐代的包容气象、宋明时代的士人风骨等积极进取的一面被消磨一光。此种局面正如黑格尔所言，“只有皇帝一个人是自由的，其他人，包括宰相，都是他的奴隶”；乾隆帝却在《古稀说》里自豪地总结道：“前代所以亡国者，曰强藩，曰外患，曰权臣，曰外戚，曰女谒，曰宦寺，曰奸臣，曰佞幸，今皆无一仿佛者。”可惜，很多事情的发展从来不以人的意志为转移，历尽劫难的皇帝制度至此固然威风八面，但也已开始面对自己种下的一切苦果。

作为一种社会组织形态，皇帝制度在中国历史上挺立两千多年，经历各种风雨非但不倒而且不断发展完善，可谓人类社会的一个奇迹。我们说，农耕经济下的土地私有制是皇帝制度的经济基础，世界上其他社会在同样经济基础上也产生过皇帝制度，但随着社会生产力发展和经济基础变化，皇帝制度很快就被抛弃。只有在中国，皇权死死地摁住了整个社会，农业生产用的是秦犁汉耙、农村建筑用的是秦砖汉瓦，生产力不发展，经济基础便不会自动发生根本性变化。中国的皇帝制度之所以有如此能耐，一个重要原因，是它找到了与自己高度契合的思想体系——儒家思想。公元前134年，汉武帝接受董仲舒建议“罢黜百家、独尊儒术”；79年，汉章帝在洛阳白虎观亲自主持召开讨论儒学经典的全国性学术会议，班固根据会议材料整编《白虎通义》，汉章帝又亲自裁决，将其作为官方钦定版本刊行于世。《白虎通义》提出“三纲六纪”，并明确将“君为臣纲”列为三纲之首，标志着支撑皇帝制度的思想意识形态体系正式成型。这些努力，让皇帝制度有了完整的思想灵魂，在土地私有的经济基础之外，又为皇帝制度提供了新的力量源泉。

从本质上讲，任何思想都是对过去实践的总结和反思。春秋时期“礼崩乐坏”，从总结夏、商、周三代治理经验和反思现实乱象思潮中生发出来的诸子百家，归纳起来主要有农、儒、道、墨、法、兵、阴阳等几大家。“先秦诸子的思想，都是落伍的”，按照吕思勉先生的研究，“农家代表神农时代的思想，道家代表黄帝时代的思想，墨家代表夏禹时代的思想，儒家、阴阳家代表西周时代的思想，法家、兵家代表东周时代的思想”。当时的政治家治国，也只能从这些思想中去选择：春秋列国侵夺，基本上就是以上各家思想的试验场；战国已成大争之世，商鞅入秦仍然有“三试秦孝公”之举，一试之以帝道、二试之以王道、三试之以霸道，也就是分别讲解了三皇五帝、周文王、周武王和春秋五霸的治理思路，秦孝公只是对霸道还略有兴趣，商鞅最后拿出法家思想，与秦孝公一拍而合。吕思勉先生说：“法学之学，在先秦诸子中，是最为新颖的。先秦诸子之学，只有这一家见用于时；而见用之后，居然能以之取天下，确非偶然之事。”[57]

法家思想能够训练民众、强兵富国，最适应大争之世的军国体制，弊端是压榨社会过甚，民众不堪其苦，始皇帝并天下后还不改变这种指导思想和政策措施，直接导致了王朝崩溃。刘邦入关后尽废秦法、与民约法三章，马上得到关中百姓广泛拥戴，即表明秦法之弊在于过苛。汉王朝建立后，躯体虽用秦制，却需要为自己寻找新的灵魂。皇权先试用道家思想，无为而治造成的结果，决不仅仅像司马迁说的“汉兴七十余年之间，国家无事，非遇水旱之灾，民则人给家足，都鄙廪庾皆满，而府库余货财。京师之钱累巨万，贯朽而不可校。太仓之粟陈陈相因，充溢露积于外，至腐败不可食”[58]那样美妙。实际情况是，因为政府不作为，土地兼并之风大起，民间高利贷横行，械斗仇杀血案不止。

在这种情况下，皇帝和官僚阶层感受到的，是商人暴贵的压力；老百姓感受到的，是地主阶级的土地兼并之酷；地主和商人感受到的，是社会秩序被破坏后人身和财产的不安全感。道家思想指导下的社会现实发展，几乎与社会各个阶层的利益都是冲突的，特别是与皇帝制度追求绝对权力、地主阶级追求稳定秩序的精英主义立场冲突更大、更直接。汉武帝放弃黄老，实属历史必然。

儒家思想，源于对西周强天子时代的实践总结。孔子对周政情感特殊，年轻时说“周监于二代，郁郁乎文哉！吾从周”[59]，晚年感叹“甚矣吾衰也！久矣吾不复梦见周公”[60]。带着对周政的深厚感情，具有伟大思想家哲学素养的孔子，对周代特别是西周政治思想进行了认真梳理和深刻阐发，由此形成的儒家思想在思想深度、范围宽度和内容丰富度等方面，都远超其他先秦诸子。

孔子之后的众多学生纷纷传播儒学。荀子将后来的儒家分为俗儒、雅儒、大儒，却把子夏一门贬为“贱儒”，韩非子在做总结时将儒家一分为八，里面也不包括子夏氏之儒，主要原因是子夏后来移居河西为魏文侯之师，李悝、吴起都曾师从子夏，而商鞅则是怀揣李悝的《法经》入秦的。子夏在荀子眼里是儒家“修正主义者”，在韩非子眼里却是法家鼻祖。

孔子的儒家思想如此丰富广阔，后来又经过孟子、荀子的再发展、再梳理、再充实，其一体多面的体系性特征，使得社会各阶层都可以在这里找到思想营养和精神寄托。在儒家思想体系中，皇权看到了“尊君亲上”“忠”；官僚阶层看到了“上下尊卑”“礼”；地主阶级看到了“等级秩序”“信”；老百姓从中看到了“仁爱宽恕”“义”。在更深的心理层面上，农耕时代社会各阶层都不具备自我保护能力，都希望有一个超然的力量来平衡和制约其他力量、保护自己的利益。皇帝制度的建立，就是这种社会深层心理诉求的政治反映。儒家芳心暗许，早就将这份责任和荣誉给了“君”，只是秦以法强、施政过暴，儒家为打造自己悲情英雄的伟岸形象以自抬身价，硬说始皇帝“焚书坑儒”，其实始皇帝焚的是六国史书和其他诸子之书，坑的主要是方士（方士即巫士），直接诱因是方士以求仙药为名骗财“以巨万计”且“亡去”并“诽谤我”，他当时就大怒说，“吾前收天下书不中用者尽去之，悉召文学方术士甚众，欲以兴太平，方士欲练以求奇药”[61]。“文学便是当时的儒家”，吕思勉先生由此断言，秦始皇并非不用儒者，“假使秦始皇享国长久，海内更无其他问题，他一定能有一番改革—建设—改革。秦皇汉武正是一流人”[62]。

儒家思想的核心哲学价值是“中庸”两字。从根本上讲，儒家秉持的是一种有节制的精英史观，它将整个社会“宝塔尖”的位置留给了皇帝，这是皇帝制度独尊儒术的内在必然性；它要求包括皇权在内的各个强势阶层对自己的利益和欲望都要有所节制，这是全社会普遍接受其主张的思想基础。有学者进一步认为，中国传统社会的思想意识形态就是一个“均”字，全社会都寄希望于皇帝能够制约其他阶层不要做得太过分，希望各个社会阶层都能够接受儒家教化、加强自我约束。1939年，政治思想和哲学思想步入巅峰期的毛泽东在阅读艾思奇的《哲学选辑》时，曾针对孔子哲学思想的核心价值“中庸”一针见血地批注指出，中庸思想是反对废止剥削又反对过分剥削的折衷主义，“中庸思想是反辩证（法）的，它知道量变质，但畏惧其变，用两条战线斗争方法来维持旧质不使变化，这是维持封建制度的方法论”[63]。

汉武帝能在帝制新立不足百年之际，就敏锐捕捉和自觉顺应社会深层心理诉求，一把抓过儒家思想并再加以改造后，一半当作面具戴在皇帝制度的脸上，一半当作灵魂装进皇帝制度的躯体，的确不愧为目光如炬的政治大家。当然，皇帝制度表面和灵魂的另一半，还是秦王朝赖以崛起的法家思想，这两个“一半”皆源于孔子，所以说孔子“万世师表”的地位，有皇权制度内在的合理逻辑；其他社会的皇帝制度坚持不下去，核心原因就是他们没有产生一个“孔子”。

儒家学说的理想是高尚的，在教化人心、滋养文明方面的功效也是伟大的，但儒家将实现自己政治理想的希望寄托在皇权身上则是虚妄的、悲凉的。皇帝制度顺应社会深层心理诉求，戴上儒家思想的面具后，理直气壮地拿起“君权神授”的封建统治理论，皇帝仍以“天子”自诩，把自己打扮成半人半神的模样。但具体的皇帝毕竟是人不是神，许多皇帝的资质甚至不及中人，不可能履行好“均”的作用，资质尚佳的皇帝则往往抓住一切机会扩大皇权，“均”的作用也基本发挥不好。事实上，儒家的折中主义意愿在权力私欲的贪婪面前确实显得苍白，不管是皇权还是各路精英集团，他们掌握的权力一旦足够强大，就会撕下“民为贵”的面纱，开始赤裸裸地欺凌和剥夺社会，走到极端就是王朝兴替、治乱循环。每到这个时候，儒家不要说节制权力，就连自身都会无所适从，其情形正如韦庄诗云：

> 为儒逢世乱，吾道欲何之！
> 学剑已应晚，归山今又迟。[64]

◆ 倒果为因“甚荒唐”：《红楼梦》是本好教材

毛泽东从反复阅读《红楼梦》及社会实践当中，看透了乾隆时期是中国传统社会畸形枯亡的“落日余晖”。这个以土地私有制为经济基础、以有节制的精英史观为灵魂的社会，由一整套逐步完善的政治、经济、文化、社会制度和一整套以儒家思想为核心的思想体系所维持，它从两千多年前的历史深处一路走来，已经让自己赖以存在的经济基础彻底萎缩、哲学史观彻底破产。中华民族救亡图存，就必须摧毁封建地主制度、清算维持它的那一整套制度和思想体系，这就是革命者的责任和革命的意义。

处在那个时代的许多仁人志士大多看不清楚这一点，当时各种西学纷至沓来、竞相落地，却无一能摆脱精英史观的哲学窠臼。康有为、梁启超、胡适、梁漱溟等，各自开出药方却都不见效。孙中山先生寄心于宪政共和，屡挫屡奋，是为先驱。毛泽东抱定人民史观，努力将马克思列宁主义与中国实际相结合，孜孜以求，以“五不怕”[65]的精神身体力行，取得了新民主主义革命的胜利，建立了新中国。在55岁进京之际，他进一步宣称：“夺取全国胜利，这只是万里长征走完了第一步。如果这一步也值得骄傲，那是比较渺小的，更值得骄傲的还在后头。在过了几十年之后来看中国人民民主革命的胜利，就会使人们感觉那好像只是一出长剧的一个短小的序幕。剧是必须从序幕开始的，但序幕还不是高潮。”[66]他说自己和中国共产党是“进京赶考”，考题是建立一个新社会，而考官就是人民。

在革命过程中和革命胜利后，国内外始终都有大批“革命破坏论”和“革命成功论”者存在，他们或者留恋过去，或者满足眼前。在毛泽东看来，《红楼梦》有极丰富的社会史料，是封建社会的百科全书。要教育全党和广大群众认清封建社会的腐朽和反动本质，《红楼梦》是最好的教材；要通过对旧社会的彻底批判动员起建设新社会的磅礴力量，《红楼梦》是最好的武器。

这本教材、这件武器如何使用？毛泽东1954年写下的那封信，只是点出了共产党在取得政治经济领导权后，要十分重视思想文化领域确立唯物史观也就是人民史观的问题，他自己并没有对此问题再做系统论述。毛泽东点题之后，答题者不计其数，何其芳的答卷应该是经受住了历史检验的上乘之作。

何其芳是从延安时期成长起来的马克思主义文艺评论家。1953年，何从中央马列学院调任北京大学文学研究所副所长，俞平伯在同一时期从北京大学中国文学系调任文研所古典文学研究室研究员。1954年，何其芳学习《关于〈红楼梦〉研究问题的信》后，一方面组织开展对俞平伯学术思想的批评，一方面对这场批判“保留意见”并决定深入研究

《红楼梦》，写出一篇真正的马克思主义红学研究作品。

1956年，何其芳写出八万字的《论〈红楼梦〉》一文。他自己回忆，从1954年11月起着手研究《红楼梦》，但真正花在里面的时间只有十五个月。应该说对《红楼梦》研究得不深入，关于社会背景、历史背景的叙述还没有写满一页。这是一个很大的缺点。但他自己也承认，《论〈红楼梦〉》是自己准备最久、也写得最长的一篇，在写作时充满着兴味。这篇论文被毛泽东仔细圈点阅读、提及，并在压缩以后成为人民文学版《红楼梦》的代序言。1963年，在“纪念曹雪芹逝世二百周年”掀起的第二次全国性“评红”热潮中，何其芳撰写了《曹雪芹的贡献》一文，进一步阐述他在红学研究领域的观点，该文的风格体例与之前的《论〈红楼梦〉》基本相同。

何其芳的这些论文，从一个侧面揭示出《红楼梦》在毛泽东眼中具有独特价值的内在原因。在《论〈红楼梦〉》和《曹雪芹的贡献》两篇文章里，何其芳对《红楼梦》的伟大之处进行了两次集中概括。

> 《红楼梦》就是这样：它以十分罕见的巨大的艺术力量，描绘了像生活本身一样丰富、复杂和浑然天成的封建社会的生活的图画，塑造了可以陈列满一个长长的画廊的性格鲜明的人物和典型人物；通过这些生活和人物，它深刻地暴露了封建统治阶级的丑恶和腐败，封建主义的残酷和虚伪，封建社会的男女不平等；而在这个黑暗、污秽和罪恶的世界里，它又描写了青年男女的纯洁的美丽的爱情，描写了封建社会的叛逆者们和奴隶的反抗，描写了他们对合理的幸福生活的追求；这些描写是这样的重要，它们成为全书的突出内容，并从而使全书闪耀着诗和理想的光辉。《红楼梦》就是这样，准确些说，它的主要内容就是这样，它的总的意义和效果就不能不是对于整个封建社会的批判和否定。
>
> 《红楼梦》的伟大就在这里：通过对两个封建官僚地主家庭和其他有关社会生活的描写，它揭露了封建统治阶级的本质，反映了封建社会的灭亡的必然性，几乎可以说对不久即将走向崩溃和瓦解的封建社会作了一次总的批判，同时它又提出了一些在当时是很难

能可贵的正面理想和追求，因而我们认为它具有民主主义的思想内容，标志着我国古代的现实主义的惊人的发展和成熟，在我国和世界的文学史上它都居于最高成就之列。

那么，《红楼梦》描绘的封建社会到底腐朽到何种程度，又是如何走向腐朽的？毛泽东到底想让我们领悟些什么？何其芳说的《红楼梦》揭露和反映的“封建统治阶级的本质”和“封建社会的灭亡的必然性”又是什么呢？

其实在《红楼梦》开卷第一回“甄士隐梦幻识通灵　贾雨村风尘怀闺秀”里，曹雪芹就以一首《好了歌》和甄士隐的注解给出了自己的答案：**如果不能持续净化精神、有力节制私欲，一味放纵欲望和追求物质享受的“好”，必然走向“了”，甚至“一了百了”。个人如此，家庭如此；一个政权如此，一个社会亦如此。**用毛泽东的话说，“人是要有一点精神的”[67]。这个“精神”是一种情怀，一种境界，一种血性和品节，是一种人之所以为人的底线和羞耻心。人无精神不立，国无精神不强，民族无精神就会失去脊梁骨。

《红楼梦》开卷一段娲皇补天的神话之后，甄费（字士隐）和贾化（号雨村）先后登场。两人姑苏城一番交往，贾雨村买舟北上赴科场，甄士隐遭祸寄居岳丈家，跛足道人在其“挣挫到前街散心时”走来“唱出几句言词”，士隐听出好、了二字，道人自言其词为《好了歌》：

世人都晓神仙好，惟有功名忘不了！
古今将相在何方？荒冢一堆草没了。
世人都晓神仙好，只有金银忘不了！
终朝只恨聚无多，及到多时眼闭了。
世人都晓神仙好，只有娇妻忘不了！
君在日日说恩情，君死又随人去了。
世人都晓神仙好，只有儿孙忘不了！
痴心父母古来多，孝顺儿孙谁见了？

甄士隐闻弦歌而知雅意，自请解注《好了歌》说："陋室空堂，当年笏满床。衰草枯杨，曾为歌舞场。蛛丝儿结满雕梁，绿纱今又糊在蓬窗上。说什么脂正浓、粉正香，如何两鬓又成霜？昨日黄土陇头送白骨，今宵红灯帐底卧鸳鸯。金满箱，银满箱，展眼乞丐人皆谤。正叹他人命不长，那知自己归来丧！训有方，保不定日后作强梁。择膏粱，谁承望流落在烟花巷！因嫌纱帽小，致使锁枷扛；昨怜破袄寒，今嫌紫蟒长：乱烘烘你方唱罢我登场，反认他乡是故乡。甚荒唐，到头来都是为他人作嫁衣裳。"

《好了歌》及其注既是血淋淋的写实主义之歌，更是带有强烈感情色彩的痛骂诅咒之歌，它体现的是勇敢的批判主义哲学思想。曹雪芹痛骂、诅咒和批判的对象，是封建社会的皇家与官僚、主子和奴仆、世俗和空门，是他们皆以功名、金钱、情欲、儿孙等身外感官享受为念，在享受"好"时有种"理所当然"的心安理得，在追求"好"时有种"鲜花着锦、烈火烹油"的贪婪不足，哪怕"了"近在眼前，他们也认为"远在天边"，有种"不知死之将至"的得过且过。"好"与"了"本是事物发展的两种相反状态，《好了歌》及其注将事物发展的相反状态说成完全统一的一种状态，实际上控诉的是事物存在本身的荒谬性，连带着也否定了导致这些事物存在的政治经济基础和社会制度环境。

《红楼梦》中的贾家宁、荣两府就是这样一种荒谬的存在，并直接反映着其赖以存在的清代封建社会制度必然走向衰亡的命运。宁、荣两府起自于军功、受封于朝廷。贾演、贾源有军功是因，朝廷封其宁国公、荣国公是果。祖上功名荫及子孙是封建社会通例，享受这一通例的恩荫之家，往往会忘记自己从哪里来、又要到哪里去，将眼前的"好"视作理所当然的自然存在，将"瞬间的繁华"误以为是永续的"好"。他们"倒果为因"，将争取和稳固朝廷恩宠当作自己能够存在和维持繁华的缘由。恩宠深，则举府喜气洋洋，丧事亦能办出喜乐感。第十三回"秦可卿死封龙禁尉　王熙凤协理宁国府"里秦可卿死，贾珍"尽我所有、恣意奢华"地料理儿媳妇后事，由各路郡王公侯的恩荫子孙和官宦公子参加的送殡队伍"压地银山一般从北而至"，"连家下大小轿车辆，不下百余十乘。连前面各色执事、陈设、百耍、浩浩荡荡，一带摆三四里远”，特别是现爵的东平王、南安郡王、西宁郡王、北静郡王亲设路祭彩棚，北静王水溶还王驾亲临致哀，显示出贾家恩宠正隆。恃此恩宠，自称与秦可卿名为婶侄、情同姐妹的王熙凤才敢于在秦氏停灵的铁槛寺，直接“弄权逼死守备之子及金哥、坐享三千两银子”，与秦氏有姐弟名分的秦钟在铁槛寺里直接与小尼智能儿好色淫乱。恩宠稍有不稳，则一片慌恐，喜事亦能办出悲凉感。在第十六回“贾元春才选凤藻宫　秦鲸卿夭逝黄泉路”里，“六宫都太监夏老爷来降旨”，举家难料祸福，“吓的贾赦、贾政等一干人不知是何消息，忙止了戏文，撤去酒席，摆了香案，启中门跪接。”贾政奉旨进宫，“贾母等合家人等心中皆惶惶不定，不住的使人飞马来往报信”，直到传来消息“说咱们家大小姐晋封为凤藻宫尚书，加封贤德妃”，“方心神安定”，“于是宁、荣两处上下里外，莫不欣然踊跃，个个面上皆有得意之状，言笑鼎沸不绝。”后来皇帝准许后妃归省，凤姐第一判断就是“可见当今的隆恩”，紧接着就是贾家大兴土木，完全超出自身经济承受能力造出个大观园。贾珍事后懊恼不已，坦言“再两年再一回省亲，只怕就精穷了”。大观园是贾家“好”的鼎盛，也是贾家“了”的开始。

贾家“倒果为因”，举家一门心思企盼皇恩浩荡，恩宠就是一切，一切来自恩宠。贾家为了得到恩宠、展示恩宠，已经疯狂到不顾一切和一切不顾的地步。举府下上没有一个“正经主子”为家族存续谋出路，既无正经读书谋功名者，也无正经经商谋生财者，更无重振先祖之风投身行伍谋军功者，有的全是耽于淫乐、终日游宴，全是争取上位的“窝里斗”“小算计”和事不关己的“逍遥自在”。这种“倒果为因”，最终必然导致“化好为了”。

柳宗元作《敌戒》，列举大量历史实例说明“敌存而惧，敌去而舞，废备自盈，祇益为愈”和“敌存灭祸，敌去召过”的道理；《红楼梦》所表达的哲学思想却如第七十四回“惑奸谗抄检大观园　矢孤介杜绝宁国府”里贾探春所言：“可知这样大族人家，若从外头杀来，一时是杀不死的，这是古人曾说的‘百足之虫，死而不僵’，必须先从家里自杀自灭起来，才能一败涂地！”

《敌戒》是从事物外部“敌存、敌去”两种情形发出警示；《红楼梦》则直接着眼事物内部腐烂变质发出警示，事物发展变化的根本因素在“我”不在“敌”、在“内”不在“外”。比较而言，《红楼梦》的哲学追问更直接、更深沉。

《红楼梦》以贾家的荒诞和悲剧生动解读《好了歌》及其注。由家及国，背后反映的却是处在康乾盛世的封建制度的真实境况、必然命运和衰亡结局。因为清朝发展至此，与贾家和之前的历朝一样，全都开始“倒果为因”，将自己的统治地位视为一种理所当然的客观存在，走上了贪得无厌、对全社会予取予夺的恶性膨胀之路，他们早就忘记先祖能够取得政权，并不是因为自己多强大、多先进、多高尚，而是因为传承200多年的明朝太腐朽、太残暴、太荒诞。当西方列强蜂拥而至、当流民激变成燎原之势，内部完全腐烂变质的清朝即使面对强敌，也不可能“化了为好”。**柳宗元所谓“敌存灭祸”之论并不确切，一个民族、一个政权、一种制度一旦忘记自己从哪里来，忘记为什么自己能存在的“初心”，“敌存、敌去”都势必走向荒诞，它所期待甚至企图永远定格的“好”就走到了尽头，它所害怕甚至极力避免的“了”就站到了眼前。**

“倒果为因”，带来的必然是自身存在的荒诞化，而荒诞化的存在必然是“好”“了”合一的悲剧下场。这是《好了歌》及其注对历史发展规律的直观诠释，《红楼梦》又以极高的艺术水准对此做出了极高明、极深刻、极精彩、极生动的文学解读。

接下来，就让我们回到《红楼梦》、回到毛泽东的精神世界和实践历程，来畅情享受这场哲学盛宴、精神盛宴和文学盛宴吧！

第二章

要把《红楼梦》当历史读：

为有牺牲多壮志，黑手高悬霸主鞭

《红楼梦》我至少读了五遍，我是把它当历史来读。

——1964年8月18日下午，毛泽东在北戴河召集相关人员谈哲学问题时的讲话。[1]

中国小说，艺术性、思想性最高的，还是《红楼梦》。读《红楼梦》，不读五遍，根本不要发言，因为你不能把它的阶级关系弄清楚。《红楼梦》的作者，是生活在康熙、雍正之后的曹雪芹。在雍正年代他家是受整的，抄了家的。[2]

——1973年5月25日晚上，毛泽东在中南海游泳池住处主持召开中共中央政治局会议的讲话。

嘉庆四年（1799）是18世纪的最后一年。正月初三日，农历新年的鞭炮声还在清朝的城乡纵情炸响，89岁的乾隆帝驾崩于紫禁城养心殿，4年前画上逗号的乾隆朝（乾隆于1795年禅位）至此完全落幕。嘉庆帝颙琰当日亲政，初九日公布乾隆帝遗诏，同时将深受乾隆帝宠幸、重用了25年的大学士和珅革职拿问，初十八日以一条白练赐其狱中自尽。据说，和珅自知大限将至，对着狱窗外的元宵明月感慨赋诗云："星辰环冷月，缧绁泣孤臣。对景伤前事，怀才误此身。"

和珅确实是乾隆朝颇具"文才"的难得"干才"，否则也不会有向皇帝进呈《红楼梦》抄本之举。没有人能说清他说"怀才误此身"所指为何，全天下都清楚的是，嘉庆帝处置他乃为"财"而来，和珅家产抄没后折价达白银八亿两尽入内务府，是清朝十年财政收入的总和。"和珅跌倒、嘉庆吃饱"，但这许多的银子却挡不住一系列社会危机接踵而至。面对南方的白莲教、京畿的天理教、东南海上的骚动以及采矿的封禁、钱粮的亏空、八旗的生计、鸦片的流入、河漕的难题等问题，资质平平的嘉庆帝仍然沉浸在康乾盛世的幻梦当中，只是把这些问题当作一桩桩个案看待，他没有也不可能从更高层面上做总结反思。

◆ 莫畏浮云遮望眼：乾隆帝留下的是个烂摊子

内患此起彼伏，外贼已在路上。乾隆五十八年（1793），英国马戛尔尼使团满载着三大船祝寿礼物漂洋过海而来，此行的目的是到热河行宫拜见驻跸于此的乾隆帝。从广州沿海岸线北上途中，地方官在特使坐船上挂起"英吉利贡使"的旗帜，这位爱尔兰男爵只能假装不懂其意，但沿途见闻逐渐让其对中央王朝的强大心生疑团，到达热河之后态度已经强硬起来。英国人要的是平等外交，清朝要的是万邦来朝，经过反复交涉，马戛尔尼勉强同意在觐见老皇帝时行单膝跪拜礼，但他围绕两国通商提出的各项要求还是被全部拒绝了。马戛尔尼使华，只是经过资本主义革命刚刚长出獠牙的西欧乳虎，对东方神秘大国的初次试探。嘉庆二十一年（1816），英国在成功打败拿破仑后，已然长成壮硕猛虎，阿美士德使团再次来华，清朝正如柳宗元笔下的黔之驴，“技止此耳”的孱弱本质已是完全暴露无遗，欧洲社会大肆宣扬中国“没有历史、狂妄自大、野蛮邪恶”，以武力教训中央王朝的声浪开始迅速发酵。

面对猛虎的血盆大口，“断其喉，尽其肉”，黔之驴的悲剧命运早已注定。乾隆帝活在老虎对驴“以为神、莫相知”和“大骇甚恐”的时期，一生诸事遂意，带着十全老人的无限满足溘然长逝。嘉庆帝“体皇考之心为心，本皇考之治为治”，一辈子按照“祖宗之法”忙东忙西，事情却越弄越乱，嘉庆十八年（1813）因天理教之变痛下罪己诏，皇帝的精气神已经萎靡。嘉庆二十一年八月廿八日，嘉庆帝早早来到颐和园等待阿美士德使团觐见，英国人谁也不愿给皇帝叩头，于是一个人也不来，嘉庆帝对着近臣咆哮道：我中华之国乃堂堂天下共主，何堪容忍如此之倨傲侮慢？1820年，在位25年的嘉庆帝带着满腹的抱怨、迷惑、痛苦、尴尬和遗憾离世。他在临终前告诫群臣“永不忘十八年之变”，并要求将当年天理教攻入紫禁城时射在隆宗门上的那枚箭镞永远保留下来。嘉庆帝至死都不明白，导致他一生痛苦的祸根早已埋下，内忧与外患相互激荡，他只是清朝皇帝中的第一个承受者，他所承受的这些痛苦只是一场总灾难的开端信号而已。

十分吊诡的是，可能是乾隆帝自己广告做得太好，也可能是被精英史观遮蔽了双眼，200多年来一些史书竟然对乾隆朝赞誉有加，大多都津津乐道于乾隆爷的开疆拓土、减赋除役、宽仁慈孝、主动禅让甚至是风流倜傥。《清史稿》在称颂乾隆帝“开疆拓宇，四征不庭，揆文奋武，于斯为盛”的同时，还知道指责一句“惟耄期倦勤，蔽于权幸，上累日月之明，为之叹息焉”。后来的学者们则过分得多，比如唐德刚著《从晚清到民国》，直接从武功、文治、经济、学术文化几个方面全面肯定清朝，并且十分痛惜地说，清朝268年实在是中国史上最值得称颂的一个朝代，可是近百年来它却为中外史学家糟蹋得不成个样子，实在是很不公平的。至于乾隆帝身后40年出现的全面内乱和全民族百年屈辱，其主要原因便是时至晚清，改朝换代的周期已届。其实我们对清末国势的解释，还是以阴阳家的“气数已尽”四字概括最为切当，[3]轻轻一笔带过，一下子将乾隆朝乃至整个清朝应该承担的政治责任抹了个干干净净。

乾隆朝中期的大学者戴震在《答郑丈用牧书》里曾说，“学者当不以人蔽己，不以己自蔽。不为一时之名，亦不期后世之名。”唐德刚先生是当代史学大家，却显然并无此等境界，面对乾隆朝有以上浅陋见识，是很让人脸红且颇难思量的。这些见识的存在和大行其道，进一步凸显出毛泽东推荐人们多读《红楼梦》的个中深意，是要用《红楼梦》教育人民，使人们懂得“什么是封建社会，为什么要推翻它”，老人家真可谓苦心孤诣、用心良苦。因为与那些俗儒之论相比，曹雪芹无疑要清醒、高明、深邃得多，在《红楼梦》第二回“贾夫人仙逝扬州城　冷子兴演说荣国府”里，他就以冷子兴回答贾雨村提问的形式，借贾家之名，给整个清朝乃至整个封建社会下了一个准确的考语。

> 亏你（指贾雨村）是进士出身，原何不通！古人有云：“百足之虫，死而不僵。”如今虽说不及先年那样兴盛，较之平常仕宦之家，到底气象不同。如今生齿日繁，事物日盛，主仆上下，安富尊荣者尽多，运筹谋画者无一；其日用排场费用，又不能将就省俭，如今外面的架子虽未甚倒，内囊却也尽上来了。这还是小事。更有一件大事：谁知这样钟鸣鼎食之家，翰墨诗书之族，如今的儿孙，竟一代不如一代了！

有人因《红楼梦》这段话预言的神奇性，大赞曹雪芹为天才预言家。实际上，曹雪芹的才华不在预言能力而在概括提炼能力。这段话，是曹雪芹对中国两千多年封建社会里，数十个王朝兴替、无数个家族兴衰规律的精到提炼和艺术化表述，其中包含的更深刻含义后文再论，仅从字面意思来看，《红楼梦》就比许多史家之论准确得多、有趣得多，与其费力钻研那些所谓史家“野狐禅式”的无稽之谈，还真不如听毛主席的话，静下心来认真深入地读读《红楼梦》。

阅读《红楼梦》，首先遇到的是版本问题。《红楼梦》问世至今，版本众多，仅存世的手抄本就达十一二种之多，后来又有木版活字本、刻印本、石印本、铅印本，当前市面上的各种点校本、点评本更如“过江之鲫”。毛泽东阅读《红楼梦》也重视版本，甚至是多个版本对照来读。在新中国成立后的20多年间，他先后通过逄先知、徐中远两任图书管理员16次索《红楼梦》，涉及版本达20多种，其中1970年6月27日一次就借来6个版本[4]，这是许多专业红学家也难以企及的。有人可能好奇，胡适等人将《红楼梦》的版本问题说得云雾缭绕，在毛泽东眼里究竟哪个版本最好呢？我翻遍毛泽东评论、推荐和引用《红楼梦》的言谈文字，老人家对版本问题却从未提及。湖南第一师范时的同班好友贺果回忆说，毛泽东在1916年曾赶到长沙西门外码头，送给他们赴上海参加远东运动会全国预备会的三位同学每人一部《红楼梦》，贺果的回忆没有提及送的是什么版本，可能是忘记了，也可能是根本就没有注意到。后来成为党和国家领袖的毛泽东看了20多个版本的《红楼梦》，但董志新先生所著的《毛泽东读红楼梦》洋洋洒洒近50万字，从文本阅读、曹学评价、阅读感悟、红楼思想、红楼艺术、红楼人物、征引运用等七个方面介绍论述，从中也找不到毛泽东关于《红楼梦》版本问题的一条、哪怕是一个字的意见。这只能说明，毛泽东评论和推荐《红楼梦》，在意的根本不是版本问题。

面对《红楼梦》的版本迷雾和毛泽东广猎细读却又不置一词的态度，我们还是要拿起唯物史观的“锄头”来认识。《红楼梦》版本的变迁史，实质上就是一部中国政治环境、印刷技术、政治思想和红学研究路径的发展史，红学家和历史学家研究《红楼梦》版本问题，自然是有意义的，毛泽东广猎各种版本，可以看作是一个《红楼梦》超级爱好者或者说一个红学大家、历史大家的深情雅致及关联阅读。《红楼梦》版本虽多，但比较来看，不同版本的差异尽在细节文字，整体架构和思想主旨并无多大差异，作为一部反映封建社会的百科全书来看，一般读者不管拿起哪个版本的《红楼梦》，阅读体验应当是基本一致的。

相比来讲，经过高鹗、程伟元整理、补充的一百二十回本，因为故事情节完整且保留了故事的整体悲剧性色彩，应当是较为值得推荐的。当年胡适从自己考据派的立场和教人“科学方法”的政治需要出发，将后四十回斥为高鹗伪作、一刀腰斩《红楼梦》的态度并不可取。1990年，俞平伯临终前用几乎不能握笔的手颤抖地写下两句话，第一句是“胡适、俞平伯是腰斩《红楼梦》的，有罪；程伟元、高鹗是保全《红楼梦》的，有功。大是大非”，第二句是“千秋功罪，难于辞达”。[5] 毛泽东虽对版本问题不发一言、不着一字，但行胜于言，他大力支持人民文学出版社出版一百二十回《红楼梦》的态度表明，他真正看重和想让读者关注的，是《红楼梦》的思想主旨，是《红楼梦》的完整内容，而不是钻牛角尖式的版本考据。毛泽东红学观点的形成过程，很好地说明了这一点。

毛泽东关于《红楼梦》基本观点的形成，远早于他留意版本问题，甚至远在他知道还有版本问题之前。1928年的井冈山时期，寒夜闲谈，贺子珍说《红楼梦》里尽是谈情说爱，软绵绵的，没有意思，毛泽东很认真地对贺子珍讲，《红楼梦》写了两派，一派好，一派不好。贾母、王熙凤、贾政，这是一派，是不好的；贾宝玉、林黛玉、丫环，这是一派，是好的。《红楼梦》写了两派的斗争，我看你一定没有仔细读这本书，你要重读一遍。1946年的延安时期，毛泽东在王家坪住处与滞留苏联十九年刚刚回国的长子毛岸英聊天，毛岸英说《红楼梦》里的诗词不太好懂，毛泽东说读《红楼梦》要掌握要点，并随口为儿子岸英吟诵写在《红楼梦》第四回的“护官符”。

> 贾不假，白玉为堂金作马。
> 阿房宫，三百里，住不下金陵一个史。
> 东海缺少白玉床，龙王来请金陵王。
> 丰年好大雪，珍珠如土金如铁。

新中国成立后，毛泽东进一步发展以上立场，并形成了“第四回是总纲”的鲜明红学观点。1955年4月，他对秘书田家英说，《红楼梦》里第四回“薄命女偏逢薄命郎　葫芦僧乱判葫芦案”的“护官符”是阅读《红楼梦》的一个纲。田家英当时回应说，“‘护官符’以俗谚口碑的形式，概括了‘四大家族’的腐朽与没落。它从一个侧面反映了封建社会复杂的阶级斗争”。毛泽东未置可否，但他关于《红楼梦》的阅读和思考显然仍在继续。在将近10年之后的1964年8月18日，他在北戴河邀请几位哲学工作者讨论“分析与综合”问题[6]，发表了后来被称为《关于哲学问题的谈话》，其中明确提出了“总纲”的概念。

> 《红楼梦》我至少读了五遍，我是把它当作历史来读。开头当故事读，后来当历史读。什么人都不注意《红楼梦》的第四回，那是个总纲，还有《冷子兴演说荣国府》，《好了歌》和注。第四回“葫芦僧乱判葫芦案”，讲护官符，提到四大家族：“贾不假，白玉为堂金作马。阿房宫，三百里，住不下金陵一个史。东海缺少白玉床，龙王来请金陵王。丰年好大雪，珍珠如土金如铁。”《红楼梦》写四大家族，阶级斗争激烈，几十条人命。统治者二十几人（有人算了说是三十三人），其他都是奴隶，三百多个，鸳鸯、司棋、尤二姐、尤三姐等等。讲历史不拿阶级斗争观点讲，就讲不通。[7]

毛泽东的这次谈话，内容广泛、思维灵动，涉及哲学、社会学、历史学、经济学、文学、佛道、宋明理学、自然科学等众多领域和问题，提出了一系列极富见地的观点，看似天马行空，实则既相互联系、主题突出，又相互独立、精妙深刻，直到今天还在影响着这些学科的建设，还在不断地被学界提及引用。在这次谈话中，关于《红楼梦》研究的内容也很丰富，可以看作毛泽东红学观点的一次概括性集中表述。如果对相关内容进行解析，可以分为三层来看。一是要把《红楼梦》当作历史来读，而历史发展遵循的是对立统一律，即“一个阶级消灭，一个阶级兴起，一个社会消灭，一个社会兴起”[8]。这是一个总的大前提或者说是阅读要求。二是第四回和《冷子兴演说荣国府》《好了歌》及其注，共同构成《红楼梦》的总纲。由于《冷子兴演说荣国府》写在第二回、《好了歌》及其注写在第一回，我们也可以说，在毛泽东的红学观点中，第四回和第一、第二回共同构成《红楼梦》的总纲，第四回为主，第一、第二回为辅，这是阅读时需要把握的要点。三是“护官符”写在第四回，这一回虽然写了薛蟠打死冯渊的人命官司和薛宝钗进京入住贾府两件事，但回目却是“薄命女偏逢薄命郎　葫芦僧乱判葫芦案”，重在写出“四大家族”互为奥援的赫赫威势，以及在这种威势之下的官僚渎职、司法腐败和是非颠倒、人命如草的严酷社会现实，“护官符”是破解《红楼梦》总纲的钥匙。将这三层意思综合起来看，冷子兴的演说是讲贾府前生、薛蟠的官司处置是讲贾府今世、《好了歌》及其注是讲贾府的必然结局。

曹雪芹将薛宝钗进京入住贾府写在第四回并被毛泽东一并纳入“总纲”，也堪称匠心独具。第三回林黛玉入贾府，是无可奈何的寄人篱下；这一回薛宝钗入贾府，却是另有所图的待选秀女。后来造化弄人，黛玉父亲仙逝，属于无家可归，宝钗秀女落选，属于有家不回，阴差阳错之下，她们都在贾府长住下来。贾府“第一名嘴”和“语言大师”兴儿夸张地说，林黛玉和薛宝钗“真是天上少有，地下无双”，一个是“多病西施”，一个“竟是雪堆出来的”，“每常出门或上车，或一时院子里瞥见一眼，我们鬼使神差，见了她两个，不敢出气儿，是生怕这气大了，吹倒了姓林的；气暖了，吹化了姓薛的”。曹雪芹如此安排黛、钗入府长住，并不是为了给兴儿之流偷看和说嘴，而是安排了两双眼睛实时实地观察贾府的兴衰。两种完全不同的心态、两个完全不同的视角，读者看书，在大多数时候实质上是跟着黛、钗这两架智能的高清“摄像机”，观察了解贾府和“四大家族”兴衰败落的全过程。

从“四大家族”特别是贾府的前生、今世和未来结局，我们看到的是一个衰败到穷途末路的封建社会。在这个社会中从皇妃、贵族到奴仆，所有人“统统没有好结果。这种情形，断非个人的原因所能够解释，而是当日的制度已至山穷水尽，上自天子，下至庶民，无不成为牺牲品而遭殃受祸”[9]，导致这一切的制度因素，可以从政治、经济、文化、社会等方面逐一探个究竟。马克思主义认为，物质决定意识，经济是一切的基础。我们不妨从皇帝制度的经济需求和经济对皇帝制度的支撑能力方面略作考察。

人类社会要结伴前行，就需要相应的制度性安排，而任何制度性安排都需要社会成员支付成本，社会成员也需要从制度性安排中收获权益保障。社会对制度成本的承受能力、制度对社会各成员的权益保障能力，是衡量制度合理性的根本标准。

当初，土地私有、战国纷争，历史选择了大一统和皇帝制度，其深层次诉求，是社会各阶级、各阶层都希望皇权作为一种超然的力量，节制和平衡其他阶级、阶层对自身利益的侵害和对资源的过度占有，发挥好“均”的作用。为此，儒家学派让渡了最初的政治理想，地主阶级让渡了部分经济利益，最广大的老百姓让渡了人格尊严和部分劳动成果，这些都是皇帝制度的成本。在随后两千年的发展中，皇权也确曾发挥着“均”的某些作用，它以礼义廉耻教化万民、它打击豪强惩治不法、它维持秩序镇压反抗。皇权发挥的这些作用，也曾让全社会陶醉，给全社会提供了一种幻觉。当社会出现严重成本透支时，普遍的观念是认为皇帝被权幸所误，这才有了《水浒传》里宋江反贪官不反皇帝现象。300多年后，明朝人文徵明写《满江红》说“千载休谈南渡错，当时自怕中原复。笑区区、一桧亦何能，逢其欲”[10]，明确地将宋高宗赵构指为罪魁，但在全国各大岳庙里，照样还是秦桧夫妇千年长跪不起；文徵明身后不足百年李自成破北京城，崇祯帝“登万岁山之寿皇亭自经”[11]，也就是自缢煤山，之前恨声连连的仍是“诸臣误朕也，国君死社稷，二百七十七年之天下，一旦弃之，皆为奸臣所误，以至于此”[12]。“皇帝永远正确”的认识，已经深入到中国社会的骨髓里。社会问题如果再严重一些，主流看法最多是认为某一个皇帝的素质不行，换人就好。**全社会没有认识到，皇权的超级地位需要超级权力，而获取超级权力是以将社会碾压得粉碎为代价的**：要确保具有超级地位和超级权力的皇帝将能量完全运用到发挥“均”的作用上，就必须像黑格尔想象的那样，皇帝所处的那个位置却要求十分严格，他要去担任那个不断行动、永远保持清醒同时又自由清新的“帝国灵魂”。如果皇帝的德性没有达到要求，一切就将堕落下去，纲政不举，政府败坏。[13] 黑格尔这是拿西方上帝的标准或者说是拿他所谓“绝对存在”的标准来要求皇帝。而皇帝是人不是神，是人就要吃饭、睡觉，是人就有七情六欲，是人就要追求安全感和尊严感。**皇帝占据了社会“宝塔尖”的位置，掌握无限权力就是皇权最本质的政治属性，因为无限权力需要无限的经济力量和道德力量支撑，攫取无限的物质财富就是皇权最本质的经济属性，确保无限权力和无限财富的**

绝对安全就是皇权最本质的社会属性。

皇权的以上本质属性，是全社会特别是以皇权为精神庇护所的精英主义者没有预料到的，而且这三个本质属性越是发展，需要社会支付的成本也越高，于是就出现了中国历史上频繁的改朝换代现象。黑格尔由此认为中国是一个只属于空间的帝国，因为这种历史本身没有表现出任何发展和进步的地方，不过是一个王权代替了另外一个王权而已。黑格尔显然是误将现象当本质了，中国历史上的改朝换代，实际上大多是人民群众支付不起封建制度巨额成本时的决绝反抗。但止所谓“穷革命、富变修”，新的王朝可以改变具体的制度设计、新的皇帝可以有一时的欲望节制，却永远也改变不了皇权的本质属性。儒家思想依靠皇权获得独尊地位，一直试图用重重礼仪和所谓天命节制皇权，没料到走到最后，被节制的反倒是儒家思想自己。皇帝制度像所有事物一样，从它产生的那一天起，就以顽强的生命力在跌跌撞撞中走向壮大和成熟，又终将无可避免走向衰败和死亡，这才是那段历史的实质。

皇帝制度走到清朝特别是到乾隆帝手中，终于发展至完备成熟的程度，它的三个本质属性展现到了最为淋漓尽致的程度，供养皇帝制度的成本之高，也达到了整个社会难以承受的程度，它吸干了几乎全社会的血，榨净了几乎所有人的精气神。作为马戛尔尼使团成员来华的约翰·巴罗，后来在《我看乾隆盛世》一书中写下的一个细节，让人颇有“一叶落而知天下秋”之感。

> 在京城一地每年就有近9000个弃婴，我曾经看见过一个死婴的尸体，身上没有系葫芦，漂流在珠江的船只当中。人们对此熟视无睹，仿佛那只是一条狗的尸体。而事实上如果真的是一条狗的话，也许更能吸引他们的注意。

乾隆帝崩逝的同时，死神也已经向皇帝制度招手了，最终辛亥革命终结了中国2000多年的封建统治。

◆《红楼梦》内外的历史演进：皇权是如何让社会烂掉的

《红楼梦》里，皇帝本人从未出场，但皇权的威风却始终笼罩着全书所有的人。曹雪芹一开篇就编了个弥天神话，并申明故事的“朝代年纪、地舆邦国却反失落无考”，“及至君仁臣良，父慈子孝，凡伦常所关之处，皆是称功颂德，眷眷无穷，实非别书之可比”；脂砚斋批书时也在《凡例》中事先声明“此书不敢干涉朝廷”，“实不敢以写儿女之笔墨唐突朝廷之上也”，创作者跃然纸上的胆战心惊，已让皇权威势先声夺人。全书写四大家族：贾家始祖为军功出身而封宁国公、荣国公，其后代皆系“武荫之属”；史家始祖是天子近臣“尚书令史公”而封保龄侯；王家始祖为天子近卫“都太尉统制王公”而封县伯；薛家始祖是天子家臣“紫微舍人薛公”，是无爵位的皇商。这样看来，除贾家政治出身尚有一讲外，其余三家始祖都是皇帝身边工作人员，史家是皇帝秘书出身，王家是皇宫侍卫之类出身，薛家是皇家采办也就是搞后勤保障出身，一文、一武、一商，都是皇权的附属存在，所谓的“四大家族”不过是“皇恩浩荡”下的“恩荫”罢了。“四大家族”繁衍到书中的第三、第四代，共两个人在做官：王子腾的官做得很大，初任京营节度使，后升任九省都检点，应该相当于后来的大军区司令；贾政是工部员外郎，除外放三年学政和一年江西粮道，也不见有正经事做，其他所有的人都是整日游宴、闲逛。由于“贾元春才选凤藻宫”，加封贤德妃，贾家的政治地位最高，也是事实上的四家之枢纽。这样，“四大家族”通过复杂的姻亲关系联系起来，同气连枝，在一般百姓那里竟然可以破家灭门，在官僚队伍里亦然可以夸耀门楣，但在皇权面前则只能是风中之烛，其兴亡，皆系于皇权一念之间，并没有任何制度性保障。故事后续发展也印证如此，贾妃病逝后，皇帝一道抄家的旨意，就让一切都结束了，封建贵族的荣华富贵不过如此，封建社会的荒诞不经由此可见。

要命的是，现实永远比小说更残酷，也更有喜感。曹雪芹自己家族的命运，就是贾家命运更加夸张的现实版，这样的故事在清朝比比皆是。雍正、乾隆父子都有“抄家皇帝”之称，乾隆帝更胜乃父，他在和珅帮助下将古已有之的官员罚俸制度变异革新，发明了议罪银制度。罚俸制度本是惩罚官员轻微过错的一种手段，由吏部主导作出决定，户部扣下官员一个时间段的工资，银两进入国库；议罪银制度则无限扩大适用范围，且由皇帝主导、军机处负责，数额由涉罪官员自行认领并在取得皇帝首肯后缴纳，银两入内务府也就是皇帝的私人腰包，随意性大大增加，最后竟演变为一些官员向皇帝行贿的渠道。议罪银制度实行于乾隆四十五年（1780），也就是和珅向皇帝进呈《红楼梦》抄本的那一年，乾隆帝把话说得十分堂皇，“以督抚等禄入丰腴，而所获之咎，法所难宥，是以酌量议罪，用示薄惩”。“仅从现存的《密记档》统计，在短短十三年中，重大的议罪银案件即有六十八件……罪议罪银少则万两，通常三万两上下，见于记载的最多一次高达三十八万四千两。[14] 当然，议罪银制度推出时，《红楼梦》早已成书，曹雪芹也作古多年，否则，如此能够充分体现皇权任性的做法，也是应该写入书中的。

《红楼梦》虽然没有机会写出议罪银这样的政治奇闻，但对皇权威风的描述并不因此显得单薄，这里仅举书中两个比较突出的例子，来看看皇权的厉害、贪婪和随意。

第一个例子，是贾蓉捐官。《红楼梦》第十三回“秦可卿死封龙禁尉　王熙凤协理宁国府”里，宁国府长孙媳妇秦可卿死，公公“贾珍因想着贾蓉不过是个黉门监，灵幡经榜上写时不好看，便是执事也不多”，为了让丧礼风光体面些，趁着大明宫掌宫太监戴权前来吊唁，拿一千二百两银子给儿子贾蓉捐了个五品的“防护内廷紫禁道御前侍卫龙禁尉”头衔。《红楼梦》的人名惯用谐音，如贾雨村谐指“假语存”、甄士隐谐指“真实隐”、卜世仁谐指“不是人”，戴权者“代权”也，也就是太监代行皇帝的权力。捐官涉及两个问题，一个是官从哪里来，一个是钱往哪里去。你看戴权说话，官的来源是交代小厮说“回去送与户部堂官老赵，说我拜上他，起一张五品龙禁尉的票，再给个执照”，吏部管官，却由户部起票，这事本就不合常理、透出可疑；钱的去向是交代贾珍说“送到我家里就完了”，由于是“代权”，这个“家里”应该是指皇帝的内库。内库者，皇帝的小金库也。

捐官，在古代是指由士民向国家捐资纳粟以取得官职的一种制度。

中国的捐官制度也是古已有之，《史记》说“秦得天下，始令民纳粟，赐以爵”，但爵不是官，它只表示一定的社会政治地位，有爵者并没有治国安民的职权。到了汉武帝时期，边关多事，国库开销甚大，用爵位换取粮食的做法已不足以解决问题，于是朝廷便出卖官位，以增加收入，支付庞大的军费开支，“卖官鬻爵”合二为一。东汉末年，汉灵帝刘宏在洛阳鸿都门悬挂内廷和外朝大小官爵价格表，开张榜明码标价之先河，禄位二千石的卖二千万钱，四百石的卖四百万。曹操的父亲曹嵩花一千万钱买了个太尉，崔烈贿通灵帝保姆，半价买得司徒。以下唐、宋、元、明都有捐纳，此风至清代为盛。《清史稿》说，“清制，入官重正途。自捐例开，官员乃以资进”[15]，而且对买官的人无任何限制，地主、商贾且不必说，连流氓、盗贼等也不例外。按照捐纳制度，士民不仅可以捐官（即买官），而且可以捐封典、捐虚衔及穿官服的待遇。《清史稿·选举志》记载了康雍乾三朝70多例捐官事例，涉及包括政治、军事、外交、民事等各个方面的捐官政策、等级、数量、金额等。康熙十三年（1674）因平三藩叛乱，实行捐纳制度，以补军费不足，三年内捐纳的知县有五百余人。为防止冗官扰民，“康熙十八年，定捐纳官到任三年称职者，具题升转，不称职者题参。然疆吏罕有以不职上闻者。已，令道、府以下捐银者免具题，照常升转”[16]。雍正朝的道府以下各官均可捐纳，乾隆朝发展到文官可捐至道、府、郎中，武官可捐至游击。捐纳泛滥的结果，必然是官员腐败、贿赂公行、贪污成风。有几个人真有花钱买官给百姓服务的政治情怀？李伯元的《官场现形记》是一部深刻揭露“最腐败、最堕落”的清朝捐官制度的力作，书中写到买一个知县要四千六百两白银，但知县一年的薪俸六十两、养廉银一千两左右。为拿回捐官成本，当事官员多会选择收受贿赂捞钱，哪里有心做事。

汉灵帝是荒唐之人不足论，诸葛亮的《出师表》已经把他树作反面教材，“亲小人，远贤臣，此后汉所以倾颓也。先帝在时，每与臣论此事，未尝不叹息痛恨于桓、灵也”[17]。在中国历史上，除汉灵帝之外，就数乾隆帝这个“明君圣主”的捐官制度最坏，不仅坏在可以捐的官职更高、可以捐官的人更广，更坏在捐官的钱开始不入国家财政，而是进了皇帝的私人腰包。托克维尔在《旧制度与大革命》当中分析旧制度的弊端时说，“正是出于这种对金钱的需求，加之又不愿向三级会议索取，于是使卖官鬻爵制度应运而生，这种现象世所未见。”读到这里，我们只能摇头叹息托克维尔见识不足。在当时的法国，三级会议“可以一个世纪又一个世纪地猛烈攻击不断增长的卖官鬻爵制”，他们能够公开谴责“谁出售官爵，谁就出卖正义，此乃可耻之举”；[18] 而在乾隆朝，士族大家们却对卖官鬻爵安然接受、甚至趋之若鹜。这种社会心理谬种流传，直到今天还可以从诸多贪腐案例中看到影子，这是应当深刻反思的精英主义文化遗毒。

第二个例子，是贾妃省亲。《红楼梦》第十六回“贾元春才选凤藻宫　秦鲸卿夭逝黄泉路”里，内廷特旨“立刻宣贾政入朝，在临敬殿陛见”，一家人不知内情，“心中皆惶惶不定，不住地使人飞马来往报信”，得知是“咱们家大小姐晋封为凤藻宫尚书，加封贤德妃”，“宁、荣两处上下里外，莫不欣然踊跃，个个面上皆有得意之状，言笑鼎沸不绝”，连出差在外的贾琏“本该出月到家，因闻得元春喜讯，遂昼夜兼程而进”赶回家来。凤姐看见丈夫回家，也是口随心喜，一张嘴就说“国舅老爷大喜！国舅老爷一路风尘辛苦”。曹雪芹小小一段文字，就写出了皇权“天威难测”之下的子民生态。按清制，康熙帝之后的皇帝后宫设皇后一名，居中宫，皇贵妃一名，贵妃二名，妃四名，嫔六名，贵人、常在、答应，没有定数，分居东西十二宫。贾元春晋封为妃，在后宫的位分应在五到八位，虽然不是很高，但已足以让贾家这样的贵族世家以皇亲国戚自居。后来听说皇帝准许“启请内廷銮舆入其私第”，而且周贵人、吴贵妃家里已经盖房的盖房、看地的看地，贾家便迅速动员起来，生生盖出一个三里半大的省亲别院来。这个别院后称大观园，虽说是用的自家旧地，在会芳园和荣府旧园基础上改扩建，“其中竹树山石以及亭榭栏杆等物，皆可挪就前来”，“省得许多财力，纵亦不敷，所添亦有限”，实际上却必然大费周章，因为仅贾蔷组织戏班子一项，就需要“先支三万两”，“置办花烛、彩灯并各色帘栊帐幔的使费”也预备了二万两。

《红楼梦》第十七回“大观园试才题对额　怡红院迷路探深幽”至

十八回“庆元宵贾元春省亲　助情人林黛玉传诗”里，贾元春奉旨在元宵节当天归省（回娘家），十五日“戌初才起身”，戌初是晚七时，到贾府应该在八时左右。活动进行中，执事太监提醒“时已丑正三刻，请驾回銮”，丑时为一至三时，“丑正三刻”就是次日一时四十五分，皇家制度森严，元春不会拖延太久，加上告别时间应该在凌晨两点左右离开。为了这次满打满算不足7个小时的省亲，贾家把银子花得流水一般，元春回宫奏告皇帝谢恩，也不过是“龙颜甚悦。又发内帑彩缎金银等物，以赐贾政及各椒房等员”。皇帝恩赐估计所值不多，所以“不必细说”。

《红楼梦》这三回文字，不但充分展现出皇权的威势和像贾家这样的勋旧贵族在皇权面前的战栗、渺小，还在字里行间直指皇帝多次出巡耗费甚巨的历史事实。在第十六回里，作者借凤姐和赵嬷嬷聊天提及三件事，一是“当年太祖皇帝仿舜巡的故事，比一部书还热闹”；二是贾家和王家都曾预备接驾一次，“把银子都花的淌海水似的！说起来……”，后面都省略了；三是江南甄家接驾四次，“别讲银子成了土泥，凭是世上所有的，没有不是堆山塞海的，‘罪过可惜’四个字竟顾不得了。”得出的结论是，“也不过是拿着皇帝家的银子，往皇帝身上使罢了！谁家有那些钱买这个虚热闹去？”其实，赵嬷嬷讲的并不全对，“银子往皇帝身上使”是尽有的，“拿着皇帝家的银子”却未必属真。曹家接驾的遭遇就是一个活生生的例子，曹家便是《红楼梦》中四次接驾的江南甄家的实际原型。

中国古代帝王出巡，是指最高统治者离开都城到自己统治的区域内巡察游览的一种活动。据说，这种活动始于舜帝，周代有所发展。《孔颖达疏》说：“周制，十二年一巡守也。如《舜典》所云，春东，夏南，秋西，冬北。以四时巡行，故曰时巡。”如此死板僵化的规定，恐怕只是儒家理想化的想象，很难落实。秦始皇承袭周天子做法，但具体操作要灵活得多，他称帝后先后五次出巡，最后是出巡途中死在位于今河北邢台广宗县的沙丘宫，后来的汉武帝等有些名气的皇帝也都多次出巡，总体规律是以都城为中心，每个方向都要走一走。

清朝皇帝的出巡活动，是封建社会这一普遍现象的延续和发展，始于康熙帝，盛于乾隆帝。《清史稿·礼志八》说：“皇帝省方观民，特举时巡盛典。”康熙帝在1684年、1689年、1699年、1703年、1705年和1707年先后6次南巡。按照史景迁的考证，此前康熙帝还分别进行过时间不长的西巡、北巡各一次，本来也有东巡计划，但因仅到山东为止显得名不副实，这个概念后被并入更长途的南巡之中。圣祖六次南巡，第三次因皇太子胤礽在德州病倒而返京中断了一段时间，其余5次，时间最短的是第一次，用时60天，最长的是第6次，用时117天。康熙帝多次南巡当然不是为了游山玩水，他每次都有明确的政治任务，比如祭明孝陵、祭孔庙、视察堤防河务、赦免税收、犒劳驻军，甚至了解传教士的活动情况等。

这里不讨论其政治任务，主要考察皇帝制度的运行成本问题。皇帝出巡，沿途官府自然要提供最好的食、住、行和精神娱乐等方面的服务。虽然皇帝提前都会向将到之处的官员提出告诫，要求他们不要太过铺张、不要修建特别的行宫等，但实际上却对最高规格的接待和最高级的娱乐享受甘之若饴。有一次，康熙“皇帝南行中驻于龙潭行宫时对那里低水平的技艺和不舒适的居住很恼火，尽管巡抚再三辩解，他也拒绝回程时再逗留”[19]，面对皇帝的这种态度，地方接驾官员怎敢马虎从事，由此导致预备接驾费资巨大。《红楼梦》第五十三回“宁国府除夕祭宗祠　荣国府元宵开夜宴”里贾珍曾诉苦道：“头一年省亲连盖花园子，你算算那一注共花了多少，就知道了。再两年再省一回省亲，只怕就净穷了。”并说贾家是“黄柏木作磬槌子，——外头体面里头苦”，这应该是心里话，也是很大胆的话。

在正常接待之外，皇帝出巡还要展现皇权的威仪排场、考察官吏臣民对君父的纯孝之心。清朝的皇帝出巡制度，坏在皇帝开始大规模收受礼品。“1675年会典规定无论何时皇帝出游，方圆百里内的所有官员必须前来接驾；不这样做的，初犯者罚去一年俸禄，再犯者将被贬降两级调走。”[20]官员从远处赶来接驾，当然不能也不会两手空空，总要呈送几件像样的礼物，皇帝有拒绝礼物的时候，但更多的时候则纷纷笑纳了。《红楼梦》第二十九回“享福人福深还祷福　痴情女情重愈斟情”里，贾宝玉随贾母到清虚观打醮，清虚观张道士既是“当日荣国府国公的替身”，又是“如今现掌‘道录司’印”，是出自贾府门下又有官身的人。张道士向贾母请过安、叙过旧后，重头戏是请出贾宝玉带的那块玉，用盘子“托出去给那些远来的道友并徒子徒孙们见识见识”。之后一转脸，张道士就用盘子托了一大堆远来道友和徒子徒孙的敬贺之礼，“也有金璜，也有玉块，或有事事如意，或有岁岁平安，皆是珠穿宝贯，玉琢金镂，共有三五十件”，贾母推托说“何必这样，这不能收的”，张道士笑道：“这是他们一点敬心，小道也不能阻挡。老太太若不留下，岂不叫他们看着小道微薄，不像是门下出身了。”贾母“听如此说，方命人接了”。贾宝玉当真认为这些礼物只是平常物件，说要“出去散给穷人”，张道士赶忙拦住，看来这一堆东西其实是很值钱的。我们不搞索隐，只把这一节描述当作史料看：一种看法，是可以看成作品对当时官场上奉迎达官贵人通常做法的一种艺术化反映，从中可以想见皇帝出巡时，驻跸地的“徒子徒孙”和方圆百里之内必须赶来和方圆百里之外自愿赶来的“远来道友”，因为能一睹圣颜、听几句玉音温存、得一纸御笔墨宝，应该掏出怎样的血本。另一种看法，也可以看成作品为避“文字奇祸”将皇帝出巡的实况分为两个部分、通过不同的人物情节来反映：讲贾妃省亲，重在反映预备接驾的成本以及接驾过程中的皇家威仪；讲清虚观打醮，重在反映接驾过程中掩盖在脉脉亲情面纱下的巧取豪夺。当然，皇帝收了礼物也要有所回馈，但回礼的价值往往要低得可怜。据说每次出巡皇帝回馈礼物的“总价值不超过一千两银子，主要是扇子、竹器、丝绸、糕点”，曹雪芹的祖父曹寅时任江宁织造，四次接驾，曾“得到一联诗句、玻璃、笔墨和供给宴席的羊肉”[21]。

曹寅曾在宫内任过伴读，与康熙帝自小稔熟，其办事干练、深得圣心，照顾皇帝起居也颇为在行。从第三次南巡开始，康熙帝后四次南巡到江南，都驻跸江宁织造司，在给曹家带来极大荣耀的同时，也让曹家因超支挪用公款而落下了巨大的财政亏空。朝廷对地方政府接驾自有标准，但皇帝及其随行人员当然要享受最好的吃喝住行和精神娱乐，还要真金白银地往回带东西，按照朝廷规定的接待标准自然是办不成事的，财政上拨付的接驾款项恐怕连个零头也不够，超出部分，只能是接驾者自己想办法。赵嬷嬷所谓“拿着皇帝家的银子往皇帝身上使”，实际上是官员从本级财政上大规模借支银两接待皇帝，而借来的银两终究是要归还的，到期还不上的银两在清朝叫做“亏空”。康熙帝晚年倦政，中央和各级地方官纷纷向国库举债，形成了规模庞大的国库亏空，雍正帝一登基便下狠手追讨，一时间清朝官场哭号之声大起，曹家因四次接驾落下的亏空自然也在追讨之列。此时曹寅、曹颙父子已死，接任江宁织造的曹寅过继子曹頫资质平平不入皇帝法眼，被雍正帝奚落为“原不成器”，“岂至平常而已”。再加上被人举报“江宁织造司衙门左侧万寿庵内藏贮镀金狮子一对”，“系塞思黑赫于康熙五十五年（1716）遣护卫常德到江宁铸造”。这个塞思黑赫是雍正帝的主要政敌之一，即康熙帝皇九子胤禟。屋漏偏逢连夜雨，曹家的厄运降临了，但曹頫被撤职抄家的正式理由仍然是“欠款亏空”。

康熙六十一年（1722）三月二十日，刚刚过完68岁生日（三月十八日）的康熙帝移驾圆明园牡丹亭，皇四子胤禛（雍正）携诸皇孙陪同赏花。康熙帝在这里第一次见到了不满12岁的皇孙弘历甚为喜欢，几天之后就宣布将弘历“带回宫中养育”。后来弘历登基成为乾隆皇帝，对皇爷爷崇敬有加，乾隆九年（1744）改牡丹亭为“镂月开云”，以纪念当年祖孙三代皇帝在此聚会赏花的盛事。乾隆帝即位后一再标榜自己“以圣祖之法为法，以圣祖之心为心”，其在位期间的出巡次数和铺张情况确实也做到了“青出于蓝而胜于蓝”。据统计，乾隆帝在位期间，“1次到河南，5次去山东祭孔祀岱，6次西巡五台山，4次东巡盛京谒祖陵，52次北狩，6次南巡江浙”[22]。赵云田先生所著《大清帝国的得与失——乾隆出巡记》一书，对乾隆帝几十次出巡的功过得失有着详细梳理，仅就皇帝制度的运行成本来说，有几个方面颇为触目惊心。

乾隆南巡产生的巨大经济和社会成本，当时就引发社会普遍反感，许多官员不断上疏明谏暗讽。绍兴知府为了阻止皇帝巡幸湖州，甚至在试船时把一些障碍物投入河中，让御舟无法通过。乾隆帝退位后的一个深夜不能成眠，在承德行宫本想召军机大臣聊聊，因当值者皆不在岗，乾隆帝与临时赶来陪伴的军机章京吴熊光聊兴大发，对这名年轻章京说，“朕临御六十年，并无失德，惟六次南巡，劳民伤财，作无益害有益。将来皇帝如南巡，而汝不阻止，必无以对朕”[23]。乾隆帝这次私底下的谈话颇有忏悔和警醒意味，但他既不发明诏又无制度安排，除了可以看作一个老人“人之将死，其言也善”之外，并无任何实际意义。后来嘉庆帝出巡盛京祭陵归，刚从湖广总督调任直隶总督的吴熊光到河北滦平县夷齐庙迎驾，嘉庆帝先说自己“道路风景甚佳”，又说“汝苏州人，朕少扈跸过之，其风景诚无匹”。吴熊光听出皇帝有南巡苗头，先作贱家乡说，“苏州惟虎丘称名胜，实一坟堆之大者！城中河道仄，粪船拥挤，何足言风景？”后将乾隆帝这段话端出来劝阻，并说“仁圣之所悔，言犹在耳”。[24] 但是，嘉庆帝后来不行南巡故事，却与吴熊光拿先皇遗愿相压关系不大，主要原因是国家从此陷入内忧外患之中不能自拔，神州动荡日甚，嘉庆帝以及之后的历任皇帝就是想要出巡也出不去了。等到乾隆帝身后一百年发生庚子之变，西太后携光绪帝“西狩”，那是实为西逃而以“西狩”为掩饰，是被迫而为、不得不为，要想留在北京都不行。即便如此，他们母子在仓皇逃往西安以及回銮的路上，仍是全套的銮驾仪式，仍是无节制的奢靡、接受礼物和“乐输”，任凭谁也不敢谏言阻止。

清朝的抄家制度、捐官制度、出巡制度、议罪银制度，究其本质就是具有超然地位和取得超级权力的皇权，已经全面异化为一只饕餮怪兽，它一方面像抽水机一样从社会各个层面拼命捞钱，另一方面又像粉碎机一样为自己享受而拼命花钱。

曹雪芹纵有盖世才华，他在《红楼梦》里也只能反映出康雍两朝和乾隆朝前期的情况，抄家是曹家经历过的，有切肤之痛，作者通过“秦可卿托梦凤姐”一节以隐笔道出，紧接着就是贾蓉捐官和元春省亲，让我们对捐官制度和出巡制度有了比较直观的认识。对于清朝其他重要政务制度，《红楼梦》里也多有涉及，比如罚俸制度、官庄制度、关税制度、生息银制度等。但是，曹雪芹毕竟不是算命先生，在他去世十多年之后，乾隆帝作为中国皇帝制度的集大成者，能够将官庄、关税、生息银和盐务制度等统统进行内容转换，无利或利薄者放弃、利厚者紧紧抓在手里，这可能完全超出了他的认知极限。而这一切都要等着一个推波助澜者的出现，这个人就是自恃有才的钮祜禄氏和珅，他向乾隆帝进呈的不仅有《红楼梦》抄本，还有自己“天才般”的敛财本领。

和珅本是御前侍卫，乾隆四十年（1775）秋骑马随老皇帝出巡，旅途闲聊中“深得圣心”，其情形与《红楼梦》第二十七回“滴翠亭杨妃戏彩蝶　埋香冢飞燕泣残红”里小红（红玉）初次为凤姐办差一段情形大体相类似。凤姐临时抓差让贾宝玉跟前的小丫头小红去传话，当时连这姑娘姓甚名谁都不知道，等小红回来“什么奶奶、爷爷的一大堆”，将“四五门子的话”说得齐全、口声简短，引得凤姐青睐，先是说“我认你作女儿，我一调理你就出息了”，被小红“扑哧一笑”说明辈分有点乱后也不以为意，还是坚持“明儿我和宝玉说，叫他再要人，叫这丫头跟我去”，最后还就果然带走了。和珅与乾隆帝也是这样，一谈合拍，几个月之后，就从三等侍卫直接擢拔为户部右侍郎，成为二品大员，隔月晋军机大臣，又次月兼领内务府总理大臣，赏戴一品朝冠。

户部是为朝廷掌管钱粮的，内务府是为皇帝管钱并办理皇室事务的，军机大臣是皇帝的军政事务秘书。有了这样三重身份，和珅一来可以随侍皇帝身边，随时见面以备咨询和建言献策，二来为打通朝廷国库和皇帝私库提供了技术可能，后来皇帝还一再为和珅加衔进爵，但那些东西主要是提高待遇和以示恩宠。乾隆帝重用和珅的目的很明确，是要让他为自己理财聚财，和珅果然“不负圣恩”，其主要手段就是化公为私。乾隆四十五年（1780）将罚俸制度转换为议罪银制度，算是和珅为皇帝当家理财的起手式。此后15年，在皇权这个超级权力的支持下、在皇权的无限欲望推动下，由和珅操盘，皇帝制度在捞钱和花钱的道路上开始了新的狂奔，不断的花样翻新、无节制的财富聚敛，不断拉高皇帝制度的成本，直到整个社会完全丧失承受能力。

赖惠敏女士从1993年开始到北京中国第一历史档案馆查看清朝皇室经济来源的相关档案。她在《乾隆皇帝的荷包》一书中说，“乾隆皇帝在位六十年，他私人的三座银库：广储司银库、圆明园银库、养心殿造办处银库，估计总收入在八千万两以上，大约是清代国家两年田赋税收，是整个十八世纪欧洲各国皇室难以匹敌的”[25]。实际上，由于英法联军火烧圆明园之后，该银库档案被毁，赖氏列出的数字相当保守，因为仅有档可查的内务府广储司银库，“自乾隆十年至六十年（1745—1795）总收入为68803253两，支出银两为67705043两”。三大银库作为乾隆帝私人“小金库”，其财源主要来自内务府官庄、税关定额盈余、生息银两和盐政盐商“乐输”等。

内务府官庄，就是皇帝的土地及土地财政收入部分。地能生财，皇帝聚敛土地的主要目的在于生财。乾隆五十五年（1790），伊犁锡伯部落领队大臣承安仅因爱喝酒、不问事务，就被乾隆帝革职抄家，一次性查抄田产近41万亩，让皇帝的官庄土地面积几乎增加一倍。但是，由于生产力停滞不前，农业生产受天灾影响较大，再加上承种官庄土地的庄头、佃户生齿日繁，官庄的实际收益并不理想。《红楼梦》第五十三回“宁国府除夕祭宗祠　荣国府元宵开夜宴”里对此有形象的反映。腊月里，贾府准备过年，宁府黑山村庄头乌进孝赶了一个多月的路程进京交租。他向贾珍诉苦说，“今年年成实在不好。从三月下雨起，接接连连直到八月，竟没有一连晴过五日。九月里一场碗大的雹子，方近一千三百里地，连人带房并牲口、粮食，打伤了上千上万的”，贾珍看了租单很不满意，乌进孝辩称，“爷的这地方还算好呢”，我兄弟“现管着那府里八处庄地，比爷这边多着几倍，今年也只这些东西，不过多二三千两银子，也是有饥荒打呢”。当然，这样的严重警讯，乾隆帝和和珅认识不到，他们满脑子想的仍然是如何捞钱。一方面他们继续将查抄家产作为处理官吏犯罪案件的终结，后来嘉庆帝抄了和珅的家，又为官庄增加田产8000多顷；另一方面鉴于查抄官吏家产所得收益不多的事实，他们逐渐将处罚方式向议罪银制度转移。乾隆六十年（1795），九江总督全德收受商人供应银十九万二千两犯下死罪，乾隆帝对其加倍罚缴三十八万四千两后，不但不抄家，还让他继续恢复原职当官。

关税，是清政府的主要税收项目。乾隆年间，全国设有属于户部的税关24处，税关监督一职在康熙朝大多由内务府满洲上三旗官员出任，雍正朝转交巡抚管理，乾隆朝直接改回由内务府皇家包衣出任。在《红楼梦》第十六回“贾元春才选凤藻宫　秦鲸卿夭逝黄泉路”里，凤姐与赵嬷嬷闲聊接驾问题时还说了这样一段话：“那时我爷爷单管各国进贡朝贺的事，凡有的外国人来，都是我们家养活。粤、闽、滇、浙所有的洋船货物都是我们家的。”王熙凤的爷爷，可能就是类似康熙朝在外给皇帝办差的内务府官员。当时由于税关的实际收税数额很难核算，早在康熙年间清政府就对每个税关设定了一个定额，定额关税经皇帝审核后交户部入国库，超出定额的部分则起解朝廷由皇帝自行处分。这样的好处是，能够确保税关监督将超额部分尽收尽解，皇帝处分起来自主权很大，即便一些税关监督有贪污不法问题，因为是内务府包衣，皇帝采取抄家手段处罚，其全部财产就会顺理成章地直接归入内务府。

随着社会经济活动的日趋活跃，关税收入快速上升，乾隆很早就注意到了这块肥肉。他在乾隆十四年（1749）的上谕中明确规定，各税关交户部的正额不变，“有缺者，仍照定例处分”，超出定额部分则以雍正十二年（1735）的实收数额为底线，“短少者，该部按所定分数议处。著为永例”。这样做的实质，就是将经济发展体现在关税上的红利，全部划入自己的处分范围，拿到手的数额如果少于雍正十三年的标准，户部还要负责给他补齐，而皇帝在处分超额关税时的朱批永远都是这么几句，“交广储司银库”“交圆明园”“交养心殿”或“交海望”。海望是乾隆二十年（1755）以前的户部尚书和内务府总管大臣，从一般道理判断，交给海望的部分，他也只能是放进内务府广储司，而不可能放进户部国库。

按说，乾隆帝做到这一步已经够黑了。但是，无限皇权之下的事情，确实是没有最黑只有更黑，一切事情到了和珅手里，总能发生质的变化。乾隆四十二年（1777），也就是和珅三职在身的第二年，被乾隆帝“著为永例”近三十年的规矩改了，新的上谕要求，“嗣后各关征收盈余数目，较上届短少者，俱着与再上两年复行比较。如能较前无缺，即可核准。若比上三年均有短少，再责令管关之员赔补”[26]。也就是说，对各税关上缴皇帝处分的超额部分不再以雍正十三年为基数，改为要求逐年增长，不能逐年增长的，也不再要求户部想办法补齐，因为和珅就管着户部，让户部想办法就是让和珅自己想办法，现在的要求是，谁是税关负责人就由谁来赔补。此例一开，官员赔补案件开始增多，赔补不上怎么办？皇帝有的是办法：皇帝“赐恩”的可以减免，有照缺额十分之一赔补的，有照缺额四分之一赔补的；皇帝不愿“赐恩”的，甚至有按照欠银一倍罚赔的。因为连坐赔补的收益远大于抄家，档案记载自乾隆四十三年（1778）粤海关监督德魁被抄家之后，赔补和议罪银成为对税关监督的主要处罚手段，抄家基本上废弃不用。为确保赔补款到位，甚至出现了老子没有完成赔补死去，圣旨会赐任儿子一个好职位接着赔补的现象。接替德魁任粤海关监督的李质颖死后，其子李朝庆能够出任内务府六库郎中，享受的就是这个待遇。

生息银两，就是放高利贷收息。康熙帝曾运用生息银两作为财政力量，稳定国家经济。雍正帝即位后，进一步将生息银两纳入国家重大政务范围，并开启由皇帝内库拨银生息的做法。当时规定，由内务府拨九十万两白银，按一分生息，所得息银赏给八旗并内务府上三旗官员兵丁婚丧之用。在封建社会里，由于皇帝对地主阶级从事扩大生产和商业活动防范极严，清代甚至直接“规定旗人不能从事工商活动”，他们当中能够掌握余财的人只能通过放贷坐收利息，社会遂出现了庞大的食利阶层。《红楼梦》里的王熙凤就是这一阶层的人物典型。在第三十九回“村老妪是信口开河　痴情子偏寻根究底”里有个情节，看似闲笔、实则要紧，贾宝玉的大丫头袭人来找王熙凤的管家丫头平儿催领月钱，“这个月的月钱，连老太太和太太还没放呢，是为什么?”平儿忙凑到袭人跟前悄悄说：“你快别问，横竖再迟几天就放了。”袭人不解为何催个月钱就让平儿“唬得你这样”，平儿仍是压低声音说：“这个月的月钱，我们奶奶早已支了，放给人使呢。等别处的利钱收了来，凑齐了才放呢。因为是你，我才告诉你，你可不许告诉一个人去。”袭人道：“难道他还短钱使，还没个足厌？何苦还操这心。”平儿笑道：“何曾不是呢。这几年拿着这一项银子，翻出有几百来了。他的公费月例又使不着，十两八两零碎攒了放出去，只他这梯己利钱，一年不到上千的银子呢。”袭人笑道：“拿着我们的钱，你们主子奴才赚利钱，哄的我们呆呆的等着。”

由这段文字可知，在曹雪芹所认知的世界里，放生息银两还不是一件光明正大的事情，是不能摆上台面运作的，毕竟有“君子不言利”之训嘛。实际情况也确乎如此，康熙四十二年（1703）两淮众盐商不知何故曾向皇帝借内帑一百万两，次年皇帝又借给长芦盐商周转资金七十万两，康熙五十六年（1717）两淮盐商又要请借皇帑一百二十万两，并明确提出“商等计利十二万两”，即以一分利计息，皇帝却朱批不可行。此时的盐商借帑，原有贿赂皇帝的意味，康熙帝后来不借之举，除有道德方面考虑外，另一个重要原因是，内帑总额从价值上固然可观，但其中相当一部分是皮货、人参、各国贡品等实物，皇帝手头的现银并不宽绰。

乾隆三年（1738），内务府遵照皇帝指令开设了两个当铺，此后加开达到26座。内务府通过开当铺，一则让有限的内帑现银能够生息，二则可以变卖库中实物，当时的规定是，当铺开张“三年以后均按八厘起。利息银如作至八厘者应毋庸议，不足八厘者着落管当官员赔补。过八厘至一分者量加奖励”。但从实际账目看，内务府当铺的收益率并不高，当铺更多的时候可能是在发挥将内库实物变现的作用。随着实物变现，皇帝手中现银充足，“乾隆皇帝下令关闭大部分的当铺，其资金改由发商生息。商家借款的利息多半维持在12%的水准，年利率虽然不太高，但因借款的年限长达十年、二十年，以致于利息数目超过或等于本银”[27]。

乾隆帝的生息银两，主要是借给利润较高且收益相对稳定的盐商们，盐商从此背上了沉重的利息包袱。刚开始，盐商们为巴结皇帝，“乐输”也好，主动向皇帑借银也罢，还有一定积极性，有的盐商甚至不用皇帑支付本金，自己认下一个金额，就向皇帝支付利息。但盐商毕竟是做生意的，再稳当的生意也不可能只赚不赔，一旦经营出现问题，他们对皇帝展现的热情和善意，大多数时候根本不可能得到任何回报。

乾隆四十七年（1782），借皇帑最多的长芦盐商首先出现无力支付利息的问题，和珅的办法是通过盐政衙门收缴。中国自汉武帝起实行盐铁专卖，清朝盐商经营食盐需要向盐政衙门申请专卖许可证——盐引。自乾隆四十八年（1783）起，盐商们欠下的帑银利息加在盐引里——每引白银二钱。按照定额，皇帝每年从长芦盐政提走白银二十万两。乐输、送礼、利息，像三道绳索套在盐商脖子上越勒越紧，原本商甲天下、梦想着用白花花的银子“以布衣上交天子”的商盐们，很快就被皇权榨了个干净。

在皇帝制度下，皇帝本人高居九重之上，庞大的官僚阶层是他的躯体和手足。皇权取得相对于全社会的超然地位和超级权力后，它要攫取无限财富、确保绝对安全，不但必须养活庞大的官僚阶层，也必须紧紧依靠官僚阶层。官僚阶层的存在是皇帝制度必须支付的成本，问题是官僚阶层从产生的那一天起，就有着自己的利益，它们的利益与皇帝的利益在大多数时候并不一致，甚至是相互冲突的。

皇帝希望养活官僚阶层的成本最小化、让官僚肩负的责任最大化；而官僚阶层的本质特征，是追求自身的责任最小化和利益最大化。雍正帝目光相对远大些，登基后能够从皇权和官僚地主阶级的根本利益出发，刷新乃父晚年弊政，节制官僚地主阶级的贪欲，却也因此得罪了这些掌握话语权的社会精英们，背负了不少骂名。乾隆帝登基后迅速倒向官僚地主阶级的眼前利益，他宣布效法皇祖、以宽仁为政，让清朝的官僚阶层在感恩戴德的同时长长松了一口气，他们终于可以不再面对雍正帝那样的严苛之君，这既是后来官僚阶层丑化雍正帝、美化乾隆帝的重要原因之一，也是当时社会精英阶层整体腐朽、无可救药的重要明证之一。

孔子当年“过泰山侧，有妇人哭于墓者而哀”，问明情况后教育学生子路说“小子识之，苛政猛于虎也”；柳宗元作《捕蛇者说》也感叹：“呜呼！孰知赋敛之毒，有甚是蛇者乎！”乾隆帝“以宽为政”，官僚阶层在贯彻皇权意志、帮助皇帝疯狂敛财的同时，自己待民必然比虎更残暴、比蛇更恶毒。他们代民“乐输”、接驾送礼、捐官进贡，通过这些方式给皇帝敛财，也给自己开启了一个个搜刮民财、鱼肉百姓的借口和渠道。大大小小的官吏们打着“孝敬皇上”这个光鲜的旗号，深入城乡对下属大肆摊派，对商人无情勒索，对百姓残酷搜刮，送到皇帝手中一两银子，自己就会从百姓那里索得十两、百两。以和珅为例，乾隆帝重用和珅25年，和珅想尽办法为皇帝敛财恐怕不会超过四千万两，自身家产竟达八亿两。在中国封建社会里，皇帝和官僚一向以民之父母定位，他们既是社会的管理者，又是道德的教化者，如此作为，自然会造成腐败现象在全社会广泛蔓延，贪污、送礼、奢靡等恶劣风气日甚一日，“帝专、官偷、民玩”[28]，整个社会就这样懈了、散了、烂了。

看看《红楼梦》里贾家子弟的生存状况，再看看当时的社会关系，单指送礼一项就已让人心惊。“四大家族”之间，“四大家族”和其他官僚贵族之间，婚丧嫁娶这样的大事要送礼、老爷太太过生日一类小事也要送礼，在封建礼教面纱遮掩之下，一切都成了钱的算计。这时的中国封建社会，完全可以用“腐朽透顶”定性。

皇帝和官僚阶层的摊派搜刮，基本上是自下而上单行道流动。庞大的官僚阶层像一架架马力全开的破旧抽水机一样，将社会财富自下向上抽取聚集，在中间过程中到处都是雁过拔毛式的截留跑冒，百姓再怎么拼死劳作，其造血生财能力也赶不上官僚机器的抽取速度。当社会底层财富枯竭时，皇权生财的对象就转向了官僚阶层本身，抄家、议罪银、生息银两，好比皇权专门为官僚阶层和专卖商人“量身打造”的抽水机。但是，这里面总是有一个时间差，官僚阶层将十之八九的财富截留后，首先是确保自己过上骄奢淫侈的生活，并要努力维持这种生活方式“能走多远走多远”，其心态正如《红楼梦》里食不厌精、及时行乐的贾母，因为他们不知道皇帝的屠刀哪一天挥将过来。官僚贵族这样大肆挥霍的结果是，等到皇帝前来抄家时，除了一堆田产、房产、古玩字画，并不能得到什么有价值的东西，所以皇帝才会有议罪银等直接捞钱的制度安排出来。这样一层层抽下来，民穷官疲，皇权在一层层抽掉社会财富的同时，也一层层抽掉了社会的希望和精神，抽掉了自己赖以存在的物质和道义基础。

◆ 忽喇喇似大厦倾：贪婪的皇权“昏惨惨似灯将尽”

有成本，也要有收益才行。皇帝制度在乾隆帝手中成本如此之高，如果这些成本是必需的，或者说对于社会整体，哪怕是某一个阶级、阶层能够感受到收益大于成本，就不能说这样的制度完全不合理，因为它总归还有一定的支持力量。

客观上说，在乾隆帝手中，中国人口增长很快，从1.5亿左右快速增长到3亿以上，中国的大版图基本稳定下来，现代中国作为世界性人口大国和领土大国的基本模样，就是这一时期塑造成型的，这是乾隆帝留给中华民族的历史功绩；集中到乾隆帝手中的银子也并非全都挥霍了，除供养皇帝和皇室之外，贴补皇族以及皇帝直领的正黄、镶黄、正白三旗也占去了一部分。冷子兴所说的“如今生齿日繁，事物日盛，主仆上下，安享尊荣者尽多，运筹谋画者无一；其日用排场费用，又不能将就省俭”，清朝皇族和满洲八旗的情况，就是这段话的最好写照。内帑其余的相当大一部分还用在了做功德上，乾隆帝在位时在北京、承德等地大修寺庙。赖惠敏说，“乾隆皇帝挹注佛教的经费增加，成为皇室财政的主要支出之一”，“乾隆年间，修建北京藏传佛寺总费用应超过一千万”，“运用银两约一半系来自户部”。按照此说，再加上围绕热河避暑山庄修建的十二座寺庙，以及北京、承德两地寺庙的日常维护和喇嘛供养，皇帑还是相当紧张的。

但就当时的实际情况看，皇帝制度的成本是严重透支、甚至完全破产了的。

一方面，皇帝以及皇室的生活、运转太过奢靡，治国理念又严重落伍。除搜刮之外，他们完全不知道也不愿意、更没有能力发展社会生产力，根本没有将蛋糕做大的任何积极性。乾隆帝痴迷西洋钟表、藏品无数，却从来不去想一想，这些对生产、生活还意味着什么。1793年马戛尔尼不远万里送来的礼品并不是鸦片，而是满满三大战舰的“高科技产品”，其中包括大型望远镜、凸透镜、天体运行仪、最先进的四轮马车和气枪、猎枪、可以八连发的马枪、最先进的野战火炮，甚至还有一个热气球。可是，乾隆帝从热河回到北京后，只是在圆明园看了一眼，就一概斥之为“奇技淫巧”，从此再也不提及。如果说对那些仪器和马车没有感觉还情有可原的话，一辈子热衷于开疆拓土的老皇帝，竟然对枪、炮这些占据时代制高点的大杀伤力武器也毫不敏感，着实让人费解。英国人的这批礼品，包含着“战”与“和”两层含义，皇帝一层也没有看破。后来英法联军进驻圆明园，英国人将四轮马车和野战火炮这些当年送给清廷的特殊信物，一并又作为战利品运回了国内。

另一方面，皇帝制度的敛财手段成本太高、效率极低，极大地损害了朝廷应该获取的更好、更长远的财政支持，还造成了无可救药的彻底腐败。如果皇帝适可而止、不那么贪婪，国家完全可以有更多的财力、办好更多的事情，这又是乾隆皇帝留下的历史罪恶。有人将乾隆晚年以及其后的民众普遍赤贫化，归咎于人口快速膨胀，这个理由很不充分。因为18世纪世界历史出现的“共时现象”之一，“就是人口的持续增长”，主因是地理大发现之后，玉米、番薯、土豆、花生等高产农作物由美洲大陆迅速传入欧亚大陆，致使18世纪世界人口从6亿多增至9亿多。中国这一时期没有战乱，“乾隆六年，第一次统计全国大小男妇人口，发现人口已达到一亿四千多万。乾隆五十八年，中国人口已达到三亿之众”[29]。半个世纪增长一倍，速度是快了一些，但并不十分离谱。全民贫困化的核心原因，还是乾隆帝的大肆敛财和清朝皇室无度骄奢挥霍以及由此带来的严重腐败问题。

乾隆帝并不糊涂，他看到了民生日艰的危险，但采取的主要措施只是反复的减免税赋，这也成为俗儒们称颂不已的乾隆德政。皇帝越是显示宽仁，官僚们搜刮胆色越壮、待民之举越酷、贪腐之风越炽，这时的减免税赋，只不过相当于在有人一刀狠似一刀割肉时，可以少挨两个巴掌而已。对老百姓并无实际意义的减免税赋，对国家财政的冲击却甚大，国家税源大幅下降后，国防建设投入下降，本就不多的政府公共服务也基本取消。乾隆帝的皇权敛财，在抽干社会血液的同时，也抽干了国家的血液。

另外，皇帝和官僚阶层抽取社会财富的过程，本身就是以损失社会公正为前提和代价的，老百姓在背负沉重经济负担的同时，对皇权维护社会公正的愿望也必然破灭。毛泽东多次说，《红楼梦》中有几十条人命。20世纪50年代，他对时任浙江省人民政府主席谭启龙说，《红楼梦》里面有六条人命！冯渊、贾瑞、鲍二家的、尤三姐、司棋、晴雯，都白白地断送了性命，对时任广州市副市长兼公安局局长薛焰说：《红楼梦》搞公安就不要看？你知道里面有多少人命案子呀！毛泽东所说的几十条人命，可分为三种情形，一种是封建道德杀人，如晴雯病夭、金钏投井、尤三姐自刎，加害者不是某一个特定的人，根本无人可以追责；一种是封建制度杀人，鲍二家的上吊、尤二姐吞金、贾赦夺石呆子古扇，明知是谁加害却无法追责；一种是直接的刑事杀人，如冯渊和酒保张三被薛蟠打死等，明明可以依法追责却枉法纵凶。前两种情形是在控诉封建道德和封建制度，第三种情形直接控诉皇权功能完全失灵。“最是天下第一个弄性尚气的人”薛蟠，一眼相中甄英莲“生的不俗”，立意买她，恃强喝令手下豪奴将另一买主冯渊“打了个稀烂”，从而引发他人生中的第一场人命官司。对待这场人命官司，薛蟠“视为儿戏，自以为花上几个臭钱，无有不了的”，审理此案的知府贾雨村，本就欠着贾府人情，又欲借着贾府这棵大树往上攀爬，徇情枉法，让薛蟠逍遥法外，继续他斗鸡走马、为所欲为的纨绔生活。酒保张三因为多看了几眼当红戏子蒋玉菡，惹得薛蟠醋意大发，故意找茬用酒碗砸死张三。薛蟠当即被太平县衙监禁起来，贾政托人说情，又送了几千两银子把知县买通，从轻定案，后又层层打点，买通府、道等衙门，不料最后被刑部驳审回来，依旧定了死罪。正当读者欲呼“苍天有眼”，朝廷大赦来了，也就是皇权出面仍然让薛蟠不死，顿时让人心如死灰。乾隆帝自己处理案件的手法比小说更为传奇，特别是面对民间开始出现的对地主抗租、对官府抗税等越级上访、罢市抗议案件，乾隆皇帝的处置原则基本上是必须在体制内反映申诉，对于以下抗上的案子，老百姓即便完全有理，也要受到惩处。

这样的社会，曹雪芹预言是“盛筵必散”的末世，因为他是低头看向地面的，他看到了百尺高楼的地基已经沙化，而这沙正在流动、流失；这样的社会，乾隆帝说是盛世，因为他坐在百尺高楼的顶端，他放眼望见的是楼内的奢华陈设，是楼外的广阔天宇，他根本看不到正在流动的沙塬地基。

嘉庆元年（1796），白莲教起义连绵数省，是老百姓对“盛世说”的第一次回答；嘉庆八年（1803），衣衫褴褛的无业流民陈德在紫禁城神武门持利刃直冲从圆明园回宫的皇帝御轿，是老百姓对“盛世说”的第二次回答；嘉庆十八年（1813），天理教徒趁着夜色闯进紫禁城，他们攻打养心门、箭留隆宗门，是老百姓对“盛世说”的第三次回答。面对局势动荡，官僚阶层的态度如何呢？嘉庆帝的一首诗，道尽了对朝臣的无尽失望。

内外朝臣尽紫袍，何人肯与朕分劳。
玉杯饮尽千家血，银烛烧残百姓膏。
天泪落时人泪落，歌声高处哭声高。
平时慢说君恩重，辜负君恩是尔曹。

当然，面对已经到来的众叛亲离，存在了两千多年的皇帝制度决不愿自动退出历史舞台。毕竟，它才刚刚取得碾压一切的最后胜利，正如一个刚刚登至雪山顶峰的登山爱好者，他想让时间凝固，让自己可以从容地、长久地享受成功的喜悦、欣赏绝顶的景色，可暴风雪来了，下山的道路封了，登山爱好者慌了，他身陷绝境却不甘心，还要做最后的努力。乾隆之后的历任皇帝就是这样的努力者，冷子兴描述贾家后继无人的景象曰“谁知这样钟鸣鼎食之家，翰墨诗书之族，如今的儿孙竟一代不如一代了”，这竟然像是为清朝预备好的判词。

嘉庆帝干脆利索地处置和珅，正如当年崇祯帝举手之间除掉魏忠贤一样，全国臣民精神为之一振，皇帝自己也欣欣然，颇有些英明神武之感。但皇帝显然将问题想简单了，没有了和珅这个马桶盖，各种各样的麻烦像下水道里的污浊，一股脑儿翻将上来。嘉庆帝经过一段时间的左支右绌之后，发现国家面临的竟然是一个剪不断、理还乱的局面，他陷入了沉思。嘉庆十年（1805），皇帝亲赴盛京祭陵后御制《守成论》，将整体施政方针定位在“徐徐进补、固本培元”上。清朝皇室对皇子的教育历来系统严格，嘉庆帝历史学养不低，对历代兴亡和本朝龙兴的历史并不陌生，这次东巡的目的重在追思祖宗伟业，自然也会联想到崇祯帝当年胡乱作为导致明亡的惨痛教训。当初以为拿掉一个和珅就能让整个局面迅速好转，只是暴露出嘉庆帝个人政治资质平庸；亲政6年后作出国策守成的决定，就充分暴露出在东亚相对封闭的政治地理环境中形成的中国传统政治思想，已经完全不能应对世界各大板块开始在政治、经济、军事等方面相互碰撞的全新局势了。

在夷齐庙迎驾时力图打消嘉庆帝南巡念头的吴熊光，在这一年底被调任两广总督。几年来，吴熊光在湖广总督任上练勇剿匪、在直隶总督任上勇于任事，屡得皇帝特诏嘉奖，但一旦赴任两广，情况却完全为之一变。嘉庆十三年（1808），英军擅入澳门、英舰进入黄埔，吴熊光因没有及时调兵驱离，被皇帝认为“示弱”而严诏切责，后又“遣戍伊犁”并退出政治舞台。[30]吴熊光离职时，林则徐正以举人之身在福建巡抚张师诚府上充任幕僚，对于吴熊光的遭遇应该十分清楚。30年后的1838年是清道光十八年，任职湖广总督的林则徐以钦差大臣身份到广州查禁鸦片。他到任后雷厉风行，以强硬态度在虎门销烟，英国人则于道光二十年（1840）发动鸦片战争，英军沿马戛尔尼使团当年进京路线北上天津并进占大沽口，兵锋直接威胁北京。道光帝要议和，诏“下则徐等严议，饬即来京，以琦善代之”，后又“寻议革职，命仍回广东备查问差委”，次年春“予则徐四品卿衔，赴浙江镇海协防”，五月“褫卿衔，遣戍伊犁”。[31]

30年前的吴熊光因向英国人示弱被“遣戍伊犁”，30年后的林则徐因向英国人示强亦被“遣戍伊犁”。父子两代皇帝怀揣着一样的自信要求自己的臣子，两个能员干吏拿出了完全相反的方略进行应对，但他们的个人命运结局却一样走向了伊犁，这并非造化弄人，而是形势使然。还是毛泽东说得对，帝国主义就像是“景阳冈上的老虎，刺激它也是那样，不刺激它也是那样，总之是要吃人的。或者把老虎打死，或者被老虎吃掉，二者必居其一”[32]。吴熊光选择不刺激它、林则徐选择刺激它，都成了牺牲品。而皇帝的自信只是一种盲目自大，他们没有认识到，自己根本不是“武松”，而是被老虎看破了本相的“黔之驴”，是个纸糊的“银样镴枪头”。1840年第一次鸦片战争失败之后，清政府与英国签订《南京条约》[33]，英国人不但得到了马戛尔尼带着大堆礼物没有要来的通商权[33]，他们还将得到清政府分4年缴纳的赔款二千一百万白银以及割让的香港岛，中国的关税、司法、领土主权从此开始受到任人摆布的侵害。

道光帝开启“割肉饲虎”模式后，其实质就是清朝开始被列强“抄家”、瓜分关税、硬派生息银两和强缴议罪银，形成了皇帝制度新增的更大的成本。这一点，连远在欧洲的马克思都看得十分清楚，他在《中国革命与欧洲革命》中讲到，鸦片贸易所引起的金银外流，外国竞争对本国生产的破坏，国家行政机关的腐化，这一切就造成了两个后果：旧税捐更重更难负担，此外又加上了新税捐。清朝就这样又运转了几年后，早已不堪重负的中国社会无可避免地走向了最后的崩溃，其最大的爆发点出现在广西金田。

1850年道光帝崩，皇四子奕詝继位，次年改元咸丰。十天后的正月初十一日，洪秀全在广西金田召集两万余人宣布起义，建号太平天国，并于1853年3月19日率军攻占南京，定为都城，改称天京。此后，太平天国运动坚持斗争达十四年之久。

160多年来，一直有人在极力诋毁太平天国运动，其理由主要有三，一是洪秀全思想荒唐，这个落第秀才靠着传教士赠送的一本小册子《劝世良言》，搞出来的“拜上帝会”不伦不类，是个既不懂儒家思想又不懂基督精神的怪胎；二是洪秀全生活荒淫，整日沉湎酒色；三是洪秀全行事荒谬，根本不具备基本的组织领导才能。但是，所有诋毁者都不愿面对一点，太平天国和洪秀全的全部价值就在于他是要否定清朝的，它是作为一个悖论而存在的：如果你否定太平天国和洪秀全，那么被它闹得人仰马翻的清朝算什么，将太平天国和洪秀全否定得越彻底，清朝存在的合理性就越高；如果你认为作为它打倒对象的清朝应该被否定，那么，你就应该肯定太平天国和洪秀全。恩格斯说：“任何地方发生革命动荡，其背后必然有某种社会要求，而腐朽的制度阻碍这种要求得到满足。”[34]在洪、杨起事前，极贫极困的中国已是遍地乱象，广西更是“群盗如毛、各会党大肆活动”，全国欲仿效朱元璋、李自成扯旗造反者，绝非洪、杨一支。忠王李秀成被俘后承认，自己是在“家孤寒无食”“度日不能、度月更难”的情况下投身太平天国的，而太平天国“从者俱是农夫之家，寒苦之家”。曾国藩攻破南京后，给朝廷的奏折说，“此次金陵城破，十余万贼无一降者，至聚众自焚而不悔，实为古今罕见之剧寇”。成千上万的老百姓被压榨得穷困之极投身太平天国，兵败后宁死不降清。站在最广大人民群众的立场上，中国共产党人充分肯定太平天国运动，并将象征太平天国的“金田起义”选定为人民英雄纪念碑底座的八块浮雕之一，至今还在接受着全民族的敬仰和纪念，这不仅是历史的良心，也代表了历史规律和前进方向。

毛泽东的政治眼光还要更加深邃一些，他十分明确地说，“洪秀全、康有为、严复和孙中山，代表了在中国共产党出世以前向西方寻找真理的一派人物。……我自己在青年时期，学的也是这些东西”[35]。洪秀全从思想内涵到行事风格，固然有诸多让人诟病之处，但他借用西方基督教思想创立“拜上帝会”倡导起事，农民起义不再从中国传统文化，特别是不再从民间信仰中寻找思想支持，这的确是一个大事件，它标志着中国政治思想史上一个新时代的来临。毕竟，从陈胜、吴广开始的农民起义，都是以民间信仰作为思想武器的，不久前的白莲教、天理教起事，走的还是传统路子，与太平天国同一历史时期建立年号的农民起义，如林恭的天德（1853）、李明先的洪顺（1853）、黄威的天德（1853）、刘丽川的天运（1853—1855）、陈开和黄鼎凤的洪德（1855—1864）、李永和的顺天（1860—1864）、朱明月的嗣统（1864—1868）、宋继鹏的天纵（1860—1863）等等，走的也是传统路子。而自洪秀全以后，从西方世界寻求思想资源和精神力量的闸门就一下子打开了，我们可以说洪秀全荒诞、粗鄙、浅薄，却无法否认他是第一个推开铁门的人。

曾国藩之所以视太平天国不共戴天，他在《讨粤匪檄》里阐明的理由如下：

> 自唐虞三代以来，历世圣人，扶持名教，敦叙人伦，君臣父子，上下尊卑，秩然如冠履之不可倒置。粤匪窃外夷之绪，崇天主之教，自其伪君伪相，下逮兵卒贱役，皆以兄弟称之，谓惟天可称父，此外凡民之父，皆兄弟也；凡民之母，皆姊也。尽不能自耕以纳赋，而谓田皆天王之田；商不能自贾以取息，而谓货皆天王之货；士不能诵孔子之经，而别有所谓耶稣之说，《新约》之书；举中国数千年礼仪人伦，《诗》《书》典则，一旦扫地荡荆。此岂独我大清之变，乃开辟以来名教之奇变，我孔子、孟子之所痛哭于九原，凡读书识字者，又乌可袖手安坐，不思一为之所也。

洪、杨的历史性意义虽称得上划时代，但也仅至于此。因为他们终归只是从基督教思想里拿得些皮毛，甚至只能算作一种望文生义的附会胡说，骨子里仍然是中国传统文化沉淀下来的渣滓，太平天国进入南京后展现出来的，果然是传统文化中最落后、最污浊的一面，他们的精神世界匮乏贫困到如此程度、行为表现丑陋不堪到如此地步，以致曾国藩维护名教的大旗一举就能将其颠覆。

曾国藩不以保卫皇权为旗帜，而以维护名教搞军事动员，“礼乐征伐不从天子出”，对皇帝制度无论如何都是不祥的信号。事实上，咸丰帝也确实是在无边灾难中度过皇帝岁月的，他是清朝入主中原后唯一死在北京之外的皇帝，他的皇帝生涯还没能熬过洪秀全的天王生涯，他做皇帝的主要任务，一是一个接一个地阅读太平天国攻城略地的战报，二是一个接一个地授权签订对外不平等条约。咸丰帝最终也没能挡住1860年英法联军进攻北京，这两只“野猴”带领着一大群只知道抢、烧、吃的“猴子猴孙”，一把大火烧掉了圆明园。真是可惜，这座园子始建于康熙四十八年（1709），历经康、雍、乾、嘉、道、咸六朝皇帝扩建整修，历时151年，花费白银一千五百六十万两，号称园中之园的第一世界名园，就这样成了一大片断壁残垣。咸丰帝再一次授权签约，分别赔付英法两国白银各八百万两，并将乌苏里江以东四十万平方公里土地割让给俄国，第二年他就在惊惧当中被吓死，驾崩热河行宫。

◆“死而不僵”其奈何：只有革命，才能彻底地清场

咸丰帝虽然半生凄惨，他到底还是一个实权在握的皇帝，之后的皇帝则只不过是西太后垂帘之下的政治傀儡。西太后是咸丰帝的懿贵妃，儿子载淳以皇长子身份继位称帝，她与由孝贞显皇后升格的母后皇太后慈安两宫并尊，称圣母皇太后，上徽号慈禧，载淳的年号也因此停用“祺祥”而改用“同治”。西太后的掌权之路也颇辛苦，她通过发动“辛酉政变”诛杀咸丰帝留下的八大顾命重臣、通过发动“甲申易枢”罢免摄政的恭亲王，再加上同治皇帝早逝无子嗣、东太后慈安暴崩等种种原因，此后的朝廷基本上才由她当家。后世大多将清亡的责任归咎于慈禧，实际上从她当家那天起，皇权的影响力就已经缩小到紫禁城以及北京附近的一些地方了。国家政局的真正主导力量，已经转移到侵门入户的西方列强和在镇压太平天国运动中崛起的官僚地主阶级手中。列强搜刮压榨中国需要朝廷牵总，官僚地主阶级自筹粮饷、自练兵勇，从南到北出现的一批实力派，都需要朝廷给个名分。列强和官僚地主阶级的政治、经济利益相结合，全国各地的大规模动荡被暂时平息下去，皇帝制

度这才在“孤儿寡母的妇道人家”西太后手中延续了下来。

同治帝、光绪帝是西太后的傀儡，而西太后又是列强和官僚地主阶级的傀儡。天底下的人只要有了名分，又有谁会甘为傀儡呢？面对列强的步步紧逼和过分搜刮，皇权在握的西太后甚感屈辱，梦想着祖宗的荣耀，手中有兵的官僚地主阶级不堪重负、回味着儒家的理想，他们结合起来抗争列强，以李鸿章为代表的官僚地主们，替皇帝掀起了一场轰轰烈烈的“洋务运动”。

洋务运动是以曾国藩和李鸿章等人为代表的清朝统治集团内的洋务派，为挽救清朝统治而开展的自救运动。历史也确实给了他们一次难得的机会，那就是从19世纪60年代之后的30年和平环境。这一时期，西方主要大国内部以及西方列强之间的矛盾上升，欧洲大陆陷于普鲁士（德意志）与奥地利和法国的战争，美洲大陆陷于美国的南北战争，亚洲的日本开启明治维新，世界几大政治板块，各领风骚，都埋头内部事务而无暇顾及中国。

历史给了儒家思想和皇帝制度三十年的机会，但“中学为体、西学为用”的洋务运动终究没能修得正果。这场洋务运动的成果，在朝廷层面是打造了北洋、南洋两支舰队，在社会层面则是推动资本和官僚走到一起，通过“官商合办企业”形式，生发出一个官僚资产阶级来。在西方列强眼里，中国自强图存长出“肥肉”是可以，却绝不能长出骨骼和拳头。它们的内部矛盾一旦缓解，利爪便伸将过来，1884年法国在南方发难，南洋舰队在一个小时之内全军覆没；十年后的1894年，日本人在北方发难，北洋舰队在五个小时之内又全军覆没。史景迁将这一时期的洋务运动称为“儒士的改革”和“自强运动”。

> 儒家政治家以他们的才能、忠诚和毅力帮助清政府镇压了19世纪中期的叛乱，看起来中国似乎能够应付新的挑战。他们举起重建大清帝国秩序的大旗，建立新的制度结构，以处理外交关系，征收关税，制造现代化的船只和武器，并教授国际法和现代科学的基本知识。
>
> 事实证明“自强”并非只是空头口号，它显然是一条兴邦治国

> 的可靠路径。只要有强有力的帝国领导集团和坚定果决的军机处，清王朝也许可以重达往日的强盛。不幸的是率领王朝自强图存的强有力的领导集团并未出现。[36]

史景迁果然只是“景仰司马迁”的外来学者，而不是比肩司马迁的历史学家，他的前一段话说出了部分事实，后一段话却给出了一个似是而非的判断和根本不存在前提的假设。“率领王朝自强图存的强有力的领导集团并未出现”，并不是什么“不幸”，而是根本就没有出现的可能，因为皇帝制度和儒家思想相伴着主宰中国社会两千年之后，此时已是双双走向穷途末路。皇帝制度沦落到在一个妇人手里苟延残喘自不必说，儒家也已是油尽灯枯，打败太平天国的是列强和太平天国自己，曾国藩打着“维护名教”的旗号，攻进南京，冒得大功，却挽救不了儒家思想和皇帝制度的最终命运。

甲午战败，李鸿章还在忙着当好清朝的“裱糊匠”，康有为、梁启超等新生代儒士们却等不及了，他们开出“君主立宪”的药方，企图依靠手无实权的光杆皇帝变法改良，以建立责任内阁的方式实现帝制的延续和重生。康有为也算能人，他一方面“设法抓住皇帝，作他的傀儡”，采取反复上书进言的方式得到光绪帝的充分信任；一方面“向士大夫阶级里面广求同志，尽力宣传主义”，得到梁启超、谭嗣同等一大批科第新贵的拥戴和支持，甚至很快就向军机处这一核心要害机关送进四名章京。梁启超乐观地说：“自四卿入军机，然后皇帝与康先生之意始能少通，锐意欲行大改革矣。”[37]然而事不过百日，就引来以西太后为代表的顽固皇权和以荣禄、袁世凯为代表的官僚地主阶级的血腥反扑，皇帝被圈禁瀛台、康梁远逃海外、谭嗣同等六人被斩首于北京菜市口刑场。看这段历史，维新失败，在维新党一方，康梁打着儒家旗号，行事方式却更像法家最不入流的术派，做事急切、谋人失当、全无章法；在皇权官僚一方，皇权已经颟顸到死在近前仍不许任何人染指的地步，官僚地主阶级的政治近视也是如此，双方一交手，就把“变法改良”打成了再也解不开的死结。

戊戌变法，是精英主义集团在中国历史发展进程中的一次回光返照，剩下的无非是一而再、再而三的垂死挣扎。

遍览中外历史，变法改良从来都不是一个轻松的话题，也就不是一件轻易的事情。人猿揖别，人类拿起工具，开始在互相协作与斗争中创造属于自己的生活和历史。随着工具进步和技术发展，物质产品不断丰富化，协作和分工关系不断复杂化，活动半径不断扩大化，统治者要尽可能多地控制土地人口，尽可能多地占有资源财富，如何提高生产效率，如何合理分配成果，如何确保秩序和安全等问题，就会周期性地摆在人们面前。人们由部落到国家，力图以制度、法律、道德、暴力来解决这些问题，但以不变的制度体系，规范不断变化的社会生产生活关系，总会有“一法之行也，一利生，一弊随”和“法久弊生”的问题。

按照马克思主义的观点，生产力决定生产关系，经济基础决定上层建筑，当上层建筑不适应生产力和生产关系发展状况时，作为上层建筑的制度体系就必须做出相应的调整和改变，它所能选择的无非是“主动变”还是“被动变”罢了，“主动变”就是改良，“被动变”就是革命。

由于变是必然的，当社会生产和分配关系出现严重问题、社会秩序和统治者地位受到严重威胁时，清醒的统治者会主动求变，以变法改良求生存、求发展，这是变法改良的历史逻辑。变法改良的政策取向不外乎有三：一是调动各方积极性尽量做大蛋糕，并尽可能地扩大受益面；二是动用行政、法律甚至暴力手段重新分配蛋糕，并尽可能压制或减少利益受损者的强烈反弹；三是防止内部因素干扰或外部因素冲击，强力清除影响改良推进的障碍性力量。

由于精英主义在本质上贪婪成性，不带有革命性质的变法改良，要么在做大蛋糕方面满足不了相关方面的贪欲，要么在重新分配蛋糕方面与相关方面的贪欲相冲突，其结果反倒加速制度体系失灵或崩溃，导致革命提前到来，这是革命的历史逻辑。

变法改良成功与否，关键要看操盘者在上述三个政策取向的先后、轻重、急缓等方面，能否把握得比较好，一步一步做对所有的事情，至少不能在任何一个问题上犯下颠覆性错误，变法改良的难度远超乎一般人想象。在中国历史上，商鞅变法造就强秦的巨大光环，遮蔽了许多变法失败后君亡臣死、国乱政息的惨剧，让许多人产生了变法很容易、只在明君强臣“一振作间而已”[38]的幻觉。后世有志于变法改良者，多以秦孝公故事勉励君王、又以商鞅故事挑战自我，他们大多没有认识到，商鞅变法的实质是一场革命，前面有100多年的百家争鸣做思想先导，后面有近300年的制度建设和意识形态建设跟进，他所做的只是调整土地所有制这个生产关系中的关键性环节以及与此相关的社会行为规范部分。即便如此，商鞅在得尽天时、地利、人和，自己又有极高政治禀赋的情况下，仍然不免以身祭法，身死尚不能一解利益受损者的心头大恨，还要显戮于刑场并被车裂。像王安石那样有些浪漫地看待变法改良，从根本上讲就没有成功的可能。他向宋神宗进呈《浪淘沙令》一词说：

> 伊吕两衰翁，历遍穷通。一为钓叟一耕佣。若使当时身不遇，老了英雄。
>
> 汤武偶相逢，风虎云龙。兴王只在谈笑中。直至如今千载后，谁与争功！

任何意义上的改良变法，都绝不是“明君强臣”两个精英人物“一为钓叟一耕佣”式的浪漫故事和个人功业。变法改良，牵一发而动全身，它是全社会的事，它的成功需要天时、地利、人和，条件极其严苛，绝不是“只在谈笑中”。

所谓天时，是指启动改良的时间点是否有利。这个时间点包括两个层面，一个层面是大的时代背景，历史是否处于新技术革命和工具革命发生之际或之后。因为有效做大蛋糕是改革顺利起步和深入推进的最佳动员令，而在生产力没有或者不可能有大发展的情况下，做大蛋糕往往受到诸多制约。商鞅变法发生在铁器广泛普及的时代，这使奖励耕战的政策有了物质依托。一个层面是具体的时代背景，国家是否处在贫弱相交、人心思变的关键节点。民心即是天时，穷则思变，普遍的贫困往往会汇聚成一股强大的求变洪流，统治者顺势而为便可收到事半功倍之效。

所谓地利，是指变法改良需要一个相对长期安定的内外部环境。地利有自然形成的，但大多数时候需要推动变法改良的领导者去争取和创造，对外忍耐甚至一定的妥协是必要的，对内整体上的渐进迂回和局部上的坚决斗争是必需的。商鞅为求变法成功，近二十年坚持对魏执行隐忍迁就政策；申不害在韩国、吴起在楚国变法，都因未能避免外部强加的战争而中断失败。同治、光绪年间的清廷君臣完全不懂得“舍得之道”，内部开展洋务运动，对外战略上不知收缩、战术上盲目自信，结果被甲午战争打断进程。有了安全的外部环境，还要营造安定的内部环境。优秀的变法改良领导者应该是带有理想主义色彩的现实主义者，他们设定目标合理，并且会根据现实条件和社会承受能力，有步骤、有限度地小心翼翼地实现目标，不能搞一锤子买卖。

所谓人和，是指变法改良能否得到大多数人的强有力支持和积极参与。这需要变法改良有一个正确的出发点，解决好“为了谁”“依靠谁”的问题。古代变法改良，主观上大多是为了富国强兵、稳定统治、成就功名，区别在于“依靠谁”的问题上，有的人知道依靠百姓，如商鞅，他徙木立信面向的就是民众，他热切希望百姓支持和参与；有的人却误认为依靠君王和权力即可，王安石变法失败、张居正变法失败、康有为变法失败，都是把变法改良的希望寄托在君王和权力上，而不知道涵养支持变法改良的社会力量。王安石、张居正变法的本意是均贫富，其结果却是将民间的富人和穷人一起剥夺，变成了朝廷敛财，于是变法改良变成了内争内斗，本意和初衷不见了，道义之争、党派之争大行其道，最终演变成君子、小人之争。王安石这样的真君子和张居正这样的伪君子，在反对者眼里一样都是“真小人”，最高权力不堪其烦或难忍其扰，一旦不再加持变法，便只能是人走政息或者人亡政息。

如此高难度之下，洋务运动，得天时、有人和，却失地利；康、梁维新变法，有天时、无地利、又失人和，最终都失败了。旧世代儒士和新生代儒士相继败北，在宣告儒家有节制的精英主义思想彻底落伍于时代而濒临破产的同时，也让皇帝制度与儒家思想产生了莫大隔阂。1905年9月2日，袁世凯、张之洞奏请立停科举、开新学，清朝诏准自1906年起所有乡会试一律停止，各省岁科考试亦即停止。皇帝制度与儒家思想之间的千年脐带，在波澜不惊当中被一刀割断。新学哺育出来的年轻一代，十三年后走上中国政治舞台，一出手就是一场“打倒孔家店”的轰轰烈烈的新文化运动，并从真正意义上开启了革命时代。

李剑农在《中国近百年政治史》里说：“康有为的维新工作至此告终；他的政治生命也可说在此时告终了，因为此后，便不是他的时期了(后来的保皇会和复辟运动不过是他的余波罢了)。”[39]其实，到此终结的，何止是康有为的政治生命和维新活动，皇帝制度的丧钟也已经敲响，儒家思想的独尊地位也走到了尽头。1894年的中日《马关条约》规定，中国赔偿日本军费白银二亿两；后增加三千万两赎辽费；1901年的《辛丑条约》规定，中国赔款价息合计九亿八千万两白银[40]。剩下的时间里，中国社会完全沦为西方列强的“官庄”，清朝完全沦为《红楼梦》里种地交租的“宁府庄头乌进孝”，只要这样的封建皇帝制度还存在，中国人民和中华民族将永世不得翻身。但是，中国社会被儒家思想浸淫了两千多年，谁都不愿意出手去触碰皇帝制度，就像前清举人、国民党元老人物吴稚晖在孙中山劝其革命时所想：我的心中，就不当他是个绿林豪杰，以为他确要成为洪秀全第二。但其时我虽然也进了一步，从温和的维新党变成了剧烈的维新党，我终还忘不了要扶持光绪皇帝，虽然我不是保皇党。觉得那种反叛的事业，做呢未尝不可做，终究像不正当。常想让孙文去做罢，我是不做的。[41]

历史就这样把责任交给了以孙中山为代表的中国革命先行者和革命志士。

1906年5月23日，几个月前在日本东京大森海湾蹈海自杀的湖南青年陈天华的灵柩归葬长沙岳麓山，“全城学生制服行丧礼，万人整队送之山陵”。缟素一片的岳麓山，是在送别这位三十一岁的革命烈士，也是在展示送别旧制度的浩荡民心。

1907年7月15日，鉴湖女侠秋瑾留下“秋风秋雨愁煞人”七个大字，在绍兴轩亭口慷慨就义。

1911年4月27日，黄兴在广州城内率领一百多名志士攻打两广总督衙门，“是役也，死者七十二人，无一怯懦士。事虽未成，而其激扬慷慨之义声，惊天动地之壮举，固已碎裂官僚之胆，震醒国民之魂”[42]。

七十二烈士之一的林觉民给妻子陈意映[43]留书云："吾自遇汝以来，常愿天下有情人都成眷属，然遍地腥云，满街狼犬，称心快意，几家能够？司马春衫，吾不能学太上之忘情也。"不到半年之后的10月10日凌晨，武昌城内几声枪响，皇权和皇帝制度"黔之驴"的本质终于暴露在社会各阶级、各派别、各地方实力派面前。

武昌军政府成立一个月左右，各省纷纷通电独立，清朝名义上能够支配的只剩直隶、河南、东三省等寥寥数省。袁世凯出面经过几个回合的讨价还价，在接管了清朝禁军指挥权，又从裕隆皇太后那里敲诈出"内帑黄金八万锭"[44]后，力逼清帝逊位，以武力威胁逼迫孙中山让位，当上了中华民国大总统。

袁世凯自小醉心兵法，十三岁时制联云"大野龙方蛰，中原鹿正肥"，后虽进京读书四年，但两科进场不中举，他一怒之下把诗文付之一炬并作诗自勉云："眼前龙虎斗不了，杀气直上干云霄。我欲向天张巨口，一口吞尽胡天骄。"袁世凯投身行伍后快速崛起，先是在朝鲜战场一战成名，后来在天津小站编练新兵，竟然成就了一支北洋劲旅。但从袁世凯的诗联看，他的确粗野少文，即便做了大总统，其本领"右手挟利刃，左手持金钱，啸聚国中最下贱无耻之少数人"[45]，大做皇帝梦。

袁世凯的皇帝梦可谓"针扎不进、水泼不入"，次子袁克文力谏他不要称帝，袁大总统盛怒之下将"二皇子"打入牢狱，克文赋诗死谏说：

> 乍着微棉强自胜，阴晴向晚未分明。
> 南回寒雁掩孤月，西落骄阳黯九城。
> 驹隙存身争一瞬，蛩声警夜欲三更。
> 绝怜高处多风雨，莫到琼楼最上层。[46]

但是，袁氏心魔既生，九万头牛也拉不回来。袁世凯魂断身死，北洋系军阀不断分裂重组，靠着枪杆子建立政府，直接劫掠社会。北洋军共有陆军六镇，各镇都有自己的军歌，其中第四镇军歌最为流行，起头就唱"三国战将勇，首推赵子龙，长坂坡前逞英雄"[47]。最原始的精英史观闻之可知，当政军阀的思想素养如此贫乏，军阀治下的国家景况可想而知。

“皇上走了”，中华民国成为近代以来亚洲第一个共和制国家，但是“皇帝退位，总统登台，实际变动却不大”，官僚还是官僚、地主还是地主，甚至由于这些社会精英阶层从整体上堕落为大小军阀和土豪劣绅，表现出的是贪婪更甚、劫掠更深、回馈社会的能力更差。列强仍然在榨取，赔款仍然要支付，多出来的是军阀混乱、民不聊生，袁世凯称帝、张勋复辟、军阀混战，国家局势一日坏似一日。其情形之不堪还真是应了冷子兴的话，“百足之虫，死而不僵”。

章士钊后来说，“今之论士，语涉辛亥革命，往往过于夸张，估计成功二字，溢量殆不知何许”。当时的孙中山先生并不甘心，他1913年组织“讨袁之战”，1917年组织“护国战争”，1922年组织“护法战争”，每一次都只能倚仗自己的道义力量，动员一批军阀去打倒另一批军阀。三战皆败，这位中国近代民主革命先行者落下“孙大炮”的绰号，陷入“苦闷复苦闷，坐困愁城人不问”当中。

经济和思想上陷于双重赤贫的中国，仿佛堕入一片漆黑当中，谁也不知道路在何方。

历史行到此时，外部世界格局发生着剧烈变化，特别是马克思主义理论经过半个多世纪的发展，以墙内开花墙外香的效果在资本主义链条当中最为薄弱的俄国打开缺口。1917年，以马克思主义为指导的俄国布尔什维克党领导的十月革命取得成功，建立了世界上第一个苏维埃政权的列宁急需开辟东方战线，向东方寻找革命支持力量。

在苏俄和共产国际的支持下，正在黑暗中寻找出路的中国，诞生了中国共产党，孙中山完成了对国民党的改组。在共产国际的推动下开始了第一次国共合作，极大地推动了中国民主革命的进程。

1924年1月20—30日，孙中山在广州市广东高等师范礼堂主持召开中国国民党第一次全国代表大会，重组中国国民党。孙中山在开幕式上感叹说，从前革命党不过推倒清朝的大皇帝，但大皇帝推倒之后，便生出了无数的小皇帝。因此，“此次国民党改组，有两件事：第一件是改组国民党，要把国民党再来组织一个有力量、有具体的政党；第二件便是用政党的力量去改造国家”[48]。几天后发表的《中国国民党第一次全国代表大会宣言》（以下简称《宣言》）以病急乱投医的心态开出了一张“国民革命的药方”。

自辛亥革命以后，以迄于今，中国之情况，不但无进步可言，且有江河日下之势；军阀之专横，列强之侵蚀，日益加厉，令中国深入半殖民地之泥犁地狱，此全国人民所为疾首蹙额。而有识者所以彷徨日夜，急欲为全国人民求一生路者也。

吾国民党，则以国民革命、实行三民主义为中国唯一生路。

孙中山在会议闭幕时讲话说，这次会议“是重新来研究国家的现状，重新来解释三民主义，重新来改组国民党的全体”[49]。作为其中的一个重要政策举措，这次会议确定了孙中山“联俄、联共、扶助农工”的三大政策，许多共产党员以个人名义加入中国国民党，实现了第一次“国共合作”。

如果单从这次会议的组织和《宣言》的文字稿来看，全国政治局势似乎发生了根本性变化，国民党和共产党一致认为，中国救亡图存的唯一途径是彻底砸碎封建制度，几乎所有的人对革命前途抱有乐观情绪。但是，如果深入到这次大会的幕后，认真考察这次大会的前期准备工作，不难发现，这时的中国共产党，还是“书斋里的共产主义者”居多，这时的中国国民党，还只是孙中山等少数人隐约意识到自己需要有一个根本性的思想立场转变，对于更多官僚地主和官僚资本家出身的国民党要员来说，《宣言》是“牛不喝水强摁头”，这时的“国共合作”是共产国际“拉郎配”式的“异梦鸳鸯”。

1925年3月，孙中山在北京去世并留下“革命尚未成功，同志仍须努力”的遗嘱。这时的孙中山可能已经预料到，因为哲学立场的驳杂和政治思想的混乱，同样以革命自诩的两个政党之间甚至在同一个政党内部，大家对革命的理解并不一致；但他绝不会预料到，他亲手创立和改组过的中国国民党只是精英史观“最后的避难所”，必然会被历史抛弃；他所要联合的中国共产党才是人民史观萌芽生根的第一支政治力量。孙中山先生更加不会预料到，以中国共产党党员和湖南国民党地方组织代表身份参加第一次国共合作，并当选为国民党中央执行委员会候补委员的毛泽东，会在经历九死一生之后，成为寻得中国革命真谛并领导这场革命走向全面胜利的真正领袖。

第三章

探春也当过家，不过她是代理：

唤起工农千百万，风卷红旗过大关

《红楼梦》第二回上，冷子兴讲，“安富尊荣者尽多，运筹谋画无一”，说得有点太过，探春也当过家，不过她是代理。但是贾家也就是那么垮下来的。[1]

——1963年5月7日，毛泽东在杭州会议上的讲话。

1930年1月5日，在闽西连绵起伏的大山深处，朱德率领红四军第一、三、四纵队外出筹粮筹款抵达连城，毛泽东指挥第二纵队在龙岩小池镇完成一次阻击掩护任务后，回到上杭县古田镇赖坊村一个名叫协成店的二层阁楼里秉烛夜书，给第一纵队司令员林彪写下一封长长的回信。这封信后来以《星星之火，可以燎原》为题收入《毛泽东选集》，信的收尾之笔因其诗一样的语言被广泛传诵。

> 但我所说的中国革命高潮快要到来，决不是如有些人所谓“有到来之可能”那样完全没有行动意义的、可望而不可即的一种空的东西。它是站在海岸遥望海中已经看得见桅杆尖头了的一只航船，它是立于高山之巅远看东方已见光芒四射喷薄欲出的一轮朝日，它是躁动于母腹中的快要成熟了的一个婴儿。[2]

毛泽东此时的心情应该是明朗、愉悦的。他在10天前刚刚度过自己36岁的生日，紧接着在背溪村一个由祠堂改建的小学校里，他又主持召开了后来被称为古田会议的中国共产党红四军第九次代表大会。会议通报了中共中央关于开除陈独秀等党籍的决议案，总结了红四军前期工作的经验教训，针对红四军党内的八种非无产阶级错误思想，通过了他起草的八个决议案，规定了红军的性质和任务，明确了党对红军的领导原则等一系列重大问题，他也重新当选为中共红四军前敌委员会书记。这封信是古田会议精神的进一步完善，核心是批驳红四军中存在的革命悲观主义情绪，信是写给林彪的，话是说给全军听的。

◆ 烟波江上使人愁：中国为什么选择马克思主义

从事后来看，《星星之火，可以燎原》是毛泽东“农村包围城市、武装夺取政权”的中国革命道路理论初步形成的标志，也是人民史观从马克思主义认识论向中国革命实践论成功转化的标志。这一理论形成和实践转化的过程颇为艰辛，甚至可以说是中国共产党被国民党拦腰一刀砍翻在地，被迫拿起枪杆子，却又在实战中碰得头破血流之后，方才得出的深刻认识；这一理论进一步丰富完善并为全党接受，还需要一个更加艰辛的过程，甚至可以说还要等到将中国共产党正在形成的家底——犹如一筐鸡蛋摔在地上——几乎全部败光之后，方才有了可能。毛泽东后来强调指出，一切真理开始的时候，总是掌握在少数人手里，总是受到多数人的压力。“《毛选》，什么是我的？这是血的著作。《毛选》里的这些东西，是群众教给我们的，是付出了流血牺牲的代价的。有些文章应该再写，把新的东西写进去。”[3] 而这一切的背后，是中国传统政治思想在解决当代中国“救亡图存”这一主题上全部失灵；外来政治思想，一则水土不服，二则还有背后政治力量的自身利益考量。**马克思主义作为当时最新鲜、最先进的政治思想来到中国，犹如一粒种子撒进一片废墟，它要生根发芽、长成参天巨木，为中国这片古老大地遮风挡雨，注定是要经历波折、需要用许多人的鲜血来浇灌的。**

清廷退位和袁世凯暴毙之后的中国政治，犹如割去一个脑袋又长出九个脑袋的怪兽，上演着最后的疯狂和幻灭。列强势力纷纷在不断分化重组的新旧军阀中寻找利益代理人，而新旧军阀们眼里大多只有利益算计、心中缺乏国家和民族道义。

深谙中国传统政治思想的梁启超，将全部希望寄托在北洋军阀身上，“梁氏相信国家要有一种中坚实力来维持，北洋派的武力有可以成为中坚实力的资格，很想和他们结合去改良他们”[4]。梁启超第一次想改造袁世凯，虽不成功，但他通过掌握滇黔二省的弟子蔡锷，还有能力阻止袁氏称帝。袁世凯死后，梁启超又对段祺瑞寄予很大希望，“诚心要纠正段氏，段氏偏不受他的纠正”。段氏内阁倒台，梁启超的政治生涯也将宣布告终，因为“他也再找不着有改良希望的中坚实力了”[5]。梁启超的失败不是他个人的失败，而是在中国封建社会制度下投胎长成的传统士大夫的失败。知识已经老去，梁启超的笔锋虽然厉害，却抵不过枪炮，他们所掌握的那一套思想体系，一不能化出理论去降服军阀们的头脑和思想，二不能化出钱财去填饱军阀们的肠胃和欲望，军阀们怎么会听从他的指挥和摆布。此时的士大夫阶层已是穷途末路，书生驯虎，几次下手、几次失败后，梁启超心灰意冷地结束革命生涯，退回清华园教书去了。

深慕西方现代政治思想的孙中山先生，将全部希望寄托在以列强支持改造南方军阀上。孙中山先生始终是个坚定的革命者，他一出现便主张共和制，是中国历史上主动抛弃帝制第一人，可谓怀揣共和新理想的新生力量之代表性人物。他以自己的理想和热情感染人，在身边逐渐聚集起越来越多的思想进步者和自称思想进步的人。他看清军阀本质后，决意打倒军阀却"从来不曾自己创造一种真有革命性的军队"，他创立和领导的国民党起初更像秘密帮会，其革命的方法，只是用革命党去运动固有的军队，或插入固有的军队，为革命党所用。但军阀毕竟只是军阀，孙中山先生有理想有情怀，但军阀要的是地盘和权力，他们接纳甚至表态接受孙中山先生的领导，大多只是为了博取道义，并不是真心供他驱使，"所以革来革去，只革出无数的小军阀来"[6]。孙中山先生在广东几次组建大元帅府，但里里外外无处不是敌人，最后甚至差点被"十年患难相从"[7]的广东军阀陈炯明所害。他逃回上海发表《致海外同志书》沉痛地说："文率同志为民国而奋斗垂三十年，中间出死入生，失败之数不可偻指，顾失败之惨酷未有甚于此役者。"

眼看着日本支持拥兵35万的奉系军阀张作霖，英国支持拥兵20万的直系军阀吴佩孚，英、美两国还共同支持拥兵20万自成一系的军阀孙传芳，英国政府甚至直接支持军阀陈炯明叛变。"曾经无数次地向资本主义国家呼吁过援助，结果一切落空，反而遭到了无情的打击"[8]的孙中山先生终于觉悟，决心接过苏俄递过来的橄榄枝，"以俄为师"，他用一个比喻将这个过程和自己的心境讲得很清楚、也很形象。

> 中华民国就像我的孩子，他现在有淹死的危险，我要设法使他不沉下去，而我们在河中被急流冲走。我向英国和美国求救，他们站在岸上嘲笑我。这时候漂来苏俄这根稻草。因为要淹死了，我只好抓住它。英国和美国在岸上向我大喊，千万不要抓苏俄这根稻草。我知道那是一根稻草，但是总比什么都没有好。[9]

从这段话吐露出的心迹看，孙中山先生思想深处仍然残留有精英史观，他是向往英美式资产阶级共和政治的，以俄为师是“不得不”的选择。

国民党希望借助外国力量的支持，列强们却瞧不上它，美国总统威尔逊甚至直接在孙中山的电报上批示，“我不愿与孙中山直接通信，纵然我有时同情他所宣称的主张和目的”[10]，一再遭受挫折的孙中山在“想不出办法”又“绝无主张”的时候，接受了送上门来的苏俄支持，在国民党眼里，正像沙漠中快要渴死的行者遇到了液体——不管是不是水，都要先喝上一口。

十月革命之后的苏俄政权立足未稳，急需在中国寻找东方世界的革命支持力量，之前通过共产国际一手推动组建了中国共产党，但在这一任务的实际执行者马林看来，中国的劳工运动太软弱无力，目前在中国只能发展国民运动。国民党是代表国民运动的，但是它必须进行改组。现在我们有了改组国民党的机会和可能。这就像一个急需劳动力的农民家庭，就急忙到孤儿院领养一个来历不明的半大小伙，颇有一些“病急乱投医”的味道。

苏俄和共产国际的办事效率很高，组建中国共产党，改组中国国民党，撮合国共合作，不到三年的时间内就办成了三件大事，的确显示出马克思主义这一崭新政治思想的勃勃生机，也充分展现出列宁作为优秀政治家和卓越革命家的惊人组织才华。

“尽管在19世纪的东西方大博弈中，马克思主义炬火照亮的首先是东欧和东方世界，但马克思主义却是在西欧的思想、知识和社会谱系中产生的”[11]。当时，英、法、德等国已经或正在实现产业革命，生产力和科学技术达到前所未有的水平，它们在殖民世界的同时，资本家对本国内部工人阶级的剥削和压迫也十分残酷。面对社会矛盾激化和工人运动蓬勃发展的社会现实，卡尔·马克思和弗里德里希·恩格斯深入研究批判德国古典哲学、英国古典政治经济学和英法空想社会主义理论，吸收细胞学说、能量守恒和转化规律、进化论等自然科学成果，深刻阐发关于自然、人类社会和思维发展的普遍规律，创立了包含马克思主义哲学、马克思主义政治经济学和科学社会主义在内的一整套关于无产阶级斗争的性质、目的和解放条件的科学思想体系。马克思主义理论的根本立场是人民至上，根本观点是实践第一，根本方法是辩证唯物主义和历史唯物主义，追求的最高目标是“人的自由全面发展”。

马克思主义所阐述和追求的，不仅是一种美好的社会形态，更是一个从现实的人出发，不断满足人的实际需求，不断推进人的现实发展，不断实现人的理想状态的持续的历史过程。这个历史过程，一般被称为国际共产主义运动。**马克思主义所阐述的国际共产主义运动，以追求全人类共同的彻底解放为目标，它反对任何形式的剥削和压迫；马克思主义认为全世界无产者应当联合起来，通过砸烂资产阶级锁链来赢得整个世界**。这一思想体系以1848年发表《共产党宣言》为标志宣告诞生，甫一问世就显现出巨大的思想威力，迅速在欧洲社会掀起了一波又一波革命风潮。但是，在一阵风起云涌之后，欧洲的革命激情很快消散，无产阶级革命在欧洲全部以失败告终，一大批欧洲共产党组织纷纷放弃革命理想，转向主张议会斗争的社会改良主义。

为什么会是如此结果呢？核心原因是马克思主义的人民立场和实践观点，决定了领导和投身人类解放运动的政党和领袖，要讲党性、讲品格、讲奉献，要有坚定的共产主义理想信念，要有觉悟、有理性、有才华。

但是，人类社会从茹毛饮血的原始状态走来，物质保障水平大多处于短缺甚至极度匮乏之中，社会分配大多处在不公正甚至极度不公平之中，人民群众作为历史创造者的主体地位被遮蔽。

残酷的社会现实、麻木的自私民众和貌似合理的精英史观，使得人们在如何认识世界和如何改造世界的问题上出现了三种偏差：一是以机械唯物主义观点看世界，认为现实社会基础如此低劣，根本不可能改变。很多无产阶级政党一开始热情高涨，可发展到后来却在认识论上滑向了机械唯物主义，有的向现实困难无原则妥协，有的向资产阶级改革成果妥协，马克思主义认识论知易行难，因难生惧，纷纷败下阵来变成民主社会主义者。二是以主观唯心主义观点看世界，认为只要政权在手，就可以随心所欲地重塑社会、再造民众。三是以客观唯心主义观点看世界，认为现实社会状态是人性的反映，认为自私、贪婪是人的天性，剥削与被剥削是人智力差距的必然结果，根本就不认同马克思主义的基本原理和立场，更不认同无产阶级政党的先进性，自我解散或放弃党纲，甘愿为资本主义捧场助阵。以上三种错误思想反映到国际共产主义运动中，导致了无产阶级政党及其领导者在理论上的不彻底和在立场上的不坚定，这是国际共产主义运动在19世纪的欧洲大陆以及在后来的世界范围内，高开低走的重要原因之一。

20世纪初，列宁拿起马克思主义思想武器，以组建纪律严明的无产阶级政党为核心，在俄国向落后腐朽的沙皇制度发起冲击，并最终在1917年取得十月革命胜利，建立了世界上第一个践行人民史观的苏维埃（工农兵）政权。

列宁和苏维埃在俄国的胜利，首先是马克思主义的胜利，其次是列宁本人政治禀赋、道德素养和组织才能的胜利。胜利后的列宁四下环顾发现，这样的胜利不免孤单，而且还很不牢固，他以战略家的全局眼光观察世界，先是寄希望于西方，很快又把东西方联系起来看待，提出了“不要忘记东方”的战略。

> 我们俄国人开创的事业，将由英国、法国或德国的无产阶级来巩固；但是我们看到，没有各被压迫殖民地民族的劳动群众的援助，首先是东方各民族的劳动群众的援助，他们是不能取得胜利的。[12]

为此，俄共（布）于1919年3月2日在莫斯科召开由21个国家35个政党团体的52名代表参加的国际共产主义代表会议，宣布成立共产国际组织。在1920年7月召开的共产国际第二次代表大会上，斯大林将列宁的东方战略讲得更加清楚，更加明白。

> 共产主义的任务就是要打破东方被压迫民族数百年来的沉睡，用革命的解放精神来感染这些国家的工人和农民，唤起他们去反对帝国主义，从而使世界帝国主义失去它的“最可靠的”后方，失去它的“取之不尽的”后备力量。[13]

如此战略考量之下，受共产国际委派，27岁的维经斯基作为共产国际远东局海参崴分局外国处的代表，是第一个肩负组织任务正式来华的共产党人。1920年春，维经斯基在北京拜访李大钊之后，带着李的亲笔信，于5月初一个阴雨连绵的日子到达上海拜访陈独秀。他们一致认为，中国共产党的创建条件已经成熟。

事情发展到这里，传播思想、筹建组织，可谓一切都在“输出革命”的正常轨道上运转。

但是，且慢！

维经斯基接下来的行程表明，他来中国的目的，除了“帮助中国的先进分子成立共产党组织”之外，还要全面考察了解中国的政治形势，从中寻找现实的支持力量。他10月会见吴佩孚的代表白坚武，11月在上海会见孙中山，12月赴广东拜访陈炯明，重点“了解孙中山领导的国民党的目标和任务”。列宁早在1918年就曾多次询问，能否从流落到俄国来做苦工，但经过十月革命有了觉悟的华工中找些勇敢者，由他们去和孙中山建立联系，[14] 由此可以清晰看出，苏俄对华工作目标是传播马克思主义革命思想与寻求革命支持力量兼而有之，其中寻求革命支持力量又是当务之急。

找不到这样的力量，就以传播革命思想、发展共产党组织为重；找到这样的力量，发展出来的共产党组织则要服从这支力量。在对待世界革命和中国革命的关系问题上，列宁从一开始就是将中国革命作为世界革命的一部分来定位的，调动一切积极因素保卫新生的苏维埃政权，是世界革命的大局，也是列宁和俄共（布）更加优先考虑的战略方向。

其实，对于中国和中国革命的关注并不始于列宁，而是始于马克思本人。当初，马克思因发表《共产党宣言》遭到整个欧洲大陆彻底封杀，不得不于1849年8月27日乘船跨越英吉利海峡来到伦敦，他和恩格斯就“把目光投向了东方、投向了亚洲、投向了中国”，并写下了《中国革命与欧洲革命》等18篇与中国相关的文章。韩毓海先生说“马克思为中国写的文章，真是比任何国家都要多”[15]。

“我本将心托明月，奈何明月照沟渠。”[16] 就在马克思强忍生活困窘奋笔疾书的时候，中国的政治混乱在加剧、经济崩溃在加速，之后更是军阀缠斗不止、列强任意欺凌。当列宁高举革命大旗的时候，中国“所有政变大都以军阀的野心为主动力，而以各派小徒党的政客逢迎军阀挑拨军阀的野心为助动力”[17]，孙中山一心汲汲于护法大计，他认为国会一开、法统恢复，中国的问题便能解决。这种仍然以精英史观为指导的革命理想，与马克思列宁主义的基本立场和中国“救亡图存”的现实需要，都相去甚远。而中国最伟大的革命力量其实只存在于广大民众之中，经过十月革命的示范和刺激，民众的力量已经开始被唤醒或正在被唤醒并有所展现，其突出表现就是五四运动。当时的报刊说，中国劳苦大众“忽然听到十月革命喊出的颠覆世界资本主义！颠覆世界的帝国主义的呼声，这种声音在我们的耳鼓里，格外沉痛，格外严重，格外有意义”。

受十月革命的启发和触动，中国的一批先进知识分子开始思索、思考，既然资本主义道路走不通，我们为什么不能走俄国道路；俄国人的革命方法传入中国，又推动着他们去了解和认识这条革命道路所遵循的主义。当初马克思关注中国有一定被动性，但他的确在研究中国历史并从这种“亚细亚所有制形式”当中找到证据证明“共同体是在共同劳动中产生的，而不是通过空虚缥缈的‘缔约’形成的”，进而认为中国“‘为了维护古老的共同体’，从而不得不创造一个新的人类共同体”。[18] 如果说，这些穿透历史、照亮未来的深邃之思还是马克思在英伦海岛的深情独唱，那么当具有中华优秀传统文化素养的中国先进知识分子接触到马克思主义理论的时候，两者之间那种内在的、天然的一致性，让马克思主义理论很快俘获了中国先进知识分子的芳心，并迅速在东方大地形成恢宏合唱，也是理所当然的，正所谓“国际悲歌歌一曲，狂飙为我从天落”[19]。

第一，马克思主义的世界观是无神论的，中国传统文化虽然创造出了各种各样的神，但这些神都是从人提升出来的。可以说，中国原生文化是一种有限的有神论世界观。自汉代独尊儒术之后，中国主流文化中强调人的成分占据主导地位。唐宋以后的官方话语体系中，基本上已没有宗教的位置，人的世界才是中国文化关注的主题。先贤不否认鬼神的存在，更多是出于对大自然的敬畏，他们绝没有向鬼神要出路的思想，世界观更多地倾向于无神论。马克思主义传入中国，为苦苦探寻救亡图存出路的中国人民提供了全新选择，民众无神论的世界观恐怕是重要原因之一。

第二，马克思主义追求全人类的彻底解放，认为人类社会的发展方向是实现共产主义，而我国儒家将尧、舜、禹等上三代尊为大同世界，其政治理想的核心论述是复古大同。西汉戴圣在托名孔子答问的著作《礼记》中对大同政治理想有具体描述。这一社会理想的影响一直延续到近代，康有为撰《大同书》来展现其政治埋想。儒家还将比“大同”思想较低级的社会称为“小康”，并言之凿凿地说，商汤、周代的文王、武王、成王和周公时期就是这样的盛世。大同与小康，虽然与共产主义、社会主义理想并不完全一致，甚至只是没有经过严密论证的想象，但作为民族心灵深处的文化记忆，对中国人仍然极具吸引力和感染力。

第三，马克思主义的立论基础是有血有肉感性活动着的人和人的实践活动，认为一切财富源自劳动创造，人的自由全面发展是人类社会发展的最终目标。中国传统政治思想虽然达不到如此高的境界，但民本主义思想早在春秋时期就已萌芽。孔子说，“天地之性，人为贵”。孟子强调，“民为贵，社稷次之，君为轻”。在随后的政治发展中，民本主义思想始终是牵制精英主义泛滥的重要力量，始终是人民群众反抗过度压榨的精神家园。

第四，马克思主义哲学将辩证法与唯物主义立场结合起来，并以此研究考察自然界和人类历史的发展规律。在辩证法方面，中国古代的阴阳五行学说、周易八卦学说、《孙子兵法》思想、中庸思想等，都揭示着辩证法的真谛。在唯物主义方面，从先秦时期起，我国唯物主义思想家就代不乏人。

第五，马克思主义认为，整个人类历史，除原始社会外，都是阶级斗争的历史。我国历代封建王朝的兴亡史，虽然夹杂着一些复杂的民族矛盾等因素，但在人民群众眼里，就是一部人民群众反抗统治阶级压迫剥削的斗争史。老百姓对官逼民反、逼上梁山和造反有理之说，有着天然的同情和认同。

有以上五个方面的内在因素，再加上十月革命的影响、中国在巴黎和会上受到羞辱等外在因素，马克思主义传入中国占有地利，共产党的早期组织很快就在上海、北京、武汉、长沙、广州、济南等地相继出现。通过这些共产党的早期组织的传播，阶级分析和阶级斗争理论在中国社会越来越大的范围内发酵。毛泽东说："十月革命一声炮响，给我们送来了马克思列宁主义。十月革命帮助了全世界的也帮助了中国的先进分子，用无产阶级的宇宙观作为观察国家命运的工具，重新考虑自己的问题。"[20] 这段话形象而凝练地概括了中国人接受马克思列宁主义的过程，揭示了中国第一代马克思主义者共同的心路历程。

◆ 莫愁前路无知己：中国革命为什么选择毛泽东

遭受列强压迫和欺凌的中国民众厌恶列强，进而对支撑列强的资本主义体系大倒胃口。列宁和斯大林没有足够重视这一点，他们选择了支持崇尚资产阶级共和政治的中国国民党；孙中山尚未认识到这一点，他主张资产阶级民主共和，即便在无可奈何中选择"联俄联共"，他对待工人和农民的政策也只会停留在"扶助"层面，而不是组织领导和依靠；中国共产党人认识到了这一点，他们选择了广泛地发动和组织工农，毛泽东是其中的典型代表。

"毛泽东并不是天生的马克思主义者，他在1920年底走上马克思主义道路之前，曾经有过长时间的非马克思主义者的思想经历。"[21] 但是，即便是作为"非马克思主义者"的毛泽东，在世界观和人生观上也是信奉进取和奉献的，其心志精神集中体现在写于1917年的那篇题为《心之力》的作文中。这篇作文"深受杨昌济的赞赏，得了一百分"[22]。

毛泽东这篇作文，虽与马克思17岁时写高中毕业作文《青年在选择职业时的考虑》角度不同，但他们不图个人功利，愿将人生奉献社会甚至人类事业的志向，则完全相同。只不过，此时的毛泽东只是空有抱负和激情，对于"路在何方"这一大问题实属茫然。毛泽东崇拜过康、梁，敬佩过曾国藩、孙中山，甚至还有洪秀全，批阅泡尔生《伦理学原理》拥抱过无政府主义。正如毛泽东自己讲的，在这个时候，我的思想是自由主义、民主改良主义、空想社会主义等观念的大杂烩。我对"十九世纪的民主”、乌托邦主义和旧式的自由主义，抱有一些模糊的热情。[23] 其实连他自己都不晓得，可以称之为信仰的思想理念早已在孕育之中，更早时期通过《物种起源》和《天演论》接触到的进化论学说，已经为他接受马克思主义打下了世界观基础。

后来随着俄国十月革命和中国新文化运动的兴起，毛泽东顺理成章地接受马克思列宁主义学说，并在1920年前后成为坚定的马克思主义者。他说：我第二次到上海的时候，曾经和陈独秀讨论我读过的马克思主义书籍。在我一生中可能是关键性的这个时期，陈独秀表明自己信仰的那些话，给我留下了深刻的印象。[24] 特别是1920年首次读到《共产党宣言》时，他更有眼睛一亮、心灵一颤的感觉。毛泽东自己曾说，读了《共产党宣言》，我才知道人类自有史以来就有阶级斗争，阶级斗争是社会发展的原动力，初步地得到认识问题的方法论。可是这些书上，并没有中国的湖南、湖北，也没有中国的蒋介石、陈独秀。我只取了它四个字“阶级斗争”，老老实实地来开始研究实际的阶级斗争。[25] 1921年，毛泽东作为长沙的共产党早期组织的代表赴上海参加中国共产党第一次全国代表大会，并从此走上追求社会主义理想的道路。

毛泽东一旦掌握马克思主义思想武器特别是掌握了阶级斗争学说，立场之坚定、成长之迅速、态度之决绝，都令人咋舌。仅仅五年之后的1925年12月1日，他就在国民革命军第二军司令部主办的《革命》半月刊第4期上发表《中国社会各阶级的分析》一文。文章的头尾一问一答，十分明确地表达出自己的立场和观点。

> 谁是我们的敌人？谁是我们的朋友？这个问题是革命的首要问题。中国过去一切革命斗争成效甚少，其基本原因就是因为不能团结真正的朋友，以攻击真正的敌人。革命党是群众的向导，在革命中未有革命党领错了路而革命不失败的。
>
> …………
>
> 综上所述，可知一切勾结帝国主义的军阀、官僚、买办阶级、大地主阶级以及附属于他们的一部分反动知识界，是我们的敌人。工业无产阶级是我们革命的领导力量。一切半无产阶级、小资产阶

级，是我们最接近的朋友。那动摇不定的中产阶级，其右翼可能是我们的敌人，其左翼可能是我们的朋友——但我们要时常提防他们，不要让他们扰乱了我们的阵线。[26]

紧接着，毛泽东深入考察湖南农民运动，对中国革命的性质、方法和主要依靠力量等做出进一步的分析和界定。他提出的方案是，把农民组织起来，将“土豪劣绅，不法地主，旁及各种宗法的思想和制度，城里的贪官污吏，乡村的恶劣习惯”当作农民的主要攻击目标。他用诗一样的语言表述了自己的结论。

革命不是请客吃饭，不是做文章，不是绘画绣花，不能那样雅致，那样从容不迫，文质彬彬，那样温良恭俭让。革命是暴动，是一个阶级推翻一个阶级的暴烈的行动。农村革命是农民阶级推翻封建地主阶级的权力的革命。农民若不用极大的力量，决不能推翻几千年根深蒂固的地主权力。农村中须有一个大的革命热潮，才能鼓动成千上万的群众，形成一个大的力量。[27]

这样的中国革命，必将是天翻地覆的，是要触及社会各个层面的，特别是要彻底剥夺少数人拥有的绝大多数社会财富和政治权力的。对于这样的深刻革命，谋求东方阵线稳定的共产国际和苏联不敢要，谋求资本家和地主阶级支持的中国国民党绝不会要，以马克思主义为指导的中国共产党却要努力去争取，于是分手的时刻终于到来了。

1926年7月9日，蒋介石在广东就职国民革命军总司令并挥师北伐，在苏俄和共产党支持下积蓄起力量的北伐军势如破竹，大小军阀呈土崩瓦解之势，但蒋介石在革命形势大好之际一头扎进官僚买办资产阶级和帝国主义势力的怀抱。后人写史，有的说蒋介石叛变革命，有的说蒋介石出卖革命，从本质上讲用“出卖”一词定性更准确些，因为蒋介石秉持精英史观，从来就不是一个真正意义上的革命者，何来叛变之说。国共合作破裂，可能是孙中山生前想不到，或者说即便想到也无可奈何的，因为在当时，如果不能或者不愿意彻底发动和依靠广大民众，蒋介石的选择就有必然性。在中国根本不存在一个有能力支撑一支新军队的资产阶级力量的情况下，要么依靠民众，要么倒向列强，中国的政治势力没有第三条道路可走。

况且，当北伐军攻占南京、上海后，西方列强特别是英美势力终于相中了实力大增的中国国民党和蒋介石。他们两手并用，一手调兵遣将，向蒋介石露出獠牙、发出战争恐吓，一手利益引诱，通过其控制的在华银行和官僚财团开出价码。蒋介石接受列强和官僚买办资本家的大笔资金支持后，迅速在上海举起屠刀，汪精卫在武汉紧随其后，先后发动了“四一二”和“七一五”两场反革命政变。国民党先是“清共”，后是与苏联政府断交，彻底蜕变为美英势力的代理人和中国大地主、大官僚买办资产阶级的代言人。1928年张学良在东北易帜归蒋，名义上取得全国统一的中华民国政府始终在蒋介石控制之下，但它从来就不是一个具有独立政治经济和军事行为能力的中央政府。1935年和1948年，国民政府两次实行货币改革，发行的法币、金圆券都必须以英镑和美元做保证；1937年首都沦陷，日本人已侵占了自己大半国土却迟迟不敢宣战，直到1941年12月7日日本偷袭珍珠港，美国政府8日对日宣战，国民政府才于9日匆忙跟进。金融仰人鼻息、宣战看人脸色，这样的政府只能是代理人政府。

结合以上历史背景，再来看毛泽东有关“《红楼梦》我看了五遍，只有用阶级分析，知道《红楼梦》是一部四大家族史，才能读得懂《红楼梦》”以及“讲历史不拿阶级斗争观点讲，就讲不通”的论述，才能深切感悟他夜读《红楼梦》时，思绪不时将他拉向历史深处的特殊视角，才能深刻领会当他面对那一个个怀揣崇高理想的纯洁灵魂和无数倒在血泊中的战友时的特殊心境。

1964年8月18日，毛泽东在北戴河的重要谈话中明确提出第四回是《红楼梦》的总纲，此前此后评论和推荐《红楼梦》时，他反复吟诵写在第四回的“护官符”和写在第一回的《好了歌》及其注，反复强调《红楼梦》是写阶级斗争的，不仅是一部文学名著，而且是一部阶级斗争史，《红楼梦》写“四大家族”，阶级斗争激烈。毛泽东的这些评论和强调，凸显出他对中国历史和国际国内现实境况的思考总结很深刻，但针对这些观点的误读和争议颇多。当时的论者，或者出于对领袖的敬仰作出跟进式分析解读，或者出于对最高权力的迎合作出牵强附会式胡扯；后来的论者，或者出于对历史认知的浅薄，将阶级斗争的概念庸俗简单化，站在所谓超阶级的普世道德高地上污指毛泽东的“斗争哲学”，或者出于对政治认知的幼稚，将阶级斗争学说和毛泽东晚年提出的“以阶级斗争为纲”的政治主张有意混为一谈。

要领悟毛泽东的红学观点，我们不仅仅要把毛泽东视为掌握最高权力的政治领袖，而且还应该认识到，毛泽东是从历史深处的满地血泊中走出来的革命导师。“什么叫作革命导师呢？‘导师’的一项重要工作，就是对组成社会的各个不同成分进行科学、全面的分析，而这种分析必须严格从社会现实出发。”[28] 毛泽东从马克思主义理论中掌握了阶级斗争学说，他看到了国民党翻脸不认人后，大开杀戒血腥屠杀共产党人和无辜民众所呈现的阶级斗争之严酷；他拿起枪杆子，以阶级斗争为钥匙打开了中国革命这把尘封两千多年的大锁。“高思在云时空俱远，青光有汉星斗皆文”[29] 的毛泽东看《红楼梦》，它必然是一部全景式反映那个腐朽旧制度下社会生活的百科全书，用阶级斗争这把钥匙去解读它，是再正常不过的事情了。

思想是革命的先导。两千多年前的春秋末期，诸子百家的思想争鸣，开启了一个变革的时代。商鞅在秦国发动最彻底的社会革命，打碎了讲究血统世袭的传统精英主义，引领中国社会走进了以土地私有制为根基、以新型精英主义为主导的封建王朝时代，各路精英集团背靠皇权轮番登场，却又被皇权吞噬，可谓是繁花开尽，终究都花落流水春不在。辛亥革命后的中国社会堕落到只有军阀和土豪劣绅而再无精英阶层，但整个社会在思想上走不出精英主义的窠臼，“所有的政党都与民众不生关系，都成了水上无根的浮萍”，“政团不过是读书绅士阶级的专用品”，除“什么系的名号之外，便只有金钱和官位”，[30] 国民革命演变成一出出昙花一现的共和闹剧，中国社会的制度成本居高不下，对社会利益诉求的回馈能力微弱至极。十月革命一声炮响送来的马克思列宁主义，为中国政治打破僵局、走出沉沦提供了新的可能。

但就马克思主义的源起来说，它主要是立足西方政治文化传统和考察分析西欧社会现实状况的产物。西欧的主要阶级矛盾发生在资产阶级和工人阶级之间，所以马克思主义十分强调工人阶级在革命中的领导地位；而在有着四亿人口的中国，主要阶级矛盾发生在官僚买办阶级、官僚地主阶级和最广大的农民之间，工人阶级从数量上来说十分弱小。“到1894年中日甲午战争前夕，中国工人阶级的人数约达10万人”，“到第一次世界大战爆发前，工人总数达70余万人”，“到1919年，全国产业工人已发展到200万人左右”。[31] 中国工人阶级力量虽然增长很快，但毕竟基础弱、基数低，200万人之于4亿人口，不啻为沧海一粟。幼年中国共产党虽不断发动工人运动，但始终难以对社会形成真正的撼动效应。

思想的力量，在毛泽东这里发生了真正的裂变。接受了马克思主义的毛泽东，的确与众不同。

第一，毛泽东选择了马克思主义信仰之后，就矢志不移、努力实践。在早期的中国共产党内部，具有同样坚定性的人还有不少，但也不可否认，更多的人只是把马克思主义当作知识和学问来研究把玩的，高谈阔论可以，一旦触动到自身利益、涉及自身安危，马上退避三舍甚至政治变节。参加中共一大的13名代表中，后来就有7人自行脱党，周佛海、陈公博甚至公开投降日本人当了汉奸。王阳明说“知行合一”，又说“人须在事上磨、方能立得住”，对于信仰亦是如此。

第二，毛泽东确立哲学立场和政治信仰后，很快找到了阶级斗争这把钥匙的中国锁眼——农民和农民问题。毛泽东本自农民，从湖南韶山冲走出来寻找救国真理时虽志在四方，眼睛却始终盯着脚下的山山水水，坚持扎根中国这片土地。在当时的出洋学习热潮中，放言“埋骨何须桑梓地，人生无处不青山”[32] 的毛泽东，也曾有过留学日本、俄国特别是留学法国的念头，他是湖南赴法勤工俭学的主要组织者，亲自筹款送出去一批批同窗好友，自己最终却留在了国内。对于毛泽东何以不出洋，有经费紧张、外语欠佳、母亲病重等多种说法，每种说法都有一定道理，但又不是主要的，真正的原因还是毛泽东自己说得清楚：他想“暂时留在国内研究各种学问的纲要”。至于他列出的暂不出国的好处，比如看译本较原本快得多，可于较短的时间求到较多的知识等等，都不过是为不出洋找来的借口罢了，他心中的“处处青山”只限于中国这片土地。

留在国内研究学问的毛泽东一经掌握阶级斗争学说，一下子就把目光投向中国的农民和农民问题。在国共合作的大革命时期，以国民党名义在广东番禺成立有中央农民运动讲习所，毛泽东在1926年5—9月任第六届农讲所所长。这届农讲所较之前五届只在广东招生相比，将招生范围扩大到全国20个省，有学员327名，中途退学9名，有318名结业，并编印了《农民问题丛刊》，毛泽东为此写了《国民革命与农民运动》的序言。随后，毛泽东深入考察农民运动发展情况，坚定不移地将发动农民、组织农民、武装农民、占领农村视为中国革命的正确道路。

正是因为有了这样的认识基础和坚定信念，蒋介石出卖革命举起屠刀后，毛泽东明确提出，“须知政权是由枪杆子中取得的”[33]，随后又向中央主要负责人瞿秋白表示，“不愿去大城市住高楼大厦，愿到农村去，上山结交绿林朋友”[34]，并很快接受党的指派，脱下长衫到湖南去组织秋收起义。谁知他一语成谶，后来果然将起义失败但仍愿意拿起枪杆子搞革命的一批人带上了位于江西罗霄山脉中段的井冈山。

第三，在巨大的革命乐观主义之下，毛泽东还有着“化腐朽为神奇”的组织领导才能。秋收起义前，他极力主张丢掉国民革命军的番号和国民党的青天白日旗，自己拟定了中国工农革命军的番号和五角星加镰刀斧头的红旗。秋收起义失败后，他带领这支衣衫褴褛的队伍来到江西永新县三湾村，部队士气低落，他将部队进行改编并明确提出“党的支部建设在连上”。随后经过艰苦的井冈山武装斗争，他只用了两年多时间，一支从旧军阀手里带出来，后来又有大量农民、“土匪”加入的队伍，初步具备了“人民军队”的基本雏形。

马克思主义理论、中国农民、枪杆子，这三个原本风马牛不相及的要素，在毛泽东手里熔化为全新统一体——中国工农红军。用古田会议决议的话说，红军是一个执行革命任务的武装集团，“除了打仗消灭敌人军事力量之外，还要负担宣传群众、组织群众、武装群众、帮助群众建立革命政权以至于建立共产党的组织等项重大的任务”[35]。随着这些任务的落实，特别是随着“打土豪、分田地”的深入推进，“收拾金瓯一片，分田分地真忙”[36]的毛泽东，带领工农红军，剑指土地问题，革命能量终将汇溪成流、浩荡天下。

◆ 革命不是请客吃饭：中国共产党的一段血泪史

1927年春天，在那个大雨如注的清晨举起屠刀的蒋介石，根本不会想到，事情会朝着这样的方向发展，会发展成后来这样的局面。

曹雪芹说自己写《红楼梦》“字字看来皆是血，十年辛苦不寻常”，毛泽东从确立马克思主义信仰到在古田镇赖坊村协成店写出《星星之火，可以燎原》，大体也是10年时间。《星星之火，可以燎原》不足万字，篇幅和文学价值固然不宜与《红楼梦》一较短长，但曹雪芹的“字字看来皆是血”只是一种比方，毛泽东这封信浸泡着的则是“真正的鲜血”。曹雪芹的10年艰辛，主要是困顿、潦倒甚至饿肚皮；毛泽东的10年艰辛，则是与亲人生离死别、出生入死。由此形成的中国革命道路认知，特别是阶级斗争学说和重在教育农民的理念，必然会渗透到毛泽东的血液里，成为他的思想基石。1949年8月14日，毛泽东在新中国成立前夕发表《丢掉幻想，准备斗争》的战斗檄文，将自己对于阶级斗争学说的认识表达得淋漓尽致。

> 阶级斗争，一些阶级胜利了，一些阶级消灭了。这就是历史，这就是几千年的文明史。拿这个观点解释历史的就叫做历史的唯物主义，站在这个观点的反面的是历史的唯心主义。[37]

终其一生，毛泽东更是将深刻阐述阶级斗争学说的经典著作《共产党宣言》当作枕边书，百看不厌、常读常新，读中文版的不够，还学读英文版。从1920年第一次读到陈望道翻译的《共产党宣言》中文全译本，之后的56年间，没有人知道，他到底将这部马克思主义经典著作读了多少遍。朱德曾回忆说：“有许多干部都亲自听到过，毛主席说自己每年都要把《宣言》读几遍。”徐中远进一步介绍说，直到毛泽东去世时，身旁还放着一本大字线装本的《共产党宣言》和两本战争年代出版的字很小的、本子很破的《共产党宣言》，上面布满了他的圈圈画画。据秘书林克回忆，英文版的《共产党宣言》“文字比较艰深，而且生字比较多，学起来当然有不少困难，但是他的毅力非常坚强。我发现他在《共产党宣言》的第一页到最后一页，全部都密密麻麻地用蝇头小字注得很整齐”。[38]

阶级斗争学说，是毛泽东在千难万险中寻找到的革命法宝，用在领导中国革命身上，抓住了农民和农民问题，这个法宝就是完全对症的猛药、良药。

我们还是回到烽火四起的1930年1月。毛泽东给林彪写完回信，很快就打马上路，率领红四军第二纵队直插闽赣交界的武夷山下，与朱德所部分进合击，在运动中寻机歼敌、发动群众，推动着红四军进一步发展壮大。1月30日是农历庚午马年的正月初一，红四军成功打破国民党三路大军的第二次“会剿”后从闽西转进赣南，毛泽东行军途中诗兴高昂，于马背之上作《如梦令·元旦》。

宁化、清流、归化，路隘林深苔滑。
今日向何方，直指武夷山下。
山下山下，风展红旗如画。[39]

心情大好的毛泽东哪里知道：在上海的亭子间里，中共中央认真研究共产国际1929年10月来信后，正在酝酿着一场“草蛇吞象”式的军事冒险计划，实际主持中央日常工作的李立三认为“革命新高潮是在日益发展”的，中国共产党必须马上举行全国总暴动。有关“武装保卫苏联，实行土地革命”和“把武装起义、建立全国政权定为全党的总路线和总任务”的中央七十号通告，已经在起草当中，很快就会发出；在万里之外的莫斯科，党的六大确定的中央主要领导人瞿秋白，正在莫斯科中山大学遭到王明等“二十八个半布尔什维克”[40]的激烈围攻，共产国际全面把持中共中央的局面日益深化，一场新的更大的灾难即将降临。毛泽东已经基本掌握的实践力量，要想从赣南一隅走出来，得到全党的认可，转变为全党的共同行动，还要经受一系列痛苦的磨难，特别是要克服掉一个最大的障碍。

这个障碍就是在认识论上自以为确立了人民史观，但在实践论上却盲目信奉共产国际权威的党内教条主义思潮。

共产国际从成立那一天起，就强调自己是“各国共产党的联合组织，是统一的世界性共产党”，并明确规定，凡是加入共产国际的各政党，一律称为“某某国共产党（共产国际支部）”，共产国际有权修改各国共产党的决议，有权开除违反共产国际决议和原则的支部和个人，有权派出代表参加各支部的一切会议，各国共产党的重大决策和主要领导人都必须经它批准。俄共（布）在共产国际中占据特殊的地位，列宁和后来的斯大林都不直接担任共产国际的领导职务，但他们的态度无疑直接影响着共产国际。

列宁在世时，由于其宽广的战略视野、热切的世界革命理想和谦逊民主的领导风格，共产国际领导各国共产党相对宽松，共产国际领导体制的积极面相对大一些。列宁去世后，斯大林的政治视野和行事风格明显不同，特别是他以苏联利益为优先，作风也更加强横武断，共产国际与各国共产党“老子管儿子”的现象日益突出。

毛泽东后来曾说，斯大林的文章爱教训人，他不喜欢看，在见过斯大林本人后对其印象也不好，“菩萨比人大好多倍，是为了吓人。戏台上的英雄豪杰一出来，与众不同。斯大林就是那样的人”[41]。这样的斯大林坐在万里之外，为着苏联利益指导中国革命，结果可想而知。

当年，在维经斯基以共产国际远东局海参崴分局代表身份来华穿梭协调组建中国共产党事宜的同时，1920年召开的共产国际第二次代表大会接受列宁提议，任命荷兰人马林为共产国际驻中国代表。马林绕了大半个地球、用了将近10个月的时间才到达上海，在这里与早几天到达中国的赤色职工国际代表科尔斯基会合，并共同参加和主导了中国共产党成立大会。马林曾向陈独秀提出，“第三国际是全世界共产主义运动的总部，各国共产党都是第三国际的支部，中共的工作方针、计划应在第三国际的统一领导之下进行”[42]。陈独秀的态度，在委婉和坚定之中尽显一个中国知识分子的民族气节。

> 中共尚在幼年时期，一切工作尚未开展，似无必要戴上第三国际的帽子，中国的革命有中国的国情。特别提出中共目前不必要第三国际的经济支援，暂时保持中俄两党的兄弟关系，俟我们的工作发展起来后，必要时再请第三国际援助，以免得引起中国的无政府党及其他方面的流言蜚语，对我们无事生非的攻击。[43]

张太雷劝他接受马林意见，陈独秀听后把桌子一拍说：“我们要保留独立自主的权力，要有独立自主的作法，我们有多大的能力干多大的事情，决不能让任何人牵着鼻子走，我们可以不干，决不能戴第三国际这顶大帽子。”[44]

但是，你不参加共产国际，人家就不提供活动经费，而党的活动总是需要经费支持的。当时的中国共产党只是一些教授、学生的结合，除了大家卖文章之外并无经费来源，活动举步维艰。更加麻烦的是，党的一大召开后不到一个月，陈独秀就在上海被法租界巡捕房抓走。为营救陈独秀，张国焘向马林借了一大笔钱。脾气火爆的陈独秀获释后，听到这个汇报后无可奈何地长叹一声，勉强答应加入共产国际。

1922年，党的二大作出加入共产国际、成为其一个支部的决议。大会召开前夕，陈独秀给共产国际提交书面报告，专门汇报一年来的经费情况。

> 党费，自一九二一年十月起至一九二二年六月止，由中央机关支出一万七千六百五十五元；收入计（共产）国际协款一万六千六百五十五元，自行募捐一千元。用途：各地方劳动运动约一万元，整顿印刷所一千六百元，印刷品三千元，劳动大会一千余元，其他约二千余元。

此后几年，虽然陈独秀始终没有放弃自筹经费的努力，但效果并不明显，中国共产党对共产国际的经费依赖丝毫没有减轻。究其原因，一是中共早期“知识精英党”的色彩突出，党员经济活动能力差，在社会上也缺乏经费筹措渠道；二是陈独秀本人“书生气”突出，组织管理能力差，缺乏生财之道。马林在党的三大后给共产国际执行委员会写信说，中共“缴纳党费的党员不到十分之一，因此，整个工作几乎都是依靠外国经费；党内的财政管理状况也至今不明；多数党员没有职业，所以党同在职的工人、职员、教师等几乎没有联系”。这样的经费结构和组织状况，中国共产党当时的实际力量和独立性就可想而知了。

维经斯基和马林等人毫不掩饰对幼年中国共产党的失望之情，这种情绪也影响到共产国际，促使他们将建立东方战线的希望放在孙中山和国民党身上。1923年，老牌布尔什维克鲍罗廷奉派来华，在广州出任共产国际驻中国代表和苏联驻广州政府全权代表，帮助孙中山改组国民党，并以共产国际的名义要求共产党与国民党全面合作，陈独秀、张国焘等人虽然心中十分不情愿，但也只能配合服从。

斯大林时期，共产国际传播世界革命的使命越来越多地让位于保卫苏联的政治任务，对中国革命的定位，是分化世界反苏联盟、中立日本、集中反英。从共产国际的角度出发，中国国民党箭在弦上的北伐不能进行，因为北伐可能触怒日本，作为交换条件，中国共产党的土地革命要放缓，因为“过火”的土地革命容易触怒国民党。鲍罗廷以为，凭着他手中掌握的大批卢布、物资、枪械，就可以号令国共两党。他为此使尽浑身解数，结果却是“鸡飞蛋打”，不但没能拦得住中国国民党的北伐，还几乎害了中国共产党的性命。1927年，蒋介石和汪精卫先后在上海、武汉翻脸，自认为“我的箱内还有草”[45]的鲍罗廷只能一走了之，共产国际和斯大林却早已将板子高高举起，准备狠狠地打在中共中央和陈独秀身上。

1927年7月9日，斯大林在休假胜地索契给共产国际领导人布哈林写信，用他一贯的强势口气将中共中央痛骂一番。

> 整整一年，中共中央靠国民党养活，享受着工作的自由和组织的自由，但它没有做任何工作，以便促使被错误地称之为政党的（的确，有相当战斗力的）各种人物的大杂烩变成为一个真正的政党。
>
> …………

中共中央有时也奢谈无产阶级领导权问题。但是，在这种奢谈中最令人不能容忍的是这样一种情况，即它对领导权一窍不通（真正意义上的一窍不通）。

……这就是共产国际的指示未能被执行的原因所在。

这就是为什么我怕过早地让这样的党到“汪洋大海”中去自己游泳（它还来不及巩固就会被碰得粉碎……）。

这就是为什么要现在认为党的问题是中国革命的主要问题。[46]

不到一个月后的1927年8月7日，新任共产国际代表罗米那兹出现在汉口，并在这里主导召开后来被称为“八七会议”的中共中央紧急会议，中共中央总书记陈独秀连出席大会的资格也被取消了，被戴上一顶“右倾投降主义”的大帽子进行严厉批评后被轰下了台。罗米那兹直接解散原有的中共中央政治局，指定瞿秋白为临时政治局负责人。就当时的氛围来说，大革命失败、共产党人被杀得血流成河，总得有人出来承担责任，没有人能够将怀疑和批判的目光投向共产国际，拿掉素有“家长作风”的陈独秀，是党内能够做出的最大应急反应；不少人被国民党的疯狂屠杀吓破了胆子，但更多的人被血仇激起了愤怒，推动激进的土地革命和全力反击国民党屠杀，导致党内出现“左”倾盲动错误。

毛泽东出席了“八七会议”，还当选为临时政治局候补委员。他在会议发言中也将大革命失败的账记在陈独秀头上，“从国共合作、农民问题、军事问题和党的组织四个方面批评陈独秀的右倾错误，着重指出：秋收暴动非有军事不可，党要非常注意军事问题”[47]。

从手握笔杆子到拿起枪杆子，血流成河的教训让“八七会议”成为毛泽东革命实践的一个重要转折点。这次会议之后，毛泽东“上山结交绿林朋友”，基本上是按照自己已经掌握的马克思主义思想去塑造党的组织、锻造军队精神，通过将党和群众从过去的“油水关系”改变为“鱼水关系”，真正实现人民史观从认识论转化为生动实践，开创出了一片新天地。在这期间，如油浮水的临时中央多次向毛泽东开创的根据地派出特派员，对毛泽东的革命实践造成了不少干扰，甚至传出他被“开除党籍”而无法履职的消息，所幸只是“误传消息”，但也足见实践之难。1956年9月，毛泽东在党的八大的一次预备会上还谈起此事，“井冈山时期一个误传消息来了，说中央开除了我的党籍，这就不能过党的生活了，只能当师长，开支部会我也不能去”，“‘开除党籍’了又不能不安个职务，就让我当师长。我这个人当师长，就不那么能干，没有学过军事，因为你是个党外民主人士了，没有办法，我就当了一阵师长”，“后头又说这是谣传，是开除出政治局，不是开除党籍。啊呀，我这才松了一口气”！[48]

作为中共中央主要负责人的瞿秋白，就没有毛泽东“幸运”，他被共产国际捏得紧紧的、整得惨惨的。“八七会议”后不久，瞿秋白按照共产国际要求远赴莫斯科，并于1928年6月在那里主持召开中国共产党第六次全国代表大会。这次大会后，共产国际与中国共产党的联系方式，由原来它向中共中央派驻代表改变为中共中央向共产国际派驻代表团，瞿秋白出任代表团团长，国内工作交给新当选的总书记向忠发。向忠发是产业工人出身，组织能力和政治威望不足，国内实际主持中央工作的是中央政治局常委兼秘书长李立三。

李立三有着烈火般的革命热情，始终梦想着在中国复制十月革命的成功经验，让中国革命在“一省或几省首先胜利”。1930年6月，蒋介石和阎锡山、冯玉祥之间爆发中原大战，中共中央政治局下发《新的革命高潮与一省或几省的首先胜利》决议案。李立三不但要求全国各地的红军马上向大城市发起进攻，尽快在武汉或者长沙、南昌建立苏维埃中央政权，他还“试图把自己的想法传给共产国际的决策层，李要求正在莫斯科汇报工作的周恩来和瞿秋白，在同共产国际讨论重大政治问题时要及时站在他的立场上”，甚至直接要求苏联红军出兵中国东北、配合中国革命形势的发展。对于共产国际的立场，李立三根本不屑一顾，“共产国际不了解中国革命发展的趋势”，“忠实于共产国际、遵守共产国际的纪律是一件事，忠实于中国革命又是一件事”，“占领武汉之后，再去和共产国际说话就不同了”。[49]

对于李立三这种不管不顾的“革命狂人”，共产国际一开始认为不可思议、继而勃然大怒，在一连串的电报质问、批评之后，迅速派遣瞿秋白回国，并于1930年9月召开六届三中全会纠正“立三路线”，李立三被要求赴莫斯科检查错误。李立三这一去，先是检查，后被苏联内务部逮捕，下放到伐木场、机械厂劳动，再后来转入列宁学院学习，再后来就被留置起来。1945年召开的党的七大上，李立三当选为中共中央委员，斯大林从中苏两党关系大局考虑，才准其离苏返国。

毛泽东率领红军纵横于赣南、闽西的山岭江河之间，在斯大林看来不过是小打小闹，他管不着、也懒得管。李立三领导中共中央要掀起中国革命的高潮，在斯大林看来就是干扰世界革命大局的胡闹，他管得着、也必须管。因为这个时候，西方资本主义世界正在发生严重的经济危机，斯大林敏锐地嗅到了战争气息，得出了资本主义世界与苏联之间的矛盾正在加深的判断，他要求各国共产党承担起保卫苏联的义务。早在1928年7月13日召开的联共（布）中央全会上，斯大林就明确指出，各国共产党的任务是“组织全力保卫世界上第一个苏维埃共和国”，李立三在掀起中国革命高潮过程中，虽然也打着“武装保卫苏联”的旗号，实际上却“在中国党内的政治局内决定了全世界的暴动”[50]，这是斯大林难以容忍的。把李立三滞留苏联教育改造后，斯大林对中共中央特别是对瞿秋白也很不放心，因为瞿秋白仍然决定保留李立三的中央委员和政治局委员职务，还曾给共产国际执委会写信说“可以在这里解决一切政治问题，我们请求不要把李立三召到莫斯科”[51]；而李立三在莫斯科作检查时说，他“实际工作上的错误，是最近二年在中国做的，是在（瞿）秋白同志影响之下的”[52]。

1930年12月，莫斯科中山大学校长米夫以共产国际代表身份来华进一步批判“立三路线”，并于1931年1月7日在上海召开扩大的中共六届四中全会，直接给中共中央“清理门户”。这次全会将瞿秋白、李立三等人踢出中央政治局，米夫扶持自己的中意弟子王明进入政治局，王明表示要对共产国际的路线“百分之百忠实”。1931年6月，中共中央总书记向忠发被抓被杀，王明代理总书记。但由于党的中央领导机构遭受严重破坏，上海的白色恐怖气氛十分严重，王明很快于10月撤离境内，远赴苏联并出任中共驻共产国际代表团团长，临别之前他主导成立以博古为首的中共临时中央政治局，由此形成了“王明在遥远的莫斯科发号施令、博古等人在国内照令行事”[53]的领导格局。

◆ 千里东风一梦遥：失掉自信的革命，还能剩下什么

中国国民党的国民革命到了蒋介石手里，一头扎进美英势力怀抱，当起人家的代理人。中国共产党成立后的10年时间，苏联通过共产国际逼使有着书生式独立思想的领导人陈独秀、瞿秋白下台，滞押了不顾苏联利益的“冒险家”李立三，挟持“百分之百忠实”的王明上台，使得以迷信共产国际指示和迷信本本为主要特点的“左”倾教条主义错误，在党内坐大成势、为害日深。

后来，毛泽东在谈到《红楼梦》里的贾府败落时，曾说过一段意味深长的话：《红楼梦》里冷子兴讲，（贾府）“安富尊荣者尽多，运筹谋画者无一”，讲得有点太过，探春也当过家，不过她是代理。但是贾家也就是那么垮下来的。

对于这段话，人们大多是从两个层面解读，一个层面解说这是毛泽东对贾探春的感叹惋惜，说这位贾府三小姐空有才华手段，却不得放手施展；一个层面解说这是毛泽东对以贾家为代表的封建社会“盛筵必散”的再强调。如此解读固然不能说错，但联系毛泽东的身份经历和责任使命，未免显得浅薄；至于有人以毛泽东此评大肆吹捧“探春理政”，将贾探春称为善于“运筹谋画”的高明政治家、精明改革家，则属于不着边际的胡乱梦呓。

毛泽东这句“不过她是代理”，包含着对贾探春政治立场的严厉批判。说毛泽东惜其才华，还勉强可以；说毛泽东对探春推崇有加，则是明显的“会错意”。如果联系到1930年5月，毛泽东在《反对本本主义》一文中明确提出的“中国革命斗争的胜利要靠中国同志了解中国情况”[54]的著名论断，在不长的一句话中3次出现“中国”一词；如果再联系到1962年1月，毛泽东在中共中央扩大的工作会议上回顾那段历史时强调：“中国这个客观世界，整个地说来，是由中国人认识的，不是在共产国际管中国问题的同志们认识的。共产国际的这些同志就不了解或者说不很了解中国社会，中国民族，中国革命。”[55]时隔32年，在不

长的一段话中6次出现“中国”一词，尽显毛泽东对党要掌握自家命运、革命要从自身实际情况出发的愿望有多么明确和迫切。

对于贾探春，毛泽东也许还有惋惜和遗憾，对于王明和博古的教条主义，则只有不屑与批判。胡乔木后来概括说，“中国有十亿人口，一定要依靠自己，绝不能依靠苏联，也不能依靠美国，子子孙孙都要继承这个思想，要把这个思想固定下来”[56]，讲的就是这个意思。**中华民族要在绝境中求生存、求发展，没有谁会真心希望我们强大，靠模仿和照搬别人的理论、道路和制度，百试碰壁、头破血流，是没有出路的。**

做代理人，特别是做政治代理人，一是有成本，二是难成事。《红楼梦》里的贾探春也因此广受诟病。贾探春是贾政与侍妾赵姨娘的庶出女，是贾宝玉同父异母的妹妹。小说里的探春人才一流，曹雪芹说她“削肩细腰，长挑身材，鸭蛋脸面，俊眼修眉，顾盼神飞，文采精华，见之忘俗”，她发起成立海棠诗社，写诗为文、口齿伶俐；兴儿向尤二姐介绍说“三姑娘的混名儿叫‘玫瑰花儿’：又红又香，无人不爱，只是有刺扎手。可惜不是太太养的，‘老鸹窝里出凤凰’”。但就是这样一个人物，庶出的身份让她深以为恨，并因此少了一份自信和骨气。在《红楼梦》第五十五回“辱亲女愚妾争闲气　欺幼主刁奴蓄险心”里，贾探春作为大观园代理执政的“三驾马车”之一，工作态度之积极、显能立威之急切远超李纨、薛宝钗，面对前来寻事的生母赵姨娘，她的一番哭诉将心迹剖白得十分清楚。

> 太太满心疼我，因姨娘每每生事，几次寒心。我但凡是个男人，可以出得去，我必早走了，立一番事业，那时自有我一番道理。偏我是女孩儿家，一句多话也没有我乱说的。太太满心里都知道。如今因看重我，才叫我照管家务，还没有做一件好事，姨娘倒先来作践我。倘或太太知道了，怕我为难不叫我管，那才正经没脸，连姨娘真也没脸！

贾探春着实不易。之前为得“太太看重”，她坚持做到表现在平日言行中、表现在关键节点上，时时事事以维护“太太”的立场和利益为己任。

她与贾宝玉谈话时公然声称，“我只管认得老爷、太太两个人，别人我一概不管”，为此不惜牺牲自己的尊严、亲情和家族利益。在平日里，贾探春严守封建礼教中的嫡庶之分，只称嫡母王夫人为母亲，并将嫡母的娘家列为自己舅家谱系，王子滕便成了亲舅舅，公开场合严格将生身母亲定位为“姨娘”，生母的弟弟赵国基便只是“立规矩的奴才”。其实，封建礼教中的嫡庶之分，并没有达到如此可憎的程度，一般还是嫡和亲并重的。明嘉靖帝朱厚熜以小宗入继正德皇帝的大宗登上皇位，他为追尊生父为“献皇帝”，与群臣对峙3年半之久，并最终获得大礼仪之争的胜利；清同治帝登基，整个朝廷将其嫡母慈安、生母慈禧并尊为两宫皇太后。单从礼制来讲，赵姨娘固然粗鄙，但贾探春对待生母大可不必如此“凉薄”，她自己有意如此做派，只是想借此宣示其政治立场。

以贾探春的精明强干，有立场就会有行动。果然，在《红楼梦》第四十六回“尴尬人难免尴尬事　鸳鸯女誓绝鸳鸯偶”里机会来了。因为贾赦欲强纳贾母身边的大丫头金鸳鸯为妾，引得金鸳鸯激烈反抗，并在贾母面前以死陈情。贾母震怒之下，对在身旁服侍的小儿子媳妇王夫人，骂出了“外头孝敬，暗地里盘算我”的狠话。因为话说得太难听，谁也不敢辩驳，贾探春抓住机会站了出来。

> 探春有心的人，想王夫人虽有委屈，如何敢辩；薛姨妈也是亲姊妹，自然也不好辩的；宝钗也不便为姨母辩；李纨、凤姐、宝玉一概不敢辩；这正用着女孩儿之时，迎春老实，惜春小，因此窗外听了一听，便走进来陪笑向贾母道：“这事与太太什么相干？老太太想一想，也有大伯子要收屋里的人，小婶子如何知道？便知道，也推不知道。”

虽只轻轻一句话，却在急切间动了多少心思，需要多大的勇气和智慧，才能如此鲜明、准确地表达出自己的立场和作用。贾母听劝后便知自己失态失言，马上要求贾宝玉“你快给你娘跪下，你说太太别委屈了，老太太有年纪了，看着宝玉罢”，算是向王夫人郑重道歉。

贾探春有如此立场、如此胆识、如此才情，王夫人也懂得投桃报李。仅仅过了不到十回书，在第五十五回“辱亲女愚妾争闲气　欺幼主刁奴蓄险心”里，因凤姐小产，王夫人就指定李纨、贾探春、薛宝钗“三驾马车”主理大观园。“刚倒了一个‘巡海夜叉’，又添了三个‘镇山太岁’”，一变三的授权格局可见，王夫人对贾探春的信任有限，也还在试用阶段。贾探春自己心中有数，所以才有上面那段哭诉。就探春理政的性质看，还是毛泽东的判语准确，“她是代理”。既然是“代理”性质，施政的最高原则便只能是贯彻主子意图，贾探春虽然精明强干，表面上动作很大，除弊、节约、开源三策并举，后来很多论者给贾探春戴上一顶又一顶的高帽子，说她是改革家、政治家；其实，贾探春只是一个精致的利己主义者。她的改革能触动的，只是下人、姑娘们的那点小钱和大观园里的水塘、花草，她根本不敢也不可能触及老爷太太们、更不可能触及贾府的整个治理体系和在外的各种进账花销。至于借生母前来闹事上演悲情哭戏，并进一步牺牲自家利益，其真正目的在于“向太太再表态”。

贾探春的哭诉剖白，以“太太满心疼我”起句，以“太太满心里都知道我”喊话，以“倘或太太知道”自明敬畏之心，一段话三次提及“太太”、三层用意，这话哪里是在说给赵姨娘听，分明就是一次隔空喊话，是说给薛宝钗等在场传话者听的。

代理人的核心，在于要站在“主子”的立场上考虑和处理问题。在中国革命中，各路军阀大多是不同外国势力的代理人，是革命对象；国民党方面，蒋介石一头扎进美国和中国大地主、大财团的怀抱，去做他们的代理人，汪精卫干脆直接脱掉原有的革命党外衣，到日本人面前充当汉奸。在中国共产党方面，共产国际要的是一支能够“保卫世界上第一个苏维埃共和国”的东方力量，王明在莫斯科中山大学时就主动投靠米夫，受派回国后又不断向米夫写信表态效忠，六届四中全会上台后更是“言必称希腊”，严格按共产国际执委会决议办事。毛泽东认为，“王明问题的关键、症结之所在，就是他对自己的事考虑得太少了！对别人的事操心得太多了”[57]，真可谓一语中的。

贾探春做代理人，只是个人行为，影响的不过是有限几个人的小利益；蒋介石做代理人，出卖中国革命，贻害民族，其罪极深。这些暂且放下不论，单说王明在全党搞“左”倾教条主义错误，将整个中国共产党拖进失败的深渊，其危害之大，十分让人痛心。王明“左”倾教条主义错误，自1931年1月的六届四中全会到1935年1月的遵义会议，在党内统治长达4年，造成了严重恶果：

> 白区的革命力量几乎损失了100%，红区的革命力量损失了90%，丧失了除陕甘宁边区以外的一切革命根据地，红军由30万人降到不足3万人，中国共产党党员由30万减到3万，而在国民党统治区域的党组织几乎全部丧失，使中国革命陷于极端危险的境地。[58]

王明一生喜爱牡丹，并以牡丹自喻。牡丹被称为“百花之王”，花姿雍容，花色富贵，花冠盈尺，花香浓郁，这可能是王明看重的，但牡丹花期极短，其虚华的外表，经不住风雪严寒，经不起雨打霜降，这可能是王明不曾想到的。

1937年11月29日，王明从莫斯科回到延安，仍然从保卫苏联的立场出发，极力主张在抗日民族统一战线中对国民党全面妥协。这样的人和这样的主张，只因为披着共产国际的外衣，竟能展现出极强的迷惑性，人民史观要从马克思主义认识论全面转化为中国共产党的实践论，的确是“关山重重”。

王明极富马列原著素养，回国后又“自以为是，老子天下第一”，以共产国际“钦差大臣”自居。他多次在中央政治局会议上作长篇报告，很多人感觉王明“站在全国的角度思考中国的抗战问题”，提出的都是“全国应当如何，而毛泽东思考问题的侧重点主要是中共和八路军、新四军应如何”[59]，似乎在气势格局上都要矮王明一截。在这些人心中，一则执迷于共产国际的光环，二则充斥着抗日的激情，只是忘了讲话者和自己的身份，忘了中国共产党和自己是怎么样来到延安的。正如读《红楼梦》而大赞“探春理政”者，大多陷于眼前故事、总想挽救贾家，而忘了贾家是谁、贾探春是谁、也忘记了自己是谁一样。

王明回国后几个报告做下来，党内某些风向竟然为之一变，就连党的领导机构在他的提议之下做了调整。党中央不设总书记，实行书记处集体领导、分工负责，王明增补为书记处书记，负责统一战线工作，一时形成了各地发来的请示电报“党的送洛（甫）、军事送毛（泽东）、统一战线送王（明）”的局面，以致毛泽东当时曾对前来看望的李维汉抱怨说，我的命令不出这个窑洞，[60]后来谈到这个情况时还说，“一九三七年十二月会议时，由于王明的回国，进攻中央路线，结果中断了遵义会议以后的中央路线。十二月会议我是孤立的”[61]。

然而，“青山遮不住，毕竟东流去”。这时的中共中央政治局已经不是当年成立初期的书生集合体，其中一大半人都在革命战火的生生死死中炼出了“火眼金睛”。在中央苏区就吃过“王明路线”苦头的任弼时、在长征路上已完全信服毛泽东的王稼祥，先后被派往共产国际汇报工作，他们在莫斯科见到了共产国际执委会主席季米特洛夫。王明的历史和现状都让共产国际颇不放心，季米特洛夫委托王稼祥给延安带回口信，“应该告诉全党，应该支持毛泽东为中国共产党的领导人，他是在实际斗争中锻炼出来的领袖。其他的人如王明，就不要再争了”[62]。在此之前，毛泽东政治上十分谨慎，遵义会议后他始终没有出任党的主要负责人一职；王明转道新疆飞抵延安，毛泽东亲自率领在延安的中央领导同志到机场迎接，并现场致辞称，欢迎从昆仑山上下来的“神仙”，这就叫做喜从天降。[63]

5年后，还是在季米特洛夫手里，共产国际宣布解散。

解散共产国际，是斯大林从拉住美英、巩固世界反法西斯同盟的角度，为更好地维护苏联利益作出的决定。斯大林讲话中所谓“建立共产国际的时候，我们就高估了自己的力量”、“各国共产党能力有了很大进步”、让“敌人诬蔑各国共产党，说什么他们是外国的间谍”等企图破产等，都不过只是美丽的托词。但是，毛泽东并不计较这些，他对共产国际的解散发自内心感到高兴，在看到翻译师哲送来的季米特洛夫致电后兴奋地说，他们做得对，我就主张不要这个机构。[64]此时，由毛泽东发动的延安整风正进行到关键性的学习总结阶段。延安整风的主题，是要在党内总结历史教训和清除教条主义的影响，让实事求是的思想路线全面落地。

1943年5月22日，共产国际执行委员会向全世界公布解散共产国际的决议，中共中央26日发表早前几天就已作出的决定，“完全同意解散共产国际”，这完全是破茧成蝶者挣脱无用茧壳时，那种早已渴望又十分轻松的心态。

可笑的是，蒋介石面对共产国际的解散和共产党的延安整风，作出了一本正经却让人啼笑皆非的反应。他指使特务组织复兴社以群众团体名义电告毛泽东，叫他也“解散”共产党，“取消边区割据”，同时密电驻军西安的胡宗南，“奸党连年整风，内争激烈。共产国际解散对奸党是沉重打击。你等应乘此良机，闪击延安，一举攻占陕甘宁边区，限6月底完成部署”。颟顸之状，闻之可以喷饭。直到国民党完全败退台湾，蒋介石痛定思痛，才开始东施效颦一样试着去学习共产党的“整风”。可见，站在代理人立场上，永远也理解不了独立自主的可贵，也永远做不到独立自主。

毛泽东对王明“左”倾教条主义错误十分痛恨，这种痛恨伴随了他的一生。他在延安主持制定整风文件过程中，同步撰写了九篇批判文章，严词批驳王明“左”倾教条主义错误。这9篇文章用语辛辣、写得很尖锐，当时考虑到“不利于团结犯错误的同志”而没有公开发表，只给刘少奇、任弼时二人看过。新中国成立后有人从中央档案馆找到这9篇文章的原稿给毛泽东看，毛泽东抚今追昔，对教条主义的痛恨再次涌上心头，他于1965年将这9篇文章合为一篇，并在做了重要修改之后冠上一个新标题——《驳第三次“左”倾路线（关于一九三一年九月至一九三五年一月期间中央路线的批判）》。1976年8月，重病当中的毛泽东对这篇文章十分挂怀，专门让人在病床前原原本本地读给他听。

《红楼梦》里的贾探春，最终由“老爷、太太”做主许下一门好亲事，在贾家彻底败落前，远嫁海南岛镇海总制周琼家的公子。现实生活中，蒋介石1949年败退台湾岛被美国军事保护起来，整日里高喊着反攻大陆；王明1956年出走苏联被人家养起来当寓公，仍然对共产党和毛泽东笔伐不止。

蒋介石与王明的政治性质完全不同，将两人相提并论并不合适，但不知是巧合还是必然，蒋介石、王明的命运结局，竟然与贾探春颇为相似，完全可以套用曹雪芹在《红楼梦》第五回“游幻境指迷十二钗 饮仙醪曲演红楼梦”里写给贾探春的判词和《红楼梦曲》。

才自精明志自高，生于末世运偏消。清明涕送江边望，千里东风一梦遥。

〔分骨肉〕一帆风雨路三千，把骨肉家园齐来抛闪。恐哭损残年，告爹娘，休把儿悬念。自古穷通皆有定，离合岂无缘？从今分两地，各自保平安。奴去也，莫牵连。

在中国近代史上，提出中国问题政治解决方案的人很多，各种主张也五花八门，所有这些人和所有这些政治解决方案，虽然从性质上有进步与反动之分，放在一起列举并不恰当，但其中的一部分人确实有一个共同的特点，就是着眼和研究中国实际情况不够。在这部分人当中，王明可怜，因为他过于夸夸其谈；蒋介石可恨，因为他残酷冷血；袁世凯尤其可厌，因为他公然大开历史倒车，一个人执意要拉着全社会重走断头路，除思想匮乏外，道德人格也显得极其龌龊，无论如何都应该受到最严厉的挞伐。至于其他志在救国、各执一念者，许多人宁死不悔，在悲壮中闪耀出理想主义光辉，应该给予尊重，但他们一个个最后碰得头破血流，充分暴露出那个时代的中国，在政治思想上是极度匮乏的。毛泽东指出，“研究党史上的错误，不应该只是恨几个人，如果只恨几个人，那就是把历史看成是少数人创造的”[65]。将这个观点推而广之，去观察那个时代的政治风云，**那么多仁人志士救国家、救民族，只会眼睛向外寻找方案，却不肯看一眼国内沉默的亿万人民群众，不能意识到普通民众中蕴含着巨大的革命能量，这无论如何都是深可遗憾的事情。**

1840年以后的列强入侵，首先打掉的是我们的民族自信心，鲁迅先生曾经诘问：“中国人失去自信力了吗？”韩毓海先生后来断言中国精英阶层“天下未乱心先乱”。除袁世凯活在过去外，当时普遍盛行的形形色色的眼睛向外的教条主义，从根本上讲就是失去民族自信心的体现。我们不能也不应该再去苛责前人，**但直到现在，社会上仍然一定程度存**

在着崇美惧美媚美、鼓吹西式宪政民主的思潮，从根本上讲就是教条主义的现代版，是精英史观阴魂不散的表现，也说明曾经普遍丢失的民族自信心，在有些人那里还没有找回来，这是很不应该的事情。这一现象，被韩毓海先生称为“天下已安心难安”。

毛泽东相信人民，最直接的表现是他强烈的民族尊严感和民族自信心。他放言：“我们中华民族有同自己的敌人血战到底的气概，有在自力更生的基础上光复旧物的决心，有自立于世界民族之林的能力。”[66]他说：“教条主义者是过分的谦虚，照抄外国，你自己干什么？你就不动脑筋。抄是要抄的，抄的是精神，是本质，而不是皮毛。”[67]

◆ 小米饭养活我长大：毛泽东思想是如何炼成的

毛泽东将马克思主义、中国贫苦农民、枪杆子三者有机结合起来，在血泊的反复浸泡中裂变出巨大的革命能量，他不但要以此打碎“蒋介石那口大水缸”，还要彻底摧毁腐朽透顶的旧制度。

我们还是回到“王明等人在米夫支持下夺权”[68]的地方，看看教条主义者的失败，是如何迫使人民史观在革命实践中生发出惊人力量的。

上海待不下去，王明去了莫斯科。1933年1月，博古带着临时中央来到江西瑞金，这里有毛泽东、朱德率领红军打下的一大块革命根据地。这片革命根据地是全国13块革命根据地中面积最大、人口最多的一块。1931年11月，临时中央以这13块根据地为基础成立了中华苏维埃共和国，首府设在瑞金，这块革命根据地也因此被称为中央苏区。此时的中央苏区正处在鼎盛时期，辖江西、福建、闽赣、粤赣四个省级苏维埃政权，共设60个行政县，其中江西省22个县，福建省15个县，闽赣省16个县，粤赣省7个县。中央苏区总人口为435万人，总面积约8.4万平方公里。这就是毛泽东拿起枪杆子之后，用人民的力量为党攒下的全部家底，他担任中华苏维埃共和国中央执行委员会和人民委员会主席，通称中华苏维埃共和国主席，后来名满天下的“毛主席”称谓即由此始。

在临时中央搬到瑞金之前的苏区中央局宁都会议上，毛泽东因为不能坚决贯彻临时中央的进攻路线和对“夺取大城市”方针的“消极怠工”而受到严厉批评，他所担任的红一方面军总政委一职由苏区中央局书记周恩来代理，临时中央随后宣布了周恩来的任职命令，事实上毛泽东被撤销军职。博古、周恩来和之后赶到中央苏区的共产国际军事顾问李德号称“最高三人团”，接管了中央红军指挥权，直到中央苏区在蒋介石“围剿”中丧失殆尽，红军被迫战略转移又在蒋介石围追堵截和狂轰滥炸中死伤过半，临时中央和中央红军被撵进贵州北部的大山深处，与共产国际的联系也因唯一的一台大功率电台被炸毁而彻底中断，中共中央才有了自己解决自己问题、自己决定自己路线的机会。外国人和外国经验解决不了中国革命的问题，王明“左”倾教条主义错误宣告结束。通过1935年1月遵义会议前后的一系列会议，毛泽东重新回到党和红军的领导岗位，并带领红军艰难地完成长征，走到陕北、走进延安。

在延安，毛泽东开始将10年枪杆子斗争的经验和中国近代以来救亡图存的主题演进结合起来，进行以阶级斗争为重点的彻底革命，已成为他不可动摇的钢铁信念。1938年5月，改良主义大家梁漱溟到延安送上自己的《乡村建设理论》一书，毛泽东连夜阅读并写下大量评语，批驳以梁为代表的改良主义思想。正如毛泽东指出的，改良主义解决不了中国的问题，中国的社会需要彻底的革命，现阶段的中国革命重担已落在中国共产党的身上，其中一个最核心的问题就是阶级和阶级斗争。[69]

那么，如何才能把占中国人口绝大多数，又身受最残酷剥削、最沉重压迫、处在最悲惨境地的农民组织起来开展阶级斗争？如何才能彻底推翻帝国主义和国民党反动派的统治，夺取全国革命胜利，真正将这个颠倒的世界重新颠倒过来呢？

在延安的窑洞里，毛泽东穿着补丁衣、吃着粗茶饭、抽着劣质烟，开始深入总结、深刻思考，特别是集中研究马克思列宁主义的主要著作，集中总结中国革命的历史经验教训，全面分析世界斗争形势和国内阶级矛盾变化，围绕中国共产党应当采取的政策和策略写出了大批著作。伴随着这些著作的问世、传播，中国共产党从思想上有了自己的灵魂，形成了一整套关于中国革命和人民战争的政策策略主张，其关键节点是1938年。

认为毛泽东中国革命和人民战争的思想形成的关键节点是1938年，主要是因为1938年8—9月召开了中共六届六中全会。这次全会正确分析了抗日战争形势，规定了党在相持阶段的任务，为实现党对抗日战争的领导进行了全面战略规划，第一次提出“马克思主义中国化”的命题，进一步确立了毛泽东在全党的领导地位。

毛泽东在这次全会上作了政治报告和总结报告。政治报告的标题很短，只有四个字，叫做《论新阶段》；总结报告后来收入《毛泽东选集》时分成两篇，分别叫做《统一战线中的独立自主问题》和《战争和战略问题》。新阶段、独立自主、战争和战略问题，三个标题中的三个主题词，集中概括了这次全会的全部历史意义。

1938年，毛泽东还写出了《抗日游击战争的战略问题》《论持久战》《中国共产党在民族战争中的地位》等重要著作。其中，在《论持久战》一文中，毛泽东指出，“兵民是胜利之本”，“战争的伟力之最深厚的根源，存在于民众之中。日本敢于欺负我们，主要的原因在于中国民众的无组织状态”[70]。至此，救亡图存—马克思主义—革命—阶级斗争—枪杆子—人民群众—组织起来，从历史任务、指导思想、实现路径、基本方式、主要手段、主体力量到领导核心，人民史观从认识到实践的完整逻辑链条终于形成。

延安时期，是毛泽东著作的高产期。1938年以前的1937年甚至1936年及1938年之后的1939年甚至1940年，毛泽东都有重要的关于革命和战争的著作发表。如1936年发表的《中国革命战争的战略问题》、1937年发表的《为争取千百万群众进入抗日战争民族统一战线而斗争》和1939年发表的《中国革命和中国共产党》、1940年发表的《新民主主义论》，等等。进一步分析可以看出，1937年下半年写成的《实践论》《矛盾论》最为重要。在这两篇文章中，毛泽东将马克思主义世界观和方法论运用于分析中国历史和中国革命实际，并做了进一步的思想阐释和哲学阐发：**“两论”是马克思主义中国化的重要成果，是毛泽东思想的基石，也是毛泽东人民史观的哲学内核。**

通读毛泽东著作特别是认真学习“两论”可以发现，人民立场和实践至上，是毛泽东认识和解读中国革命始终坚持的两大根本法则。这两大法则互为一体，不可剥离、不可分割、不可偏废。离开人民立场，也就离开了马克思主义的世界观，要么成为将眼前困难和复杂社会现实固化的机械唯物主义者，要么成为承认贪念和差别是人的天性的客观唯心主义者，从而在思想上向精英政治和资产阶级统治无原则妥协，犯下右的错误；离开实践至上，也就离开了中国社会的实际，找不到推动中国革命的主要矛盾和矛盾的主要方面，只会成为依照教条、本本处理实际问题的主观唯心主义者，从而在政治上陷入狂热和狂想，在实践上背离人民利益并葬送马克思主义，犯下“左”的错误。正如毛泽东所说的，“左的与右的相通，因为都离开过程之正确的了解，到达于不顾过程内容，不分析具体的阶段、条件、可能性等抽象的一般的空洞见解。因此，他们两极端就会于一点”[71]，就是背离人民和实践，犯下主观主义的错误，理论脱离实际、主观背离客观。“总之，这种反科学的反马克思列宁主义的主观主义的方法，是共产党的大敌，是工人阶级的大敌，是人民的大敌，是民族的大敌，是党性不纯的一种表现。”[72]毛泽东思想，就是在反对“左”和反对右的斗争中逐步发展形成的，他后来反复强调防止走极端，要努力做到“反‘左’不出右，反右不出‘左’”。[73]

有了人民史观的哲学内核，毛泽东关于中国革命的论述日臻成熟。1939年完整提出统一战线、武装斗争、党的建设是中国革命的“三个法宝”[74]，既是对此前理论阐述的高度提炼，也是此后指导中国革命实践的制胜之道。

统一战线，核心是根据不同时期的斗争形势和任务变化，尽可能团结一切可以团结的力量，孤立和打击最主要、最凶恶的敌人。**延安时期及之后的毛泽东，对追求共产主义理想和以阶级斗争手段推翻旧制度的决心愈加坚定，可称之为“不调和的革命性”；但在具体方法策略上，他对国情、党情和人心向背的人情洞察更加精准，对于政策和策略、想做什么和能够做什么、当前做什么和今后做什么等等，区分得更加清晰，体现出高度的灵活性和现实性，可称之为“最大限度的灵活性”。他所思考和运作的一切，主要是围绕发展和壮大人民力量展开的，而不**

是机械地按照自己的政治理想展开的，可称之为“从现实出发去追逐理想”。毛泽东在1945年党的七大报告中的一段话颇能说明这一点：“最近十年，我们采取了忍耐的态度，这样的方针帮助了我们，虽然也出了些纠纷，但是比较顺利。历史经验证明，要图痛快，就不痛快，准备了麻烦，麻烦就少。”[75]

延安时期的毛泽东，除了在自己的诗词中表现出有限的文学夸张外，在政治、经济和军事领域展现出的，完全是谨慎的现实主义。学习《毛泽东选集》可以看出，这一时期他眼睛盯着的全是现实问题，脑子里想的全是解决实际问题的办法，他甚至说：“什么是知识？自从有阶级的社会存在以来，世界上的知识只有两门，一门叫作生产斗争知识，一门叫作阶级斗争知识……此外还有什么知识呢？没有了。”[76]党中央在陕北落脚后，他在几个月的时间内写了几十封信给全国各界贤达，表达共同抗日的决心。西安事变实现逼蒋抗日后，中国共产党不惜放下十余年血仇，红军全体指战员换上国民革命军帽徽，接受有限改编，拥护蒋介石为统一领袖，奔赴抗日一线和到敌后发展。统一战线形成后，中国共产党在根据地不搞土改，只搞减租减息，并在各边区政治上实行“三三制”选举，最大限度地团结和争取大多数，延安形成的政治新风由此吹向全国，一时成为革命圣地，吸引着广大革命青年行进在奔赴延安的道路上。日本投降后，中国共产党领导的武装力量达到120万之众，解放区人口达1亿以上，毛泽东仍然保持着这份清醒和谨慎，他亲赴重庆与蒋介石谈判，尽可能地争取中间派，达成和平协议后甚至做了中共中央迁至淮安办公的准备。蒋介石撕毁停战协定发动内战后，毛泽东迅速整编人民军队，在解放区以深入全面的土改取得人民特别是广大贫苦农民支持；随着人民解放军转入战略反攻，1947年10月才提出“打倒蒋介石、建立新中国”的政治口号。

武装斗争，核心是坚持党对人民军队的绝对领导和灵活机动的战略战术。在毛泽东看来，中国是半殖民地半封建国家，内部没有民主自由，受封建主义武装压迫；外部没有民族独立，受帝国主义武装压迫。中国的全面抗日战争，是因驻华日军声称一名士兵在北京西南郊的宛平县城失踪而从南门外的卢沟桥开始打起的。仅此一点，就足可说明帝国主义及其在中国的反动帮凶，是凭借武装力量对人民实行独裁恐怖统治的；足可说明在中国，离开了武装斗争，就不能完成任何革命任务。况且，在中国历史上也从来没有一个腐朽政权，会主动让出政权，要么是兵临城下后被迫乞降、要么是负隅顽抗后被摧毁。毛泽东从马克思主义关于国家学说的观点，明确指出：**“军队是国家政权的主要成分。谁想夺取国家政权，并想保持它，谁就应有强大的军队。”**[77] **“没有一个人民的军队，便没有人民的一切。对于这个问题，切不可只发空论。”**[78]

毛泽东从三湾改编到古田会议确立政治建军原则，他终生重视军队建设和党对军队的领导问题。毛泽东对中国国情、国力的认识十分清醒，他深知敌人异常强大，不仅有强大的帝国主义、有强大的封建势力，在一定时期内还有勾结帝国主义和封建势力与人民为敌的资产阶级反动派，而与这些势力开展斗争的潜在力量和真正主力军，只能是手无寸铁的亿万农民；发动、组织和武装贫苦农民需要条件和时间，这样的武装斗争只能是长期的、艰苦卓绝的。这支由站在人民立场上的政党领导的、由人民主要是贫苦农民组成的军队，毛泽东称之为人民军队，并形象地称其为“人民子弟兵”。

中国历史上从未有过如此自我定性的军队。史书上能够见到的最好的军队，也不过是对老百姓“秋毫无犯”。如岳飞“饿死不掳掠、冻死不拆屋”信条治下的岳家军，他们与老百姓之间最多只是“井水不犯河水”，而人民军队与老百姓则是“鱼水情深”。这种“鱼水”关系，在抗日战场上体现为军民一家，在解放战场上体现为蒋介石抓来大批壮丁并辛苦训练却全无斗志，一旦为人民解放军所俘，一次阶级诉苦会，跨过用树枝搭起的解放门，撕下帽徽就会投入抗击国民党军队的战斗。不但兵源如此，钱粮来源问题也由此迎刃而解。《孙子兵法》曰：“凡兴师十万，出征千里，百姓之费，公家之奉，日费千金。”[79] 战争打的是钱粮：有政权在手者，靠的是加税派赋；不掌握政权者，则是直接抢掠劫截。毛泽东秉持的是一种全新的理念，提出，“动员了民众，则财政也不成问题，岂有如此广土众民的国家而患财穷之理？军队须和民众打成一片，使军队在民众眼睛中看成是自己的军队，这个军队便无敌于天下”[80]。

事实正是如此。当年胡宗南兵犯延安，毛泽东留在经营13年的陕北沟壑之间，靠着良好的群众基础，硬是与国民党20万大军周旋了整整一年。1948年3月23日下午，毛泽东从吴堡县川口渡口坐上一艘木船东渡黄河，他始终背对船头，在春寒料峭和激流起伏中目送陕北大地渐渐远去。此时，全国战场上的人民解放军由弱变强、国民党部队由强变弱的局面已经基本形成，剩下的只是几场虽有悬念、但胜算颇大的大决战。其中的淮海决战，人民解放军以60万战胜国民党军80万，就是因为有500万民众毁家舍业支援前线。为此，陈毅元帅感慨道，淮海战役的胜利是人民群众用小车推出来的。

党的建设，核心是坚持思想建党原则，不断增强党组织的战斗堡垒作用和共产党员的先锋模范作用。只有一个统一强大的党，才能有效地发动和组织起人民群众的力量。尊党、信党、爱党、强党、护党，在毛泽东身上体现得非常明显。

1921年暑假在上海召开党的一大，毛泽东与同为长沙共产党早期组织代表的何叔衡专程赶往上海。他劝导最为亲近的同学兼好友萧子升参与建党，萧子升坚持认为革命也不必如此决绝、不必非要有党，两人不欢而散。当时号称“南陈北李”的陈独秀、李大钊也都没有出现在上海，原因据说相当简单：陈独秀当时在广州受聘于陈炯明任广东省教育委员会委员长，一方面正在编辑《新青年》第9卷第3号，这一期稿子不够，有不少要他自己写；另一方面又兼广东大学预科校长，正在争取一笔款子修建校舍，他一走款子就不好办了。而李大钊的情况是“守常先生那时正忙于主持北大教师索薪工作……乃推选张国焘、刘仁静二人出席”。刘仁静能去，是因为之前“征求邓中夏的意见，邓中夏要到南京参加中国少年学会会议，没有时间去上海参加中共‘一大’。邓中夏不去轮到罗章龙，罗章龙也不去。罗章龙为什么不去呢？罗章龙要到二七机车车辆厂开工人座谈会，搞工人运动，也没有时间去”[81]。就当时来讲，毛泽东的地位名望，不要说与“南陈北李”相比，即便与邓中夏、罗章龙相比也有很大差距，但若论及对党的尊崇、信任，毛泽东无疑要远高于他们。

秋收起义失败后，队伍士气低落、军纪松弛，毛泽东在三湾改编时采取的根本对策，是加强党组织建设，是支部建在连上。走上井冈山之后，根据地越打越大，毛泽东强调党指挥枪，坚决反对枪指挥党。古田会议确定的建军原则从中央苏区复制到全国各革命根据地，临时中央从上海来到瑞金解除毛泽东的军职，毛泽东选择服从。在中国共产党最凄惨无助的岁月里，书生毛泽东能够坚决地拿起枪杆子卫党、强党；在中国共产党教条主义猖獗的岁月里，最懂军事也最有“实力”的毛泽东能够坚决服从党，只以言辞表达意见，即便是重新掌握领导权后，在茫茫草地上遇到实力派张国焘企图用枪杆子表达意见、解决问题的特殊情况，他也是一走了之，而将对错留给历史，坚持用笔墨和电报表达意见、解决问题。

具有如此政治高度、思想深度和组织力度的毛泽东，当中国抗日战场进入相持阶段之后，不惜从各抗日根据地将党政军大员调集延安，从上到下、以上率下，开展了为期3年多的延安整风运动。

1942年春天开始的延安整风运动，主观上是为了清除王明“左”倾教条主义错误在党内的影响，但其实际发挥的客观作用远不止此。延安整风的真正意义在于，毛泽东领导全党创造性地运用马列主义建党学说，通过开展广泛深入的思想上的批评和自我批评，对全党进行了一场触及人的思想深处的马克思主义世界观教育，为中国共产党这个迅速壮大并将继续快速成长的躯体注入了成熟的思想灵魂和行为规范。

这个思想灵魂，就是人民史观的哲学立场和实事求是的思想路线。延安整风运动的实质，就是要求从中央政治局领导在内的高级领导干部到每一个普通党员，都要站在党和人民的立场上，勇敢地拿起实事求是“这面镜子”检查自己的思想和言行，甚至说是要拿起实事求是“这把刀子”，刀刃向内剖析自己，剜去个人身上存在的主观主义、宗派主义、本本主义的病灶。事后看，延安整风固然有些瑕疵，比如以挖内奸为主题的抢救运动扩大化了，以深挖思想根源为主题的自我批评有些过于苛刻等，但说是矫枉必须过正也好，重病必需猛药也罢，瑕不掩瑜，实事求是的思想路线得到全面确立，整个中国共产党抓住战火硝烟中的一方宁静，在发展有形力量的同时，还在思想灵魂上锻造了自己，达成了更高层次上的思想和组织统一。

在这个思想灵魂统摄之下的共产党人，一要努力改造主观世界，核心是打破私利羁绊和私心作祟，解决好自己的立场问题。这一点说穿了，就是要解决好世界观和价值观问题，用陈云的话说，就是要“不唯上、不唯书、只唯实”，不管是什么因素影响了这一点，都是世界观出了问题。二要努力认识客观世界，核心是打破思维惯性和认知局限性，解决好自己的能力问题。这一点说穿了，就是要解决好方法论问题，用陈云的话说，就是要“交换、比较、反复”。三要真正将认识和理念转化为具体的工作实践，知和行要统一起来，就像王阳明所说的，知者行之始，行者知之成。知行不可分作两件事。知之真切笃实处，即是行；行之明觉精察处，即是知，知行工夫本不可离。说穿了，就是要解决好实践问题，只说不做不行，做的和说的在结果上南辕北辙也不行，说一套做一套更不行。四要经常对认识和实践结果进行总结剖析，进一步深化认识、完善机制、改进方法。这一点说穿了，就是要解决好再认识的问题，认识问题不可能一次成型，也不可能一成不变，总有一个由浅入深，由感性到理性，由局部到整体，由被动到主动，不断聚焦、不断接近事物本质和规律的过程。

有人说坚持人民立场和实事求是难，难就难在以上四个方面的知易行难和有机统一。围绕改造客观世界，“把握规律—拿出办法—采取行动—检验结果”是一个完整统一、循环往复的过程，任何一个环节出了问题，都会偏离实事求是，带来改造客观世界的变形。**实事求是不是一蹴而就的，也不是一劳永逸的，而是一个永远在路上的过程。坚持实事求是，不是追求完全正确、永远正确，而是尽量少犯错误或者不犯大的根本性的颠覆性错误，一旦犯了错误能够及时发现并及时纠正，是一个守住底线、控制纠偏的过程。**

1945年4—6月，中国共产党第七次全国代表大会在延安召开，这也是中国共产党成立以后第一次独立自主召开的全国代表大会，从“会议议程、会议文件包括新党章的起草和通过，以及中央委员会的选举，都是中国共产党独立完成的”[82]。作为很有象征意义的一种巧合，这次大会在延安杨家岭新修的中央大礼堂召开，也是中国共产党第一次在自己执政的地盘上、在自己盖起来的砖瓦房子内召开全国代表大会。这次大会释放出的三大信息颇有历史意义：

第一，大会以修改党章的方式，将“全心全意为人民服务”确定为党的宗旨，将毛泽东思想确立为党的指导思想。后人在总结毛泽东思想时说，实事求是、群众路线、独立自主是毛泽东思想活的灵魂。

第二，毛泽东在大会闭幕词中引用愚公移山的寓言说：“现在也有两座压在中国人民头上的大山，一座叫做帝国主义，一座叫做封建主义。中国共产党早就下了决心，要挖掉这两座山。我们一定要坚持下去，一定要不断地工作，我们也会感动上帝的。这个上帝不是别人，就是全中国的人民大众。全国人民大众一齐起来和我们一道挖这两座山，有什么挖不平呢？”[83]

第三，大会将中国共产党的政治路线确定为“放手动员群众，壮大人民力量，在我们党领导下打倒日本帝国主义，解放全国人民，建立新民主主义的中国”[84]。

这三大历史信息结合起来，浓缩为一句催人奋进的口号：“为了新中国，前进！”

那么，毛泽东心目中的新中国究竟是什么样的？又该如何实现呢？他的思想永不停歇，他从马克思主义哲学的人民立场出发，始终在苦苦地思索！他坚持和贯彻实践至上的理念，始终在不屈不挠地探索！

第四章

《红楼梦》写得比较有希望：已是悬崖百丈冰，犹有花枝俏

有些小说如《官场现形记》等，是光写黑暗的，鲁迅称之为谴责小说。只揭露黑暗，人们不喜欢看，不如《红楼梦》《西游记》使人爱看。《金瓶梅》没有传开，不只是因为它的淫秽，主要是它只暴露，只写黑暗，虽然写得不错，但人们不爱看。《红楼梦》就不同，写得有点希望么。[1]

——1962年8月11日上午，毛泽东在北戴河中央工作会议中心小组会议上的讲话。

1949年9月30日傍晚，暮色将临，毛泽东和出席中国人民政治协商会议的全体代表，在会议计票间隙从中南海怀仁堂步行赶往天安门广场，举行简短隆重的人民英雄纪念碑奠基典礼。为碑基培土前，“毛泽东满怀激情地朗声宣读了由他撰写的碑文”。

> 三年以来，在人民解放战争和人民革命中牺牲的人民英雄们永垂不朽！
>
> 三十年以来，在人民解放战争和人民革命中牺牲的人民英雄们永垂不朽！
>
> 由此上溯到一千八百四十年，从那时起，为了反对内外敌人，争取民族独立和人民自由幸福，在历次斗争中牺牲的人民英雄们永垂不朽！[2]

为中华民族救亡图存历史进程中作出牺牲的先烈们建造一个“大大的纪念碑”，这是极富历史感的毛泽东，面对革命战争中的满地血泊早已有之的强烈愿望，也是中国人民政治协商会议第一届全体会议当天通过的重要决定。奠基之后，中央于1952年专门成立由彭真任组长的人民英雄纪念碑兴建委员会，大到征集和确定方案、选择建筑石材，小到图案、花纹设计和定稿，再到具体施工建设，人民英雄纪念碑直到1958年5月1日才正式落成。这个中国历史上最大的纪念碑，高达37.94米，凝聚了郑振铎、吴作人、梁思成、刘开渠等一大批当时中国最优秀的文史专家、建筑家、艺术家数年心血。在这期间，一代才女、也是纪念碑设计的重要参与者林徽因病逝，丈夫梁思成专门挑选她设计的部分图案用在其墓碑上以示纪念。

◆ 东风夜放花千树：理想主义光芒引领着人类前进的航向

1958年5月1日上午10时，人民英雄纪念碑揭幕仪式在天安门广场隆重举行。毛泽东没有出席，他正乘坐专机从广州飞往武汉的途中，在万米高空俯瞰着一派热火朝天的山水田原。

1958年，是全国人民激情迸发的一年，也是毛泽东异常忙碌的一年。开国8年，中共顺风顺水地“踢出了漂亮的头三脚”：头三年抗美援朝和援越抗美，打退美国军事威胁，打出了中国人的政治豪情；又三年制定宪法，搭建起新中国的政治经济制度框架，迅即完成对农业、手工业和资本主义工商业的社会主义改造，拆除中国两千多年私有制根基、激发了全国人民的建设热情；1957年坚决打退极少数资产阶级右派分子“向党和新生的社会主义制度放肆地发动进攻”[3]。“千里波涛滚滚来，雪花飞向钓鱼台。人山纷赞阵容阔，铁马从容杀敌回”[4]，毛泽东的满腔豪情通过1957年9月的这首《观潮》抒发得酣畅淋漓。1958年元旦，《人民日报》根据毛泽东此前多次讲话精神，发表题为《乘风破浪》[5]的社论，再次强调“多、快、好、省”的方针，并提出“鼓足干劲，力争上游”[6]的口号。随后，毛泽东离开杭州，开始奔波于大江南北、长城内外，全年留在北京的时间总计不超过两个月，沿途所见的生产劳动情景，使他兴奋不已。有一天，毛泽东视察兰考县，看到农民干劲十足，便下车到庄稼地里察看，不小心踩了一脚大粪。工作人员要帮他擦拭，他说“粪是好东西，不用擦”。

1958年2月28日，毛泽东在北京接见苏联驻华大使尤金，应客人询问，曾一口气列出自己年初到过的地方，“这次我先到山东、江苏、浙江、湖南、广西、广东看了看，回北京后又到山东、沈阳、抚顺、长春去了”，并强调说：“我在外地的时候，我这个人就活了半个，一回到北京就成了死人”。[7] 3月4日，他飞往成都，开始又一轮次的出京视察，一待就是两个月，其中3月的成都会议开了17天，4月初的武汉会议开了9天。5月1日飞回武汉，是要转道赶回北京参加即将召开的党的八大二次会议。这次会议明确提出了中国社会主义建设时期的总路线：鼓足干劲，力争上游，多、快、好、省地建设社会主义。

兴建人民英雄纪念碑，需要用去将近9年的时间，主要是从中央决策层到所有参与者面对先烈英灵，都有一种无限崇敬、诚惶诚恐、深切缅怀的心情，每一个细节都要想到极致、做到完美。因为对于绝大多数人来说，纪念碑的兴建重在“纪念死者”[8]，是一个具有“句号”意义的“感叹号”，它代表着全国革命的胜利，代表着革命幸存者和受益者对牺牲者献上的最高敬意。毛泽东为纪念碑奠基培土、撰写碑文，并于1955年6月9日挥毫题词“人民英雄永垂不朽”，但没有出席揭碑仪式。那是因为对于毛泽东来说，这座纪念碑只是一个具有“逗号”意义的“感叹号”，重在“鼓舞生者”，前面的工作只是序幕，是“万里长征的第一步”。

从毛泽东1958年的行程看，他的注意力早已投向火热的生产建设一线，投向对未来美好发展前景的无限憧憬。这绝不是说毛泽东忘记了向先烈致敬，恰恰相反，他深知无数先烈怀揣“为了新中国，前进”的信念牺牲，致敬先烈的最好方式是建设一个全新的社会、全新的国家。经过8年多的努力，新中国的制度框架犹如一个“新瓶子”，外部安全有了保障，内部也要全部换上“新酒”才会更香醇、更甜美。毛泽东在成都会议上有六次讲话，强调的都是一个主题。他说，中国社会主义建设路线是过去八年中逐步形成起来的，时间也不算长。社会主义建设路线，八年不算长，还不算形成，再有五年就差不多了，苦战三年也可能形成。如何建设，1950—1953年抗美援朝，大部分力量在朝鲜，1955年合作化高潮也难搞建设。对客观事物的认识是在实践中逐步才弄清楚的。现在切实抓一下，苦战三年，建设路线就可以形成。现在建设路线还没有完全形成，科学、文化、商业还没有摸。我们一定要苦战三年，切实去摸，形成一条完整的我们中国建设社会主义的路线。[9]

毛泽东的新社会畅想，仍然是从农民和农民问题入手的。这是因为，一则“当时的中国，仍然是非常落后的农业国。1949年的农业总产值在工农业总产值中高达七成，全国农村人口有四亿八千万人，占总人口的89.4%”[10]，“农民的情况如何，对于我国经济的发展和政权的巩固，关系极大”[11]；二则中国革命走的是农村包围城市的道路，中国农民是革命的主力军，“在我们这一代，总要为农民做点好事才行”[12]，这是毛泽东面对历史、现实和未来发展出发自然且必然的选择。

成都会议后不久，河南省驻马店地区成立了全国第一个人民公社——遂平县嵖岈山卫星人民公社。“人民公社”这个招牌及其“组织军事化、行动纪律化、生活集体化”的组织形式，一下子就吸引了毛泽东的注意力，他亲口称赞“人民公社这个名字好”，亲笔修改《嵖岈山卫星人民公社简章（草案）》并作出重要批示，亲自深入多个地方察看了解人民公社的具体情况。当年8月的北戴河会议下发《中共中央关于在农村建立人民公社问题的决议》，人民公社化运动迅即在全国掀起高潮；11月的郑州会议上，毛泽东一边批评“一些地方纷纷宣布自己是全民所有制，纷纷宣布两年或三年或四年进入共产主义”[13]，太急了一点，警告有些人“不要因为外国人一吹，把我们自己的报纸打开一看，净是干劲冲天，搞得神乎其神，飘飘然。不要自己欺骗自己”[14]，一边举出三国时期张鲁在汉中搞“社会主义”的例子，激励各地坚持和发展人民公社的信心。

> 三国时候，汉中有个张鲁，曹操把他灭了。他也搞过吃饭不要钱。凡是过路的人，在饭铺里吃饭、吃肉都不要钱，尽肚子吃。这不是吃饭不要钱吗？他不是在整个社会上都搞，而是在饭铺里搞。他统治三十年，人们都高兴那个制度。[15]

随后在武昌召开的中共八届六中全会上，毛泽东直接将《三国志》中的《张鲁传》加写大段批语，一并作为会议文件印发。会议最后还通过了《关于人民公社若干问题的决议》，决议开头一段的措辞很美。

> 一九五八年，一种新的社会组织像初升的太阳一样，在亚洲东部的广阔的地平线上出现了，这就是我国农村中的大规模的、工农商学兵相结合的、政社合一的人民公社。它一出现，就以它强大的生命力，引起了人们广泛的注意。[16]

毛泽东在会议讲话中很坦率地承认，“人民公社的出现”，“这是三月成都会议、五月党代表大会没有料到的”，同时又十分热切地强调，“我们找到了一种形式来建设社会主义”，“这是一件极好的事情”。[17]

1958年全面建立的人民公社制度，作为毛泽东建立理想社会的基本制度依托存在了26年。1984年，人民公社在全国范围内解体，仅从直观的结果看，人民公社制度并没有实现“由社会主义的集体所有制向社会主义的全民所有制过渡”的初级目标，当然更谈不上实现“由社会主义向共产主义过渡”[18]的高级目标。但是，人民公社制度下26年的半集体生活，送走了中国农村对土地最有感情的一代传统农民；人民公社制度下26年的稳定贫困生活，养育出了中国农村急于脱离土地的一代年轻农民。这样，土地的集体所有制比较容易地保存下来，导致“传统的土地私有制基础上的旧制度不再可能复归”[19]。

古希腊哲学家赫拉克利特说，“人不能两次踏入同一条河流”。26年时空变迁，当中国社会的基本构成细胞由人民公社退回到农村家庭时，此时的农村家庭已经不是过去意义的农村家庭，中国农村通过人民公社制度“超越了传统的循环，现代化业已有了崭新的起点”[20]。

“我们的新中国，也是从娃娃长大的”[21]，人民公社制度犹如新中国在娃娃时期的那个奶瓶、那套新衣，身体在成长，奶瓶总要收起，衣服也会换下，它们都是真实的历史存在，都有着自己的历史功绩。人民公社寄托着毛泽东和许许多多中国人追求理想社会的无限希望，它也为新中国社会主义制度的确立打下了牢固的根基。

追求一个理想社会，自古以来、从中到外，无数人都怀揣这样的希望。孔子的希望是“大同世界”，老子的希望是“小国寡民”，普通百姓的希望是“日出而作，日入而息。凿井而饮，耕田而食。帝力于我何有哉”[22]！陶渊明的希望是“作桃花源中人”，曹雪芹的希望是诗社初开、争斗未起的大观园；柏拉图的希望是“理想国”，托马斯·莫尔的希望是“乌托邦”，康帕内拉的希望是“太阳城”。就这一点来说，可谓是中西同梦、古今接力。

正所谓“不平则鸣”[23]。所有的梦想，都源起于对现实社会的极度不满和强烈批判。只不过，中国哲学偏于抽象思维，先贤大多以文学化的笔法描述理想社会，从中找不到具体的制度安排；西方哲学讲究逻辑严密，柏拉图的《理想国》，若以希腊文直译应为“理想的城邦体制”[24]，莫尔《乌托邦》的正式书名，则是《关于最完美的国家制度》[25]，讲的都是制度安排。但不管怎样，他们批判的焦点全都对准了私有制，认为“私有制是万恶之源”，公有或者共有是一切美好社会的制度基础，后来人们一般称这种主张以公有制或者共有制为基础的理想社会为社会主义或者共产主义，其中托马斯·莫尔的《乌托邦》对社会主义制度的设想最为具体、周全，他的主张包括财产公有、生产劳动、务农为本、城市规划、卫生健康、学术研究等方方面面，人们也因此将莫尔称作空想社会主义的鼻祖和最重要的代表人物。

之所以称其为空想，是因为托马斯·莫尔与之前的所有梦想家一样，都不知道这种“最完美的国家制度”究竟存在于何方。《乌托邦》与陶渊明的《桃花源记》异曲同工，最为典型的是：他们都是听别人说有这么一个地方。陶渊明是听“武陵渔人”说的，自己煞有介事地说，“太守即遣人随其往，寻向所志，遂迷，不复得路。南阳刘子骥，高尚士也，闻之，欣然规往。未果，寻病终，后遂无问津者”[26]。最终也不知这个世外桃源存于何处；莫尔是听“一位曾随韦斯普奇航行至美洲的希斯洛蒂探险”的航海家说的，海波茫茫，更是无寻觅处。

之所以称其为空想，还因为他们更加不知道，这种“最完美的国家制度”如何才能在自己生活的现实社会里建立。非但如此，残酷的社会现实还在日复一日地折磨和残害着他们。孔子晚年感叹周公不复入梦。老子骑青牛入函谷再无踪影。陶渊明“不为五斗米折腰”病饿交加而死，在他神志还清醒时曾给自己写五言《挽歌辞》，最后几句说“亲戚或余悲，他人亦已歌。死去何所道，托体同山阿”[27]，表达出他对死亡看得平淡自然。莫尔更加悲惨，他在《乌托邦》第一部起头就说“战无不胜的英王亨利八世以具有模范君主的一切才德而著名”[28]，但在此书写成20年之际，还是躲不过亨利八世的迫害，“被判处死刑而不得不泰然自若地走上了断头台”。其实，孔子和老子的生无可恋、陶渊明和莫尔面对死亡的坦然，更多的是他们对现实社会的彻底绝望和无可留恋使然。

一代又一代的社会理想主义者只能陷于空想而绝望后，马克思主义出现了。马克思、恩格斯以唯物辩证法和唯物史观为“批判的武器”，创立了科学社会主义理论，明确提出了人民是历史的真正创造者，阶级斗争是人类的全部历史，以及“全世界无产者联合起来”通过砸烂旧世界、自己解放自己的完整政治主张和行动纲领，为世界普罗大众真正燃起希望之光，在世界范围内掀起了波浪迭起的国际共产主义运动。莫尔的《乌托邦》以其理想化和空想性成为马克思、恩格斯的主要批判对象，但又以其具体性、完整性成为科学社会主义的重要思想来源。

鲁迅说：“希望是本无所谓有，无所谓无的。这正如地上的路，其实地上本没有路；走的人多了，也便成了路。”[29] 但是，陷于空想的先贤们从来不去“走”，也不知道如何“走”，他们“从不上路”，从不去实践、去斗争。他们的空想，在主观上是对现实政治的逃避，在客观上是对追求社会公平正义者的麻醉，也因此必然受到主张人民立场和实践至上的马克思主义者的强烈批判。

1850年，马克思在《1848年至1850年的法兰西阶级斗争》一文中，用“乌托邦”一词指称各种空想社会主义认为，这种乌托邦，这种空论的社会主义，想使全部运动都服从于运动的一个阶段，用个别学究的头脑活动来代替共同的社会生产，而主要是幻想借助小小的花招和巨大的感伤情怀来消除阶级的革命斗争及其必要性，并进一步明确指出“革命是历史的火车头”，“这种社会主义就是宣布不断革命。”[30] 1880年，恩格斯在《社会主义从空想到科学》一文继续抨击说，乌托邦这种新的社会制度是一开始就注定要成为空想的。它越是制定得详尽周密，就越是要陷入纯粹的幻想。[31] 1912年，列宁在《两种乌托邦》一文中直截了当地说，乌托邦的意思是没有的地方，是空想、虚构和神话。政治上的乌托邦就是一种无论现在和将来都决不能实现的愿望，是一种不以社会力量为依托，也不以阶级政治力量的成长和发展为支撑的愿望。不管是“妄想用和平的、和谐的办法”得到政治自由的“自由派的乌托邦”，还是“以为可以公平地重分全部土地的办法”得到土地权利的“民粹派的乌托邦”，都具有巨大的社会危害性。乌托邦、幻想，就是这种不独立性，这种软弱性的产物。沉迷于幻想是弱者的命运。[32]

马克思主义者都强调实践和斗争。毛泽东归纳说“鲁迅具有政治远见、斗争精神和牺牲精神，这三个特点形成了伟大的‘鲁迅精神’”，他还进一步说自己“与鲁迅的心是相通的”。[33] 然而，在孔子和老子那里，在陶渊明和莫尔那里，这种斗争根本无从发生，他们以精英史观看世界，最广大的人民群众只是各种结果的承受者，生逢盛世沐恩泽、遭遇乱世雨打萍；理想的社会需要英明君王赐予，需要英雄人物开创。马克思主义从唯物史观出发，将人民群众置于历史创造者的地位之后，这种为实现社会理想而斗争的实践才有了从自发走向自觉的可能。

对于自己创造的思想理论，马克思、恩格斯不但身体力行，还十分注意在实践总结中丰富完善之。他们1848年发表《共产党宣言》，随即在德国科隆成立公共安全委员会并创办《新莱茵报》作为战斗阵地，马克思将刚刚获得的家庭遗产投入报纸经营，恩格斯甚至因亲自组织起义军遭到当局通缉。1864年，他们成立国际工人联合会（第一国际），支持各国工人的罢工斗争，声援各被压迫民族的解放运动。马克思说：“无论在何处、在以何种形式或在何种条件下，只要进行着阶级斗争，自然总是我们协会的会员站在最前列。”[34] 在其思想影响孕育下，1871年3月18日法国爆发巴黎起义，随后成立了无产阶级政权性质的巴黎公社。历时72天的巴黎公社并不是有计划的产物，它只是法国无产阶级自发进行的一场革命。马克思、恩格斯3月19日获悉巴黎爆发起义，他们满腔热情地赞扬巴黎无产者的革命创举，组织第一国际及其各国支部强烈抗议反动派镇压公社，谴责梯也尔政府暴行，发动营救、支援和救济公社流亡者的活动。但巴黎公社的失败也让马克思、恩格斯更加清醒，他们通过总结巴黎公社的经验教训，丰富发展了科学社会主义理论，特别是进一步认识到无产阶级革命不能仅凭政治热情，要唤起更加广泛、更加持久的斗争，就必须深入揭批资本主义内在经济逻辑的剥削本质，他们开始埋头创作鸿篇巨著《资本论》。可惜的是，马克思只完成了《资本论》第一卷，就于1883年3月14日中午永远地睡着了。恩格斯根据马克思手稿继续整理完成《资本论》第二卷、第三卷，并于1889年主导成立第二国际，继续高举马克思主义旗帜去实践、去斗争。但不久后，他也于1895年去世。

追寻理想的历史接力棒交到了列宁手里。列宁汲取巴黎公社及欧洲无产阶级斗争群龙无首、争吵不断、屡战屡败的教训，提出了一套完整的无产阶级建党学说，而且强调要组织政党起来同专制政府和整个资本主义进行坚决的斗争，因为“在历史上，任何一个阶级，如果不推举出自己的善于组织运动和领导运动的政治领袖和先进代表，就不可能取得统治地位”[35]。按照这套建党学说，列宁于1903年创立布尔什维克党领导斗争，并取得1917年十月革命胜利，在俄国建立世界上第一个无产阶级专政国家，随后扩展为“苏维埃社会主义共和国联盟”。

◆ 众里寻他千百度：“新中国”从这里蹒跚走来

马克思、恩格斯的贡献是给普罗大众指出方向、点燃希望，展现出思想的力量；列宁的贡献是给普罗大众树立榜样、打造样板，展现出组织的力量。反观此一时段的中国，因政局困难完全看不到希望，一大批知识分子集体耽溺于乌托邦幻梦，其情形与列宁《两种乌托邦》一文说的完全一样。

> 一个国家的自由愈少，公开的阶级斗争愈弱，群众的文化程度愈低，政治上的乌托邦通常也愈容易产生，而且保持的时间也愈久。[36]

从历史传统上，中国式乌托邦原本来源于儒家大同思想，清末“主要表现在洪秀全的《天朝田亩制度》、康有为的《大同书》以及孙中山的‘三民主义’，其中继康有为的《大同书》后，谭嗣同激进主义乌托邦、刘师培无政府主义乌托邦作为大同乌托邦的流变而继续呈现出各自面貌”[37]。这些政治家的努力相继失败的同时，西学东渐下新乌托邦的面貌则大为不同，主要表现为一大批社会活动家、文学家躲进书斋里进行的新中国“头脑风暴”。周黎燕说：“据《中国通俗小说总目提要》辑录，1901年至1911年白话小说计有529部，而其中表示未来想象乌托邦书写的，据笔者统计，不少于50部，并且这还不包括未曾辑录的小说。”[38]

“新中国”一词的首创者是梁启超。梁启超在1902年的《新小说》创刊号上发表小说《新中国未来记》，以倒叙方式描绘了一个60年之后的强盛民族国家，紧随其后的陆士谔直接将自己的幻想小说命名为《新中国》，陆甚至设想了黄浦江大桥、浦东开发和上海地铁等。据说，这一类小说当时特别好卖，“书易售，在政治小说走红的时候，一年大多的时间里，梁启超分配到1万多元”[39]。这说明身陷苦难和黑暗的中国社会，有不少人需要在幻想中寻求精神慰藉。

清末民初的政治空想嬗变是思想成长的嫩芽，也是历史再也不能回头的明证。中国传统政治空想大多是回望历史，怀念尧、舜、禹、汤，总感觉“今不如昔”，常发“世风日下、人心不古”之叹。1840年与西方文明迎头相撞并被打得遍体鳞伤，强大的西方一时成为文人们做梦的对象，再加上达尔文1859年发表的《物种起源》被翻译引进后，进化论“物竞天择、优胜劣汰”的生存法则从自然界推及社会人文领域，进化论在被恩格斯列为19世纪自然科学三大发现[40]之一，并深刻影响辩证唯物主义自然观确立的同时，也对中国社会产生了振聋发聩的特殊影响。

清末民初的政治空想主义者开始向前向外看，并提出了“新中国”的概念，但他们和一切乌托邦一样，完全不具备将空想变为现实的办法和能力。直到俄国十月革命胜利的消息传来，虽然仍然有人把社会主义翻译为均贫富、等贵贱的大同之学，刘少奇说他1921年到莫斯科，看到卢布票子上“全世界无产阶级联合起来”的中文翻译是“四海之内皆兄弟也”，但一种全新的革命理论、一个全新的社会现实，迅速点燃了部分中国人的希望，为黑暗中苦苦摸索者指明了前进的方向。

诗人顾城说：“黑夜给了我黑色的眼睛，我却用它寻找光明。”[41]出生和成长在社会黑暗期的毛泽东就是如此，他不是天生的马克思主义者，也不是天生的革命家，却是天生的实干梦想家。1911年，18岁的毛泽东得知黄花岗起义失败，平生第一次发表自己的政治意见，主张由孙中山、康有为、梁启超组织新的政府，反对专制独裁的清王朝。后来，毛泽东还曾梦想过大同境界和人人皆为圣人。他主导成立过新民学会，希望能够“革新学术、砥砺品行、改良人心风俗”；他主办过《湘江评论》，主张平民主义，用群众联合的方法，向强权者做持续的“忠告运动”，实行“呼声革命”“无血革命”；他设想过“在岳麓山建设以新家庭、新学校、新社会结合一体为根本理想的新村”[42]。这些梦想都不见效，马克思主义如醍醐灌顶，他从此成为站在人民立场上的坚定实践派，在随后的革命挫折面前，毛泽东愈加显现出实干梦想家的真本色。1927年9月20日清晨，他在文家市里仁学校的操场上给秋收起义兵败后士气低落的官兵发表讲话，核心就是激励大家鼓起信心去实干。

> 胜败乃兵家常事。我们的武装斗争刚刚开始，万事开头难，干革命就不要怕困难。我们有千千万万的工人和农民群众的支持，只要我们团结一致，继续勇敢战斗，胜利是一定属于我们的。我们现在力量很小，好比是一块小石头，蒋介石好比是一口大水缸，总有一天，我们这块小石头，要打破蒋介石那口大水缸。大城市现在不是我们要去的地方，我们要到敌人统治比较薄弱的农村去，发动农民群众，实行土地革命。[43]

“发动农民群众，实行土地革命”，这是毛泽东自1911年首次发表政治意见后，经过十六七年的探索，特别是经过1920年确立马克思主义信仰以来7年的探索得出的重要结论、确立的重要信念。这一结论和信念，既来自理论、来自历史，更来自实践。

在理论方面，马克思主义认为以工人阶级为主体的无产阶级是革命主力军，但也十分重视农民阶级的作用。马克思专门考察过包括中国农民在内的亚洲农民的精神状况，他一方面十分痛心地指出，亚细亚特有的自给自足的农业生产方式，“它们使人的头脑局限在极小的范围内，成为迷信的驯服工具，成为传统规则的奴隶，表现不出任何伟大的作为和历史首创精神”[44]。鲁迅的《阿Q正传》和《药》等小说，具体描述和深刻揭露了中国农民的这种状态。另一方面，马克思充满信心地宣告，农民身上潜伏着巨大革命能量，因为“农民所受的剥削和工业无产阶级所受的剥削，只是在形式上不同罢了，剥削者都是同一个：资本。只有资本的瓦解，才能使农民地位提高”，而“农民自己应该决定自己的命运"[45]，觉醒的农民将与工业无产阶级一道证明"革命是历史的火车头"。

在历史经验方面，毛泽东熟知中国历史。中国农民始终处于被统治地位，从来就不曾自己掌握过自己的命运。商鞅变法之前的农民命运掌握在贵族手里，商鞅变法实行土地私有并由国家出面奖励耕战，等于将农民从贵族那里解放出来，交到国家手里；王安石搞青苗法，把资本引入农业生产领域；张居正搞一条鞭法，又把资本引入农民和国家的关系当中，等于"将农民从国家手中解放出来交给拥有大量货币的商人继而高利贷者"[46]。贵族也好，国家也好，资本也好，一旦对贫苦农民的压榨过于残酷，处于分散和驯服状态的广大贫苦农民仍然能够自发地组织起来，将它们闹得天翻地覆。但自发组织起来的农民在推翻具体压榨对象时，要么是领导农民起义的领袖"富变修"，成为矛盾缓解后新的统治者，要么是中途被朝廷、贵族、地主等收买或利用。

在实践认知方面，毛泽东熟知中国农民占总人口的90%以上，并且绝大多数仍然处在被剥削、被压榨地位的基本国情。毛泽东本身就是农民出身，家境虽不太坏，却天然同情弱者。他从6岁开始下地干活，种田、放牛、养猪，了解农民的艰辛。1910年4月，湖南发生粮荒，长沙饥民成群结队到巡抚衙门示威要求平粜救灾，他们冲进衙门，砍断旗杆，惨遭镇压后，许多人被捕杀。毛泽东说，这件事"影响了我的一生"。不久以后，韶山哥老会起义又被政府军镇压，领袖彭铁匠等被杀。第二年青黄不接，毛泽东所在乡发生粮荒，饥民掀起"吃大户"运动，并冲到他家扣留了他父亲准备运往城里的粮食。带着这些记忆走出家乡寻找救国之道的毛泽东，心头为农民留有特殊位置。

运用马克思主义发动、组织和武装农民，是毛泽东在理论与实践相结合中不断探索、逐步找到的中国革命"希望之路"。当国民党人醉心于国民革命时，当共产党内许多人醉心于学习苏联经验发动工人阶级搞城市暴动时，毛泽东早已将目光投向农民，并积极投身于农民运动中。1926年、1927年之间，他担任中央农民运动讲习所所长，并撰写了多篇有关肯定农民运动、论述农民是"革命中最广大最坚决的同盟军"的文章，党内影响广泛，以致在他走上井冈山后，远在上海的临时中央负责人瞿秋白还对此念念不忘，在研究组建中共长江局时特别强调：“泽东能来，必须加入，我党有独立意见的要算泽东。”[47]

1927年后，党内早期与他一样重视和关注农民问题的彭湃、瞿秋白等人先后牺牲，抓起枪杆子的毛泽东走出了一条农村包围城市、武装夺取政权的中国式革命道路。在这条道路上，真正的革命中坚力量就是觉醒了的贫苦农民群众；发动、组织和武装农民的根本措施，就是实行彻底的土地革命，以实实在在的革命果实给农民以希望。

土地是农民对中国革命寄予的主要希望，但不是毛泽东想要给予农民的全部希望。毛泽东在文家市发表讲话前的那个不眠之夜一定想了很多。他已清醒地认识到，夺取中国革命胜利，可能需要中国共产党人发动和组织起最广大的农民群众，在十分困难的环境下，做艰苦卓绝的长期斗争。要围绕土地这个核心问题给农民以信心和希望，还要通过构建全新的官兵关系、军民关系、军政关系，让奋斗在困难环境下的革命参与者有一种全新的政治和生命体验，让他们不管遇到什么样的艰难困苦、失败挫折，都能够心存希望和梦想，始终保持革命的乐观主义精神。

井冈山和江西苏维埃时期的毛泽东，一边率军打退国民党军队“会剿”“围剿”，不断扩大武装割据的红色革命根据地；一边在根据地建立工农政府，“打土豪、分田地”，以苏维埃制度为蓝本，在实践摸索中搭建全新的社会框架，开创全新的生活模式。他将工人和农民划定为革命的主要阶级力量，组建的军队叫工农红军，政府叫工农兵政府或者叫工农革命委员会，并在动员、组织和武装农民方面，逐步确立起几项重要原则。比如，以武装的革命反对武装的反革命，必须要建设一支强大的工农武装；工农红军必须在党的直接领导之下，坚持党指挥枪；红军是“工农子弟兵”，与工农群众是鱼水关系；革命队伍里一律平等，官兵一致、上下平等，等等。

红军坚决肃清旧军队军阀主义习气，以组织士兵委员会等方式实行民主主义，如红色熔炉淬炼着成分复杂的入伍者。毛泽东在向中央的汇报信中说：“尤其是新来的俘虏兵，他们感觉国民党军队和我们军队是两个世界。他们虽然感觉红军的物质生活不如白军，但是精神得到了解放。同样一个兵，昨天在敌军不勇敢，今天在红军很勇敢，就是民主主义的影响。红军像一个火炉，俘虏兵过来马上就熔化了。”“红军的物质生活如此菲薄，战斗如此频繁，仍能维持不敝，除党的作用外，就是靠实行军队内的民主主义。”[48] 古田会议的9个决议就是在这一实践基础上，对政治建军重大原则逐项作出的明确规定。

实行彻底的土地革命，既是革命目的，也是革命手段。从1928年3—4月开始，毛泽东率工农革命军每到一地都要建立工农兵政府，县、区政府都设土地委员会，广泛发动群众，打土豪、分田地。1928年12月，他主持制定井冈山《土地法》，规定没收一切土地归苏维埃政府所有，并由政府分配给农民，分配的土地禁止买卖。1929年，他制定兴国县《土地法》，将土地革命政策调整为：没收一切公共土地及地主阶级的土地归兴国工农兵代表会议政府所有，分给无田地及少田地的农民耕种使用。分得土地和地主阶级的房屋、浮财的广大贫苦农民，为保住土地和财产不被以国民党军队为后盾的地主还乡团反攻倒算，开始积极接受武装，革命根据地和红军力量在这样的循环中迅速扩大、壮大。

废除封建宗法制度，实行彻底的权利平等和恋爱、婚姻等方面的自由。尤其是1934年《中华苏维埃共和国婚姻法》的颁布与实施，否定旧式封建传统的婚姻家庭制度，确立婚姻自由、一夫一妻的基本原则，打破数千年来束缚在妇女身上的封建婚姻枷锁，是中国婚姻史上伟大的革命。

另外，这一时期实行战时共产主义的供给制度，革命者“没有什么正规的薪饷制，只发粮食、油盐柴菜钱和少数的零用钱”[49]，并广泛建立各种学校、训练班，“启发大家为翻身求解放而努力学好文化”[50]，等等。

毛泽东等人在战火硝烟中展开的这幅政治画卷，很快复制到各个革命根据地，让贫苦农民出身的革命者倍感新鲜舒心，对革命目标——建立一个新中国——充满憧憬。后来，由于王明“左”倾教条主义错误影响和国民党军队的重兵围剿，除陕北之外的革命根据地相继失守，红军被迫实行战略转移。因为有了井冈山和江西苏维埃时期确立的政治原则，有了这些政治原则之下的全新政治生活体验，“曾经沧海难为水”，踏上长征之路的红军指战员，大多心中有梦想、前方有希望，在那么困难的情况下也没有被打散。企图让红军复制石达开败亡大渡河悲剧的蒋介石，根本理解不了这一点。毛泽东的体会更深切些，甫至陕北，他就对长征作了充满革命乐观主义的深刻剖析。

> 我们说，长征是历史纪录上的第一次，长征是宣言书，长征是宣传队，长征是播种机。自从盘古开天地，三皇五帝到于今，历史上曾经有过我们这样的长征吗？十二个月光阴中间，天上每日几十架飞机侦察轰炸，地下几十万大军围追堵截，路上遇着了说不尽的艰难险阻，我们却开动了每人的两只脚，长驱二万余里，纵横十一个省。请问历史上曾有过我们这样的长征吗？没有，从来没有的。长征又是宣言书。它向全世界宣告，红军是英雄好汉，帝国主义者和他们的走狗蒋介石等辈则是完全无用的。长征宣告了帝国主义和蒋介石围追堵截的破产。长征又是宣传队。它向十一个省内大约两万万人民宣布，只有红军的道路，才是解放他们的道路。不因此一举，那么广大的民众怎会如此迅速地知道世界上还有红军这样一篇大道理呢？长征又是播种机。它散布了许多种子在十一个省内，发芽、长叶、开花、结果，将来是会有收获的。总而言之，长征是以我们胜利、敌人失败的结果而告结束。谁使长征胜利的呢？是共产党。没有共产党，这样的长征是不可能设想的。中国共产党，它的领导机关，它的干部，它的党员，是不怕任何艰难困苦的。谁怀疑我们领导革命战争的能力，谁就会陷进机会主义的泥坑里去。长征一完结，新局面就开始。[51]

1935年10月，毛泽东又以一首《七律·长征》，将这种革命乐观主义精神推向了浪漫主义的巅峰：

> 红军不怕远征难，万水千山只等闲。
> 五岭逶迤腾细浪，乌蒙磅礴走泥丸。
> 金沙水拍云崖暖，大渡桥横铁索寒。

更喜岷山千里雪，三军过后尽开颜。[52]

长征胜利后开始的“新局面”，就是在第二次国共合作之下建立抗日民族统一战线的延安时期。“西安事变”实现逼蒋抗日后，中共中央于1937年2月主动致电国民党五届三中全会，表示愿将苏维埃政府改名为中华民国特区政府，中国工农红军随后接受国民政府改编，以国民革命军第八路军的番号于1937年8月下旬东渡黄河开赴山西抗日前线。山西沦陷后，八路军和由南方游击队改编的国民革命军新编第四军深入敌后，先后开辟了10多块敌后抗日根据地，建立了抗日民主政府。后来，这些抗日根据地和抗日民主政府统称为边区和边区政府，中共中央所在地延安是陕甘宁边区首府。陕甘宁边区在1944年极盛时期区域面积达9.896万平方公里，人口150万，边区共辖有31个县，划分为5个分区；晋察冀边区于1938年组建边区行政委员会，到1945年8月共辖164个县、27个旗，人口将近4000万；晋冀鲁豫边区于1941年7月组建边区政府，到1945年2月共辖3个行政公署，23个专员公署，205个县，人口2500万；晋绥边区1940年组建晋西北行政公署，1943年改称边区行政公署，到1945年8月共辖49个县，人口322万。再加上山东、华中、华南三大抗日民主根据地，延安时期的全国抗日根据地人口约1亿人，为中共中央局部执政提供了区域和人口基础，在江西被打断的新社会畅想和实践探索得以继续。陕甘宁边区是重中之重，毛泽东明确说，“中央在此，特区政府当然要归中央管”，并提出了要把陕甘宁边区建设为全国抗日民主模范区的任务。

经过3年的实践探索，毛泽东于1940年发表《新民主主义论》，比较系统地阐述了自己的新社会理想。他说，1919年五四运动后的中国革命，是无产阶级领导的人民大众的反帝反封建的革命，革命的目标是建立新民主主义社会。新民主主义社会的政治纲领，是在中国建立一个以无产阶级为领导的、以工农联盟为基础的各革命阶级联合专政的民主共和国，这就是新民主主义共和国；经济纲领，是没收操纵国计民生的大银行、大工业、大商业，建立国营经济，没收地主土地，归农民所有，并引导农民发展合作经济，容许民族资本主义经济的发展和富农经济的存在；文化纲领，是废除封建买办文化，发展民族的科学的大众的文化。

1941年，毛泽东正式提出，“陕甘宁边区的方向就是全国新民主主义的方向”[53]。时任陕甘宁边区参议会副议长的谢觉哉在日记里写道，“毛主席粗枝大叶的新民主主义论，在边区就要把它细针密缕起来”“这不是一件容易的事，要求中央更加注意边区，要求在边区工作的同志更加努力。”[54] 当年5月1日，边区中央局发布由毛泽东亲自审阅修改的《陕甘宁边区施政纲领》，纲领共21条，内容涵盖了政治、经济、军事、文化教育卫生、司法廉政、土地工商、民族宗教等事关群众生活和社会建设的方方面面，是新民主主义理论的进一步具体化，代表着毛泽东抗日根据地建设的政策思想。今天细读这个施政纲领，站在最广大人民群众的立场上，仍然能够感受到这是一幅相当鼓舞人心的美好蓝图。比如前面提到的边区参议会，是后来人民代表大会制度的雏形。这个参议会曾于1939年、1941年和1946年3次通过普选产生，“在实际投票中，群众创造了投豆豆、画圈圈、燃香在选票上烧眼眼等办法，行使自己的民主权利，培养‘咱们大家来当家’的民主意识。”[55]

地处中国西北黄土高原的延安地贫民穷，生财能力极弱，战时兵多民少更是一对大矛盾。这些矛盾对毛泽东的新社会畅想和实践探索挑战极大。

> 陕甘宁边区政府直属县市长联席会议，于1941年5月31日至6月5日在延安举行。……会议正在进行之际，突然天空阴雨，电光闪闪，一声巨响，雷电从东面屋角穿入会议室内，所有到会人员受巨雷声震动，头脑皆晕，纷纷逃出屋外。延川县四科长（代县长）李彩云触电过重，经过多方救治无效，遂以殒命。
>
> …………
>
> 李彩云被雷击后，当时延安一位农民因负担过重借机发议论，说老天爷不长眼，雷公为啥不打死毛泽东。当时公安机关要抓捕这位农民，毛泽东获知予以制止，并急于了解其中的原因。后来派出调查组赴安塞深入了解真实原因。在党的七大会议上，毛泽东作的口头政治报告中说：“一九四一年边区要老百姓出二十万石公粮，

还要运输公盐，负担很重，他们哇哇地叫。那年边区政府开会时打雷，垮塌一声把李县长打死了。有人就说，唉呀，雷公为什么没有把毛泽东打死呢？我调查了一番，其原因只有一个，就是征公粮太多，有些老百姓不高兴。那时确实公粮太多。要不要反省一下研究研究政策呢？要！从一九二一年共产党产生，到一九四二年陕甘宁边区开高干会，我们还没有学会搞经济工作。没有学会，要学一下吧！不然雷公要打死人。”[56]

毛泽东从民怨骂声中深刻反思，并举一反三，下决心与中共中央、中央军委和陕甘宁边区政府一道，采取一系列措施改进工作。1941年11月6日开幕的陕甘宁边区第二届参议会上，米脂县参议会议长、边区参议员、开明绅士李鼎铭等11人，“提出《政府应彻底计划经济，实行精兵简政主义，避免入不敷出的经济紊乱之现象》案”[57]。11月18日参议会通过精兵简政的决议。在中共中央领导下，陕甘宁边区先后3次精简，在减轻人民负担、减少消费支出、提高工作人员素质和工作效率等方面成效明显，从根本上解决了“鱼大水小”的矛盾。从1942年开始，毛泽东组织陕甘宁边区和各抗日根据地轰轰烈烈地开展大生产运动，用“自己动手”的方法，解决了大部分的困难。毛泽东说：“这是中国历史上从来未有的奇迹。”[58]

出于巩固统一战线需要，土地革命在延安时期停止了，毛泽东发动、组织和武装农民的主要措施，是以人民武装和边区政府为后盾，在政治上保障农民的民主权利，在经济上要求地主阶级减租减息并组织农民合作互助组，在文化上大办各类夜校、识字班、工人读书会和正规学校，大规模快速度地培养各类骨干人才。一个不大的延安容纳了30多所干部学校，仅中国人民抗日军政大学，就在各抗日民主根据地创办有12个分校，凯丰创作的校歌歌词开头就说，“黄河之滨，集合着一群中华民族优秀的子孙，人类解放，救国责任，全靠我们自己来担承”。

延安时期的实践探索，通过节制节约和自力更生，最大限度地降低制度成本；通过发动组织农民和改造知识分子，最大限度地提高民众对制度成本的承受意愿。作为一种战时体制安排，毛泽东取得了巨大成功，最直接的体现是，这样的全新社会风貌在全国民众心中点燃了熊熊不息的“希望之火”。

◆ 如何心事终虚化：我们这一代，总要为农民做点好事才行

抗战时期的延安生存条件十分艰苦，“时当严冬，奇冷难支，举目所见，荒凉凄惨。人口之稀少，地方之穷苦，一望而知，可不待问”，但是，“那里的气象确是活泼，精神确是发扬”。[59] 这样的延安迅速成为革命和民主圣地，一批批热血青年从全国各地奔来，其中有很多穿着学生服和西服、旗袍。这些背着大提琴、手风琴和洋号，带着随从、仆人和丫头来到延安的知识分子和富家公子、大家小姐，换上粗布衣、吃着小米饭，挖窑洞、捉虱子，有许多人还穿上军装奔赴前线或各抗日民主根据地，成为新局面的骨干。

爱国华侨陈嘉庚先到重庆后到延安。蒋介石“拨出8万元专款以供接待之用”，宴席丰盛；毛泽东饭桌上“唯一的美味佳肴是一只鸡”。陈嘉庚曾感慨地说，“我未往延安时，对中国前途甚为悲观，以为中国的救星尚未出世，或还在学校读书。其实此人已经四十五岁了，而且已做了很多大事了。此人现在延安，他就是毛主席”。[60]

解放战争初期，胡宗南占领延安。毛泽东基于对陕甘宁边区群众充分的信任和信心，明确指出“中央率数百人在陕北不动，这里人民、地势均好，甚为安全”[61]。他带领中央纵队转战陕北一年时间，其中在王家湾村一待56天，在小河村一待又是46天，甚至还召开了一次重要的中共中央前委扩大会议，史称“小河会议”，而胡宗南20万大军硬是得不到半点消息。

在毛泽东心中，“人民大众的主要部分是农民”，中国革命的所有一切都依赖于“发动、组织和武装农民”。他向中共七大提交的书面政治报告《论联合政府》中，关于农民与中国关系的五个定性，充分说明了这一点。

农民——这是中国工人的前身。……

农民——这是中国工业市场的主体。……

农民——这是中国军队的来源。……

农民——这是现阶段中国民主政治的主要力量。……

农民——这是现阶段中国文化运动的主要对象。[62]

关于这个问题，毛泽东在七大上的相关讲话中讲得更清楚，也更进了一步："人民大众的主要部分是农民，忘记了农民就没有中国民主革命。但是，从领导思想来说，我们要同农民划清界限，要把农民提高到无产阶级水平。没有这一条，就不是马克思主义者"[63]。

1946年11月18日，毛泽东在发往各中央局、中央分局的指示电中，第一次使用了"人民解放战争"的名称。这场人民解放战争，通过在解放区迅速重启土地改革，从农民那里获得了充足的兵源和财政支持。

为最大限度地激发其革命热情，重启后的土地改革，一改井冈山和江西时期将土地收归"政府公有，分配给农民耕种使用"的做法，转而将土地直接分配给农民。这种做法写在1949年制定的《中国人民政治协商会议共同纲领》（以下简称《共同纲领》）里，《共同纲领》规定，"中华人民共和国为新民主主义即人民民主主义的国家"，要"有步骤地将封建半封建的土地所有制改变为农民的土地所有制"，"凡已实行土地改革的地区，必须保护农民已得土地的所有权。凡尚未实行土地改革的地区，必须发动农民群众，建立农民团体，经过清除土匪恶霸、减租减息和分配土地等项步骤，实现耕者有其田"。

毛泽东既要承认"农民所有"的现实，又要回避"土地私有"的性质，这样的谨慎，反映出他在革命胜利后如何组织农民的犹豫心态：**既要满足农民从历史传统继承下来的"耕者有其田"的强烈愿望，又对土地私有制可能造成农民分散和分化高度担忧。**

按照新民主主义理论和《共同纲领》精神，新中国成立后的农民很快都分到了土地，革命胜利的喜悦、翻身解放的欢愉，迅速在全国释放、传递。当毛泽东决定派遣中国人民志愿军跨过鸭绿江抗美援朝时，这种情绪迅速转换为对“党中央、毛主席”的物质和精神支持力量。此时的毛泽东，一面关注着国际形势风云变幻、指挥着一南一北两个境外战场的千军万马，一面关注着土地改革之后的中国农民和中国农村。因为在1948年就率先解放和土改的东北地区，由于农村生产力低下，很多农户特别是那些因参加革命失去劳动力的四属户、五保户，靠家庭自身力量还缺乏发展生产和致富的条件。有的农户由于一时困难把土地出租或卖掉，甚至又成为雇工，重新受到剥削；而一部分家庭实力较强的农民开始积累财富，成为新富农，雇工、租地、买地、放债等现象抬头。与此同时，在原为太行山抗日革命根据地中心地带的山西长治地区，地委书记王谦面临着同样的问题，他提出引导农民走上互助合作道路的主张，虽然得到山西省委支持，却受到相关中央领导同志和中共中央华北局的批评。他们的意见是要“巩固新民主主义经济秩序”，1951年5月7日召开的中央宣传工作会议判断，“作为实践的问题讲，十年之内社会主义是讲不到的”，随后又进一步提出，“他们幻想用劳动互助组和供销合作社的办法去达到阻止或避免”，“农民的自发势力和阶级分化”，“这是一种错误的、危险的、空想的农业社会主义思想”。[64]

面对农民在分得土地后重新回到分散状态以及由此导致的阶级分化苗头，面对中央领导层和地方党组织意见看法上的分歧争论，毛泽东警觉地认识到，如果放任这种现象发展，农民会有重新回到过去的可能，这是他绝不允许发生的局面。毛泽东不得不将目光从朝鲜和越南战场拉回国内，在这些争论中表明自己的态度。他从“必须提倡组织起来”的基本立场出发，提议于1951年9月召开全国第一次互助合作会议，讨论制定了《关于农业生产互助合作的决议（草案）》，并由此拉开对农业进行互助合作化改造的大幕。**这场改造的实质，是一场农村土地及其他主要生产资料的所有制变革，也是一场农民传统生产和生活方式的变革。“演化的起点是以土地家庭私有为基础的农户家庭生产组织，即小经济模式；终点是以土地集体所有为基础的政社合一的人民公社组织”，“演化的过程经过了互助组、初级社和高级社”**[65]。

在由初级合作社向高级合作社迈进的关键时刻，第一届全国人民代表大会通过了1954年《宪法》（又称“五四宪法”）。“五四宪法”对于国家性质的规定，不再提及新民主主义，只是说“中华人民共和国是工人阶级领导的、以工农联盟为基础的人民民主国家”，同时又说“中华人民共和国依靠国家机关和社会力量，通过社会主义工业化和社会主义改造，保证逐步消灭剥削制度，建立社会主义社会”，对于土地所有权的规定虽然十分谨慎，但农村土地实行集体所有制的意思已经通过第七条、第八条比较完整地表述出来了。

> 第七条　合作社经济是劳动群众集体所有制的社会主义经济，或者是劳动群众部分集体所有制的半社会主义经济。劳动群众部分集体所有制是组织个体农民、个体手工业者和其他个体劳动者走向劳动群众集体所有制的过渡形式。
>
> 国家保护合作社的财产，鼓励、指导和帮助合作社经济的发展，并且以发展生产合作为改造个体农业和个体手工业的主要道路。
>
> 第八条　国家依照法律保护农民的土地所有权和其他生产资料所有权。
>
> 国家指导和帮助个体农民增加生产，并且鼓励他们根据自愿的原则组织生产合作、供销合作和信用合作。
>
> 国家对富农经济采取限制和逐步消灭的政策。

在“五四宪法”原则指导下，农业合作化推进很快。到1956年底，参加初级社的农户占总农户的96.3%，参加高级社的达到农户总数的87.8%，在全国范围内基本完成土地和主要生产资料由农民家庭所有制到社会主义集体所有制的转变，为新中国的社会主义性质和社会主义制度打下了第一块，也是最为坚实的一块基石。

农民绝不能回到分散状态，必须提倡农民组织起来。分散就没有力量，分散就会造成新的分化，新的分化就意味剥削和被剥削的重新出现。农民组织起来的基本前提是土地所有权的废私归公。这是毛泽东对新社会畅想中所持基本立场的一个逻辑支点。

农民问题不单单是农民问题，农民问题永远是事关全局的核心问题。毛泽东在革命战争年代强调，“忘记了农民就没有中国民主革命，也就没有革命的一切”；**面对新中国艰巨的建设任务他又强调，要“使广大农民走上丰衣足食的道路，就必须提倡组织起来”，而且“要使国家得到比现在多得多的商品粮食及其他工业原料，同时也就是提高农民的购买力，使国家的工业品得到广大的市场”。**[66] **这是毛泽东对新社会畅想中所持基本立场的另一个逻辑支点。**

这两个逻辑支点，使得动员和组织农民在毛泽东的新社会畅想中永远占据中心位置，也永远具有最高政治价值。这也是新中国成立之后的政治环境下，毛泽东与“左”和右的思想分野。

关于政治上的左和右，最初的来源很简单，但后来日渐衍生出别样含义，甚至在不同政治环境下会有截然相反的解释。最初在政治上称呼左和右，源于法国大革命时期的三级会议，第一等级和第二等级是特权等级，包括教士和贵族，他们不纳税；第三等级包括资产阶级、工人、农民和城市平民，他们创造财富，但政治上没地位，经济上受盘剥，要纳税。1789年5月，为解决财政危机，法国国王路易十六在巴黎郊区的凡尔赛宫召开有三个等级代表参加的会议。国王企图对第三等级增税，第三等级则希望实行改革以限制王权。第一等级和第二等级的代表绝大多数支持国王的意见，坐在国王右边；第三等级的代表反对国王的意见，坐在国王左边。从那以后，法国国民会议召开时，主张民主、自由的激进派坐在左边，保皇派、保守派坐在右边，无形中形成左右两派，欧洲国家的议会后来也效仿法国做法，以议长座椅为界按左右两派就座。左派、右派的概念溢出会场之外，政治上激进或革命的派别或政党被称为“左派”或“左翼”，政治上保守或反动的派别或政党被称为“右派”或“右翼”。

从原本意义上讲，所有国际共产主义运动的参与者、支持者、同情者都属于“左派”，但随着国际共产主义运动出现分化，人们开始借用左和右的概念，来指称内部背离马克思主义立场原则的思潮、路线。一般将超越客观过程的一定阶段，采取盲动主义以及关门主义的政治路线称为“左”；把为了维护眼前的暂时利益而忘记根本大计，企图引导无产阶级去适应资产阶级政党私利的思想路线称为“右”。这里的“左”和“右”，都以主观和客观相分裂、认识与实践相脱离为特征，因而在一定条件下可以相互转化。在1939年毛泽东致张闻天的信中，曾经借用孔子哲学中“过犹不及”的概念来解释党内的“左”和“右”。

> 过与不及乃指一定事物在时间与空间中运动，当其发展到一定状态时，应从量的关系上找出与确定其一定的质，这就是“中”或“中庸”，或“时中”。说这个事物已经不是这种状态而进到别种状态了，这就是别一种质，就是“过”或“左”倾了。说这个事物还停止在原来状态并无发展，这是老的事物，是概念停滞，是守旧顽固，是右倾，是“不及”。[67]

新中国成立之后的政治环境继续发生着深刻变化，起初只在党内使用“左”和“右”的概念、判断政治思想性质时，也还具有以上含义，但当1957年将右派的概念用于判断整个社会的政治思想状态时，“左”和“右”的概念含义又发生了重大变迁。

政治上“左”的思想的实质，是打着“人民立场”的旗帜架空人民立场，他们是死抠马克思主义本本的教条主义者。在他们看来，革命的领导阶级只能是以工人阶级为代表的无产阶级以及他们当中的先进分子——党员干部队伍，农民阶级的分散、软弱、麻木等特点是与生俱来的，他们只可能是革命和建设的受益者，不可能成为革命的主力军、也不可能成为社会主义建设的主力军。当年李立三、王明主张发动城市工人阶级暴动，主张攻打大城市，是如此；新中国成立初期，党内有同志认为，农业集体化不是逐步进行的，不是单纯依靠农村条件，而是依靠城市，依靠强大的工业，再往后开展“四清”运动时相信和依靠派出的大量工作队，也是如此。

政治上“右”的思想的实质，是打着“实事求是”的旗帜架空实践的意义，他们是死搬儒家思想和西方资本主义政治思想的教条主义者，也是只会面对资本、权贵摇头乞怜的庸俗现实主义者。在他们看来，人的能力素养本来就有差别，一个社会存在阶级分化等各种不平等现象，都是这种差别的正常反应，对社会上的弱者固然可以同情，但要依靠高尚开明的政治、资本和知识精英，在改良制度和大做慈善中优化他们的处境。梁漱溟在革命如火如荼的岁月提出《乡村建设理论》，是如此；他在农业合作化运动开始全面推进的1953年9月认为“工人在‘九天之上’，农民在‘九地之下’”[68]，要求对农民施“仁政”，在受到批评时又要求毛泽东要“有雅量”，也是如此。

毛泽东是站在人民立场上坚持实事求是思想路线的实践派，在他的概念里，始终坚持将农民组织起来是全部问题的核心，他坚决反对党内主张农民单干的思想，更反对“小仁政”思想。

> “确保私有”是受了资产阶级的影响。“群居终日，言不及义，好行小惠，难矣哉”。“言不及义”就是言不及社会主义，不搞社会主义。搞农贷，发救济粮，依率计征，依法减免，兴修小型水利，打井开渠，深耕密植，合理施肥，推广新式步犁、水车、喷雾器、农药，反对“五多”等等，这些都是好事。但是不靠社会主义，只在小农经济基础上搞这一套，那就是对农民行小惠。必须使这些好事与社会主义联系起来。至于“确保私有”，“四大自由”，那更是小惠了，而且是惠及富农和富裕中农。不靠社会主义，想从小农经济做文章，靠在个体经济基础上行小惠，而希望大增产粮食，解决粮食问题，解决国计民生的大计，那真是难矣哉！……我们所采取的步骤是稳的，由社会主义萌芽的互助组，进到半社会主义的合作社，再进到完全社会主义的合作社（将来也叫农业生产合作社，不要叫集体农庄）。稳步不前，右了，超过实际可能办到的程度勉强去办，“左”了，这都是主观主义。[69]

40年后的1983年，90岁高龄的梁漱溟走访韶山。站在毛泽东故居前回首那场争论，他悔意颇深地说：“当时是我的态度不好，说话不讲场合，使他很为难，我更不该伤了他的感情，这是我的不对。”[70]梁漱溟到底没有认识到，他们之间是历史观和政治立场的根本不同，如果非要说成是“伤害感情”，他伤害的是毛泽东的阶级感情，而不是个人感情。

毛泽东始终忠实于自己的阶级立场和价值追求。新中国成立初期，由于革命胜利和美国势力的退场，右派基本上失去了影响力，右的思想转入蛰伏观望期，一个梁漱溟作仗马之鸣已不成气候。1957年，在反右派斗争中，许多人被错划为“右派分子”；也由于革命的胜利和苏联的存在，“左”的思想在党内始终存在且有所发展，他们始终将苏联式社会主义认作马克思主义的正统，时有抬头现象，对于毛泽东坚持农民主体地位的思想和做法并不认同，只是在毛泽东的巨大政治威望面前，他们自己也认识不到这一点罢了。

当时的中国，能够理解和拥护马克思主义革命理论的人很多，能够理解和践行马克思主义新社会理想的人并不多，能够彻底站稳马克思主义哲学立场而称得上真正的马克思主义者的人则更少。这就是毛泽东建设新中国的社会基础，也是他反复感叹“党内真正懂马列的太少”的客观原因。

1956年，毛泽东领导农业、手工业和资本主义工商业“三大社会主义改造”取得巨大成功。随着这些改造的快速完成，全民所有制和集体所有制下的各行各业，需要尽快以新的方式组织起来，需要一个具备新理念的完整管理体系，需要一支规模庞大、具备相应专业能力和道德素养的管理队伍。但在当时中国的社会基础之上，建立和组织起这样的管理体系和管理队伍无疑十分困难，在这样的基础上发动和组织农民绝不是一件简单的事情。特别是1958年打出“社会主义建设时期总路线”“大跃进”“人民公社”三面红旗之后，一方面是要“多、快、好、省”，什么都想要；一方面是缺少整体的经验、能力、制度、人才。人民公社运动的热潮来得太快、势头太猛，毛泽东也几乎控制不住节奏。1958年4月发现群众首创，8月全国推广，到10月底全国农村共建立人民公社26576个，入社农户占农户总数的99.1%。全国范围内的农村已基本实现人民公社化。摊子铺得太快太大，这里面就少了一个加深认识、积累经验、统一思想的过程。胡乔木说：“毛主席在八大以后，他对中国社会主义怎么发展，逐渐形成了一种思想，这种思想在党内有时可以暂时地表面上得到多数的接受，但是实际上多数同志是不赞成的。”[71]

建立人民公社制度，从指导思想、具体目标、工作要求、人才队伍等方面都准备不足，几乎是在没有充分准备的情况下仓促实行。毛泽东熟知兵法，“算赢了再打”和“不打无把握之仗”，这些几乎应该是政治信条和本能反应的东西，竟被弃之不顾，轻易临阵，置自己于险境，确属不该；而社会全体都没有经验，许多人不理解为何非要如此。这两个因素相叠加，就出现了不顾客观实际，求快、求大的浮夸风甚至命令主义。新生的人民公社集权严重，权力行使没有边界，也没有程序，于是乎大炼钢铁、办大学、开食堂、随意征调粮食、摊派物资和公积金、抽调劳力等，几乎无所不为。

很快，残酷的现实情况出现了：**不发动群众或者群众发动不起来，什么事情也做不成；发动起来的群众没有科学引导和组织管理，失去方向和秩序，很容易演化成一场灾难；**过去没有政权力量，群众发动难、发动慢。特别是在分割于不同地域的根据地时期，受条件限制，发动群众快慢不一，快的地方在组织领导方面即使出现问题，影响面也有限，一则可以很快纠正，二则可以对后来者提供借鉴。这些因素，在客观上拉长了发动群众的时间，抑制了组织管理能力不足问题的集中爆发。“大跃进”，则是在党掌握了全国政权、解决了所有制问题的情况下进行的，政令统一、效率奇高，甚至层层加码、加速，导致所有内在不足产生了可怕的聚爆效应。

迅速推进的所有制大变迁和生产力“大跃进”，很快导致农业生产出现了严重问题；匆匆建立起来的大批工厂没有原材料、工人没有粮食；匆匆建立的一批大学形不成学科体系，学生没有粮食，一切希望都成为“水中花”“镜中月”。在此紧要当口，中苏关系破裂，苏方单方面违背中苏高层口头协议，违背了抗美援朝战争中方出人、苏方出装备武器的原有承诺，将其所出装备武器算作中方负债要求马上偿还；苏联政府还片面决定，从1960年7月28日到9月1日撤走全部在华专家1390名，终止派遣专家。苏联撤走专家时，带走了全部图纸、计划和资料，并停止供应我国建设急需的重要设备，大量减少成套设备和各种设备中关键部件的供应，使我国250多个工矿企业和事业单位的建设处于停顿、半停顿状态。苏方这一行为对于新中国成立初期业已发生的极其严重的经济困难，无疑是“雪上加霜”，实在有失厚道、不够“哥们儿”。中国共产党和中国政府为顾全国际大局，咬紧牙关，在忍饥挨饿中与百姓共渡难关。

◆ 幸福是奋斗出来的：人们为什么爱看《红楼梦》

在严酷的现实面前，毛泽东痛苦反思，并从两个方面着手降低制度成本、调低希望预期。

第一个方面针对制度，也就是对人民公社制度本身进行适当调整，即将原来的人民公社所有制和人民公社内部实行的平均主义供给制和食堂制（一平），以及无偿调拨生产队的劳力、财物（二调）的做法，调整为实行“三级所有，队为基础”和加强生产队的基本所有制，“坚决反对和彻底纠正一平二调的错误”。这种制度调整的实质是“大社变小社”，通过所有权和核算权下放，适度分散原来大社过于集中的权力，尽可能压缩权力任性空间。但制度调整的政治底线也很明确，“三级所有，队为基础，是现阶段人民公社的根本制度”[72]。在毛泽东看来，集体所有制和集体经营权退缩至此，已经无可再退，再退缩就是家庭所有和家庭经营。至于所有权和经营权能否分开考虑，也就是搞单干或包产至户，毛泽东从“农民不能处于分散状态”的政治立场出发，认为绝对不可行。

第二个方面针对人，也就是对人的因素进行深入分析。这种分析一开始就是从两个方向上进行的：一个方向是针对组织管理体系，主要是党员干部队伍，强调的是反对官僚主义、特权主义，反对不法行为。延安时期这个问题曾经露头，毛泽东通过精兵简政、发动大生产运动和整风运动成功化解；新中国成立初期再次露头，又被毛泽东通过精简机构、“三反”“五反”基本化解。这一次的情况要严重得多，毛泽东1960年举例反思说，“去年几个大办，如大办水利，大办交通，大办养猪，大搞商品生产基地，这些都是中央提出的，谁也没想到他要‘一平二调’，如果想到了就不会那么办了”[73]。另一个方向是针对农民本身，强调“最重要的是教育农民”。受几千年旧传统影响，农民群众中存在“自私、短视、愚昧、无知”等问题，要通过教育消除农民身上封建落后的小农思想，减少损公肥私、好吃懒做、跑冒滴漏等现象。

反思做了、调整措施有了，政治底线也讲清楚了。但树欲静而风不止，“三年困难时期”引发的思想恐慌和思想混乱仍在发酵，“退社风”“单干风”，在全国各地不断涌现。从1962年开始，毛泽东把这些“风”与中国历史和国际因素联系起来，上升到阶级斗争的高度认识：在党员干部队伍内部，要消除资产阶级思想；在农民当中，要消除“地、富、反、坏、右”等阶级敌人。

寒梅傲雪云崖暖。越是遇到困难和挫折，越是要心存光明，越是要看到希望，面对“大跃进”失误造成的困难局面，毛泽东坚定地认为，“只要一个国家变成团结的国家，只要这个国家有先进的领导，不要很长的时间，有几十年的时间就可以翻过来了。要超过世界最强大的美国，尽多一百多年，也就可以了”[74]。这完全符合毛泽东一贯坚持和大力倡导的哲学立场和实践态度。

1962年8月，毛泽东在北戴河主持召开中共中央工作会议，试图进一步解决好变成“团结的国家”和“看到希望”的问题。受“三年困难时期”影响，社会上和党内“分田单干”诉求强烈，有的甚至说“全部解散搞单干，四年农业生产就可以恢复”。这些动向引起毛泽东的高度警觉，他在会议讲话中将问题提到了“如果那样搞，党内势必分裂”“我们到底走什么道路”[75]的高度，提出关于阶级、形势和矛盾三个问题并特别强调，“我倾向于不那么悲观，不那样黑暗一片，一点光明都没有，我不赞成一片黑暗的看法”，它“引得一些同志思想混乱，丧失前途，丧失信心。”[76]毛泽东还以《红楼梦》为例，重点强调对前途要心向光明，要看到希望。

> 有些小说如《官场现形记》等，是光写黑暗的，鲁迅称之为谴责小说。只揭露黑暗，人们不喜欢看，不如《红楼梦》《西游记》使人爱看。《金瓶梅》没有传开，不只是因为它的淫秽，主要是它只暴露，只写黑暗，虽然写得不错，但人们不爱看。[77]

这段话，乍看像是泛泛之论，但联系当时形势和毛泽东的革命目标、政治实践来读，则要深刻严肃很多。因为在这段“文学评论”的背后，是毛泽东对革命理想和政治立场的坚持，里面还包含着对政治底线不容挑战的宣示。在发表这段“文学评论”前，他十分明确地说：“搞单干，两年都不要，一年多就会出现阶级分化，其中有共产党的支部书记，贪污多占，讨小老婆，放高利贷，买地；另一方面是贫苦农民破产，其中有四属户、五保户，这恰恰是我们的社会基础，是我们的依靠。你是站在三分之一的富裕农户立场上，还是站在三分之二的基本农民群众的立场上？问题就是这样摆在我们的面前。”[78]在发表这段“文学评论”之后，他还说：“现在有人讲农业恢复要什么五年至八年，不要说那么多年嘛，要有点希望。讲得那样长，就没有希望了。”[79]

毛泽东在这次会议上几次讲话的初衷，是宣示政治立场、重申政治底线，对于党内和社会上企图突破底线的思潮发出政治警告。但有人被“三年困难时期”吓坏了，他们没有注意到毛泽东这次以《红楼梦》为例发出警告的政治分量，他们也不愿意再看一看实践发展，不愿意再看一看毛泽东汲取教训并做出政治让步后，实施的“三级所有，队为基础”的人民公社制度会不会出现大幅度成本下降和大幅度收效提升。要求单干、包产到户的声音继续发酵，情绪或明或暗继续蔓延，毛泽东逐渐将问题上升到“世界观”的高度来看待。

> 从一九六〇年下半年以来，大家只说黑暗，不讲光明，已经有两年了。现在有两种人，一种是只讲黑暗，一种是讲大部黑暗，略有光明。任务是从分析形势提出来的。既然是一片黑暗，就证明社会主义不行，因而就要全部单干。认为大部是黑暗，略有光明，采取的办法就是大部单干，小部集体。然后又必然反映到方针、措施和世界观上。[80]

毛泽东出生在甲午马年那场中日海战的前夜，成长在“长夜难明赤县天，百年魔怪舞翩跹”的苦难岁月，见惯了黑暗的人往往渴望光明；马克思主义揭示的社会理想又是如此真实、如此有力量，她一经与中国实际相结合就能“一唱雄鸡天下白”[81]，让“萧瑟秋风今又是，换了人间”[82]，有过奋斗经历的人往往珍视希望。1958年，毛泽东携近九年接连胜利的喜悦之情，带着“春风杨柳万千条，六亿神州尽舜尧”[83]的满心憧憬发现并大力推广人民公社制度，结果却是“求荣取辱”的“三年困难时期”，进而在国际国内特别是党内引发了“一从大地起风雷，便有精生白骨堆”[84]的特殊局面。

面对挫折，毛泽东可以承认错误、可以作政治让步，却绝不可能丧失信心、绝不可能突破底线。《金瓶梅》“只写黑暗”，“人们不爱看”。《金瓶梅》所暴露黑暗的主要成因，是那里面的人物全都被物欲、肉欲牵着走，他们完全没有价值上的追求，没有“人之所以成为人”的基本尊严底线。他们胡作非为的结果，只能是在欲望的深渊里不断沉沦。“《红楼梦》就不同，写得有点希望”。《红楼梦》能够带给毛泽东这样的价值认知和阅读感受，主要原因是那里面有许多人在“大厦将倾”的大背景下，在封建礼教吃人的大环境里，仍然坚持奋斗改变命运，坚持向往美好生活，坚持守住作为人的最后尊严底线。当贾家败落“好一似食尽鸟投林，落了片白茫茫大地真干净”时，掩卷思之，我们未必认同甚至会反对书中人物的思想立场和生活态度、生活方式，却能感动于那一众人等身上闪耀着的精神光辉。

坚持奋斗改变命运。最大的典型是赖嬷嬷一家三代接力。赖嬷嬷当过贾政的奶妈，第四十五回“金兰契互剖金兰语　风雨夕闷制风雨词”里出场时虽是告老荣休之身，但已有相当体面，她可以在贾母面前搬个小板凳坐下，王熙凤过生日凑份子，她的份例在少奶奶之下、姑娘们之上。赖嬷嬷的儿子媳妇是贾府管家奴才，孙子赖尚荣本应也是“人家的奴才”，但“一落娘胎胞，主子恩典放你出来”，“也是公子哥儿似的读书认字，也是丫头、老婆、奶子捧凤凰似的，长了这么大”，“花的银子也照样打出你这么个银人儿来了。到二十岁上，又蒙主子的恩典，许你捐个前程在身上”。最后赖尚荣“选了知县”，赖嬷嬷请贾母到家里作贺。“贾母高兴，便带了王夫人、薛姨妈及宝玉姊妹等，到赖大花园中坐了半日。那花园虽不及大观园，却也十分齐整宽阔，泉石林木，楼阁亭轩，也有好几处惊人骇目的。”赖家能得如此“恩典”、能有如此能耐，自然也有一部不足为外人道的血泪史，用赖嬷嬷教训孙子的话说，“你哪里知道那‘奴才’两字是怎么写的？只知道享福，也不知道你爷爷和你老子受的那苦恼，熬了两三辈子，好容易挣出你这么个东西来”。

刘姥姥的际遇固然不如赖家，但她二进荣国府，靠着自己的机智幽默得到贾母喜欢和贾府帮衬，“家里也挣了好几亩地，又打了一眼井，种些菜蔬瓜果，一年卖的钱也不少”，“在我们村里算过得的了”。后来竟能凭自家力量救得巧姐免灾脱难，也是奋斗改变命运的例子。花家当初因为老子娘要饿死，为换几两银子才将袭人卖给贾府当丫头，后来家里“却又整理的家成业就，复了元气”，是又一例。

坚持对美好生活的向往。贾宝玉、林黛玉在“金玉良缘”的舆论环境中、在元妃赐礼指婚的暗示下，始终坚持“只念木石前盟”，甚至直斥“和尚道士的话如何信得？什么是金玉姻缘，我偏说是木石姻缘”。晴雯“身为下贱”却“心比天高”、全无媚骨，从来没有任何曲意逢迎的举动，也不见虚情假意的讨好，只是很爽利地做好自己分内之事，她在最讲究等级的大观园里认认真真地追求着人与人之间根本不可能存在的人格平等。袭人虽然现实，她也有自己的生活追求，她在怡红院时时事事以“我是个起头儿的人，不论事大事小事好事歹，自然也该从我起”自居，享受着“一时我不到，就有事故儿”的存在价值，梦想着挣个“姨娘”的身份。就连焦大的醉骂，也透露着他对“从小儿跟着太爷们出过三四回兵”的深切怀念。这样的人和事，在《红楼梦》中可谓比比皆是。

坚持人格尊严底线。金钏投井、晴雯病夭、尤二姐吞金，都是不堪受辱之下的无奈选择。尤三姐自刎更是如流星划过夜空，那一闪即逝的光芒刺得人眼睛发疼。尤三姐不受封建礼教约束，敢恨、敢爱、敢骂，也敢死。她强调要“拣一个素日可心如意的人方跟他去”，一旦认准柳湘莲就断簪为誓，“若有了姓柳的来，我便嫁他。从今日起，我吃斋念佛，只服侍母亲，等他来了，嫁了他去，若一百年不来，我自己修行去了”。本来已以佩剑下定的柳湘莲误信混言提出毁婚，尤三姐袖中藏剑、泪如雨下地撂下一句“你们不必出去再议，还你的定礼”，当着柳湘莲的面“右手回肘只往项上一横。可怜‘揉碎桃花红满地，玉山倾倒再难扶’”。**为了人格尊严可以决绝到这般地步，尤三姐惊艳如此，多**

少男子应当汗颜！

李纨、贾兰母子是上述三种坚持的结合体。《红楼梦》一开篇，李纨就是“未亡人”身份，衣着言行在“如鲜花着锦之盛”的贾家和大观园内显得格格不入。她严守封建礼教下的各种清规戒律，一心守节教子，连掣签掣出的也是“霜晓寒姿”的梅花签，签词“竹篱茅舍自甘心”出自宋代王淇的《梅》，诗云“不受尘埃半点侵，竹篱茅舍自甘心。只因误识林和靖，惹得诗人说到今”。李纨的坚持和坚守，既是通过以身作则教育贾兰持身以正，也是对儿子金榜题名和自己凤冠霞帔美好前景的向往，更是对自身人格尊严的珍视，虽然她最后“枉与他人作笑谈”的结局并不美妙，但李纨的坚持仍然值得尊重。

讲希望就必然有底线。毛泽东的政治底线，始终是坚守“三级所有、队为基础”和所有权与经营权相一致，是农民不能处于分散状态和必须提倡组织起来的政治立场。由于他的理论基础是马克思主义，他的阶级立场是人民大众即农民本位，他的政治主张是继续革命和将革命进行到底，一切支持毛泽东或者出于政治投机而迎合毛泽东的人，都重新拾起法国大革命时期左和右的原始含义自称左派。一生痛恨党内“左”倾思想路线的毛泽东，可能出于团结和保护支持者的政治考虑，也开始自称左派，在后来的“文化大革命”中，他直接接过支持者递过来的左派帽子，将支持自己的群众组织称为左派群众组织，把派出工人、解放军去支持他们的行动称为“支左”，而只是将纵火烧毁英国驻华代办处一类完全胡闹的无政府主义者称为“极左”。

这一时期毛泽东所称的左派，与之前党内出现的“左”倾，是完全不同的政治概念，两者完全不是一回事。由于“左”倾和右派的本质都是主观主义，一切冲撞毛泽东政治底线者都被其归为政治上的右派。

后来苏联式社会主义破产，失去了理论基础和苏联这个精神家园，原来意义上的“左”倾不复存在，在美式宪政民主思潮横行的大气候下，“真正意义上的右派”死灰复燃并发展壮大，坚守毛泽东立场的人被称为“新的左派”。政治上左和右的含义，再一次发生深刻转换和变迁。

◆ 冰崖犹有花枝俏：要在最坏的可能性上建立我们的政策

1959年，特别是1962年之后，毛泽东将自己放在正确路线的位置，虽然他特别强调“要看到光明”，“要和风细雨地把问题讲清楚，分清是非，广泛地联系实际，主要是解决思想问题。要说理，要讲道理”[85]，但在内心深处，毛泽东开始认为“社会上还存在着资产阶级的影响和旧社会的习惯势力，存在着一部分小生产者的自发的资本主义倾向”，这些“不可避免地要反映到党内来”，[86]并由此提出了“关于我们怎么对待国内和党内的修正主义的问题”[87]。

所谓修正主义，本意是指在国际共产主义运动中对马克思主义进行歪曲、篡改、否定的一类政治思潮和势力。1957年，毛泽东对其作了一个简单明了的定义，“否定马克思主义的基本原则，否定马克思主义的普遍真理，这就是修正主义”[88]。中共党内强调修正主义问题的直接诱因，是赫鲁晓夫在1956年苏共二十大上做全盘否定斯大林的秘密报告。毛泽东对于苏共如此草率地全盘否定领导国际共产主义运动三十年，为巩固苏联政权做出过重要贡献的领袖人物，表现出强烈的不以为然；对赫鲁晓夫提出的要与美国“和平共处”“和平竞赛”和苏共要建设“全民国家”“全民党”的政治路线也深为不满，专门写诗加以挖苦讽刺，甚至直接骂赫鲁晓夫“戴维营里面施朱”[89]。1964年勃列日涅夫上台后，直接拥抱官僚主义，把苏共高层打造成为一个自己赖以执政的特权官僚阶层，由此逐渐失去人民群众的支持。毛泽东对此看在眼里、急在心头，共产党执政后能够变得如此不堪，再联系眼前人民公社运动中出现的各种乱象，不管是从他固有的政治立场出发，抑或是从防范未来的政治风险出发，严厉批判党员干部队伍中存在的官僚主义倾向，特别是防止中央层面出现赫鲁晓夫、勃列日涅夫一类官僚主义头子，迅速上升为毛泽东的头号政治责任。

这个时间点上的毛泽东即将步入古稀之年，在观察和处理问题上不自觉地少了几分“天地悠悠”的从容感，而多了几分“一万年太久，只争朝夕”[90]的紧迫感；他思考的不单单是“眼前如何”，“身后如何”的念头也开始成为他头脑中“挥之不去”的重要考量因素。他大半生极为看重和极力倡导的以“争取最好的结果”为主旨的希望观，越来越多地转化为以“我们要在最坏的可能性上建立我们的政策”[91]为主旨的忧患观。

面对三年困难的严重后果，毛泽东一开始认为“人民公社没有办好，群众有意见，下情不能上达，我们犯了严重的官僚主义”[92]，他主张整风整社，主要是整党员干部队伍中的官僚主义，后来发展到清理阶级思想和阶级队伍，并把阶级斗争的矛头指向党内可能存在的修正主义。特别是面对“四清”运动中发现的大量问题，毛泽东进一步认为“根子在上面”，在党员干部队伍中，甚至在中央层面的修正主义。

> 要把社会主义教育好好抓一下。社会主义教育，干部教育，群众教育，一抓就灵。干部教育中，要保护大多数，使百分之九十以上的同志把包袱放下来，不是洗冷水澡，也不是洗滚水澡，而是洗温水澡。然后，让他们去和贫下中农积极分子结合，经过这些积极分子去串连贫下中农。贫下中农先团结起来，然后团结富裕中农以及或者已经改造或者愿意改造的那些地主残余、富农分子，打击那个猖狂进攻的湖南人叫刮黑风的歪风邪气、牛鬼蛇神。[93]

顺着这样的思路和逻辑理解，在“无产阶级专政下继续革命”的理论指导下全面展开的持续长达10年之久的“文化大革命”就这样发动了。

毛泽东以马克思主义理论中的阶级斗争学说为指导，发动和组织占中国人口绝大多数的农民阶级武装起来，点燃了熊熊的革命之火，也为几乎陷于绝境中的中华民族和绝望中的中国人民点亮了希望之光。毛泽东坚定地站在人民立场上，他真诚地相信农民，把农民群众定位为中国人民的主体，将农民问题定位为解读中国革命和社会主义建设这部大书的核心密码，他将农民称为菩萨、上帝。1958年7月1日，毛主席从

《人民日报》得知江西省余江县基本消灭了血吸虫病，浮想联翩，夜不能寐，写诗说“春风杨柳万千条，六亿神州尽舜尧”[94]；1959年6月，66岁的毛泽东回到阔别32年的家乡韶山，挥毫写下《七律·到韶山》，将炊烟四起的乡野里收工回家的农民群众称为“遍地英雄”。

别梦依稀咒逝川，故园三十二年前。
红旗卷起农奴戟，黑手高悬霸主鞭。
为有牺牲多壮志，敢教日月换新天。
喜看稻菽千重浪，遍地英雄下夕烟。[95]

站在这样的立场上，带着这样的感情，毛泽东真诚地相信农民。他认为，那么多人在革命中流血牺牲，中国共产党有责任去发动和组织广大农民群众建设一个理想社会；只要将农民群众发动和组织起来，什么样的人间奇迹都可以创造。1958年，走上合作化道路的农民群众发明了人民公社这种组织形式，正在苦苦寻找一种社会主义建设形式的毛泽东从《三国志·张鲁传》中“张鲁汉中行道”受到启发，人民公社迅速上升为国家的政治、经济和社会制度，作为国家最基层的一种基本组织形式推广开来。但缺乏方方面面准备的大干快上，却带来了灾难性后果，全党在事后反思和应对调整中又产生了严重分歧，国际国内因素交织，历史与现实因素交织，毛泽东不再从容，并最终被这些不断放大的政治分歧逼进了“文化大革命”的历史胡同。

毛泽东“独具慧眼”找到的人民公社制度，在出现失误甚至在导致十年“文化大革命”的情况下，虽然显得成本极高、遍体鳞伤，但它支撑新中国在十分恶劣的国际环境下骨骼生长，甚至还算强壮发育；人民公社制度的谢幕，是在波澜不惊之中发生的，它不是任何意义上的政治倒退和经济清算，而后来新的有生命力的东西，也就是在人民公社的躯体中生成和发展的。张乐天先生在《告别理想：人民公社制度研究》中连用三个感叹号对此作出评判。

人民公社实现了土地集体所有制，恰恰是这种全世界独一无二的土地制度给后公社时期中国农村的发展打上了独一无二的中国标志！人民公社时期创办了社队企业，至少在沿海农村，恰恰是这种别具一格的企业为改革开放时代经济的腾飞提供了经济的与制度的前提！人民公社时期建立的完整的、运行有效的党政权力体系，现在，无论你走到天涯海角，假如你认真考察一下那里党政组织的权力结构、制度与运行方式，就可能透过现代化的语词与符号，看到人民公社的影子！

毛泽东在中国人民特别是中国农民当中享有的崇高威望，天安门广场毛主席纪念堂前日复一日排着的瞻仰者长龙，都可以看作是人民群众对毛泽东怀揣希望艰难跋涉的肯定性回答。但是，有人认为毛泽东“到了晚年就不行，到了晚年人就糊涂了”[96]。

什么才是政治糊涂？

所谓政治糊涂，大体可以分为两种情形：一种是安而忘危，在阶段性胜利面前忘形；一种是危而气馁，在失败挫折面前灰心失措。

赫鲁晓夫、勃列日涅夫时期的苏联属于第一种情形。赫鲁晓夫党内基础动摇而不自知，忙于与美争霸的幻象，忘掉的是个人之危；勃列日涅夫陷于权贵官僚阶层的包围不能自拔，忙着给苏联加盟共和国的第一书记们输送利益、颁发勋章，甚至公然让他们父位子承，忙着将自己的女儿、女婿安插在重要岗位，并以此换取自己的地位稳固，忘掉的是苏共之危：赫氏、勃氏真乃“釜中之蛙”，赫氏昏聩、勃氏加柴。毛泽东所讲的苏共修正主义路线不但真实存在，并最终将苏共和苏联引向了绝路。

毛泽东一生无“安”可言，与他相随相伴的似乎总是艰难困苦，是“危”，但他显然也不属于第二种情形，因为他在危局中总能焕发斗志和唤起希望，愈是困难愈显坚定，这不单单是性格使然，更是信仰的力量。巧合的是，《红楼梦》的“三合一”奋斗者李纨在怡红院的夜宴上掣得梅花签后说，“好极。你们瞧瞧，这劳什子竟有些意思”，一语点出她赞赏“凌寒独自开”的梅花品格[97]并以此自诩；形势最为困难的1961年，毛泽东在度过68岁生日的第二天清晨，通过一首精心校改的

《卜算子・咏梅》表达出自己的精神风骨。

> 风雨送春归，飞雪迎春到。已是悬崖百丈冰，犹有花枝俏。
> 俏也不争春，只把春来报。待到山花烂漫时，她在丛中笑。[98]

毛泽东校改时在词前加序强调，“读陆游咏梅词，反其意而用之”，词后又特意说明，作者北伐主张失败，皇帝不信任他，卖国分子打击他，自己陷于孤立，感到苍凉寂寞，因作此词，[99]明志之情，跃然纸上。实际上，陆游原词意境远不止“苍凉寂寞”，甚至可以说是消极悲观、凄凉消沉，既然是“反其意而用之”，作者必定是斗志昂扬、积极乐观。此时，中共中央扩大的工作会议（七千人大会）召开在即，毛泽东“在党内传阅”该词，既是以俊美而坚韧的梅花自况，更是以藐视困难和迎接春天的精神互勉，他在会议召开期间《给康生的信》中进一步明确指出，近作咏梅词一首，是反修正主义的。[100]

毛泽东校改《卜算子・咏梅》与此后不久有关“《红楼梦》写得比较有希望”的谈话，形断而实连、体异而神同，集中体现着毛泽东的信仰之坚和风骨之硬，决定了他在探索前行的实践之路上，永葆愈挫愈奋、永不言败的战斗姿态。这种战斗姿态，淋漓尽致地展现在生产力发展、生产关系调整、思想文化领域改造和战略安全环境营造等各个方面，这些也将是本书后四章重点探讨的内容。

第五章

贾宝玉林黛玉不足为训：

天连五岭银锄落，
六亿神州尽舜尧

不要像《红楼梦》中的林黛玉、贾宝玉那样多愁善感，脆弱多病，不能料理自己的生活。我们今天需要的是有活力、有热情、有干劲的革命青年。我们的青少年要像树木一样的坚强，不要像花草一样的脆弱！[1]

——1965年7月3日，毛泽东为减轻学生负担作出的批示。

1956年2月14日是农历丙申猴年正月初三，也是苏共二十大开幕的日子。尚在春节假期的毛泽东打破上午睡觉、晚上工作的习惯，主动要求按照正常工作节奏和其他中央领导同志共同听取有关经济工作的汇报。“东风随春归，发我枝上花。”[2] 这次汇报历时43天，中南海颐年堂前花开花谢、草长莺飞，毛泽东每天“床上地下、地下床上”，边听边问，先后有35个部门参与进来，直到谷雨后的4月24日才结束，其间还伴随着赫鲁晓夫在苏共二十大上作《关于克服个人崇拜及其后果》的“秘密报告”带来的震惊思考、搅起的明波暗流。

4月25日和5月2日，毛泽东分别在中央政治局扩大会议和最高国务会议上，两次发表题为《论十大关系》的重要讲话。这篇讲话来源扎实、站位高远、论述精到，无论是在讲话现场，还是在之后60多年的时间里，不管形势和环境如何变化，始终“好评如潮”。来源扎实，是指在43天的汇报中，许多中央领导及相关部门参与进来，对新中国社会主义建设实践进行认真总结，讲话有全面充分的实践基础、端正开放的进取态度、深入细致的调查研究过程；站位高远，是指毛泽东在观察思考如何建设社会主义这一问题时，视野开阔、胸怀宽广、心态谦和，没有条条框框、没有政治禁忌、没有利益困扰，有的是充分自信、海纳百川、天下为公；论述精到，是指毛泽东对工作和问题的分析以实践论和矛盾论为指导，以十对关系为统领，观点清晰、要求明确，没有含糊之处；好评如潮，是指讲话发表后在党内反响强烈，讲话主旨很快上升为中共八大指导思想，刘少奇代表中央所作的政治报告就是根据讲话精神撰写的。9年后刘少奇仍然认为，这篇讲话“对于一些基本问题说得很好，对现在的工作仍有很重要的指导作用，建议将此件作为内部文件发给县、团以上各级党委学习”[3]；19年后邓小平还认为：“我们在读改时，一致觉得这篇东西太重要了，对当前和今后，都有很大的针对性和理论指导意义，对于国际（特别是第三世界）的作用也大。所以，我们有这样的想法：希望早日定稿，定稿后即予公开发表，并作为全国学理论的重要文献。”[3]

但对于这篇讲话，毛泽东似乎始终不大满意。刘少奇和邓小平分别于1965年和1975年专门给他写信提出党内印发或公开发表，毛泽东前一次虽批示同意：照少奇同志意见办理，但又明确表示：不大满意，发下去征求意见，以为将来修改之助，并要求：此意请写入中央批语中；后一次干脆直接指示：暂时不要公开，可以印发全党讨论，不登报，将来出选集再公开。直至毛泽东逝世后的1976年12月26日，也就是他诞辰83周年那天，此文才在《人民日报》全文发表。

《论十大关系》这种“养在深闺人未识。天生丽质难自弃”[5]的命运，直到今天还让许多人扼腕叹息，认为毛泽东晚年如果按照这样的前瞻性思路理政，将主要精力放在经济建设上，必定能开辟一番别样局面。且不说“历史不能假设”，即便可以假设，这种叹息亦属对毛泽东实践探索的严重误读。

◆ 革命干什么呢？就是要解放中国人民的生产力

毛泽东领导革命和治国理政，历来是从哲学上着眼，从人的因素着手。《论十大关系》与其说是前瞻，不如说是对新中国成立之后整体工作特别是“三大改造”和“一五”计划的经验总结；与其说是对中国社会主义建设的规划，不如说是对苏联式社会主义建设的教训总结。既然是对内总结经验、对外总结教训，在中央政治局扩大会议和最高国务会议上讲清楚并上升为党的代表大会政治报告的指导思想就完全可以了，传达全党和公开发表还要考虑苏联感受，当时情况下确无必要惹人遐思、徒添不快。

毛泽东的这篇讲话主要想向党政高层传达两层意思。第一层意思是，苏联模式不可学，中国必须探索自己的社会主义建设道路。《论十大关系》开篇就问，“最近苏联方面暴露了他们在建设社会主义过程中的一些缺点和错误，他们走过的弯路，你还想走？”在讲到第十对关系即“中国和外国的关系”时，毛泽东从对斯大林错误和成绩“三七开”的角度说，“斯大林对中国作了一些错事”，并一口气列举了斯大林在中国革命各个时期的“五大错事”，以此破除权威迷信。他借用文学故事讽刺说，“有些人做奴隶做久了，感觉事事不如人，在外国人面前伸不直腰，像《法门寺》里的贾桂一样，人家让他坐，他说站惯了，不想坐”[6]，以此讽刺党内崇苏情结。两年后的1958年5月18日，毛泽东在中共八大二次会议上更加明确地说：“我为什么讲十大关系？十大关系的基本观点就是同苏联比较，除了苏联的办法以外，是否还可以找到别的方法，能比苏联、东欧各国搞得更快更好。”[7] 第二层意思是，人穷不能志短，中国自己的事情必须中国人自己干。中国是“一张白纸、正好写字”[8]，搞社会主义建设要把国内外一切积极因素调动起来，为社会主义事业服务，他自问自答说：“什么是国内外的积极因素？在国内，工人和农民是基本力量。”[9]

以上两层意思综合起来就是一句话：**要充分调动工人和农民的积极性，走独立自主的社会主义建设道路**。毛泽东强调的仍然是人的因素，是人的精神状态和组织状态，是人的继续革命。

> 天上的空气，地上的森林，地下的宝藏，都是建设社会主义所需要的重要因素，而一切物质因素只有通过人的因素，才能加以开发利用。[10]

将人的因素作为一切问题的核心，从实际出发走自己的路，这是由毛泽东的马克思主义哲学立场决定的，也是由当时中国所面临的内外环境条件决定的。

唯物史观认为，人及人的实践活动，是一切历史的起源和动力，也是一切历史的过程和目的；人类社会发展的最终目标是实现人的自由全面发展，而每个人的自由发展是一切人的自由发展的条件，社会的每一个成员都能完全自由地发展和发挥他全部才能和力量，并且不会因此而危及这个社会的基本条件。马克思将这种状态描写得诗意和画面感十足，充满浪漫主义想象，很是让人憧憬。

> 而在共产主义社会里，任何人都没有特殊的活动范围，而是都

可以在任何部门内发展，社会调节着整个生产，因而使我有可能随自己的兴趣今天干这事，明天干那事，上午打猎，下午捕鱼，傍晚从事畜牧，晚饭后从事批判，这样就不会使我老是一个猎人、渔夫、牧人或批判者。[11]

同时，马克思也清醒指出，“天国”不会自动降临，人类社会在组织起来去争取实现这种状态的道路上，还有很长的路要走，还要经历几个阶段。第一个阶段就是人要摆脱对自然的恐惧和对他人的依赖，能够获得足够自己有尊严地生活的物质财富。马克思在《1857—1858年经济学手稿》中说：

人的依赖关系（起初完全是自然发生的），是最初的社会形态，在这种形态下，人的生产能力只是在狭窄的范围内和孤立的地点上发展着。以物的依赖性为基础的人的独立性，是第二大形态，在这种形态下，才形成普遍的社会物质变换，全面的关系，多方面的需求以及全面的能力的体系。建立在个人全面发展和他们共同的社会生产能力成为从属于他们的社会财富这一基础上的自由个性，是第三个阶段。第二个阶段为第三个阶段创造条件。[12]

马克思说的“第二个阶段为第三个阶段创造条件”，主要指的是当时欧洲社会的情况。1500年之后，在中世纪漫漫长夜里沉睡千年的欧洲社会突然醒来，“两希文明”的某些基因借着基督教改革大潮在地中海北岸和大西洋西岸发芽。以14—16世纪的意大利文艺复兴为序幕，以1750年以后的英国工业革命为开端，欧洲资产阶级打着“自由、平等、博爱”的旗帜走上历史舞台，焕发出极强的生产创造能力。新的生产方式和它创造的巨量物质财富，迅速改变着人与人的关系和人的生活方式。

资产阶级在它的不到一百年的阶级统治中所创造的生产力，比过去一切世代创造的全部生产力还要多，还要大。自然力的征服，机器的采用，化学在工业和农业中的应用，轮船的行驶，铁路的通行，电报的使用，整个整个大陆的开垦，河川的通航，仿佛用法术从地下呼唤出来的大量人口——过去哪一个世纪料想到在社会劳动里蕴藏有这样的生产力呢？[13]

马克思认为，资本主义的这种魔力主要来源于资本增值的贪婪天性。

资本来到世间，从头到脚，每个毛孔都滴着血和肮脏的东西。（资本害怕没有利润或利润太少，就像自然界害怕真空一样。一旦有适当的利润，资本就胆大起来。如果有10%的利润，它就保证到处被使用；有20%的利润，它就活跃起来；有50%的利润，它就铤而走险；为了100%的利润，它就敢践踏一切人间法律；有300%的利润，它就敢犯任何罪行，甚至冒绞首的危险。）[14]

《资本论》对资本天性的这段刻画十分有名，500年来的中外历史和举目可望的社会现实，让我们充分领教到资本的贪婪确乎如此，甚至还远远胜出马克思的想象力。

资本为了增值，就需要自由市场，就需要从一切壁垒中解放人，为此它创造了现代意义的国家和教育等制度。但资本贪婪的天性又决定了它不会止步于此，它最终还要将从家庭、族群、宗教等各种壁垒中解放出来的人，变成资本的奴隶和物质的奴隶。这就是马克思所说的“以物的依赖性为基础的人的独立性”阶段。

东方社会的情况与欧洲有所不同。中国传统社会直到新中国成立，始终深陷“人的依赖关系”的第一个阶段不能自拔。华夏文明从部落部族走向中央集权国家之初，发端于春秋时期的计然学派也曾提倡发挥人的潜能、创造物质财富、富民强国。司马迁在《史记·货殖列传》中将这种观点阐述得很清楚：一是生产可以致富。发展生产（农工商虞）“上则富国，下则富家”。二是财富多了有大用处。人民群众提高生产积极性并实现经济发展，对于国家可以强兵强国，对于个人可以供给消费

（衣食、祭祀、进醵），带来快乐、尊严，提升道德。三是人人都有致富的欲望。“富者，人之情性，所不学而俱欲者也”，甚至是“若水之趋下，日夜无休时；不召而自来，不求而民出之”。四是人应当求富，贫困可耻。他把一般的富者视为“贤人、巧者、能者、素封”，“长贫贱，好语仁义，亦足羞也”。五是好的统治者应该顺应百姓致富愿望。“善者因之，其次利道之，其次教诲之，其次整齐之，最下者与之争”。六是任何人致富都要讲规矩。除官爵致富外，司马迁还通过自己或人物之口讲了很多致富之道。七是人的致富能力有差别。他说了，“巧者有余，拙者不足”，“能者辐凑，不肖者瓦解”。[15]

由于皇帝制度的建立，计然学派很快被儒家清算并消散在历史长河之中，司马迁的呼吁也被“束之南山”，食货之学只见之于史书。皇帝制度对内部主要是防止异己势力坐大，从秦始皇开始废封建行郡县，后来的皇帝一有实力就削强藩、压权贵，他们限制门阀、压制大户、拆散官僚，更不会坐视资本势力操纵；皇帝制度对外部主要是防止外敌入侵，北方力量屡次南下的现实威胁，又给其强化内部统治、聚敛财力提供了正当性。两千年以降，由于皇帝制度的极力防范打压和儒家思想将一切社会活动都等级化、道德化、伦理化，中国社会当中的政治关系和政治力量结构虽然在不断发展演变，生产力水平和生产关系却始终没有大的变化，故而有学者将传统中国称为“没有发展的增长”。在这样一个“国是放大的家、家是缩小的国”的礼制等级社会中，几乎所有人都依附于别人存在，没有哪一个人具有所谓的“独立性”。秦汉时期，社会上还有所谓“游侠”“隐士”，但后来“游侠”江湖化、帮会化，“隐士”被朝廷强制性征举应试，一切人全都被纳入以等级为特征的大大小小的体系之中“相濡以沫”，再也没有人能够脱离体系而与其他人“相忘于江湖”。

1750年，中国正值《红楼梦》成书前的乾隆十五年，单独的个人在这个时候的中国与在全世界其他任何地方的处境一样，是依赖于家庭的。

> 在1750年左右，如果一个人失去家庭和社群的保护，几乎必死无疑，不仅没有工作、没有教育，生病痛苦时也得不到任何支持。

没有人会借给他钱，出了问题也没人保护。毕竟，当时没有警察、没有社工，也没有强制性的义务教育。为了求生，如果真的遇到这种情形，当时的人就得尽快寻找替代家庭或社群。[16]

《红楼梦》反映的清代康雍乾三朝，正是中国传统社会制度最鼎盛也是最畸形的时期，书中所有人物没有一个人是独立和自由的，也没有一个人有可以期望的独立和自由的未来。所有的人都依附于皇权、族权、父权、夫权。

贾元春贵为皇妃，也不过是整日待在“那不得见人的去处”看一人之脸色，回娘家还要蒙恩、请旨，“几时起身、几时回銮”也由不得自己作主，面对父亲只能流泪感叹，“田舍之家，虽齑盐布帛，终能聚天伦之乐。今虽富贵已极，然骨肉各方，终无意趣”。

贾雨村出身寒门，饱读诗书、考中进士做了官，理论上算是“天子门生、朝廷命官”，却还是要找门路、投权贵。他想的是“天上一轮才捧出，人间万姓仰头看”，现实却是一张护官符就能让他放弃起码的法度和道德。甄士隐对他有知遇之情、救护之恩，而到了甄士隐亲生女英莲被拐被买的案件撞在脸前，贾雨村却只作壁上观。

贾宝玉、林黛玉，算是权贵之家有些才艺的公子小姐，却只能待在家里吃闲饭、当“闲人”，离开家庭、家族就不能存活，他们的才艺换不来物质和地位。薛蟠过生日邀请贾宝玉赴宴，戏问他送何寿礼，贾宝玉感叹说，“我可有什么可送的？若论银钱吃的穿的东西，究竟还不是我的，惟有我写一张字，画一张画，才算是我的”，但他能否写字画画，自己说了也不算数，以致贾宝玉对柳湘莲抱怨说，“我只恨我天天圈在家里，一点儿做不得主，行动就有人知道，不是这个拦就是那个劝的，能说不能行，虽然有钱，又不由我使”。

焦大几番出兵、身有战功，但他是贾演的奴仆，其功劳与朝廷无关，只能算在主子头上，他也只能依靠主子，不可能脱离主子和主子的家庭独自生活，一大把年纪还被后辈小厮往嘴里塞马粪；金钏是王夫人的丫头，一听说要把自己撵出去，当不成奴才便没了生活依靠，她马上投井而死；晴雯是贾宝玉的丫头，被撵出去没有自尽，果然只能眼睁睁地等死。王蒙先生说贾府里这些人“‘不奴隶、毋宁死’，从反面控诉了封建社会对人的精神控制”[17]并不确切，真实状况是他们“不奴隶，只能死”，《红楼梦》真正控诉的还有封建社会“人身依附”的社会结构。

以上是世俗社会的情形，遁入空门又如何呢？拢翠庵里带发修行的妙玉，智通寺里的龙钟老和尚，馒头庵里的尼姑净虚、智能儿，宝玉的寄名干娘马道婆，清虚观里的张道士，地藏庵里的圆信，水月庵里的智通，天齐庙里的王一贴，哪一个不是依附于贾府或其他权贵之门，哪有一个是靠着才学、信仰活着？一个也没有。

正因为如此，《红楼梦》社会背景下的家庭和人物命运注定是“最后一一被摧残，没有一个人得到幸福”[18]。曹雪芹在第五回“游幻境指迷十二钗　饮仙醪曲演红楼梦”里写下《红楼梦曲》十四首“预示小说主要人物的命运和结局”，第十四首《收尾·飞鸟各投林》集中概括了这种悲剧的社会性和整体性：

为官的，家业凋零；富贵的，金银散尽；有恩的，死里逃生；无情的，分明报应。欠命的，命已还；欠泪的，泪已尽。冤冤相报实非轻，分离聚合皆前定。欲知命短问前生，老来富贵也真侥幸。看破的，遁入空门；痴迷的，枉送了性命。好一似食尽鸟投林，落了片白茫茫大地真干净！

欧洲资本主义大发展之后，资本势力在列强兴兵支撑下横行世界，中国的皇帝也在洋人坚船利炮面前变成“乌进孝式”的依附者。中国人民未曾享受到市场交换带来的好处，首先遭受到的却是资本贪婪带来的祸害，整个国家都变成为资本增值提供原材料、劳动力和市场空间的半殖民地半封建社会，在不到半个世纪的时间内被剥夺和压榨得“一穷二白”，最广大的人民群众别说“自由全面发展”，就连最基本的生存权都成了大问题——亡国灭种之祸已在眼前。

从唯物史观出发，对比西方资本主义的意气风发和东方传统社会的消沉颓丧，马克思将“生产力的巨大增长和高度发展”视作人的全面自由发展的“绝对必需的实际前提”，“还因为如果没有这种发展，那就只会有贫穷、极端贫困的普遍化，而在极端贫困的情况下，必须重新开始争取必需品的斗争，全部陈腐污浊的东西又要死灰复燃”。[19]中国自古以来的传统王朝兴替就是如此，近代中国要改变被掠夺、被压迫而“亡国灭种”的命运，就必须从传统社会“没有发展的增长”里走出来。要走出来，就必须大力发展生产力。这一点，孙中山明白，毛泽东也明白。毛泽东曾痛彻地说，“正是帝国主义和封建主义束缚了中国人民的生产力，不破坏它们，中国就不能发展和进步，中国就有灭亡的危险。革命是干什么呢？就是要冲破这个压力，解放中国人民的生产力”[20]，对于中国共产党和新生的人民共和国而言，“第一个任务就是打倒妨碍生产力发展的旧政治、旧军事，而我们搞政治、军事仅仅是为着解放生产力。学过社会科学的同志懂得这一条，最根本的问题是生产力向上发展的问题。我们搞了这么多年政治和军事就是为了这件事”[21]。

◆ 冷眼向洋看世界：“海棠诗社”和“螃蟹宴”不属于刘姥姥

如何才能发展生产力呢？这确实是中国传统思想文化中的一大缺憾。儒家思想与皇帝制度合流后，他们早早地清算了计然学派，中国也就没有能够发展形成一套关于生产力发展的专门学问，这是一种历史真实，也是一种历史罪恶。当代一些儒者食古不化，还企图瞒天过海、再次包打天下，他们从《大学》《周易》里整理出所谓“中国传统经济学”或者“中国经典经济学”，大半并不高明。毛泽东早年曾对儒家思想说过很重的话，晚年明言不那么喜欢孔夫子，认为“孔学名高实秕糠”[22]。

> 像我们反对孔子，有很多别的理由。单就这独霸中国，使我们思想界不能自由，郁郁做二千［年］偶像的奴隶，也是不能不反对的。[23]

毛泽东一生出国境只有两次，都是去苏联，但他的思想是向整个世界开放的。在《论十大关系》中，他一方面说，学术界也好，经济界也好，都还有教条主义，另一方面又重点强调，一切民族、一切国家的长处都要学，政治、经济、科学、技术、文学、艺术的一切真正好的东西都要学。[24]

关于如何发展生产力，西方世界发展形成了专门的政治经济学。政治经济学作为学说被提出来，一般认为是法国重商主义经济学家安·德·蒙克莱田，他在1615年《献给国王和王后的政治经济学概括》中第一次使用这个概念。但追根溯源，近现代政治经济学的鼻祖和源头，一般认定为以亚当·斯密和李嘉图为代表的英国古典政治经济学。在后来的发展过程中，政治经济学界的大多数人都将资本主义政治形态和纯粹的私有制，视为理所当然的客观存在和前提条件，并将政治经济学的研究重点，从以国家作为行为体转向个人行为和市场、价格规律等领域，政治经济学理论逐渐去国家化、去历史化，进而去政治化、去社会化，甚至被列入自然科学，直接称为“经济学”。

随着资本主义发展过程中各种问题的暴露和矛盾的爆发，周期性经济危机严重冲击资产阶级统治秩序。凯恩斯等人站在挽救和修补资本主义制度立场上研究和解释资本主义经济问题，形成了在经济发展中“市场这只看不见的手”起决定作用的理论，一般称之为自由主义经济学，其理论核心是彻底的私有化和由资本配置资源；马克思、恩格斯则是站在批判和埋葬资本主义制度立场上研究和解释资本主义经济问题，高度重视政治因素，形成了以生产力是决定性因素、劳动创造价值、消灭私有制和社会主义必然取代资本主义为主要观点的理论，一般称之为马克思主义政治经济学。

在后来的历史发展中，由于高举马克思主义政治经济学大旗的苏联式社会主义破产，一些人又普遍将主张“建立社会主义市场经济体制”的中国误读为皈依自由主义经济学。这好比一首新歌，第一个演唱者跑调后，一群不懂音乐的听众就理所当然地认为歌曲本身有问题。如此荒唐的逻辑、如此低素质的“听众”，竟然导致马克思主义政治经济学的影响在世界范围内迅即式微，自由主义经济学大行其道，他们误将别人的探索失败认作自己的胜利，弹冠相庆并以正统自居，直接以“经济学”自冠名头。其历史视野之浅、学阀派头之健，与我们的一些儒士真有几分神似。

2008年以来，西方世界从金融领域开始，出现了新一轮从经济到社会继而又到政治的全面危机，马克思主义政治经济学的价值重新引起世人和学界重视。世界范围内重新兴起的广泛学习《资本论》的热潮，不啻是抽了自由主义经济学一记重重耳光。

自由主义经济学和马克思主义政治经济学的世界观和政治立场不同，研究方法和根本观点也自然不同：自由主义经济学的世界观是唯心的、精英的，它将人类在几千年物质匮乏、你争我夺环境下积淀和表现出来的自私多占和怕死求荣等特性看作人的天性，从而抽象出一个所谓理性人，从研究西方世界的现实经济活动出发，孤立静止地看待西方资本主义社会，认为私有制和市场是天生的、必然的，资本主义生产生活方式是永恒的；马克思主义政治经济学的世界观是唯物的、人民的，它将人类追求更加美好的生活、更加平等的社会看作人的天性，从研究人类的历史实践活动出发，动态历史地看待西方资本主义社会，认为私有制和市场是后天的、阶段性的，资本主义生产生活方式只是一个发展阶段的历史存在。

自由主义经济学所谓理性人，主要是指人在谋求自身利益最大化的过程中，能够将眼前利益与长远利益有机结合起来做出最佳抉择而已，根本上是讲人的本性为私，是假设的抽象人。从“抽象和假设出发”，这不但是西方市场经济制度的理论前提，也是西方民主政治制度的理论前提，马克思曾经愤慨地将这种建立在假设前提之上、纯粹为资本主义辩护的经济学，称为“庸俗经济学”。

> 现在问题不再是这个或那个原理是否正确，而是它对资本有利还是有害，方便还是不方便，违反警方规定还是不违反警方规定。无私的研究让位于豢养的文丐的争斗，不偏不倚的科学探讨让位于辩护士的坏心恶意。[25]

占据世界统治地位500年以上的资本主义政治经济制度，竟然是建立在“人性自私和精于算计”的理论假设之上。这听上去无论如何都是荒诞的，但荒诞的东西就是这样真实地存在着，还推动人类在自我解放的道路上取得了巨大进步。如果非要深究，只能说是人类认识世界以及认识自身的能力尚处于启蒙未成熟时期，这些现象都是特定历史阶段的产物罢了。

当然，在人类对宇宙洪荒和内在世界尚存巨大未知的情况下，假设前提的研究对于克服无知和推动进步有着重要价值。笔者无意否认自由主义经济学在推动生产力发展方面的历史性贡献，其包括市场经济理论在内的许多重要成果直到今天还能提供很多启迪和借鉴，这里要强调的是，这样的理论对环境条件要求极其苛刻，只有并只能在一定的政治、文化和物质基础上才可能成立。俾斯麦说，“真理只在大炮射程之内”[26]，相应的，**刀锋和枪口之下，没有所谓的自由交易和主体平等；在市场和资本眼里，只有“有效需求者”和“有能力的消费者”才会受到尊重。**

对于当时的中国来讲，**自由主义经济学**正如豪华商店里的奢侈品之于乞丐，又如江湖绑匪设立的丰盛宴席之于人质，**其重大缺陷在于它直接忽略经济发展所需要的基本政治环境和政治条件，直接掩盖不同民族、不同国家之间存在政治压迫和经济掠夺的国际矛盾，它只讲经济、不讲政治，只讲社会现状、不讲历史前提，只讲财富积累的好处、不讲贫困积累的弊端。**在毛泽东领导中国人民革命建设为获取中国的政治独立和建立合理经济秩序而斗争的时候，西方世界却将落后国家和民族的这些诉求视为异端，那些少数国家所谓的自由市场，正是建立在多数国家混乱贫弱之上，一边是水深火热、一边是歌舞未央。正如《红楼梦》大观园里的“海棠诗社”和“螃蟹宴”，都是社会不公平或者社会畸形发展的产物。林黛玉可以在大观园中写诗发呆、吟菊咏梅、看书葬花，刘姥姥托关系送礼、耍宝、卖萌，还可以一而再、再而三地进去逛逛，焦大想挤进二门看一眼都不可能；林黛玉们在享受这种理所当然的美好生活的同时，还要戏弄取笑刘姥姥，掩鼻厌弃焦大。他们认为这样的秩序和区分是与生俱来、理所当然的，哪里会懂得“有压迫就会有反抗”

的道理。

从1840年开始的中国近代悲惨的遭遇，肇因就是以英国为首的西方列强发现了中国这个大市场，派马戛尔尼来华协调不成，就以枪炮为后盾强行逼迫通商。列强力量进入中国一百多年，签订了一系列不平等条约，如果说这些条约没有一个是我们自愿签署的，还可以指责中国人闭关锁国的话，那么没有一个条约是平等的又该怎么说？它们控制中国海关税收，操纵中国市场买卖，明抢暗夺，市场法则始终都处于失灵状态，哪里有什么主体平等的契约精神，分明就是抢劫掠夺。中国的贵金属外流、原材料外流、劳动力外流，国家全无生产能力，社会上几乎所有商品都是“洋”字打头：洋油、洋布、洋车、洋火、洋伞。一百年下来，就把中国掠夺成为一个掉进“贫困陷阱”不能自拔的极其落后的传统农业国，“人民的吃饭问题是每一个中国政府必然碰到的第一个问题，一直到现在没有一个政府使这个问题得到了解决”[27]。

所谓“贫困陷阱”，是指处于贫困状态的个人、家庭、国家等主体，因为贫困而不断再产生贫困，长期处于贫困的恶性循环中无法自拔的一种状态。而中国的这种状态，在很大程度上就是拜列强自由市场经济所赐。在第一次世界大战后的“分赃大会”上，中国本是战胜国，原想通过巴黎和会要回战败国德国侵占的山东权益。不料，人家直接将山东权益转让给另一个战胜国日本，中国从一个灾难陷于另一个更大的灾难。强权之下无公理，市场当中无平等。从这一刻起，西方政治规则连带着支持这个政治规则的经济学理论，就在中国民众的内心深处被视为“下三滥”，举国举族都绝难认同，从而注定了被淘汰出局的命运。

从这个意义上讲，自由主义经济学，即便是他们所谓的“宏观经济学”，对于当时两极分化的世界和急于自强求生的中国社会，也还是“微观”了一些，给人的直观感受极差。它们更像是《红楼梦》里金鸳鸯主持的“酒令牌局”，一则能够上桌入局者只有主子，二则在表面平等之下暗含玄机。这样的“酒令牌局”，固然有人艳羡不已、有人心生畏惧，但更多的人则是望而生厌、痛恨不已。若要富民强国，远不如主张推翻资产阶级统治的马克思主义政治经济学阐述的原理博大、深刻、直接、实用。

马克思主义政治经济学认为，生产社会化与生产资料私有制之间的矛盾，是资本主义制度无法克服的根本性矛盾；企业内部生产的计划性与整个社会生产的无政府状态之间的矛盾会导致周期性经济危机，进而激化社会阶级矛盾。要消除这些矛盾，必须废除私有制，由社会共同占有生产资料，由社会支配一切人力、物力资源，实现按需要计划、按需要生产、按需要分配，避免市场调节的盲目性和破坏性。简单地讲，马克思主义政治经济学主张建立在生产资料公有制基础上有组织、有计划的生产和分配。“计划”和“组织”，是马克思主义政治经济学在管理经济方面强调的两大因素。

1921年，苏维埃政权因经济管理手段过于理想化而出现政治危机时，列宁深有感触地说，我们计划（说我们计划欠周地设想也许较确切）用无产阶级国家直接下命令的办法在一个小农国家里按共产主义原则来调整国家的产品生产和分配。但现实生活说明我们错了，要用“新经济政策”来纠正我们的许多错误。[28] 尽管如此，列宁仍然坚持计划经济本位，他认为“新经济政策不是要改变统一的国家经济计划，不是要超出这个计划的范围，而是要改变实现这个计划的办法”[29]。列宁逝世后，苏联在斯大林手上建立起过度集中的计划经济体制。在这一体制下，苏联通过各种手段强制性地全盘推行农业集体化，通过强制剥夺农业集体化后的农业剩余，投资进行工业化建设。这就是后人所说的“苏联社会主义计划经济模式”，简称“苏联模式”，其根本特点是计划至上，以“计划”的方式进行“组织”，将计划和组织两大因素合二为一，计划即组织、组织即计划。当初列宁拿起马克思主义政治经济学的乐谱，只是在试唱中找音准，斯大林接过乐谱后，按照自己的理解直接开唱，后来跑调越来越厉害还不自知。

20世纪上半叶苏联模式“横空出世”，在出现“跑调”的情况下仍然效率奇高。只用几年时间，苏联就从一个典型农业国初步转变为工业国，只用十几年时间就完成了工业化，为赢得反法西斯的卫国战争胜利奠定了坚实的物质基础，第二次世界大战之后仍显示出强大的经济恢复能力。丘吉尔评价斯大林说，“他接手的是用犁耕地的俄罗斯，留下的是原子武器装备的俄罗斯”[30]。英国有位经济学家评价这一时期的苏联经济，认为苏联计划经济模式在工业主义时代比西方的市场经济要优越，它所做出的范例在经济发展方面已给所有不发达国家树立了一个榜样。

在资本主义市场经济体系内饱受屈辱的中国，掉在贫困陷阱里越陷越深，苏联的成功犹如无边黑夜亮起的一束强光，一下子就吸引了夜行者的全部注意力。从俄国十月革命到1929年资本主义世界大萧条，再到日本侵占中国东北的“九一八”事变。国际、国内在15年间的变化可谓眼花缭乱，苏联计划经济工业化成就、西方经济危机蔓延和中华民族生存危机加重，这三个因素结合起来，使得中国出现了强大的政治革命风潮和经济发展思潮。在政治革命方面，国内不同利益群体歧见撕裂，以致兵戎相见、杀人如麻，但在经济发展方面，全面唾弃西方自由主义市场经济思想，高度推崇苏联式社会主义计划经济思想，则成为共同的认识。

中共方面对此问题的思考更早一些。李大钊1921年说：“人家（欧美）已达壮年，我们尚在幼稚……要想存立，适应这共同生活，恐非取兼程并办社会公营的组织，不能有成，所以今日在中国想发展实业，非由纯粹生产者组织政府，以铲除国内的掠夺阶级，抵抗世界的资本主义，依社会主义的组织经营实业不可。”[31] 毛泽东在江西瑞金强调：“事情是非常明白的，只有我们战胜了帝国主义和国民党，只有我们实行了有计划的有组织的经济建设工作，才能挽救全国人民出于空前的浩劫。”[32]

从1928年起，在形式上完成国家统一的南京国民政府，开始制定国家工业发展计划，但因缺乏资金、组织协调不力和战争等原因，相关计划或未能实施或半途搁浅。曾任国民政府资源委员会委员长的翁文灏后来承认，在当时的内外条件下，计划经济的施行是绝对不可能的；李宗仁后来坦陈，国民政府领导中国搞了20多年，连一辆像样的单车（自行车）都造不出来。如此一来，社会情况当然也就不可能有任何实质性发展和变化，生产力水平低下依旧、物质上的穷困依旧、人的依赖关系依旧。

政治经济学，政治在前、经济在后，政治问题不解决、政治条件不

具备，要想发展经济，不管是市场经济，还是计划经济，都是不挖地基就妄想沙滩上起高楼的幼稚想法。

1949年，中国革命取得胜利。中国人民独立了、自由了，总算走出了马克思所说的“人的依赖关系”的第一阶段，可是却无法进入“以物的依赖为基础的独立性”的第二阶段。因为100多年的列强抢劫和几十年的战乱损毁，中华大地一贫如洗，真是“白茫茫大地真干净”。因为穷，绝大多数人根本就没有“可以依赖的物”，更谈不上多少独立性。毛泽东急切地说，“中国人民的生产力是应该发展的，中国应该发展成为近代化的国家、丰衣足食的国家、富强的国家”[33]。

发展生产力需要相应的政治、经济、技术条件支撑。首先是政治条件。这一点，马克思主义政治经济学强调，自由主义经济学回避。国民党将政治问题军事化、经济化、道德化，它不愿也不敢触动旧中国十分扭曲的内外政治环境，企图站在资产阶级和地主阶级私有制立场上搞计划经济，完全失败了；中国共产党建立新中国后，面临的实际困难就是发展生产力的经济技术条件差得很，正如毛泽东在新中国成立前夕的人民政协开幕词中所说，“全国规模的经济建设工作业已摆在我们面前。我们的极好条件是有四万万七千五百万的人口和九百六十万平方公里的国土。我们面前的困难是有的，而且是很多的”[34]。这句话的实际含义是“仅此而已”，就是除“人多、地广”两个条件之外，中国什么也没有。

马克思主义政治经济学认为，政治条件满足之后，生产力的构成，包括人的因素和物的因素。人的因素是指有一定生产经验、劳动技能和科学知识，并实现着物质资料生产的劳动者。劳动者是生产力的主体，是推动社会生产力发展最根本的力量；物的因素是生产资料，即人们在生产过程中所使用的劳动资料和劳动对象的总和。美国新自由主义经济学家曼昆说，一国生产率取决于工人所得到的物质资本、人力资本、自然资源和技术知识，如果想促进生活水平提高，决策者应该把目标设定为，通过鼓励生产要素的积累和保证这些要素尽可能得到有效运用来提高自己国家的生产能力。相比较而言，马克思主义政治经济学对人的因素的分量强调得更重一些，但也强调物的因素；自由主义经济学对物的因素讲得更具体一些，但也强调人的因素。

不管是对照马克思主义政治经济学的“两大因素”，还是对照新自由主义经济学的“四个决定性因素”，新中国成立之初，除“人多、地广”外，在资金和技术方面几乎什么基础条件都不具备。

在资金资产方面，“根据发展经济学和‘贫困陷阱’假说，一个国家经济起飞的重要条件之一是投资超过GDP的11%”[35]，而在当时的中国纸币一文不值，在战争消耗和一系列无休止的不平等条约“索赔”下，能够作为自然货币的金、银等贵金属本就外流殆尽，蒋介石逃往台湾时又将中央银行仅剩的那点黄金、银圆和外币储备搬运一空，真可谓“贼来如梳，兵来如篦，官来如剃”[36]。新中国成立之初，共产党只能用实物代替货币。“1950年3月，全国军政公教人员已超过900万人，按1949年标准计算人均费用折合4000斤小米，共需要360亿斤。”[37]全国财政极其困难，吃饭都成问题，哪里会有多余资本投资生产。据统计，1952年国家外汇储备仅为1.39亿美元，财政总收入183.7亿元，用于经济建设的资金尚不足100亿元。“接收国民政府的财产是新中国成立初期国营经济最主要的来源，按固定资产原值估算，新中国没收的国民政府财产达150亿元”[38]，这个数字对4亿人口的大国而言并不可观，甚至可以说是“杯水车薪”。

在技术方面，几十年全国性战乱，科研技术能力无从发展。“1949年，全国科技人员不超过5万人，其中自然科学的专门研究人员不超过500人，专门研究机构仅有30多个，而且有的已名存实亡。”[39]

即便是“人多、地广”，但在1949年全国近4亿人口中，80%以上是文盲，适龄儿童小学入学率不到20%，初中入学率仅为6%，这样的人口素质只能是隐性劳动力；中国国土面积和海洋面积大，矿产资源和海洋资源总量固然可观，这些都只是隐性财富，没有资金、设备和技术，开发不出来也是枉然。

另外，在美国领导下，西方世界各经济强国统一行动，一致对华实施严密的经济封锁、军事围堵。科学知识、技术资料等都由美国主导的巴黎统筹委员会严格审查，欲将新中国扼杀于摇篮之中，欲将中国共产党、新生的人民共和国置于死地而后快。新中国要生存、要发展，也只能以苏联为师、从苏联方面寻求支持。

◆ 巧妇要为无米炊：人，是要有一点精神的

毛泽东要发展生产力，显然是“两手空空”甚至是“四大皆空”，是“巧妇难为无米之炊”。毛泽东提出以苏联为师，但新中国组织开展经济建设的内外环境和基础条件，又与苏联特别是与斯大林时期的苏联有很大不同。他必须要像领导中国革命一样，善于无中生有，聚“散沙”为“利刃”，向绝境中要生路，将不可能变为可能。

这样的事情，毛泽东在延安时期曾有过一次规模不是很大的成功实践，但那个时候，他**靠的不是“计划”，而是“组织”，是坚持人民主体地位，把人民群众“组织起来”，通过调动人的积极性和创造力，将群众组织起来向精神要物质、要进步、要生路，而不是靠外部资本支持，不是靠市场机制，不是靠编制计划，不是靠下达命令。**

1937年，国共第二次合作达成抗日民族统一战线后，中共中央所在的陕甘宁边区起初4年的财政来源，主要靠国民政府拨发八路军的军饷和海外华侨、国内进步人士的捐款，边区政府也向地主和富农征收一部分粮食，虽然生活比较困难，但总算还过得下去。1941年1月“皖南事变”后，国民政府停发八路军军饷，并对边区实行断邮等封锁措施，而全国各地涌向延安的爱国青年，中央抽调各根据地回来参加整风的军政干部，还在不断集中和增加，边区财政和粮食供应情况迅速恶化。“我们曾经弄到几乎没有衣穿，没有油吃，没有纸，没有菜，战士没有鞋袜，工作人员在冬天没有被盖。”[40]

由于边区财政困难早有征兆，自1938年起已经有一些单位开始搞小规模的生产自救并颇有成效。受此启发，毛泽东决定组织开展大规模的生产自给运动，并在12月8日召开的后方军事系统干部会上提出了“自己弄饭吃，自己搞衣穿”的经济自救思路。

> 我们现在钱虽少但还有，饭不好但有小米饭，要想到有一天没有钱、没有饭吃，那该怎么办？无非三种办法，第一饿死；第二解

散；第三不饿死也不解散，就得要生产。我们来一个动员，我们几万人下一个决心，自己弄饭吃，自己弄衣裳穿，衣、食、住、行统统由自己解决，我看有这种可能。[41]

随后，按照毛泽东“发展经济、保障供给”的总方针，中共中央西北局、陕甘宁边区中央局和边区政府相继发出动员，要求“各级党委必须以开展经济建设作为当前最迫切的实际中心工作之一”，“边区党今后的基本任务是建设，而建设的任务就是生产与教育两大工作，其中生产更有决定性”[42]。

延安大生产运动的核心精神，是通过党组织的思想动员和军政系统的具体组织，把所有人都组织起来开展劳动互助和劳动竞赛，“自己动手、丰衣足食”。大生产运动的主要措施包括领导带头、政策支持、模范引领、劳动竞赛、精神激励、塑造新人等。

在领导带头方面，毛泽东在杨家岭住地的窑洞下面垦出一块长方形菜地，“种上蔬菜，一有空就去浇水、拔草”；朱德背着粪筐四处捡粪；周恩来、任弼时等摇起纺车，“在延安的纺纱比赛大会上，他俩双双获奖”。今天去延安参观，还可以看到这块菜地和他们当年用过的粪筐和纺车。

在模范引领方面，三五九旅最为知名。1941年3月，王震率领该旅开进南泥湾地区，3年开荒近14万亩，实现了“不要政府一粒米，一寸布，一文钱”的奋斗目标，一曲歌颂他们的陕北民歌《南泥湾》至今还在唱响大江南北。边区政府还通过举办农业展览会、召开劳动英雄代表大会等形式，树立典型和榜样，毛泽东直接称赞受表彰的劳动英雄为“人民领袖”。1944年9月5日，毛泽东在修改审定《解放日报》题为《采用新的组织形式与工作方式》的社论时，专门加写一句话强调，“但敌后必须以战斗英雄、民兵英雄与劳动英雄、模范工作者并重，并且战斗英雄与民兵英雄还应放在前列”[43]。

在劳动互助方面，最初的互助形式比较原始，主要是变工队和扎工队。变工就是换工，是农民间互相调剂劳动力，“有人工换人工，牛工换人工或人工换牛工，牛工换牛工，集体养牲口，生产技术上的换工等”；“扎工队一般是由土地不足的农民组成”，“主要是集体出雇于需要劳动力的人家”。[44] 劳动互助由自发到自觉，后来逐渐发展出合作社这样的组织形式，生产效率大大提高。延安大生产运动中出现的合作社，是新中国成立后推动农业合作化的实践来源和先声。

在精神激励方面，毛泽东参加张思德追悼会并发表题为“为人民服务”的著名演讲，影响极其广泛深远。张思德当时是中央军委警卫营通信班班长，1944年开春后，他作为枣园机关工作队的副队长，率领由20人组成的工作队上山创办农场。当年8月底完成任务后，张思德的工作队又主动请求利用山上的青冈树为原材料烧木炭。9月5日中午，张思德在掏炭窑过程中遇到炭窑坍塌而光荣牺牲。毛泽东得知消息后提出要为张思德召开追悼会，并亲笔题写挽词“向为人民利益而牺牲的张思德同志致敬”[45]。1944年9月8日是农历白露节气，下午二时，毛泽东来到枣园后面西山脚下的一块干河滩上，参加张思德的追悼会并作即席讲话。毛泽东的这篇讲话，当时就传遍延安、传遍边区，后来以《为人民服务》为题收入《毛泽东选集》，影响着一代又一代中国人。这篇文章内容并不高深，文辞也谈不上隽雅，其感染力在于作者表达出来的对于人民群众的坚定信仰，在于作者十分直观地阐述出来的共产党人以人民为中心的价值观。

延安大生产运动取得极大的成功：农业的粮、棉生产足够边区军民吃饭、穿衣使用；畜牧业发展“呈现出六畜兴旺的景象”；边区工业也发展很快，陕北原来只有清末开办的一个延长油矿，到了1943年开办公营工厂103家，棉纱、布、铁、纸及其他很多日用品基本自给，甚至还生产大量食盐，成为边区“外贸”的主要物资。在总结延安大生产运动具体做法的基础上，再进一步分析就会发现，支持延安大生产运动取得成功的是一种精神，这种精神就是“老三篇”表达出来的主题思想，按照时间顺序排列：**《纪念白求恩》主要倡导“奉献牺牲”，《为人民服务》主要倡导“自力更生”，《愚公移山》主要倡导“组织起来”。这三篇文章，历久弥新，是中国共产党真正的精神家园。**

奉献牺牲、自力更生、组织起来，这既是毛泽东对中国共产党人价值追求的高度概括，也是毛泽东经济思想的核心内容。这三条加起来，集中体现为重视提高人的精神境界和改造人的落后思想。1943年10月1日下发的一份党内指示中，毛泽东将这层意思讲得很清晰："凡不注重研究生产的人，不算好的领导者。一切军民人等凡不注意生产反而好吃懒做的，不算好军人、好公民。"[46]

延安大生产运动中自下而上、由点及面开展的"改造二流子"运动，是毛泽东经济思想从自发到自觉的第一次大规模实践运用。

所谓"二流子"，是指旧社会中受反动统治阶级压迫和剥削，失去土地和职业的一部分人。这些人大多是破产的农民和失业的无业手工业者，常常以不正当的活动（如偷盗、欺骗、巫术自残、恐吓等）谋生；在乡村特指脱离生产、游手好闲、好吃懒做的贫穷流浪、乞讨人员。1939年边区提倡发展生产以后，即关注到乡村"二流子"现象，按当时保守估计，陕甘宁边区"二流子"有3万人以上，如果再算上以烟、赌、偷、盗、阴阳、巫神、蛮婆、土娼为生的人，"二流子"更多。这些"二流子"，萎靡不振，不仅自己不生产，逃避公税，而且说怪话，破坏别人的生产情绪，不利于调动其他人的生产热情。

延安改造乡村"二流子"，是将改造者放在人民群众的汪洋大海中以人盯人、人帮人、户盯户、户帮户等群众创造出来的方法接受改造，也就是将这些人放在熟人社会中来改造，用劳动和群众运动来改造人。特别是在互助合作的新型劳动组织中，集体劳动取代个人劳动，大家通过劳动建立起一种新型的人与人的关系。如果说资本让劳动者变成了雇佣，让劳动和劳动者分离，那么在这种新型劳动共同体中，劳动观念发生了深刻变化，"二流子"不仅对劳动有了兴趣，更获得了尊严，他们从劳动中看到了成果，看到了未来，劳动者与劳动重新化成肉身，结合到了一起。边区政府对行动表现好、确实真正改变的"二流子"，及时在其生活劳动的范围内表彰宣传，有的"二流子"甚至成长为劳动模范。毛泽东1945年在边区劳动英雄和模范工作者大会上深有感触地谈起对合作化生产的认识。

> 这种生产团体，一经成为习惯，不但生产量大增，各种创造都出来了，政治也会进步，文化也会提高，卫生也会讲究，流氓也会

改造，风俗也会改变，不要很久，生产工具也会有所改良。到了那时，我们的农村社会，就会一步一步地建立在新的基础上了。[47]

从中不难看出，合作化生产的成功实践已经将毛泽东的思绪带到了更为深远的未来，让他看到了一种希望、萌生了一种信念：只要将人民群众组织起来，用自己的一双手就可以创造一切、改变一切。毛泽东后来进一步阐释说，**“世间一切事物中，人是第一个可宝贵的。在共产党领导下，只要有了人，什么人间奇迹也可以造出来。……我们相信革命能改变一切，一个人口众多、物产丰盛、生活优裕、文化昌盛的新中国，不要很久就可以到来”**[48]。

在实践中看清精神力量的毛泽东，更加重视激发人的活力、更加重视调动人内心深处积极向上的力量，将造就“全面发展的新人”的问题早早提上日程并反复强调，形成了通过造就全面发展的新人推动经济发展，通过经济发展更多更好地造就全面发展的新人的思想，也就是在人的发展与经济发展之间建立起相互作用、相互促进的辩证关系。

延安的大生产实践，将“人是第一可宝贵的”这一哲学观点变成为活生生的现实。这场“精神变物质”实践创造的人间奇迹，为中国共产党和中华民族的精神宝库增添了最为生动的内容，也启迪着新中国成立后的经济建设实践。

在毛泽东的思想体系当中，人是历史发展的主体和主角，也是现实社会活动的主体和主角。造就全面发展的新人，既体现在内在精神的高标准要求上，也体现在外在条件的新时代营造上。内在精神要求方面，全面发展的新人应当是积极向上、自觉奋斗、自食其力的，毛泽东对一切精神文化上的消沉都表现出强烈反感；外在条件方面，社会发展应当以人为主体，任何制度安排都不能束缚人的创造性，更不能见物不见人，毛泽东对一切限制人的制度安排都表现出不舒畅、不满意。

1951年秋天的一个夜晚，毛泽东在中南海接见周世钊等几位湖南教育界人士，当话题转到学生体育运动时，毛泽东以评论《红楼梦》中贾宝玉、林黛玉两位主角的方式，提出新时代青年要有活力，有热情，有干劲和坚强意志。毛泽东在谈话中指出，《红楼梦》中两位主角，一位是贾宝玉，一位是林黛玉。这两个人的形象对现代青年是不足为训的。贾宝玉不能料理自己的生活，连吃饭穿衣都要丫头服侍，这种全不肯劳动的公子哥儿，无论如何是不会革命的！林黛玉多愁善感，常好哭脸，瘦弱多病，只好住在潇湘馆吐血，闹肺病。我们不需要这样的青年！我们需要的青年是有活力、有热情、有干劲和坚强意志的革命青年。[49]

这一谈话和要求远远超出体育运动的范畴，应当视为毛泽东长期深入思考“人的本质”问题的感性总结，也是毛泽东对新中国教育工作方针的形象表述。

在这次谈话前后的一系列会议上，有关培育“新人”的教育方针已经提出并被反复强调。1951年3月的第一次全国中等教育会议提出，普通中学的宗旨和培养目标是使青年一代在智育、德育、体育、美育各方面获得全面发展，使之成为新民主主义社会自觉的积极的成员。1954年1月的全国中学教育会议提出，当前中学教育的任务，是以国家总路线的精神教育学生，把他们培养成积极参加社会主义建设和保卫祖国的全面发展的新人。政务院随后公布《关于改进和发展中学教育的指示》提出，中学教育的目的，是以社会主义思想教育学生，培养他们成为社会主义社会全面发展的成员。1955年8月的中华全国学生会第十六次代表大会提出，全国青年学生要在中国共产党领导下，贯彻毛主席“身体好、学习好、工作好”的指示，把自己培养成为具有高度的社会主义觉悟能够掌握现代科学知识、身体健康的全面发展的社会主义建设者。这几种提法，反复重申培养社会主义社会新人的目标及德、智、体全面发展的标准，基本代表着毛泽东对于青少年教育乃至整个教育事业指出的政治方向和目标要求。

毛泽东不但按照这些标准来严格要求青年，还以此臧否文艺作品和历史人物，强力引导社会舆论、塑造新的社会风尚。1950年底至1951年初，由昆仑影业公司出品，由孙瑜执导、赵丹等人主演的电影《武训传》在几个大城市上映。这部讲述清朝末年武训“行乞兴学”的故事片上映后，场场满座、好评如潮，最高的赞扬是把武训誉为劳动人民文化翻身的一面旗帜，典型地表现了中华民族的勤劳、勇敢、智慧的崇高品质，等等。这种现象引起了毛泽东的关注，他在调看该片后很快决定，对这部宣扬政治改良主义、经济行乞主义和文化奴性主义的影片进行严肃批判。

1951年5月20日，毛泽东亲笔修改的《应当重视电影〈武训传〉的讨论》一文，以《人民日报》社论方式发表。这篇社论本来由胡乔木起草，毛泽东的修改几乎是从标题到正文全部重写，文章对武训和武训故事的宣传者提出了十分严肃的政治质问。

> 像武训那样的人，处在清朝末年中国人民反对外国侵略者和反对国内的反动封建统治者的伟大斗争的时代，根本不去触动封建经济基础及其上层建筑的一根毫毛，反而狂热地宣传封建文化，并为了取得自己所没有的宣传封建文化的地位，就对反动的封建统治者竭尽奴颜婢膝的能事，这种丑恶的行为，难道是我们所应当歌颂的吗？[50]

1951年6月，毛泽东审阅杨耳《评武训和关于武训的宣传》一文，在加写的三段重要文字中说，武训的“义”学，其实是不义之学。钱是残酷地刮来的。一是强要来的，武训是一个以吃五毒威胁善良人民逼其出钱的恶丐；二是放高利贷（利息三分）；三是倚仗官势募捐。这三种钱的来源都是不正当的。毛泽东还要求《人民日报》和中央文化部组成一个13人参加的武训历史调查团，到当年武训活动比较集中的山东堂邑、临清、馆陶等地开展了20多天的调查。

批判《武训传》，一般被看作新中国成立后，毛泽东在思想文化领域发动的第一场批判运动。这场批判的重点，固然是思想文化界在歌颂武训事迹中表现出来的错误立场和混乱思想，但深究一层，毛泽东更加在意，也更加警觉的，是武训的思想言行在新中国还能受人追捧。毛泽东所愤怒和警觉的，是武训的奴颜婢膝、是武训的不劳而获，更是新时代还有那么多人认同和宣扬“武训式的成功”。他尤其对吹捧武训者所倡导的向统治阶级乞讨、乞求政权恩赐的做法，从内心深处感到反感和厌恶。为表达愤怒和谴责，他在《人民日报》社论中列出了一个很长的名单，点名批评了43篇赞扬武训和《武训传》的文章及其48名作者。

"人是要有一点精神的"，这点精神扎根于鲜明的政治立场。1956年11月15日，毛泽东在党的八届二中全会闭幕式上讲到这句话时，特意举例子说："艰苦奋斗是我们的政治本色。锦州那个地方出苹果，辽西战役的时候，正是秋天，老百姓家里很多苹果，我们战士一个都不拿。我看了那个消息很感动"[51]。带着这样的立场和观点，毛泽东极其看重人的政治本色，十分强调人的精神、意志和活力在实践发展中的决定性作用，"无产阶级的革命精神就是由这里头出来的"。作为思想上实现了哲学自觉的政治领袖，这样的立场和观点也必然反映到他对经济工作的观察思考和组织领导上来。

开国之初，百废待举。西方自由主义市场经济理论在中国思想界原本就根基不深，再加上中国共产党取得全国革命胜利的最后阶段，美国仍然全面拥抱国民党不撒手，彻底站在与中国人民为敌的立场上，又是搞经济封锁，又是搞军事挑衅。他们将战火烧到鸭绿江边，对新中国恐吓、威胁，将第七舰队开进台湾海峡，对新中国封锁、禁运，毛泽东只能选择"一边倒"的外交政策和经济政策，依靠苏联的支持，学习苏联的经验来收拾残局、再开新篇。

天下没有免费的午餐。斯大林出于多方顾虑，对于支援新中国经济建设并不热心。新中国成立前后，刘少奇和毛泽东先后亲赴莫斯科争取经济支持，双方直到1950年2月14日才签订协定：苏联给中国3亿美元贷款，年息1%，自1950年起，分5年交付中国，用以偿付苏联卖给中国的机器设备和器材。这笔借款虽然优惠，但与苏联同期对东欧各国的支持相比，数额却少得可怜。直至中国人民志愿军入朝参战后，苏联才真正打开援助大门，不但向中国移交了东北的军事工业，还在几年间援助建设了156个重工业项目，而在历时3年的抗美援朝战争中，近40万中华儿女血洒异域他乡，其中就有毛泽东的长子毛岸英。新中国经济起步的第一桶金，是中华儿女不畏强敌、血沃黑土的牺牲精神换来的。

毛泽东绝非好战，只是有些事情，明知代价极大、成本极高，只能杀出血路，根本躲不过去。胡乔木说，"我在毛主席身边工作二十多年，记得有两件事是毛主席很难下决心的。一件是1950年派志愿军入朝作战，再一件就是1946年我们准备同国民党彻底决裂”[52]。关于抗美援朝决策，据毛泽东机要秘书叶子龙回忆说，1950年10月1日，毛泽东正在天安门参加群众庆典并检阅部队，金日成首相发来一封急电，请求中国直接出兵援助。毛泽东看后迅速说：“请在京的政治局委员过来开会！”从10月1日起直至10月19日志愿军跨过鸭绿江，被史学研究者称为艰难决策的“18个日日夜夜”。卫士长李银桥记述道，“毛泽东考虑出兵不出兵，连续几天不能入睡，吃安眠药也睡不着。开会那天，他的东屋里坐了一屋子人……满屋子烟雾腾腾，从五六点钟开始研究，一直到后半夜”。有领导同志回忆说，“考虑出兵不出兵朝鲜问题，他（指毛泽东）不做声，一个礼拜不刮胡子，留那么长。想通以后开了个会，大家意见统一了，毛泽东就刮胡子了”。[53]

相比为取得苏联经济支持的决策之艰难和代价之沉重，学习苏联经济建设经验的过程，则充满实践波折和思想交锋。“向苏联老大哥学习”，这是中共在新中国成立前后向全国人民提出的主要口号，直到1954年第一届全国人民代表大会召开时，毛泽东在作新宪法草案说明时还宣称，我们所走的道路就是苏联走过的道路，要想避开这条路不走是不可能的。这说明，苏联的计划经济模式对毛泽东及中共影响颇深，甚至在发表《论十大关系》演讲半年后的1956年10月，毛泽东在谈到人口问题时还透露出对于“计划化”的倾心。

> 夫妇之间应该订出个家庭计划，规定一辈子生多少孩子。这种计划应该和国家的五年计划配合起来。目前中国的人口每年净增一千二百万到一千五百万。社会的生产已经计划化了，而人类本身的生产还处于一种无政府和无计划的状态中。我们为什么不可以对人类的生产也实行计划化呢？我想是可以的。[54]

1957年2月，他在《关于正确处理人民内部矛盾的问题》的讲话中还进一步说：“要提倡节育，要有计划地生育。政府设一个生育计划部好不好？”[55]

但是，毛泽东早期倾心于“有计划有组织的经济建设工作”虽是事实；而从革命战争年代开始始终对党内迷信苏联的教条主义倾向抱有高度警惕，则是更大的事实。当他的注意力从境外战场拉回国内，开始亲自上手“摸经济”，毛泽东很快认识到苏联过度集中统一的计划经济模式有着严重的缺陷，并逐渐对苏联“计划至上”在理论上不认同、情感上不接受，在计划与组织之间，他越来越看重“组织起来”。

毛泽东是中共党内最早反思苏联模式的领导人，针对党内以及学术界、经济界出现的盲目照搬苏联经验的教条主义倾向，毛泽东反复阐明应该选择性学习的立场，其中也包括在人口问题上的态度转变。原本同意通过“有计划地生育”控制人口增长的毛泽东，在1958年4月《介绍一个合作社》时说，“除了党的领导之外，六亿人口是一个决定的因素。人多议论多，热气高，干劲大”，并引用清人龚自珍诗句说“我劝天公重抖擞，不拘一格降人材”。[56]

只不过十月革命一声炮响传到中国以来，整个民族、整个中共党内对苏联道路和苏联模式迷恋甚深，当时的苏联模式又“如日中天”，而“三年恢复时期，对搞建设，我们是懵懵懂懂的。接着搞第一个五年计划，对建设还是懵懵懂懂的，只能基本上照抄苏联的办法，但总觉得不满意，心情不舒畅。”[57]时也，势也，并非毛泽东一己之力就可以迅速扭转的。毛泽东后来抱怨说，“很长一段时间我们是当了苏联人的奴隶，跟在他们屁股后面走，什么都学苏联的，苏联得了感冒，我们也跟着打嚏喷”[58]。

苏联模式的缺陷何在？按照斯大林自己的说法，苏联建立起来的计划经济模式，是一个高度集中统一、见物不见人的指令性计划经济模式，其实质是坚持“计划本位”。

> 固然，它们那里（美、德等资本主义国家）也有某种类似计划的东西。但这是一种臆测的计划，想当然的计划，这种计划是谁也不必执行，根据这种计划是不能领导全国经济的。我们这里就不同了。我们的计划不是臆测的计划，不是想当然的计划，而是指令性计划，这种计划是各领导机关必须执行，这种计划能决定我国经济在全国范围内将来发展的方向。[59]

斯大林没有告诉大家，指令性计划为何就不是“预料式”也不是“猜测式”的计划，他强调的只是计划的严肃性，而不是计划的科学性，是计划必须得到坚决落实，而不是为什么要落实这样的计划。所以在苏联的计划经济模式中，只能见到斯大林或者苏共中央的意志，见不到人民群众的主张；只能见到钢铁、武器等物质生产和产品数量，见不到人民群众的主观能动作用和主观感受。**这种模式强调的是个“统”字，而且是一统便死的“统”字，也就是苏共中央将经济管理权死死地“统”在自己手中，只相信自己，相信官僚技术阶层，不相信地方、企业，特别是不相信广大群众。**

计划的科学性问题，既涉及政治决策层的战略判断能力、组织管理能力，还涉及社会整体的知识文化素养和技术发展水平。以当时苏共和苏联的情况，很难做到计划与客观需求相统一。斯大林毕竟还是优秀的战略家和实践组织者，之后的苏联领导人去挑这副担子就十分吃力了，并且一茬不如一茬，直到最后根本应付不来，只得滑回精英主义的老路，去搞所谓的新思维，病急乱投医，完全倒向市场这只“看不见的手”，最终招来崩溃大祸。这有点类似于当年的明太祖朱元璋，开国皇帝精力过人、精明过人，既不想依靠官僚阶层，也不知道依靠群众，只能设计出一个不要丞相、万机自决的高度集权体系，后面的皇帝根本玩不转。孙子建文帝直接被玩死，儿子永乐帝聪明一些，弄了一帮大学士组成内阁来帮助自己处理政务，事实上逐渐倒向依靠官僚阶层，理论上却又与官僚阶层是两张皮，其后整个明王朝的政务，要么权归内阁首辅，要么权归司礼监掌印太监，要么乱作一团，其症结是皇权在矛盾和摇摆中自己撕裂了自己。

人民群众的参与权问题，更是古往今来各种类型政治经济体的一大死结。古代社会暂且不论，近现代资本主义国家大多数通过民主选举的形式，让普通百姓感受到自己享有政治参与权和政治决策权。但所谓普选，不管是总统制还是议会内阁制，在资讯不发达的时代，选举只是少数人的游戏，在资讯发达的时代，选举又是资本的游戏，电视和网络时代更进一步发展到不但拼钱，还要拼长相、拼身材。普通百姓的政治参与权只是一场又一场“政治嘉年华”和“电视真人秀”而已，所谓的享有政治决策权只是民众的虚幻感觉。苏联社会主义模式连这种形式和感觉也给剥夺了。一方面，它只靠少数人的主观判断年复一年地编制生产计划，随着这些当权的少数人越来越脱离群众而成为高高在上的官僚阶层，所做的计划越来越偏离人民群众物质文化生活的需要。弄到后来，为了维持与美国盲目争霸的需要，重工业越做越强，农业和轻工业发展跟不上，商店货架空空如也，普通百姓的日常生活必需反倒难以保障；另一方面，脱离人民群众的中高级党员领导干部和技术骨干逐渐演变为官僚特权阶层，享受着各种特殊供给，苏联成为官僚阶层甚至只是少数大官僚特权阶层的天堂。人民群众与政党之间的联系被切断，情感链和利益链双双断裂，苏共宣布解散时，“竟无一人是男儿”[60]，整个苏联平静得没有泛起一丝涟漪。

◆ 斑竹一枝千滴泪：未有先学养子而后嫁者也

毛泽东是真正彻底的马克思主义者。哲学立场、政治信仰和理念主张，在他身上已经完全融合为有机的统一体。在经济建设方面，毛泽东不迷信市场、不迷信计划，只相信群众。他不迷信市场是因为不相信资本，对于资本追求无限增值的天性和必然带来贫富分化的政治后果，他强烈排斥、严加防范；他不迷信计划的背后是不相信官僚体系，对于官僚体系追求“利益最大化、责任最小化”的天性和必然形成权贵阶层的政治后果，他高度警惕、十分反感；他只相信群众的背后有其特定的哲学立场、特别的实践经验、特殊的情感归属。特定的哲学立场，即马克思主义的人民主体论和实践本位论。毛泽东发自内心地相信群众，他真诚地认为人民是真正的英雄、是历史的创造者。在他心中，人民群众是真实的、具体的存在和最伟大的力量，绝不是一个虚幻的概念，人民群众是这个社会当中的绝大多数人，绝不是哪一部分人，绝不是少数的特定人群或阶层，更不是哪一个或几个精英。特别的实践经验，是指中国革命艰苦卓绝的斗争历程。毛泽东是中国革命最重要的领导者，他以一介书生走进人民群众特别是贫苦农民群众当中，通过发动、组织和武装群众，动员起摧毁一切旧势力和旧制度的磅礴力量，靠的不是出身、家庭背景和权谋心术，他真心诚意地相信群众、依靠群众。特殊的情感归属，是指从哲学立场和实践经历出发，在长期斗争过程中形成的对人民群众的深厚感情。他希望社会和美、希望个人自强，他坚决反对社会出现贫富分化、苦乐不均，见不得少数人压迫多数人、作威作福，见不得任何个人游手好闲、好吃懒做。

排斥无序市场、反感官僚计划、相信人民群众。有了这三点，毛泽东开创和推崇的经济建设模式，便只能是以人民群众为中心的动员型竞赛式经济建设模式。这种模式的主要特点，人民群众是经济建设的主体为其一；人的精神状态和政治觉悟是推动经济建设的决定性因素为其二；党的组织既是群众运动的发动者和组织者，也是经济建设竞赛结果的承担者为其三。1956年发表《论十大关系》的重要讲话，标志着毛泽东对苏联模式的扬弃；1958年提出"总路线、人民公社、'大跃进'"三面红旗，意味着毛泽东动员型竞赛式经济建设思想的基本形成。

在这种模式中，毛泽东不迷信甚至是排斥单纯的计划至上论调。他的疑虑来自对于计划本质的哲学追问和对计划主体的实践迷茫。关于计划的本质，毛泽东指出，计划是意识形态。意识是实际的反映，又对实际起反作用。这种计划性意味着要经常地、自觉地保持着比例，而要实现这个任务是不容易的。自由是对必然的认识并根据对必然的认识成功地改造客观世界，这个必然也不是一眼就能够看穿看透的。关于计划的主体，他认为，无论如何，不能认为历史是计划工作人员创造的，而不是人民群众创造的。[61] 乍一看，毛泽东的疑虑好像是漫无边际的文字游戏，实际上却直指苏式计划经济的命门。其一，在一个国家经济发展过程中，决策者对国际国内形势的判断是否准确无误，能否根据形势的发展变化及时调整。比如，对于战争与和平的判断，会直接影响到经济发展的优先方向，准备战争就要优先发展重工业，享有和平就可以优先发展农业、轻工业、服务业。这实际上是实践和认识的关系问题。其二，最广大的人民群众能不能参与到经济计划制定过程中来，一个国家的经济发展，到底是少数人制定计划，绝大多数人像生产线的机器一样按计划生产，还是调动和发挥大多数人的积极性和创造力。这实际上是事关人民群众实践认识主体地位的问题。毛泽东在《介绍一个合作社》时十分感性地说，“中国劳动人民还有过去那一副奴隶相么？没有了，他们做了主人了。中华人民共和国九百六十万平方公里上面的劳动人民，现在真正开始统治这块地方了”[62]。后来在组织学习小组研读苏联《政治经济学教科书》时，他对此问题又做了明确的理论阐述：劳动者管理国家、管理军队、管理各种企业、管理文化教育的权利，实际上，这是社会主义制度下劳动者最大的权利，最根本的权利。没有这种权利，劳动者的工作权、休息权、受教育权等等权利，就没有保证。教科书把群众的斗争只看做重要条件之一的说法，违背了“人民群众是历史创造者”这个马克思主义的原理。[63]

从中可以看出，**毛泽东在经济建设探索中强调的是个“放”字，他十分推崇列宁有关“生气勃勃的创造性的社会主义是由人民群众自己创立的”[64]的观点，坦言列宁这句话“讲得好。我们的群众路线，就是这样的”**[65]。这个“放”字的核心，是扬弃苏联完全自上而下的指令性计划生产模式，进而从“人民创造历史”和“人是生产力发展当中最活跃的因素”的哲学立场出发，充分相信群众、充分依靠群众和广泛调动广大人民群众的积极性、创造性，将经济活动的管理权下放基层，甚至直接交到人民群众手中，创造出一套自下而上的动员型竞赛式经济发展模式。在找到这种办法之前，毛泽东对于照抄苏联做法“总觉得不满意，心情不舒畅”[66]，在找到这种办法之后，他充满自信地认为，苏联的方法可以建设社会主义，我们也可以有另外一种方法。他们是自上而下的方法，我们是自下而上地发动群众。

从这样的哲学思想出发，起初毛泽东显得比较谨慎，还只是强调“我们不能像苏联那样，把什么都集中到中央，把地方卡得死死的，一点机动权也没有”[67]，实践要求也只是试探性的“三个自主、两个允许”，也就是要求地方相对中央、生产单位相对政府、生产者相对生产单位应当有一定经济自主权，这样他们才会有发展生产力和发挥积极性的内在动力，同时应当允许非公有制经济、自由市场在一定范围内存在，这样才能补充公有制和计划经济的不足，活跃社会主义经济，更好满足人民需要。但到了1958年，人民公社这种组织形式的出现让他“喜出望外”，随后形成的“大跃进”热潮，一下子将相信和依靠的群众哲学思想在实践中推到了极致的“放、放、放”。

第一个“放”是放手发动群众，也就是通过大规模的群众运动来搞建设。用毛泽东的话说就是“发展钢铁工业一定要搞群众运动，什么工作都要搞群众运动，没有群众运动是不行的”[68]，最离谱的是在全国掀起轰轰烈烈的全民大炼钢铁运动。第二个“放”是放开胆子赶超。中央层面提出“五年超过英国，十年赶上美国”，并提出了超过实际可能的关于跃进、大跃进、特大跃进的标准（即规定农业每年增产超过10%是跃进，超过15%是大跃进，超过20%是特大跃进；工业每年增产超过20%是跃进，超过25%是大跃进，超过30%是特大跃进）；第三个“放”是经济决策权下放地方，而不再集中于中央各部。鼓励各地不管不顾计委宏观调控，反对苏联模式束缚，反对理性计划，1958年6月2日曾有份文件要求“将轻工业下放98.5%、重工业下放96%”[69]。

可能是考虑到“放”的阻力过大、框框过多，也可能是对社会蕴含的发展热情估计不足，毛泽东在“大跃进”中反复强调要破除权威、破除迷信。

> 要敢想，敢说，敢做。不要不敢想，不敢说，不敢做，这种束手束脚的现象不好，要从这种现象里解放出来。劳动人民的创造性、积极性，从来就是很丰富的。我们现在的办法，就是揭盖子，破除迷信，让劳动人民的积极性和创造性都爆发出来。他说：革命精神与实际精神统一，要把俄国的革命热情和美国的实际精神统一起来。[70]

毛泽东显然有多虑之嫌，他的这些想法和提法“十分符合以缺乏科学知识为特点的党内干部的口味，可以极大地调动他们建功立业的欲望和冒险想象的冲动”[71]，全国各地很快就出现了“各种的瞎指挥，农业的瞎指挥，工业的瞎指挥，几个大办”[72]，由此掀起的“大跃进”和人民公社热潮势头凶猛、状态癫狂，工业放卫星、农业放卫星的浮夸风蔓延之快，竟然如脱缰烈马般让毛泽东深感吃惊，特别是面对“县以上的干部，没有一百万，也有几十万，就是要（向共产主义）过渡得快，越早越好”的状况，毛泽东说：“我们有说两年的，也有说三年的，也有说四年的，也有说五年的，就要进入了，哪有那个事呀？”[73]但此时此事却再难有效控制。短暂的热潮之后，严重的问题如影随形，祸患接踵而至，这就是全国性的农业饥荒和马鞍形的经济滑坡。

从根本上讲，毛泽东自创的这套自下而上动员型竞赛式经济发展模式是有内在逻辑缺陷的：一是计划经济的核心理念就是管理权的高度集中，主要表现在指标的统一性和权威性，自上而下是其主要特点。新中国整个国家的经济管理体制就是按照这样的思路设计建立的。现在要放手发动群众、搞竞赛，计划指标就完全失去了意义。整个国家的管理体制就变成了平时无所适从，一旦出现问题又会积极发声，要求调整、上收权限，彰显自己的存在价值。二是群众运动具有很大的盲目性，特别是在竞赛体制下，群众的参与基本是无序的，生产本身不是为了自己的生活，而是攀比指标甚至是为了政治荣誉，只重数量不重质量，甚至数字造假、注水。这种热情极高的无序竞赛，很容易造成实际经济运行的秩序混乱，严重干扰管理体系掌握真实情况、及时发现问题。

新模式首战遭遇如此惨败，毛泽东在深刻反思的同时主动协同中央一线贯彻“调整、巩固、充实、提高”的八字方针，强调“收、收、收、收”，即上收企业管理权、上收物资分配权、上收基建审批权、上收财政信贷权。1961年12月，毛泽东回顾自己的心路历程说，“我起初是支持地方的，后来我看不对头，现在要支持集中了。过去民主革命，证明集中统一才能打胜仗。现在的毛病是‘五风’、‘五多’”[74]。

但从后来的历史发展看，毛泽东并没有将这次惨败看作大问题。他从实践和认识的关系出发，强调“人对客观世界的认识，由必然王国到自由王国的飞跃，要有一个过程”，在连续不断的反思中，毛泽东更多的是将这些挫败视为认识社会主义建设这个必然王国过程中的实践曲折。

民主革命搞了几十年，经过了陈独秀的错误，三次“左”倾错误，又经过了抗日战争时期的右倾错误，犯了许多错误，碰了许多钉子，最后经过了整风，才搞出了一套包括理论的和具体政策的为大家所公认的教科书。……我们搞社会主义是边建设边学习的。搞社会主义，才有社会主义经验，“未有先学养子而后嫁者也”。说没有经验，已经搞了十二年，也有一些，但也只有十二年。[75]

对于建设社会主义的规律的认识，必须有一个过程。必须从实践出发，从没有经验到有经验，从有较少的经验，到有较多的经验，从建设社会主义这个未被认识的必然王国，到逐步地克服盲目性、认识客观规律、从而获得自由，在认识上出现一个飞跃，到达自由王国。……在社会主义建设上，我们还有很大的盲目性。社会主义经济，对于我们来说，还有许多未被认识的必然王国。[76]

显然，在毛泽东的认知世界里，坚持放权基层和放手发动群众是“经”，是不易之常理；支持适当的调整甚至整顿和支持集中统一是“权”，是据时之变通。柳宗元在《断刑论》中说“经非权则泥，权非经则悖”[77]，“凡事有经有权”正是毛泽东的一贯实践思想。当年《在延安文艺座谈会上的讲话》发表后，远在重庆的郭沫若评语是“凡事有经有权”，毛泽东很欣赏这个说法，认为是得到了一个知音。[78]秉持如此实践思想的毛泽东，在失败哪怕是十分惨烈的失败面前，可以“事急从权”，从态度、方法、策略等层面作出反思、总结和调整，但他绝不会在立场和原则上认输、倒退或转向。在后来的经济建设实践中，只要条件具备，毛泽东就强调放权基层、强调发动群众，把资源的配置权直接放开，鼓励基层一线和人民群众充分发挥聪明才智，能干什么就干什么，能干多少就干多少。1966年，他甚至直接提出“中央还是虚君共和好”的设想。

现在就是不让人家有积极性，上边管得死死的，妨碍生产力的发展，是反动的。中央还是虚君共和好，只管大政方针、政策、计划。中央叫计划制造工厂，只管虚、不管实，也管点实，少管一点实。……中央计划要同地方计划结合，中央不能管死，省也不能完全统死，计划也不要统死。总而言之，不能太死。要卡，不能卡死。[79]

在这一思想认识指导下，“文化大革命”开始后国家计委的干部由最多时的5000多人一下子压缩到600余人，1969年干脆直接被搬到湖北襄樊搞农业生产去了，国民经济综合管理工作实际上就此停摆。从1970年开始，中央再次大批下放企业，对地方实行财政收支、物资分配和基建投资等“三个大包干”政策，以及简化税收、信贷和工资制度等重要措施，毛泽东在当年12月18日与美国友人斯诺谈话时，对此表示满意。

就是要有两个积极性，中央的积极性和地方的积极性，让地方自己去搞，中央不要包办。统统抓在中央手里不行啊，管不了那么多啊！要学你们美国的办法，分到五十个州去。中央一个积极性，地方一个积极性，讲了十几年了，就是不听，有什么办法？现在听了。[80]

当然，这一轮放权基层也伴随着广泛发动群众。全国各地鼓励农村发展工业、提倡准军事化的经济管理模式，在推动生产大发展的同时，也开始制造新的生产大混乱。1973年之后周恩来、邓小平先后领导经济整顿，主要表现为又一轮经济管理权上收。

毛泽东以放权基层和发动群众为“经”，以加强管理和集中整顿为“权”。“有经有权”的实际操作，导致自1958年“大跃进”始，中国经济建设呈现出放权、收缩，再放权、再收缩的波浪式发展特征，完整意义上的计划经济体制始终没能真正建立起来。有学者认为，毛泽东时代“搞了近30年的计划经济，在很长的时间里，计划工作不是加强了，而是削弱了。虽然中国名义上实行了五个五年计划，但多数年份只有年度计划，走一步，看一步，正一下，反一下，真正形成完整的长期计划只有第一个五年”[81]。

这样看来，**任何人都没有任何理由将毛泽东时代划入实行僵化计划经济体制的行列，毛泽东本人甚至还是苏联模式计划经济体制的质疑者、反思者**。但是，毛泽东对传统计划经济体制的质疑反思和探索实践之路绝不像前述“走一步，看一步，正一下，反一下”那么简单。或者说前述学者看到的只是事物发展的一个方面，即借助党政管理体系整顿经济秩序和加强组织领导的一面，而忽略了事物发展的另一个方面，也就是毛泽东更加关注生产力发展当中最活跃的因素——人，特别是十分关注人的政治革命、思想革命和文化革命，越是遭遇现实困难，毛泽东越是偏向在人民群众中找回精神的力量来推动经济发展，他坚信唯物主义者“他们最能够刻苦，最不怕死”，“他们有最伟大的理想，因此他们有顽强的战斗性”[82]。

“大跃进”遭遇严重挫折。毛泽东从1960年开始将人民公社由“一大二公”调整为“三级所有，队为基础”，要求压缩指标、降低速度，不准搞“高指标、高估产、高征购、高安排”等。具体政策调整到位后，他在1961年9月的中央政治局常委扩大会议上说，“现在，我们已经退到极点了，退到谷底了，今后要稳步上山”[83]。这里所说“退到极点”和“退到谷底”，应该是既指经济形势，也指政治标准。

1962年春节前后，毛泽东主持召开中共中央扩大的工作会议（史称“七千人大会”）总结1958年新经济建设思想实践的经验教训。这次大会提出了问题，也暴露了分歧，“而且还留下了后来党内斗争的阴影”[84]。毛泽东将“大跃进”以来反映出的问题以及这次会议期间和会议之后暴露出的认识分歧，上升到“怎么对待国内和党内的修正主义的问题”[85]的高度来认识，再加上中苏关系紧张、新疆伊犁事件、中印边界问题以及蒋介石集团趁国内发生经济严重困难之机叫嚣“反攻大陆”等多种因素[86]的叠加，促使毛泽东对形势严峻性的判断陡然升级，关注重点从经济领域完善调整具体政策转向深挖政治领域思想根源，工作重点从大规模组织群众开展生产实践转向强调政治思想领域的阶级斗争。从1963年起，中央一线坚决贯彻“调整、巩固、充实、提高”的方针，以加强集中统一领导为核心指导思想，大力规范经济秩序。

◆ 共产主义者的心，至少有一半生活在未来

这一时期，毛泽东并没有过多干预中央一线的经济调整工作。也许在他看来，这些调整措施只是“权”，他的注意力已经转向对“经”的关注，他要开辟一条新的战线，通过转换人的思想、重塑人的精神，既

要为应对更加复杂的国际斗争形势做好政治准备，又要为更深层次发动群众推进经济发展注入新的活力。

毛泽东新开辟的这条战线，就是开展社会主义教育运动。这场运动如果从名称上看，好像是纯政治性的教育活动，实际上却是针对前期经济建设中暴露出的问题的，毛泽东将这些问题的账，算在了政治方向和人的思想觉悟上。社会主义教育运动的主要内容，是在城市开展“五反”运动，在农村开展“四清”运动，后来统称为“新四清”运动，即清思想、清政治、清经济、清组织。1963年5月4日，毛泽东在杭州接见阿尔巴尼亚客人时，甚至曾针对“五反”中的“反铺张浪费”问题，专门算了一笔很有意思的经济账，以此来说明这场运动在性质上是从属于经济建设的。

> 浪费问题很大，这个问题如能适当解决，就可以搞出几十亿美元。美国人不会借款给我们，社会主义国家也不借给我们，我们有个办法，就是向官僚主义者“借款”。[87]

按照毛泽东的想法，“新四清”运动主要是依靠工人和贫下中农，要求干部参加劳动，阶级斗争、生产斗争和科学实验“是使共产党人免除官僚主义、避免修正主义和教条主义，永远立于不败之地的确实保证。”[88]接见阿尔巴尼亚客人几天后，毛泽东在中共浙江省委有关《一批干部参加劳动的材料》上写了长篇批语，明确界定了这次社会主义教育运动的性质和意义。

> 这一场斗争是重新教育人的斗争，是重新组织革命的阶级队伍，向着正在对我们猖狂进攻的资本主义势力和封建势力作尖锐的针锋相对的斗争，把他们的反革命气焰压下去，把这些势力中间的绝大多数人改造成为新人的伟大的运动，又是干部和群众一道参加生产劳动和科学实验，使我们的党进一步成为更加光荣、更加伟大、更加正确的党，使我们的干部成为既懂政治、又懂业务、又红又专，不是浮在上面、做官当老爷、脱离群众，而是同群众打成一

片、受群众拥护的真正好干部。这一次教育运动完成以后，全国将会出现一种欣欣向荣的气象，我们的国际主义的贡献也就会更大了。[89]

这个长篇批语显示出，毛泽东认为，干部要和群众一道参加劳动，同群众打成一片，不能浮在上面、做官当老爷。之前两天他在进餐祝酒时说，“四清”“五反”的结果，一定会有利于增加生产，在饭后的会议上又强调，干部一参加劳动，许多问题就得到了解决。修正主义的根子就在这里，现在要好好提倡干部参加生产劳动。[90] 这一系列论述表明，在毛泽东的哲学和政治世界里，劳动不仅仅是现实的物质生产活动，还是改造人的精神世界的根本途径，甚至是“干部是可以教育好的”和“把那些牛鬼蛇神打下去”[91] 的有效办法。

马克思主义哲学常常被称为实践哲学甚至劳动哲学，重视劳动和劳动的作用，自然也是马克思主义者思想观念当中应有之义。只是在毛泽东的哲学和政治世界里，重视劳动特别是重视生产劳动显得格外突出，其分量甚至已经上升到人类改造客观世界和改造主观世界的根本途径的高度。如果说延安时期毛泽东组织大生产运动、要求干部下乡和生产开荒，是受经济财政困难的形势所迫的话，那么他在1951年秋天的那个夜晚提出的今天的青年学生应该是既有文化，又会劳动；既用脑，又用手；既能文，又能武的全面发展的人。男的绝不要学贾宝玉，女的绝不要学林黛玉，就是一种着眼于未来发展的政治自觉。1956年完成社会主义改造之后，特别是1964年经过三年巩固调整完全走出经济困境，毛泽东已经积累了相当的基础和家底，他在发展生产力方面仍然坚持相信和依靠人民群众、相信人的精神第一、相信生产劳动在改造客观世界和改造主观世界方面的根本性作用。这些认识和做法充分说明，人民群众的主体地位和生产劳动的主体作用，事关毛泽东的哲学立场和政治信仰。毛泽东强调，通过干部“和群众一道参加劳动，同群众打成一片”就能取得“挖修正主义根子胜利”，并以此为宗旨组织开展社会主义教育运动。这些认识和做法又显示出，毛泽东开始将自己的哲学立场推向极致的实践倾向。

历史如此发展演变，除去毛泽东自感年事已高，要“防修反修”并在有生之年巩固社会主义制度这层现实的政治考虑之外，**人既是经济发展的主体，也是经济发展的目的，通过经济建设造就“全面发展的新人”，通过造就“全面发展的新人”更好地推动生产力发展，是毛泽东更高层次的精神追求**。在他看来，这就是路线，这就是原则，“对路线问题、原则问题，我是抓住不放的。重大原则问题，我是不让步的”[92]。

在马克思主义哲学思想基础上，经过延安时期和新中国成立初期的实践探索，毛泽东视生产劳动为造就“全面发展的新人”根本途径的政治思想，终于在“大跃进”期间正式形成并以诗歌形式呈现了出来。1958年7月1日，毛泽东作《七律·送瘟神》二首，“春风杨柳万千条，六亿神州尽舜尧”，“天连五岭银锄落，地动三河铁臂摇”；1959年6月作《七律·到韶山》，“喜看稻菽千重浪，遍地英雄下夕烟”；1959年7月1日作《七律·登庐山》更是直接呼吁梦想有个桃花源的陶渊明赶快到现实中国来看看，“陶令不知何处去，桃花源里可耕田？”[93]一年间四首七律，毛泽东表达的是一种立场，更是一种期盼。**“舜尧”和“英雄”，在这里不是帝王圣人的符号，而是集高尚道德、奉献精神、不屈意志、深刻智慧和富有力量于一体的理想人格、理想躯体的普通群众，他们热爱劳动、享受劳动的喜悦，他们个个都是建设社会主义的英雄。**

由这四首七律反观毛泽东“1951年秋天的那个夜晚”有关“男的绝不要学贾宝玉，女的绝不要学林黛玉”的谈话，他讲的其实也是同样的立场、同样的期盼。深入到《红楼梦》之中，贾宝玉、林黛玉不劳动固然是事实，但若说他们“全不肯劳动”则未必。养尊处优的公子小姐内心深处未必没有向往劳动的一面，只不过家庭和社会从不给他们机会罢了。《红楼梦》第十五回“王凤姐弄权铁槛寺　秦鲸卿得趣馒头庵”里，宁府送秦可卿灵柩出殡在一村庄打尖，贾宝玉“因同秦钟出来，带着小厮们各处游顽”，“见了锹、镢、锄、犁等物，皆以为奇，不知何向所使，其名为何。小厮在旁一一的告诉了名色，说明原委”，宝玉听后点头称叹，后来看见“炕上有个纺车”，“便上来拧转作耍”，却被“一个约有十七八岁的村庄丫头跑了来”喝道“你们那里会弄这个，站开了，我纺与你瞧”，“只见那丫头纺起线来”。后来纺线的二丫头被老婆子一喊就“丢下纺车，一径走了”，宝玉“怅然无趣”。送殡队伍出村时，“只见迎头二丫头怀里抱着他小兄弟，同着几个小女孩说笑而来。宝玉恨不得下车跟了他去”。有读者将贾宝玉对二丫头的向往从“情、色”上解释并不正确，因为曹雪芹早已借秦钟之口提点宝玉“此卿大有意趣”，被宝玉一把推开说“该死的！再胡说，我就打了”。贾宝玉所向往的应该是二丫头的农家率真心态和劳动形体之美。《红楼梦》第二十三回“西厢记妙词通戏语　牡丹亭艳曲警芳心”里黛玉葬花一节也值得仔细品味。

> 宝玉一回头，却是林黛玉来了，肩上担着花锄，锄上挂着花囊，手内拿着花帚。宝玉笑道：“好，好，来把这个花扫起来，撂在那水里。我才撂了好些在那里呢。”林黛玉道：“撂在水里不好。你看这里的水干净，只一流出去，有人家的地方脏的臭的混倒，仍旧把花糟蹋了。那畸角上我有一个花冢，如今把他扫了，装在这绢袋里拿土埋上，日久不过随土化了，岂不干净。”

林黛玉对劳动的向往通过一身装束打扮展露无遗，宝、黛葬花的场景虽然没有正面描写，但从林黛玉口述可知基本与劳作无异，难怪脂砚斋会批注说，“一幅《采芝图》，非葬花图也”[94]。

曹雪芹笔下的贾宝玉、林黛玉对于劳动只是一种朦胧的向往和模仿，家庭和社会不会给他们向前一步的条件和机会，他们就只能成为终日无事的闲人：看在别人眼里，贾宝玉可谓闲极，“时常没人在跟前，就自哭自笑的；看见燕子，就和燕子说话；河里看见了鱼，就和鱼说话；见了星星月亮，不是长吁短叹，就是咕咕哝哝的”；看在自己眼里，林黛玉满是光阴虚度之无奈，她在《葬花吟》反复追问：“尔今死去侬收葬，未卜侬身何日丧？侬今葬花人笑痴，他年葬侬知是谁？”

建立了政治上的新中国的毛泽东，在建设经济上的新中国的过程中，将参加生产劳动的重要性推向了极致。自20世纪50年代中期开始，本着“国家倡导、本人自愿”的原则，社会上开始出现城市知识青年上山下乡参加生产劳动的现象，“从1955年到1966年全国上山下乡的城市知青约120万人”[95]。毛泽东对此显然是鼓励的，他不仅要求普通中学的学生利用假期和休息日的一部分进行劳动，实行勤工俭学，还曾设想中央各部委领导干部都仿照农垦部做法，即三分之二下去、三分之一留家，下去四个月参加生产劳动。后来甚至还对马克思、恩格斯以及自己不参加生产劳动作了略带歉意的解释。

> 马克思、恩格斯不参加生产，是总结人家的生产经验。我们这些人年纪大了，不能劳动了，就靠总结人家的生产经验。[96]

非但如此，毛泽东还坚持反对通过“物质刺激”提高劳动生产率。他以批评苏联的方式说“他们老是提物质刺激，原因是政治太弱。我们要教育人民，不是为了个人，而是为了集体，为了后代，为了社会前途，而努力奋斗”[97]，并从列宁有关“唯物主义者最‘唯心’”的论断出发，将社会主义教育运动推向意识形态和文化艺术领域，提出包括意识形态方面，除了文学之外，还有艺术，比如歌舞、戏剧、电影等，都应该好好抓一下。

> 要推陈出新。过去唱戏，净是老的，帝王将相，家院丫头，保镖的人，黄天霸之类，那个东西不行。推陈出什么东西呢？陈就是封建主义、资本主义的东西。要把封建主义、资本主义的东西推出去，出社会主义的东西，就是要提倡新的形式。旧形式要搞新内容，形式也得有些改变。总而言之，老是帝王将相，刘、关、张，净是那一套，我看不成功。现在经济形式已经改变了，是社会主义经济了；上层建筑应该适应这个经济形式，上层建筑的形式也应该有所改变，内容也应该有所改变。[98]

从后来政治宣传和文化艺术领域的响应情况看，毛泽东要求的这个从形式至内容的“应该有所改变”，主要是通过“两个狠抓”，改变在政治宣传和文学艺术作品中，劳动人民往往只是打武场、跑龙套的状态，核心是歌颂革命、歌颂劳动、歌颂牺牲奉献精神，提倡“让劳动人民当主人，才符合我们现在的情况”[99]。

一个是狠抓发现典型、树立典型和学习典型工作，使广大党员干部和人民群众在学习中净化灵魂、焕发干事创业的积极性。大寨大队、大庆油田和雷锋、焦裕禄等毛泽东思想哺育和激励下成长起来的集体和个人也在1963年和1964年涌现出来，农业学大寨、工业学大庆，全国人民学习雷锋，党员干部学习焦裕禄，一个又一个学习典型的热潮在全国迅速兴起。再加上1964年成功爆炸第一颗原子弹和1965年人工合成蛋白质牛胰岛素等重大科技成果的突破，极大地激发了全党全国和全民族的政治和生产热情。

一个是狠抓文化艺术的改革创新，以形式多样的文化产品滋养人的精神。在戏曲方面，集中推出了反映现代革命斗争的京剧、歌剧、话剧等一大批新剧目和新剧种，京剧如《芦荡火种》《杜鹃山》《龙江颂》《海港》《平原枪声》等，歌剧如《洪湖赤卫队》《江姐》等，话剧如《千万不要忘记》《青年一代》《霓虹灯下的哨兵》《用革命的名义》《战洪图》，舞剧如《红色娘子军》等，大型歌舞剧如《东方红》《长征组歌》等；在电影方面推出了《柳堡的故事》《红旗谱》《红珊瑚》《南海潮》《老兵新传》《智取威虎山》《战上海》等一大批反映革命题材和现实生活先进英雄人物的优秀影片；在文学方面，小说《乘风破浪》《红岩》《青春之歌》《林海雪原》《野火春风斗古城》等优秀作品相继问世并风靡全国。

在这些先进典型和文艺作品的教育鼓舞下，一种崇尚生产劳动、崇尚牺牲奉献的社会氛围开始在全社会酝酿发酵和聚能蓄势。1968年12月21日、22日，中央人民广播电台、《人民日报》先后播发、刊发毛泽东的最高指示。

> 知识青年到农村去，接受贫下中农的再教育，很有必要。要说服城里干部和其他人，把自己初中、高中、大学毕业的子女，送到乡下去，来一个动员。各地农村的同志应当欢迎他们去。[100]

毛主席一声令下，立即在全国掀起上山下乡的高潮，数以百万计的城市知识青年“纷纷奔赴社会主义农村，在那里安家落户”[101]参加劳动。在之前10年知识青年上山下乡的基础上，这一时期的知青上山下乡历时也在10年左右，规模却不可同日而语，它“在‘文化大革命’这一特定历史时期发展成为一场声势浩大的运动，全国共有1600万城镇知青奔赴农村和边疆”[102]，将毛泽东通过生产劳动造就“全面发展的社会主义新人”，以“全面发展的社会主义新人”推动经济跃进发展的思想推向了极致。之所以这样说，是因为这场运动承载着毛泽东太多的理想。

> 这些理想集中表现在消灭社会分工，要求全民树立忘我的精神，就是说为国家利益而牺牲个人利益的大无畏的革命情操（“为人民服务”），还要向一切阻碍实现理想的势力（落后的经济、阶级敌人，特别是“资产阶级思想”）作斗争。[103]

毛泽东的经济发展思想是在市场和计划之外另辟新径。他排斥市场理论，不能见容于资本势力；他排斥计划模式，不能见谅于官僚体系；他动员和组织群众是依靠精神激励而不是物质刺激，人民群众生活改善有限，他很难得到一部分群众的理解；那些政治投机分子和冒险家、野心家借机逢迎、借势胡来，又使他背负上不少政治责任。这些因素综合起来，使得毛泽东开创的经济建设模式显得成本过高，这些成本包括严重的政治动荡、严重的资源浪费和严重的民生穷困。这三项成本中的任何一项，严重到一定程度，都可能导致破坏性的政治经济和社会危机，所以毛泽东所开创的这种动员型竞赛式经济发展模式很难复制，在他之后也难以持续；他所追求的造就“全面发展的社会主义新人”的目标，似乎也并未如愿。有人据此否定毛泽东，说他不懂经济，说他人亡政息，说他空想误国。

说毛泽东不懂经济，根本就是信口胡扯。在毛泽东领导下的社会主义建设探索时期，新中国的国内生产总值从1952年只有679亿元上升到1978年的3645.2亿元，增加近6倍；财政收入从1950年的62.17亿元上升到1978年的1132.26亿元，增长近20倍；总人口由1949年的54167万到1978年的96974万，增加80%；[104]由于农村合作医疗的广泛普及，全国居民平均预期寿命由1949年的35岁上升为1978年的近70岁。在一个汽车和飞机充斥世界，自己却造不出一辆像样单车的国度，新中国在不到30年的时间内，建立起比较完整的工业体系和国民经济体系，基本实现国家的工业化。

说毛泽东人亡政息，更是荒诞不经。毛泽东之后的中国改革开放取得的伟大成就不是凭空从天上掉下来的。**如果把国家比做一辆汽车，毛泽东面对的旧中国好比是一辆陷在泥潭的报废车，他领导革命好比是修好了这辆车，他领导建设好比是精疲力竭地将这辆车抬上马路并加好油。**根据《剑桥中国史》记载，1953—1957年，中国物质产品净值的积累率就达到24.2%。随着社会主义改造的完成，这个比例逐步提高，最低的年份是1963—1965年的22.7%，最高为“四五”计划时期的33.27%。这种高积累，让毛泽东时代的城乡群众物质生活相对穷困，那一代中国人被整体组织起来，必须过又努力、又穷困的生活。中国积贫积弱太久，要想在世界上取得主动地位、让其他民族平等待我，就必须有一代甚至几代人作出牺牲和奉献。“如果没有那个时代的人民勒紧腰带进行铁路、公路、农田水利等大量的基础设施建设，迅速完成了工业化的原始积累，使中国由一个基本的农业国变成一个初具规模的工业国，改革开放以后经济的快速起飞和发展也就成为一纸空谈。”[105]

毛泽东开创的经济发展模式固然有难以持续的一面，但正是这种模式为后续的改革开放和市场经济打下了坚实的物质、人才、技术和环境基础，它基本完成了自己的历史任务。**正如修好的车辆已经抬上马路，就没必要继续抬着走。后来在马路上开车和乘车的人，可以忘记修车和抬车的人，可以评价他们的手艺，但绝不应该去指责和谩骂他们。**况且，毛泽东开创的经济发展模式是从脱苏和反僵化开始的，它在收与放的拉锯中保留着一种特殊的活力。混乱与活力、幼稚与成长，本来就是一对相辅相成的辩证关系。就当时的中国而言，市场经济就像林黛玉之与焦大，完全没有结合的可能；如果仿效苏联计划经济模式，当苏联体制完全僵化、党完全官僚化，积重难返、改革难以济事而走向崩溃之时，一个“全盘苏联化的中国”能够坚持下去吗？

更为重要的是，**毛泽东开创的经济发展模式找回了人民群众在经济**

发展中的位置，这是他对政治经济学最独特、最根本的贡献，也可能是中国经济与世界其他经济体最本质的区别。

说毛泽东空想误国，纯属污蔑。毛泽东说："'千里之行，始于足下'，如果只看到足下，不想到前途，不想到远景，那还有什么千里旅行的兴趣和热情呢？"[106] 实现人的自由全面发展，本来就是马克思主义的崇高政治理想，发展生产力和塑造全面发展的新人，是互为前提，又互为结果的。人类从野蛮和蒙昧状态走来之时还是自然界的奴隶，长期的丛林法则给人类的精神世界打上深深的恃强凌弱的烙印。进入文明时代以后，又因为生产力发展水平长期低下，资源的不均衡性、难以获取和难以转化性，导致人类有自私、愚昧、残忍的一面，这些问题是历史意识的沉积，而绝不是人的本性如此，它会随着生产力的发展，随着物资供应的极大丰富逐渐消失。儿时家乡的松鼠常受孩童骚扰，没有不怕人的，现在城市里特别是大城市公园里的松鼠悠闲自得，大多并不怕人，这说明松鼠是否怕人，只是对外部条件的一种反应，绝不是松鼠的本性。毛泽东不赞成贾宝玉和林黛玉那种少爷小姐式的生活方式和生存状态，要求每一个人"应该是既有文化，又会劳动；既用脑，又用手；既能文，又能武的全面发展的人。男的绝不要学贾宝玉，女的绝不要学林黛玉"，这是追求文明进步的体现。那些只要自己过上好日子，就认为或者希望少数国家永远骑在世界其他民族头上、少数资本寡头和官僚权贵永远骑在世界绝大多数人民头上的"历史终结"论者，才是历史和人民的反动者。

第六章

各人又有各人的打算：

心事浩茫连广宇，

又踏层峰望眼开

近几年来，我国的家长制度已经进一步地瓦解了。事实上，我国家长制度的不能巩固是早已开始了。《红楼梦》中就可以看出家长制度是在不断分裂中。贾琏是贾赦的儿子，不听贾赦的话。王夫人把凤姐笼络过去，可是凤姐想各种办法来积攒自己的私房。荣国府的最高家长是贾母，可是贾赦、贾政各人又有各人的打算。[1]

——1959年12月14日，毛泽东读苏联《政治经济学教科书》第二十章《从资本主义到社会主义的过渡时期的基本特点》的谈话。

1966年8月18日清晨5时，毛泽东身着一套崭新军装登上天安门城楼，出席来自北京和全国各地的百万革命群众参加的"庆祝无产阶级文化大革命群众大会"，其间接受北京师范大学女附中红卫兵给他佩戴红卫兵袖章，并说"我坚决支持你们"。他还走下城楼，走进群众队伍中同周围的人握手，整个活动持续了6个多小时。

这是毛泽东第一次接见红卫兵。到这年十一月下旬止，毛泽东共8次接见北京和来京串连的红卫兵总共一千一百多万人次，其中第三次接见还是在卧病三天的情况下进行的。[2]有人在谈到首次接见活动的意义时说："如果说在'八·一八'之前，'文化大革命'还只是中国大地上滚动的、令人惊骇的阵阵闷雷，那么在'八·一八'以后，它就成了把整个民族冲击得晕头转向的狂风暴雨了。"[3]

毛泽东在不足百天之内8次接见逾千万人次红卫兵，既是出于对前期党政管理体系求稳怕乱、没有大规模发动群众的极端不满，又是贯彻其"只能是群众自己解放自己，不能采用任何包办代替的办法"[4]思想的一次大胆尝试。毛泽东亲自出手发动千百万群众"闹革命"的举动说明，他与党政管理体系的矛盾已经势同水火。8次接见活动，使得"红卫兵的'全国大串连'产生巨大的辐射作用，从北京开始的那种对党政机关的猛烈冲击迅速扩展到全国。中央到地方的各级党政领导机关纷纷被围攻"，"许多党政机关陷入瘫痪或半瘫痪"。[5]

弄清这一矛盾积累演变的来龙去脉，还要从1962年的经济调整政策说起，1962年是以上矛盾由量变到质变的关键节点。

◆ 丈夫何事足萦怀：看中国不能尽看好的

1962年是农历壬寅虎年，历法现象颇为奇特：春节恰逢立春节气，元宵恰逢雨水节气、端午恰逢芒种节气。自1958年以来连续4年下降的农林牧渔业总产值和粮食总产量终于触底反弹，分别比上年增长8%和

13%以上，人口自然增长率大幅攀升33.5%。出现如此好年景，一是得益于“天帮忙”。这一年全国总体上风调雨顺，农业受灾面积和成灾面积双双大幅度下降40%左右；[6]二是得益于“人努力”。1958年“大跃进”失败，再加上严重自然灾害和苏联撤走专家、逼还国债，这些因素叠加起来造成的“三年困难时期”，带给中国社会一场真正的灾难。当毛泽东开始了解基层真相，特别是得知一些地方“饿死了人”之后，他痛感问题严重，很快着手纠正“大跃进”中的“大办”“共产风”、瞎指挥、高征购等错误，先后制定农业十二条、农业六十条、工业七十条，采取缩短基建战线、压缩城市人口和控制失序膨胀等重大措施，效果逐步显现。

灾患易度，人心难聚。“大跃进”实在力道过猛、后坐力太强：这一刀切下去，给中国社会切出的是一道久久阵痛的伤口，力道反弹回来，又给中共党内在如何建设社会主义问题上震出了一道难以表述的思想裂痕。为修补“三年困难”在党内和群众中造成的消极影响，69岁的毛泽东在1962年几乎拿出全部政治智慧予以善后，其本意是通过全面落实民主集中制，凝聚人心、统一思想，带领全党团结一致向前看、扎实干。谈到1962年的工作时，他希望“明年工、农、商、学、兵，政府、党委要全面走上轨道”，“明年一月开中央工作会议，无论如何要抓好工作，争取主动”。[7]毛泽东“无论如何”也没有想到，一年努力却事与愿违，他对国际国内和党内形势以及矛盾性质的判断却发生了根本性变化，一个经济上的好年景，因此成为新中国前30年的一道政治隔阂。

毛泽东的政治修补工作，是从“开个大动员的会议”开始的，即由“中央、各中央局、各省市自治区党委、地委、县委、重要厂矿党委及军队的负责干部七千余人”[8]参加的中央扩大工作会议，后来通称为“七千人大会”。这个会议的规模之大，是新中国历史上绝无仅有的，会期长达28天。1962年元旦前，毛泽东以一首《卜算子·咏梅》明志互勉，元旦过后就全面转入审阅工作报告等会议筹备工作。1月11日即辛丑牛年十二月初六大会开幕，一直开到2月7日也就是壬寅虎年正月初三才结束。会上，毛泽东带头开展自我批评，提倡要让人家讲话，要给人家机会批评自己，他将这种开会方式形象地称为“白天‘出气’，晚上看戏、两干一稀、大家满意”。会议期间，毛泽东主张集体在北京过一个春节，赢得全场热烈鼓掌，他建议让大家“出气”。不出气，统一不起来。没有民主，就不可能有集中。[9]他多次讲话、插话，在自我批评中主动承担责任，从哲学高度解释“大跃进”失败的原因，鼓励大家提出解决问题、改进工作的办法等。这些做法让会议气氛热潮迭起。

这次“大动员的会议”由于环境宽松、气氛热烈，特别是让人畅所欲言，当时普遍认为这个会开得好、非常好、而且不是一般的好。[10]可在实际上，大会的政治效果并不如预期，毛泽东期望达成全党思想上的团结统一，会议却开得“议论纷纷”。比如，关于“大跃进”失误的直接原因，普遍意见认为“经济工作方面的分散主义”使国家的生产计划、基本建设计划、物资分配计划、商业计划、劳动计划、财政计划都“被搅乱了”，强调要加强集中统一，这与毛泽东有关“劳动人民蕴藏着的创造性、积极性很丰富”的哲学立场明显相左；再比如，关于“大跃进”的责任问题，毛泽东主动自我批评引发会场震动，有说“我们把工作做坏，为什么叫他老人家做检讨”的，有说“主席都检讨了，我们还有什么可说”的，有借农民“三分天灾、七分人祸”之论，说“你不承认，人家就不服”的；特别需要注意的是，包括毛泽东在内的中共中央政治局常委分别讲话，或直抒胸臆，或字斟句酌，或闪烁其词，或别有用心，调子并不一致。有领导同志讲到，“我们现在是来总结经验，好在我们现在能够回头，能够总结经验，能够改过来，还不是路线错误。但是，如果现在我们还不回头，还要坚持，那就不是路线错误也要走到路线错误上去”[11]，这样的告诫已经使毛泽东难以释怀，有关“三面红旗，我们现在都不取消……现在，有些问题还看得不那么清楚，但是再经过5年、10年以后，我们再来总结经验，那时候就可以更进一步地作出结论”[12]的论断，更是大出毛泽东的意料之外。

“这次大会的前4年是‘“大跃进”’的开始，它的后4年是‘文化大革命’的发端”[13]，它显然是承前启后的关键节点。毛泽东散会时虽说“这个会开得好”，实际上却难掩内心的失望之情，会后无奈地撂下一句“一张一弛，现在要弛一下，不要搞得太紧张了。七月北戴河会议，几个月内不开会”[14]，就乘专列离开北京，南下调查研究去了。2

月11日，身在上海的毛泽东思虑再三，在修改相关中央文件时还是用“根本制度”四个字划出了在农村生产关系调整方面应当坚守的制度底线和政治红线。

> 在我国绝大多数地区的农村人民公社，以生产队为基本核算单位，实行以生产队为基础的三级集体所有制，将不是短期内的事情，而是在一个长时期内，例如至少三十年内，实行的根本制度。[15]

在毛泽东看来，过去两年“我们办错了许多事，主要是高征购、瞎指挥这两件大错误”[16]，现在权力下放，“大包干”，以生产队为基本核算单位，收购上既不是高指标、也不是低指标，干部和群众就定了心。[17]但群众对饥饿的恐慌记忆和党内对发生问题的反思认知，显然并没有止步于此。七千人大会的热烈气氛，反倒鼓舞着揭露问题的声音、要求单干的主张和变相分田的行动汇聚发酵，如海浪拍岸般不断冲击着毛泽东的政治红线。不但他的秘书田家英在深入湖南调查研究后主张“包产到户”；陈云也主动找毛泽东，阐述了他“分田到户”的意见；其他中央领导同志虽未必直接提出，但大多也是赞同这些意见的。

这些让毛泽东深感意外，初时费解，继而沉思。1962年8月北戴河会议上，全国性夏粮丰收在带来喜悦[18]的同时，也让毛泽东对悲观论调更加不满并增强了反击信心，他在继续强调“要让人家讲话”的同时，开始对这些思潮动向提出严肃的政治警告，“如果全部闹单干或大部闹单干我是不赞成的。如果那样搞，党内势必分裂”[19]；9月中共八届十中全会再次示警，“关于工作问题，我不准备多讲。我现在只讲一讲怎样对待国内和党内的修正主义问题”[20]。随后几个月与人谈话时，他越来越多地强调“团结起来，努力工作，小心谨慎”；12月21日与华东各省市第一书记谈话时，毛泽东十分明确地将“团结起来”的目标锁定为“我们要保护全民所有制、集体所有制”[21]。

毛泽东的政治耐心在逐渐流失，政治警告在步步升级。1962年12月26日清晨，他在69岁生日之际挥毫写下《七律·冬云》。

雪压冬云白絮飞，万花纷谢一时稀。
高天滚滚寒流急，大地微微暖气吹。
独有英雄驱虎豹，更无豪杰怕熊罴。
梅花欢喜漫天雪，冻死苍蝇未足奇。[22]

与一年前《卜算子·咏梅》盛赞梅花以明本志相比，这首诗出现了梅花的对比物“苍蝇”，表达出作者“自喻梅花立飞雪、相信冬去春将近、嘲笑苍蝇不耐寒”的强烈政治情绪。这种情绪，既包含着针对国际国内形势严峻性的判断，也包含着对自己顶住压力的自信和勉励，还包含着对党内那些夸大困难者的不满之意。

诗作成稿，毛泽东当即批示秘书林克：“请将诗一首付印，于今天下午印成五十份，于下午六时前交我为盼。”[23]毛泽东如此急于付印诗作的情况并不多见，需要份数如此之多何用，也不见于文献。联系当时中苏反目的国际背景和毛泽东有关“单干风越到上面越大”[24]的政治判断，诗人以傲立飞雪的“梅花”自喻，将人民群众比作“英雄”“豪杰”，将苏联修正主义者比作“虎豹”“熊罴”，将“国内和党内的修正主义”比作夸大眼前困难、思想悲观失望和害怕挫折失败的“苍蝇”。这首诗的意境显然比《卜算子·咏梅》复杂得多，这是政治领袖在重大政治原则问题上发出战前政治动员令的先兆。它表明形势复杂了，事态很严重，因“大跃进”造成的党内认识裂痕不但没有修补弥合，反而从年初的议论纷纷，上升为年中的政治警告，最终在年底被预判为“两条道路的斗争”。1964年4月，毛泽东在一次谈话中虽然没有把话说死、说透，但基本上讲清了自己的心路历程。

一九六二年八月，我们讨论了党的整个路线，包括国内的和国际的，开了十中全会，发表了全会公报。那时我们党内有一部分同志在国际问题上强调三和一少，在国内问题上提出三自一包。中央各部，每个部都不是太平的，都可以一分为二。地方上也不是太平的，有两条道路的斗争。所以看中国不能尽看好的，有光明的一面，这是主要的一面；也有黑暗的一面，这是次要的一面，但不可忽视。[25]

1967年2月，毛泽东在与阿尔巴尼亚客人谈话时甚至直接说，七千人大会的时候已经看出问题来了，修正主义要推翻我们。[26]显然，党内围绕“三年困难时期”之后经济恢复问题思想歧见的后果，远比“三年困难时期”本身要严重得多。

这场思想歧见，源于“大跃进”挫折后经济政策的选项不同。“大跃进”挫折，在毛泽东看来只是经验不足下的“政治感冒”，他自认为通过党内开会、谈话的方式，把道理、利害讲清楚，让各级领导干部们喝上“一碗姜汤”，党内的思想问题就可以“达到统一认识、统一行动”，他甚至在修改中央《关于正确对待单干问题的规定（草稿）》文稿时专门加写道，“但是必需容许持有不同意见的同志有充分发表意见和保留意见的权利”[27]。但是，一年下来发现，问题并非如此简单，“喝姜汤”这样的方式解决不了问题，“持有不同意见的同志”也绝非少数。于是就有了1963年组织开展社会主义教育运动，在城市搞“五反”、在农村搞“四清”，前期目标指向十分具体，基本上未用猛药，后来发现党内政治病情远超预计，很多人并非仅仅是“持有不同意见”那么简单，便于1964年接受王任重建议，将城市“五反”和农村“四清”合并起来，一口气提出“思想清、组织清、政治清、经济清”的宏大目标。毛泽东在解释将社会主义教育运动升级为“新四清”时说：“过去那个‘四清’，清财务、清仓库、清工分、清账目，那只是经济，变成一清了。我赞成把过去那个‘四清’的概念改变，现在就是包含一个思想，一个组织，一个政治，一个经济。”[28]

进入“新四清”阶段前，毛泽东判断有“三分之一的基层领导权不在我们手里，究竟有多少，现在你们也不摸底”[29]。各地“新四清”上报的材料反映，问题要严重得多。1964年12月6日阅张平化给刘少奇的信，张平化在信中说，“在湖南被敌人窃据领导权的基层组织要多于三分之一”；刘澜涛在1964年12月17日下午的中共中央工作会议上说，“西北地区共有三百二十八个县和城市的区委，其中，烂掉的，基本烂掉的，有严重问题的县市，共有一百四十九个，占总数的百分之四十五点六，如果把以前夺权的也算上，就占百分之五十”；李雪峰说，“山西省八个重点县的县委，已烂掉三个，常委七十二人中有问题的三十八人”；江华说，浙江“从梁湖公社的情况来说，已经是不止三分之一的单位领导权不在我们手里”。[30] 问题严重如斯，毛泽东对刘少奇关于“矛盾的性质就是人民内部矛盾跟敌我矛盾交织在一起”的定性甚感不悦，说，“什么性质？反社会主义就行了，还有什么性质？刘少奇说：总不是社会主义。毛泽东说：是资本主义性质。”[31] 这个断语一下，等于宣告教育手段失灵，革命手段——动一场大的政治手术——就此成为必然。

◆ 人世难逢开口笑：准确定性分歧至关紧要

历史以这样的逻辑演绎出这样的结果，让人遗憾和无奈，但有个别人将其归为毛泽东的政治品质和中共党内的权力斗争之故。这些认识，基本上是出于政治上的无知和无耻，轻浮浅薄，也不着边际。那么，初衷本是治疗“政治感冒”，结果怎么会变成开颅开胸的“政治手术”呢？问题显然出在对“病情”的诊断上。

1962年的中共党内政治歧见，是一种看似不经意、实则带有历史必然性的认知错位性分歧。分歧既起，覆水难收，再去探究冲突双方主观上是蓄意为之还是无意触发，客观上是根本利益矛盾还是方式方法之争，总有人认为此举徒劳无益。其实不然，**如果是根本利益和根本立场迥异之下的分歧，所能盘算的只能是实力、节点、力道这些技术性因素，运作再好也改变不了事物发展的大方向。**正如毛泽东1959年12月14日带领读书小组通读苏联《政治经济学教科书》谈到《红楼梦》描述的封建末世时，对于贾府家长制分裂的诊断。

> 《红楼梦》中就可以看出家长制度是在不断分裂中。贾琏是贾赦的儿子，不听贾赦的话。王夫人把凤姐笼络过去，可是凤姐想各种办法来积攒自己的私房。荣国府的最高家长是贾母，可是贾赦、

贾政各人又有各人的打算。

他们为了一个私字，相互矛盾，根本难以调和。这种情形在中国历史上曾反复出现，明末崇祯帝及南明几个小朝廷政局的溃散是如此；庚子年满清政府对欧美十一国“宣战”，东南各省督抚硬说朝廷诏命是矫诏、乱命，联合起来“东南互保”是如此；民国初期的军阀混乱、“联省自治”也是如此。**如果分歧双方根本利益和根本立场相同或相近，主观愿望上求团结求统一，只不过是着眼点不同、路径认知不同，这样的分歧虽然可能很难避免，但却相对可控，处理得当还能达成“不打不成交”的效果，在付出一定成本的情况下实现更深层次、更大范围和更高水平的团结统一，**而问题的关键是如何降低分歧成本，至少要将其控制在可以承受的范围内。1962年的中共党内政治歧见，本质上讲是彻底摧毁旧中国经济基础并建立起以全民所有制和集体所有制为主要表现形式的公有制之后，“社会集体不适应”和“社会本能反弹”在党内较为激烈的反映。

“不经意”，是说分歧双方并没有任何一方在有意识地制造或者利用这种分歧。中共党内没有人为制造内部分歧的基因和传统。

共产党，就是以马克思主义为指导、以实现共产主义为目标而组建起来的政治组织。从本质上讲，共产党没有自己的私利，所有国家的共产党都应该是政治理想的结合体，从而完全不同于作为共同利益结合体的资产阶级政党。“革命理想高于天”是共产党的政治基因。但“人的本质不是单个人所固有的抽象物，在其现实性上，它是一切社会关系的总和”[32]。具体到投身共产主义运动的共产党人，他们各有其成长环境、经历背景，对于共产主义理想的理解和手段策略的选择等，在许多时候往往会有所不同。国际共产主义运动兴起初期的共产党组织内部以及各国共产党之间，政治争吵和政策分歧常常不断，马克思、恩格斯亲自组织第一国际和第二国际，实际协调效果也不理想，十分强调民主的前期共产党组织几乎就是“多头政治”的代名词。包括巴黎公社在内的实践表明，“批判的武器不能代替武器的批判”，如果没有强有力的政党和领袖，无产阶级仍是一盘散沙，在资产阶级镇压和压迫面前根本没有力量。

列宁汲取这些教训，提出共产党是无产阶级先锋队、领袖在党内具有核心地位、党组织必须坚持民主集中制原则、党员队伍必须有铁一般的纪律和作风等一系列马克思主义建党学说。列宁建党学说的主要贡献，一是要求共产党组织和共产党人的不同认知必须接受外在纪律约束和内部制度规范；二是提出党的真正团结统一有赖于领袖的内在引领和党员的党性修养。按照列宁建党学说组织起来的布尔什维克党凝聚力、战斗力大幅度提升，并在十月革命和苏维埃政权中得到实践检验。苏联和苏共的发展表明，领袖对于无产阶级政党至关重要。

所有的政党都会有自己的领袖，但在不同类型的政党当中，领袖与政党的关系并不相同。**资产阶级政党秉持精英史观**和自由主义政治观，政党领袖一般经选举产生，资产阶级政党一方面大肆吹捧政党领袖的超然作用，一方面又在精心盘算自己的选票和利益，**领袖只是政党利益的代言人，在政党之上“泛若不系之舟”**[33]，只要危及本党票房或利益分配失衡就会换人。**马克思主义政党秉持人民史观**，强调人民群众是历史的真正创造者，但在精英史观强势未消、政治格局敌强我弱的大环境下，从不否认领袖的核心作用。**领袖的作用就是代表党领导群众、发现真理并实践真理**；党的任务和使命是在实践中选择自己的领袖，并组织人民群众贯彻领袖意志、实现人民群众的利益，从而更好地赢得人民群众的拥护和支持。

对于无产阶级政党来说，主义和信念是根本，领袖和核心是关键。从一般意义上讲，政党会按照自己的主义选择领袖和核心。无产阶级政党秉持唯物史观和以人民为中心的政治观，领袖在实际斗争中涌现，经过党内民主程序确认。**政党选择领袖，领袖又反过来引领和塑造政党，领袖是政党之中“弄潮儿向涛头立、手把红旗旗不湿”**[34] **的核心。**

在中国共产党早期活动中，总书记只是党组织活动的协调人，由于缺乏全党广泛认同的领袖引领，党内经常伴随有严重意见分歧和激烈争吵。非但陈独秀这样德高望重的政治名人以总书记之尊驾驭起来也颇为劳神费力，就连一手组建中共且提供大量经费支持的第三国际，想要完全控制中共，竟然也需十年工夫，要从王明、博古这些“娃娃抓起”。

即便如此，中共党内的理想主义氛围和民主化程度仍然很高，甚至达到了通过民主投票来决定一场战役的具体战术的地步。王明“左”倾教条主义错误一旦给中国革命造成严重损失，所谓第三国际完全控制，很快就被党内成长起来的正确力量所抵制和打破，毛泽东就是在这一过程中成长为中共第一代领导核心的。**在中共历史上，重大政治分歧很少是权力和利益之争，更多的是路线和政策策略之争。**按照毛泽东在“文化大革命”中的总结，党内政治路线之争达10次之多，但上位和让位之间，大多数人是从有利于党的事业发展壮大来抉择的。邓小平晚年回忆说，我们那时候的人不搞终身制，大家都不在乎地位，没有那些观念，就是干革命；[35]陈晋先生研究中共历史多年由衷感叹，“那时真正的共产党人，对待自己在党内的上上下下，大体上能视为寻常之事，并取比较淡然的心态”[36]。

毛泽东被确立为中共第一代领导核心后，中国民族革命和民主革命的胜利接踵而至，他的巨大政治威望达到顶峰，有效整合了党在历史发展过程中形成的各个“山头”；新中国成立后的一系列重大决策，如抗美援朝、迅速实行三大改造向社会主义过渡等，当时未必人人赞同，有的决策甚至可能有许多人不赞同，但实践一次次证明毛泽东是正确的。这些都反复冲击着持不同意见者的政治信心，并逐渐在党内形成了毛主席绝对正确、跟着毛主席走永远不会犯错误的心理认知，[37]“革命理想高于天”的政治基因，越来越多地让位于对领袖的高度认同，党也因此在相当长时间内保持着高度团结统一。

其实，共产党的领袖不是自封的、不是指定的，也不是一劳永逸的，必须在实践中产生，并接受实践的检验。以毛泽东的威望地位，一旦出现“大跃进”这样的重大实践挫折，也让他在很大程度上丧失了经济工作方面的实际话语权。中国共产党对领袖要求之高，由此可见一斑。

“大跃进”遇挫，中共“革命理想高于天”的政治基因开始活跃起来。许多人秉持毛泽东一贯倡导的实事求是精神提出意见和看法，认为都是按毛泽东思想办事、向党讲实话。

田家英在湖南调研后，明知自己主张包产到户的想法可能不符合毛泽东的意图，但他还是认为应该把真实情况和意见向上汇报；陈云主张分责任田，有人劝他毛主席恐怕不会接受，陈云还是决定要去讲，因为毛主席是实事求是的。对于党内外的不同意见，毛泽东也不是听不进去，反倒是在面对不同意见时，经常强调“要让人家说话”，在面对他认为是错误意见的时候，也总是坚持教育为先，甚至在遇到被认定为敌我矛盾的问题时，也严格要求守住“大部不抓、一个不杀”的原则底线。但是，由于双方的认知错位，提出不同意见的人往往在不自觉的情况下冲撞毛泽东的政治红线，而毛泽东也往往在不自觉的情况下将一些正常的意见反映归为政治立场问题。这样，双方正常的工作意见和政策偏好分歧在“不经意”间扩大了。

这些情况的出现，虽然可惜、可叹，却又似乎是历史的必然。因为当时全党都没有也不可能认识到，以中国十分落后的生产力水平、数千年的私有制基础和封建官僚政治文化传统，生产关系一下子调整为公有制之后，必然会出现“全社会集体性不适应”。对于广大群众特别是亿万农民来说，仅仅是从“日出而作、日落而息”变成“敲钟出工、集体生产”，就是一场深刻的生活方式革命；对于广大党员干部特别是人民公社的基层党员干部来说，一下子掌握了集体化的全部社会生产资料，需要合理安排成千上万人的生产活动，怎么使用和运用这种权力，他们几乎一无所知。党内高层对于出现这种集体性不适应以及由此带来的巨大政治风险和经济困难缺乏物质、思想准备，由此导致的社会功能紊乱一旦全面爆发，整个社会能够大体保持秩序并在迅速调整中实现自我修复已属十分不易，此时如果还希望全党、全社会在思想认识和政策偏好上达到完全一致，无疑十分困难。而中国共产党在执政十多年后，身上仍然保持着强烈的理想主义特质，此时在充分发挥有效凝聚和稳定社会的正面作用的同时，也在释放着强化内部分歧的负面作用。

毛泽东与党政管理体系围绕“大跃进”遭遇严重挫折问题的认知差异，实质上源于双方对于党的历史使命的认识不同。政党第一位的任务是取得执政地位，之后是巩固执政地位。对于资产阶级政党来讲，唯有取得执政地位才能掌握政治、经济、文化、军事等各种国家资源，才能实现自己的利益最大化；对于无产阶级政党来说，唯有取得执政地位才能实施自己的政治、经济和文化主张。所以，资产阶级政党从来都是把取得和巩固执政地位当作目的，而无产阶级政党则只能将取得和捍卫执政地位作为自己事业的基础或开端，受社会旧思想、旧文化和旧传统的影响，加入到无产阶级政党当中的人甚至是一些高级干部却未必能够认识到这一点。而是否所有人都能认识到这一点，对于1949年之前的中国共产党来讲，根本不是问题，因为全党在目标任务方面的认知完全一致，就是要“打倒蒋介石、解放全中国”，取得执政地位；但在1949年之后，是否所有人都能认识到党还必须追求更高的政治目标，就成为影响党团结统一的重要问题了。

1949年新中国成立前夕，面对全党上下洋溢出来的革命胜利的情绪、以功臣自居的情绪，毛泽东在进北京前专门召开了一次中央全会——中共七届二中全会。他在会上明确提出，取得全国革命胜利只是万里长征走完了第一步，只是序幕，而正剧还在后头，要求全党“务必使同志们继续地保持谦虚、谨慎、不骄、不躁的作风，务必使同志们继续地保持艰苦奋斗的作风”[38]。从这个意义上讲，因为共产党取得了执政地位，就急于告别革命、得意于以执政党自居的人，应该为自己的政治肤浅感到惭愧。1976年3月3日，中共中央印发的《毛主席重要指示》反映出，毛泽东在思想认知上与党政管理体系中其他领导同志的分歧，其实是从民主革命取得胜利之后开始显现的。

> 民主革命后，工人、贫下中农没有停止，他们要革命。而一部分党员却不想前进了，有些人后退了，反对革命了。为什么呢？做了大官了，要保护大官们的利益。他们有了好房子，有汽车，薪水高，还有服务员，比资本家还厉害。社会主义革命革到自己头上了，合作化时党内就有人反对，批资产阶级法权他们有反感。搞社会主义革命，不知道资产阶级在哪里，就在共产党内，党内走资本主义道路的当权派。走资派还在走。[39]

实际上，类似的话自20世纪60年代以后，就被毛泽东在不同场合反复强调。在毛泽东的观念当中，共产党永远都应该是革命党，直到彻底完成自己的历史使命，“将革命进行到底”，这就是共产党执政的全部正当性来源。进入20世纪80年代以后，中共中央否定了毛泽东“无产阶级专政条件下继续革命的理论”，同时又将党开启的改革开放进程称为“一场新的伟大革命”，“是巩固和发展社会主义一次全新实践”，仍然是十分强调、十分在意自身革命党性质的。**永葆革命本色和革命性质对共产党来说，的确是至关重要的根本性问题。**从这个意义上再来领会邓小平有关“改革是社会主义制度的自我完善”的论断，应该能够得出十分清晰的结论：中共领导的改革开放在政治性质上只能是毛泽东“万里长征走完了第一步”后的继续长征，只能是中华民族在社会主义道路上继续推进的一场新的政治、经济和文化上的深刻革命，而绝不会也不可能是其他什么性质。进入新时代，中共仍然将自我革命作为加强自身建设的客观要求和内在需要，也进一步说明永葆革命本色的重要性。习近平总书记强调：“在新时代，我们党必须以党的自我革命来推动党领导人民进行的伟大社会革命，把党建设成为始终走在时代前列、人民衷心拥护、勇于自我革命、经得起各种风浪考验、朝气蓬勃的马克思主义执政党，这既是我们党领导人民进行伟大社会革命的客观要求，也是我们党作为马克思主义政党建设和发展的内在需要。”[40]

革命是共产党的命根子。同样的这层意思，毛泽东说得很文学、很感性，邓小平讲得很含蓄、很简洁，习近平讲得很明确、很直接，列宁则将革命胜利的标准条件讲得很理论、很理性。

> 要举行革命，单是被剥削被压迫群众认识到不能照旧生活下去而要求变革，还是不够的；要举行革命，还必须要剥削者也不能照旧生活和统治下去，只有“下层”不愿照旧生活而“上层”也不能照旧维持下去的时候，革命才能获得胜利。[41]

列宁说的这个革命胜利标准，其实是很高的，高到了要求全社会实行全面平等、分不出上层和下层的程度。而在毛泽东看来，“取得全国革命胜利”这个序幕，只是打倒了人民的主要敌人，推翻了旧中国的统治体系，建立了一个“政治上的新中国”，而后面的正剧还包括打倒经济上的人民敌人、推翻旧中国的经济基础、建立一个“经济上的新中国”，打倒在文化上的人民敌人、推翻旧中国的文化根基、建立一个“文化上的新中国”。只有这些任务全部完成，才谈得上革命成功，因此他强调要将革命进行到底。

要取得革命的最后胜利，政治上的新中国是基础条件，文化上的新中国是根本追求，而经济上的新中国是核心环节。这一环节，生产力发展是关键，生产关系重建是基础。正如马克思所说：“物质生活的生产方式制约着整个社会生活、政治生活和精神生活的过程。”[42] 所以，朝鲜战场局势甫定，毛泽东的目光迅速聚集经济建设领域，从1953年提出过渡时期总路线、组织开展社会主义改造，到1958年提出社会主义建设总路线、发动人民公社和“大跃进”运动，就是要打倒在经济上的人民敌人、推翻旧中国的经济基础、建立起经济上的新中国。

这个经济上的新中国有两层含义，一是要通过新型上层建筑的推动作用，建立以公有制为核心的新型生产关系，从经济基础上消除中国社会再次发生剥削压迫、阶级分化、贫富分化的私有制土壤，让中国彻底走出在治乱循环中延续了两千年的传统社会；二是要通过新型生产关系解放和发展生产力，以生产力的极大发展，实现超英赶美，为建设文化上的新中国打下坚实的经济基础。也就是说，**毛泽东所理解的经济上的新中国，一定要是社会主义性质的：不但要加快发展、超英赶美；还要坚持人民主体地位、确保社会平等公正。**毛泽东的这些思想，在1958年3月19日写的一个批语中可以得到印证。

> 一九五五年是在生产关系的所有制方面取得基本胜利的一年，在生产关系的其他方面以及上层建筑的某些方面即思想战线方面和政治战线方面，则或者还没有基本胜利，或者还没有完全胜利，还有待于尔后的努力。我们没有料到一九五六年国际方面会发生那样大的风浪，也没有料到一九五六年国内方面会发生打击群众积极性的“反冒进”事件。这两件事，都给右派猖狂进攻以相当的影响。[43]

在他看来，**一场胜利只是另一场新的更加深入的战斗的开始，努力奋斗是不能停歇的。**

毛泽东的政治抱负如此宏大，党政管理体系从总体上很难完全理解和跟上他的思想认识，行动上自然更难自觉执行。面对“大跃进”导致的严重困难局面，他们想要抓紧调整，“如果现在我们还不回头，还要坚持，那就不是路线错误也要走到路线错误上去”[44]，实质就是认为，毛泽东走得太快了、太急了。胡乔木说过，“实事求是来说，毛主席在八大以后，他对中国社会主义怎么发展，逐渐形成了一种思想，这种思想在党内有时可以暂时地表面上得到多数的接受，但是实际上多数同志是不赞成的”[45]。毛泽东自己也多次讲，以为大家都同意了，实际上举手是一件事，真正同意又是一件事。

1962年的时候，党内主张包产到户、分田到户者的出发点很简单，主要是三年困难时期的教训确实惨痛，他们认为必须尽快恢复农业生产，只要能够渡过眼前难关，什么办法管用就用什么办法，这可能是解决问题的本能反应。比如，田家英汇报包产到户主张时反复说，“现在搞包产到户和分田单干，是临时性的措施，是权宜之计，等到生产恢复了，再把他们重新引导到集体经济”[46]。他们可能根本没有意识到，自己的这些想法恰恰契合当时党内一部分在夺取全国政权之后失去革命目标的人想要停下来喘口气的情绪，而这种情绪又恰恰是毛泽东“决不当李自成”所要防范批判的对象。在毛泽东看来，“大跃进”遭遇严重挫折固然惨痛，但那是发展中的问题，是经验不足和组织管理不力的问题，是官僚主义盛行的问题，不是所有制的问题，党必须努力克服官僚主义的影响，领导人民在战胜困难中逆风而行。

人民公社制度下的农村集体所有制，是毛泽东认为能够找到的建设经济上的新中国的有效组织形式。人民群众特别是最广大的贫苦农民群众必须组织起来才有力量，这是其一；私有制占主导的经济基础及其所造成的贫富分化是一切政治动荡的根源，这是其二。这两条，既是毛泽东领导革命斗争全部历史经验的高度浓缩，也是他建设新中国的马克思主义哲学基础。他绝不允许新中国在坚持走社会主义道路的原则问题上出现任何停滞和倒退，既不允许经由人民公社组织起来的农民退回到一盘散沙的单干状态，也不允许已经确立集体所有制的农村生产关系退回到变相私有的状态。在毛泽东看来，出现这样的倒退，不但意味着新中国十年经济建设成果毁于一旦，还意味着他建设经济上的新中国的梦想将就此止步，他甚至认为一旦出现这样的倒退，还可能使好不容易夺取的政权得而复失。所以，毛泽东在1962年7月20日召集各中央局第一书记开会时，半是疑惑半是愤怒地说："你们赞成社会主义还是资本主义？当然不会主张搞资本主义，但有人主张搞包产到户。现在有人主张在全国范围内搞包产到户，甚至分田到户。共产党来分田?!"[47]在中南海游泳池与刘少奇的一次谈话中，毛泽东甚至半是失望半是悲凉地说，三面红旗也否了，地也分了，你顶不住？我死了以后怎么办！[48] 1965年8月11日，毛泽东在和中央政治局常委听取备战问题的汇报时，忆起这场争论和分歧虽然语言比较含蓄，但定性却十分严重。

> 六二年刮歪风，如果我和几个常委不顶住，点了头，不用好久，只要熏上半年，就会变颜色。许多事情都是这样：领导人一变就都变了。那一次，如果我们点头了，你们在座的其他人，当时可能反对，也可能不一定。[49]

今天回望这场争论，只有坚持马克思主义认识论，才能避免陷入历史虚无主义的误区，不作简单地论对道错，才能更加清晰地看清历史的真正价值所在。毛泽东曾将中国共产党领导革命比作铲地基，将中国共产党领导建设比作建房子。1962年毛泽东坚决反对包产到户和分田单干，有着新型生产关系刚刚建立、基础尚不巩固的特殊时代背景，包含着对土地私有制回潮深深警惕的实践因素，也包含有对所有权和经营权关系的思考还不够深入的认识因素，还包含着对许多家庭因参加革命丧失或缺乏青壮劳动力而成为四属户、五保户的感情因素，他坚持的人民公社制度存在一定缺陷，自然不能说是"阆苑仙葩"；1982年改革开放后推广家庭联产承包责任制，则是建立在土地公有制完全巩固和对土地公有制法律地位坚持的基础之上的，主要是经营权下放，在提高粮食产量、活跃城乡经济、解放农村劳动力等方面居功至伟，但其实践效果也不能说是"美玉无瑕"。1962年和1982年的"包产到户"的社会基础、时代背景以及形势任务有很大的不同，后者是对前者的继承和发展，而不是推倒重建。

◆ 我欲因之梦寥廓：总有一小部分人，他们对资本主义有兴趣

不管怎么说，在1962年的政策选项中，毛泽东是从革命前途出发，他面向的是未来如何，而党内很多人是从克服眼前困难出发，关注的是眼下如何。领袖与党政管理体系的认知错位，导致实践断裂，而实践断裂又进一步加剧了认知错位。就是在这样的循环当中，毛泽东的忧患意识越来越浓厚，苏共变修的现实镜鉴就在眼前，美国“和平演变”的叫嚣就在耳边，这更进一步加重了毛泽东的政治担忧。1963年5月9日，他在浙江省委有关《一批干部参加劳动的材料》上写了很长的批语，这个批语其中的一段话可以反映出毛泽东当时的一种担忧情绪。

> 阶级斗争、生产斗争和科学实验，是建设社会主义强大国家的三项伟大革命运动，是使共产党人免除官僚主义、避免修正主义和教条主义，永远立于不败之地的确实保证，是使无产阶级能够和广大劳动群众联合起来，实行民主专政的可靠保证。不然的话，让地、富、反、坏、牛鬼蛇神一齐跑了出来，而我们的干部则不闻不问，有许多人甚至敌我不分，互相勾结，被敌人腐蚀侵袭，分化瓦解，拉出去，打进来，许多工人、农民和知识分子也被敌人软硬兼施，照此办理，那就不要很多时间，少则几年、十几年，多则几十年，就不可避免地要出现全国性的反革命复辟，马列主义的党就一定会变成修正主义的党，变成法西斯党，整个中国就要改变颜色了。请同志们想一想，这是一种多么危险的情景啊！[50]

面向未来的毛泽东对新中国的前途表现出强烈担忧，他将官僚主义、修正主义、教条主义的危害，一下子提高到导致“党变修、国变色”的危险境地，并开出一张“三管齐下、互为支撑”的药方。

> 阶级斗争、生产斗争、科学实验三者必须结合。只搞生产斗争、科学实验，而不抓阶级斗争，人的精神面貌不能振奋，还是搞不好生产斗争、科学实验的。只搞生产斗争，不搞科学实验，行吗？只搞阶级斗争，而不搞生产斗争、科学实验，说拥护总路线，结果是假的。[51]

在“文化大革命”中，毛泽东又将这张药方浓缩为“抓革命、促生产”六个字。当然，这一切都建立在他极为珍视的公有制——全民所有制和集体所有制基础之上，“抓革命”的主要方式是“斗私、批修”。所谓“斗私”，就是坚持公有制，坚决反对生产资料私有制回潮，但在实践中被人为拔高到破除人脑中固有的私有、为私、谋私的观念；[52]所谓“批修”，实际上是将官僚主义、修正主义和教条主义一起批，重点批判的是官僚主义倾向，因为官僚主义的实质是精神懈怠、脱离实际、脱离群众、私欲膨胀，所谓的修正主义和教条主义大体上也是这些东西的发展或变种。

在毛泽东的话语体系当中，教条主义，是指中共党内对共产国际和苏联模式的迷信；修正主义，则是指苏共在赫鲁晓夫时期及其以后进一步发展了的苏共高级官僚主义路线对中共党内的影响。从本质上看，教条主义还是要革命的，主要问题是一切从本本出发，属于“左”，是可以在斗争中求团结的革命阶段的内部矛盾；修正主义则是反对革命的，主要问题在于已经蜕变为剥削人民的阶级，属于右。修正主义阶段的苏联存在一个资产阶级特权阶层，“苏联人民同他们之间的矛盾，是目前苏联国内的主要矛盾，是不可调和的对抗性的阶级矛盾”[53]，是必须在斗争中消灭的。

那么，毛泽东对“三个主义”的认识和担忧真实吗？毛泽东开出的以“斗私批修”为核心的“六字方针”药方灵验吗？应该说，担忧有些超前，药方未必有效，问题卡在两大难题上，一是目标较抽象，二是组织跟不上。

先谈目标设定问题。“斗私批修”的实质，是要完成一项巨大的社会重整和精神再造工程。“私”在哪里？“私”既是有形的制度，也是几千年来的无形精神传统，它存在于每一个人的思想意识里，而且根深蒂固。“修”在哪里？“修”既是庞大的官僚体系，也是几千年来形成的官本位思想。用马克思主义哲学的话说，“斗私、批修”，既是要求人民群众组织起来去改造客观世界，也是要求每个人自觉主动地改造自己的主观世界；用毛泽东自己的话说，“我们的目的就是让全国六亿四千万人一起动手，人人振奋，移风易俗，改造我们的国家”[54]。推动生产力水平提高、建设一个经济上的新中国是又一场革命，一半是革旧有经济基础的命，一半是革旧有思想文化残留的命，前者是对整个社会结构的重塑，后者是对每个人精神世界的再造。挑战这样一个目标，实际上相当于给自己设定了一项十分艰巨且需要长期奋斗的任务，毛泽东对此也有认识。

> 过去我们搞南征北战、解放战争，那种战争好打，容易打。那种战争，敌人清楚，就是那么几个，秋风落叶那么一扫，三年半也差不多。这回这个文化大革命啦，比那个战争困难得多。问题就是把思想错误的，同敌我矛盾的，混合在一起，一时搞不清楚。[55]

即便如此，毛泽东仍没有具体界定他要斗争的敌人到底是谁，焦点有些模糊。事后看，毛泽东着眼于“六亿四千万人一起动手，人人振奋”，重点还是要打掉寄生在党政管理体系内的官僚主义思想和作风，但大家的感受却是板子全打在了党政管理体系的屁股上。正如《红楼梦》第三十三回“手足耽耽小动唇舌　不肖种种大承笞挞”里，因贾宝玉“在外结交王府戏子、在内调戏母婢致死”，贾政对其离经叛道、不务正业的思想和言行极为不满，气得面如金纸，撂下话说“今日再有人劝我，我把这冠带家私一应交与他与宝玉过去！我免不得做个罪人，把这几根烦恼鬓毛剃去，寻个干净去处自了，也免得上辱先人下生逆子之罪”，遂喝令小厮拿来宝玉，“堵起嘴来，着实打死”！小厮们将“宝玉按在凳上，举起大板打了十来下。贾政犹嫌打轻了，一脚踢开掌板的，自己夺过来，咬着牙狠命盖了三四十下”。这一通打将宝玉打了个皮开肉绽，“由臀至胫，或青或紫，或整或破，竟无一点好处”，全府上下搅得人仰马翻，但贾宝玉却根本不知就里。即便后来知道原因，他的态度却是“我便为这些人死了，也是情愿的”！皮肉之苦难解思想之结，一言而尽在其中，夫复何言。

再谈组织跟进问题。毛泽东完成社会重整和精神再造工程的核心方案，一是相信群众、依靠群众；二是发动群众、组织群众。这个方案，没有具体的制度设计，没有相应的标准和程序设定，主要还是依靠思想动员、典型引领和以点带面。相信群众和依靠群众属于理念范畴，可以在群众中自行传播，发动群众和组织群众则属于行动范畴，必须通过一定的组织体系才能完成，这个组织体系当时只能是党员干部队伍，也就是以党委和政府为主体的党政管理体系。

落实这个方案，最大的困难在于，革命对象就是革命者本身。刀刃向外的革命尚且困难重重，刀刃向内的革命难度更高，不但刀刃向内，而且触动自己的利益和灵魂，自然更是难上加难。党政管理体系面对的就是这样一场难上加难的革命，要让党政管理体系将群众发动和组织起来造自己的反、革自己的命，这无异于引火烧身，自然兴致不高。因为这时党政管理体系的兴趣全在于社会重整，也就是毛泽东所讲的生产斗争和科学实验，强迫他们去搞阶级斗争，他们也会自觉不自觉地将目标引向群众的自我革命或相互革命。至于让群众自己组织起来革自己的命，无异于纵火自焚，人们会自觉不自觉地将其演变为相互革命。

毛泽东显然给自己设定了一项十分艰巨的任务：要求整个社会特别是整个党政管理体系，在既没有外在危机和制度约束，也没有内在动机和利益驱使的情况下，迅速实现自我革命。这是一个典型的逻辑悖论：如果官僚主义疾病尚未发作，党政管理体系的自我革命在很多人眼里，就是“一个枉自嗟呀”的伪命题；如果官僚主义疾病已经成势，党政管理体系的自我革命在很多人手上，就只能是“一个空劳牵挂”的过场戏。党的十八大后，党中央在全面依法治国的大背景下推进全面从严治党，环境和社会条件则完全不同。即便如此，习近平总书记仍然强调“治大国如烹小鲜”，“党的建设是一门科学，有其自身规律，面对新时期复杂的党内外环境，需要把继承传统和改革创新结合起来、制定目标和狠抓落实结合起来、分类指导和统筹协调结合起来、典型引导和全面提高结合起来、当前工作和长治长效结合起来，增强系统性、预见性、创造性、实效性。不要动不动就喊新口号、提新概念、玩新花样，要注重用实功、求实效。”[56]

我们还是回到毛泽东时代。在“文化大革命”之前特别是1962年之前，毛泽东重点强调的是生产斗争和科学实验，也就是改造客观世界，上述逻辑悖论在国家生活中的影响尚不明显，主要表现为经济管理权的放放收收。经济管理权下放，就是毛泽东以鼓励创新的方式放手发动群众；经济管理权上收，就是党政管理体系以加强计划的方式自我强化职权。

在社会主义教育运动中，上述逻辑悖论开始凸显，党的领袖与党政管理体系间的分歧从原来经济政策选项的偏好不同，演变为“谁教育谁”的争论。中央党政管理体系一线执行层认为应该是党员干部队伍组成工作队到农村和城市单位去开展社会主义教育，整的是基层干部群众中出现的“私”；毛泽东则认为“发动群众是根本路线”，工作队的任务不仅限于发动和组织群众，同时还要接受群众的再教育，他的指导思想是主要整共产党，要整的是党内中高级领导干部在思想上存在的“修”。这是双方从分歧走向决裂的一次关键性转换。

“文化大革命”一经发动，上述逻辑悖论骤然全面拉紧。毛泽东采取在天安门8次接见红卫兵的方式亲自发动群众，实质上就是向党政管理体系中的官僚主义宣战，红卫兵运动在冲垮党政管理体系的同时，也一下子冲垮了原有的社会管理秩序。从1968年开始，以成立革命委员会的方式重建管理体系。

> 这个革命究竟能不能搞到底？这也是一个问题。究竟什么叫到底呀！我们估计大概要三年，到明年夏季差不多了，就是包括建立革命委员会、大批判、清理阶级队伍、整党、精简机构、下放科室人员、改革一切不合理的规章制度等。[57]

但是，新建立的革命委员会管理体系很快又滋生出新的官僚主义，成为他所痛恨的官僚体系，然而他既无力量支撑也无道义理由对它进行再摧毁。人的本质“是一切社会关系的总和”[58]，在社会条件不变的情况下，党政管理体系谋求自身利益的冲动，并不因为这个体系是由这些人或者那些人组成而发生根本性改变，却会因为人员构成大换血式的重组，导致大量新手上路，造成管理上的生疏和混乱，官僚主义正如列宁所说，“把他们赶出门外，他们又从窗口飞进来”[59]。随着1971年林彪集团的垮台和江青集团急于组阁企图的暴露，毛泽东不得不从理想回到现实，在对“四人帮”提出严厉批评后，只能依靠周恩来通过大量解放老干部的方式恢复原有组织体系，邓小平就是在这样的历史背景下复出的。

新中国在经济建设过程中，因为坚持集体所有制生产关系，毛泽东与党政管理体系渐生嫌隙，以致上升到防止和反对修正主义的高度展开坚决斗争。这场以社会主义教育运动和“文化大革命”为表现形式、以“斗私、批修”为主要内容的斗争，一直持续到他生命的最后一刻。这样的斗争，为什么会成为毛泽东“万般无奈”下的必然选择呢？1963年10月18日，他在武昌东湖客舍会见古巴客人时，讲述了自己决定开展这场斗争的心路历程。

> 我们也不是一开始就知道这些问题的，经过了十几年，逐步看到这些问题。实际工作中反映出这么一种情况，原来是很好的干部，后来跟地主、资本家走了，原来出身很贫苦的农民，后来不愿意参加劳动，而愿意做投机生意。我看总有一小部分人，要走资本主义道路，他们对资本主义有兴趣。……我们一定要依靠劳动者中的多数，只有这样，这个党才可以巩固，这个政权才有保障。[60]

这段看似脱口而出的家常话，实则揭示出**任何一个国家政权保持安全稳定**的社会基础，就是要处理好生产资料占有者、国家权力行使者和最广大人民群众三者之间的对立统一关系，三者在对立统一中取得结构性稳定的前提和实质，是三者在利益分配上围绕最佳分配点实现动态平衡。而毛泽东的晚年实践，历史发展如过山车般的跌宕起伏，以及现实世界的动荡不宁、处处战火，都在一而再再而三地说明，今后还将继续说明：要真正做到这一点并不容易。

长期以来，私有制为主导和官僚主义盛行，始终是影响社会长治久安的最为主要的两只拦路猛虎，它们肆虐人类社会由来已久，它们鱼肉百姓的精神支柱就是精英史观，它们连同这精神支柱都不会轻易退场。1957年11月，毛泽东在莫斯科曾经讲过一段十分清醒的话，只是过于乐观了一些。

> 从今以后，西风压不倒东风，东风一定要压倒西风。真正彻底的社会主义革命不是一朝一夕可以成功的。在我国，真正的社会主义革命的胜利，有人认为是在一九五六年，我看是在一九五七年。一九五六年所有制改变了，这是比较容易的，较困难的倒是人心，是人心之所向，是人们的思想。经过几个月来的大鸣、大放、大争，辩明了大是大非，右派并没有称心如意，中间派靠到我们这边来，看来我们基本上是胜利了。[61]

“但凡家庭之事，不是东风压了西风，就是西风压了东风。”是《红楼梦》第八十二回“老学究讲义警顽心　病潇湘痴魂惊恶梦”里林黛玉的一句感慨，毛泽东化家为国，信手拿来比拟当时的国际国内斗争形势，确实贴切。如果再引申一步，化空间为时间，以东风比拟公有制、社会主义思想和人民史观，以西风比拟私有制、官僚主义思想和精英史观，我们会震撼于这场斗争一路走来尽是“啖肉食腥膻”。

在前人类时代和人类洪荒时代，出于对抗自然灾害和其他凶猛动物的生存需要，类人猿或者原始人类开始有意识运用自己具有较强组织化能力的天份走向生产生活协作。协作就需要组织管理，最原始的组织管理需要，是官僚体系的胚芽形态。但在原始形态下，由于生产力发展水平十分低下，几乎不存在剩余，也就不存在生产资料占有者，更不存在所谓的国家和政府这种社会组织管理的高级形式。只有当生产力发展到一定程度后，生产工具不断改进，生活产品出现越来越多的剩余，生产生活资料私人占有问题浮出水面，部分人开始利用自己占有的生产资料压迫和剥削其他人，人与人之间的社会关系更加复杂，需要分离出来一部分人专门从事社会活动的组织管理工作，从而产生了“这种从社会中产生但又自居于社会之上并且日益同社会相异化的力量，就是国家”[62]，官僚体系逐步形成。恩格斯指出，国家的本质特征，是和人民大众分离的公共权力，而为了维持这种公共权力，就需要公民缴纳费用，即捐税。官僚体系掌握着公共权力和征税权，它们作为管理机关凌驾于社会之上，在私有制条件下，这个体系具有利用公共权力自我谋利的天然冲动，是为官僚主义的主要成因。

回顾生产资料占有者和国家权力行使者产生的历史过程，可以清楚地看出，它们是人类有组织的生产实践活动的产物，是人类有组织的生产实践活动得以延续和扩大的基础和保证，它们又具有维持和扩大自身利益的天然本性：**在私有制为主导的条件下，生产资料占有者的天性，是在进一步组织生产实践中尽可能多和快地占有和积累财富，主要表现为一种以经济为主、政治为辅的贪婪；国家权力行使者的天性，是在组织管理社会活动中尽可能地扩大权力和占有财富，主要表现为一种以政治为主、经济为副的贪婪。**它们的经济政治贪婪，都需要且也只能从最广大人民群众的政治服从和劳动创造中得到满足。最广大人民群众要想维持一种有秩序的生产生活状态，满足生产资料占有者和国家权力行使者的政治经济贪婪，虽然极不合理，却又是必须要支付的制度成本。这是人类社会在自身发展过程中遇到的一个重大逻辑悖论：一方面，人类社会组织化是人类生存发展的前提，如果没有这一点，人类一则不能战胜天灾瘟疫，二则斗不过毒蛇猛兽，可能早就消散无存；另一方面，人类社会从漫长的物质短缺时代走来，越是要克服这一点，组织管理的复杂化程度就越高，官僚体系私欲膨胀危害社会的能力就越强大。有学者对此发表过十分偏激的慨叹。

> 人类上知天文，下识地理，可谓万物之灵。它能栽培植物，饲养禽畜，制造产品，合成元素，开拓了一切创造性的科学技术领域，还兴办了救死扶伤的医疗系统，但是始终没有杜绝相互残杀和被迫自杀的悲剧。

几千年来，战争的硝烟和政治的风云在良辰美景里飘摇激荡，沙场的白骨和屈死的冤魂在鸟语花香中闪烁悲鸣。世界第一次大战使欧洲人口丧失近千万，第二次大战使欧洲和苏联的鬼魂陡增3000万以上。中国的几次大战乱一再使人口以几千万的规模锐减。……这些罪孽，都是由官僚政治机器制造的。

世上有哪种疾病，哪种瘟疫，能引起如此大量集中而又频繁持续的死亡？

官僚病是人类各种病因中死亡率最高、为患最久的病因。[63]

在私有制为主导的条件下，生产资料占有者，也就是在经济上占优势的“地主、资本家”，会利用掌握和占有生产资料的地位拉拢和腐蚀国家权力行使者，将其对人民群众的压迫和剥削推向最大化；国家权力行使者，也就是官僚体系和官僚分子，会利用自己掌握政治权力的优势地位，去压迫和剥削人民群众，同时他们在资本的拉拢和腐蚀下，还会自觉不自觉地成为生产资料占有者的利益代言人。两者勾结起来或者沆瀣一气，官僚主义之风越刮越炽。人民群众，也就是占社会人口绝大多数并直接创造社会物质文化者，基本上无经济、政治地位可言，经常性地受到资本和权力的双重压迫和剥削。

简单地说，**私有制为主导必然导致贫富分化和阶级对立，被资本势力豢养的官僚体系天然地会背离其代行国家公共权力的本质特征，以官僚主义肆虐的方式使得国家政权异化，造成“苛政猛于虎”的局面**。用恩格斯的话说，就是国家“照例是最强大的、在经济上占统治地位的阶级的国家，这个阶级借助于国家而在政治上也成为占统治地位的阶级，因而获得了镇压和剥削被压迫阶级的新手段”[64]。

◆ 春荣秋谢花折磨：官僚主义顽疾不是小问题

中国两千年王朝兴替，基本上就是生产资料占有者、国家权力行使者、人民群众三大因素互动失衡的结果。其中，由生产资料私有制衍生出来的生产资料占有者的贪得无厌，是互动失衡的基础；由国家权力行使者的贪婪衍生出来的官僚主义泛滥，是互动失衡的关键。当这种失衡造成的严重后果超出社会承受水平或承受能力时，人民群众或者自发或者有组织的反抗，都会带来社会动荡、秩序丧失，极端情况下“物价飞腾，饿殍载道，瘟疫流行，拦路抢劫，白日强奸，杀人纵火，甚至饥相食的人类洪荒时代的残酷疯狂现象就会重复出现，遍地发生，从而使社会的破坏达到空前的程度”[65]。每到这个时候，新的地主官僚阶级代表又走上前台重新组织国家权力，权力一旦稳定，官僚主义就会旧病复发，直到政权对其完全失控而再次成为官僚主义的受害者，空留下“连天衰草遮坟墓”。

在这一次次“春荣秋谢花折磨”的轮回中，官僚体系竟然逐渐“百炼成钢”，具备独善其身的强大能力。明朝就是这样的典型，作为官僚体系最为发达和完备的朝代，官僚主义疾病一旦发作，皇权对其也无可奈何。明代后期，官僚体系逐渐成为一个恣意而为的特殊利益集团，最后一任皇帝崇祯帝登基后，他们面对朝廷危局除加饷课税外并无善策：皇帝在最后时刻想要南迁，他们反对；皇帝提出让他们捐款，他们哭穷；李自成打进北京，崇祯帝“御前殿，鸣钟集百官，无一至者”，遣“内臣持朱谕至内阁，阁臣已散，置几上而返，文武群臣无一人知者”，逼得崇祯帝“仍回南宫，登万寿山之寿皇亭自经”，竟只有“太监王承恩对缢”。[66] 在此之前，明朝两榜进士、崇祯帝简拔加太子太保、兵部尚书、总督蓟辽军务的洪承畴松山兵败被清军所俘，崇祯帝以为其必然殉国而在北京设祭坛、作悼文，却不料位极人臣的洪经略在皇太极“上自临视，解所御貂裘衣之”的情况下，只听得人家一句“先生得无寒乎”的问候，便叹曰“真命世之主也”，“乃纳头请降”。[67] 崇祯帝自缢之后，面对李自成以及随后入主北京的清政府，绝大多数明朝官僚则主动投靠，争取继续当官，他们并不认为这样有何不妥。清军兵临南京城下，扔下崇祯帝跑来南京任职南明礼部尚书的所谓大儒钱谦益走投无路，江淮名妓出身的侧室柳如是提出“你殉国，我殉夫”，要一起投水自尽，钱谦益沉思无语，最后走下水池试了又试说“水冷得很，我们不如改日再来”，柳如是“奋身欲沉池水中”，却给钱谦益紧紧抱住而不得，[68] 这就是明朝官僚的政治节操。明朝开国皇帝朱元璋将官僚体系打造到了极致，明朝官僚体系也将官僚主义的丑恶嘴脸演绎到了极致。

李世民、魏征都将老百姓比作水，将朝廷政权比作舟，说“水能载舟，亦能覆舟”。能够屡屡在平静水面掀起滔天巨浪的，就是地主阶级和官僚体系的贪婪。“由于人类知识的不断发展，文明的不断进步，财富积累的速度越来越快，所以，每一次载而覆之，覆而载之的回合，都要付出越来越大的代价：死亡更多的人口，毁灭更多的财富，损失更宝贵的时间”[69]。一次次载覆之间，最广大的人民群众，才是最无辜的受害者，正所谓“兴，百姓苦；亡，百姓苦”[70]。

相比而言，西方资本主义社会似乎要高明一些，有学者谀美说：“资产阶级政治家汲取了封建官僚政治和自身官僚政治的长期载覆经验，才逐渐懂得认真用法治来取代人治，用虚君制与分权制的相互牵制原则来避免大一统的专横，用多党制的和平轮流坐庄来定期宣泄人民不满情绪的洪峰，以免洪水决堤后大家同归于尽。”[71]现在看来，这种观点太过乐观，恐怕只能说他们的表现比中国传统王朝更巧妙一些。

若从1688年英国光荣革命算起，西方资本主义只有430年历史，若从1776年美国建国算起，还不足250年。这样短的时间内，就说资产阶级一劳永逸地解决了官僚主义问题，太短视、太浮浅，完全不具说服力。西方资本主义一轮轮的经济危机，都有资本主义特色官僚主义作祟的因素。

以美国为例。2007年，美国最上层0.1%的家庭所拥有的收入是社会底层90%家庭平均收入的220倍，人与人的关系也开始出现问题。美国“否决型”政治体制也就是严重的官僚主义体制，在面对这些问题时功能失调，1%的富人与99%的穷人之间的根本矛盾和差距愈发突出，社会精英很少有人去想99%的人是怎么生活的。2008年金融泡沫破裂后，愤怒的民众将斗争的矛头指向美国金融中心华尔街，而不是传统意义上的政治中心白宫，“美国民众广泛参与和支持的‘占领华尔街’运动是对新自由主义秩序的直接反抗”。同时，美国在全球推广所谓自由民主体制和大搞美元剥夺，导致发达国家对第三世界的剥削加剧，富国与穷国之间的贫富分化持续加大，跨国资本全球流动，资本在劳资博弈中日趋占据上风，各国内部贫富悬殊越拉越大。美国的问题由此蔓延全球，成为世界性问题，特别是在广大发展中国家，普通劳动者遭受西方跨国资本和本国民族资本的双重剥削，生存状况极差，随时可能爆发革命。至此，美国以金融资本为核心的世界秩序构建模式，终于暴露出严重问题，正在走向自己埋葬自己的路上。2017年上台的美国总统特朗普堂而皇之喊出“美国优先”且得到美国精英“拔刀相助”，这表明美式官僚主义已经病入膏肓且再难回头了。总统可以喊“美国优先”，精英阶级可以认为“自己优先”，精英史观极端化之下，什么样的恶都将被释放出来。

马克思主义正是站在人民立场上，在深入研究人类历史发展规律，特别是深入批判西方近代资本主义社会内在矛盾的基础上，鲜明指出，从原始土地公有制解体以来的全部历史都是阶级斗争的历史，并提出科学社会主义也就是共产主义才是人类最终的必然发展方向，资产阶级的灭亡和无产阶级的胜利是同样不可避免的。马克思、恩格斯的《共产党宣言》一文的核心观点和提出的解决方案，一是由无产阶级夺取政权，二是消灭私有制，三是由人民群众自己管理自己。

> 共产党人的最近目的是和其他一切无产阶级政党的最近目的一样的：使无产阶级形成为阶级，推翻资产阶级统治，由无产阶级夺取政权。
>
> …………
>
> 共产主义的特征并不是要废除一般的所有制，而是要废除资产阶级的所有制。
>
> 但是，现代的资产阶级私有制是建立在阶级对立上面、建立在一些人对另一些人的剥削上面的产品生产和占有的最后而又最完备的表现。
>
> 从这个意义上说，共产党人可以把自己的理论概括为一句话：消灭私有制。
>
> …………
>
> 当阶级差别在发展进程中已经消失而全部生产集中在联合起来的个人的手里的时候，公共权力就失去政治性质。原来意义上的政治权力，是一个阶级用以压迫另一个阶级的有组织的暴力。

…………

代替那存在着阶级和阶级对立的资产阶级旧社会的，将是这样一个联合体，在那里，每个人的自由发展是一切人的自由发展的条件。[72]

自《共产党宣言》发表170多年以来，波浪迭起的国际共产主义运动实践证明，“由无产阶级夺取政权”虽然困难，但可以做到；“消灭私有制”和通过建立“自由人的联合体”的方式消灭官僚主义，在已有生产力发展水平条件下，则困难到了几乎不可能完成的程度。两者相比较而言，在“无产阶级夺取政权”的条件下，私有制虽难根除，但还能将其所占成分和危害遏制在一定范围内；寄生于公有制之上的官僚主义，则因为党政管理体系直接掌管了大量生产资料，滋生蔓延更快、为害更烈、为祸更深。我们不得不承认，马克思对于官僚主义的问题虽有触及，但研究得不够深入，对于自由人联合体的设想也有些过于浪漫和理想化，但好像又不能因此责怪马克思、恩格斯。

马克思、恩格斯身处在资本主义大发展的时期，他们的研究对象固然是人和人的实践活动，而当时封建社会基本上已远离美欧社会而去，生产资料特别是资本私有制是导致社会严重不公、周期性动荡的直接罪魁祸首。创建唯物史观、发现剩余价值，无产阶级革命便有了历史和现实的充分依据，马克思首先是一个革命家，“他毕生的真正使命，就是以这种或那种方式参加推翻资本主义社会及其所建立的国家设施的事业，参加现代无产阶级的解放事业”[73]。我们不能要求马克思、恩格斯置现实社会痛苦于不顾，而把主要精力投入故纸堆里，去研究已经“放到古物博物馆”的“纺车和青铜斧”时代，也不能要求他们放下眼前的革命事业，在还没有弄清革命的依据和任务的时候，去做乌托邦式的新社会空想。任何人都没有权利提出这样的要求，马克思、恩格斯也没有这样的义务。问题的关键还在于，他们根本没有这样做的实践基础：**马克思主义哲学是实践哲学，它主张从实践中产生和提炼认识，以认识指导更加深入的实践，既不能臆造一个问题去研究，也不能臆想出一种社会形态和具体细节；他们是伟大的思想家，但不是全能的先知。**

官僚主义作为一种恶，究其实质是人的贪欲、私心在官僚体系政治活动中的一种反映。这种贪欲和私心是人类形成以来物质匮乏短缺、相互征伐斗争的长期心理积淀，其历史之久远甚至可以追溯到更为古老的前人类野蛮时期；资本无限增值的本性作为一种恶，其实质是人的贪欲和私心在经济活动中的反映。马克思十分痛恨私有制的本质破坏性，也充分肯定资本主义生产关系的历史进步性，他在1848年提出“共产党人可以把自己的理论概括为一句话：消灭私有制”的鲜明主张后，又在1859年提出了“两个绝不会”的审慎判断，表现出高度的理论清醒。

> 无论哪一个社会形态，在它所能容纳的全部生产力发挥出来以前，是决不会灭亡的；而新的更高的生产关系，在它的物质存在条件在旧社会的胎胞里成熟以前，是决不会出现的。[74]

后来以马克思主义为指导建立的无产阶级政权，大多直接高举马克思“消灭私有制”的大旗，积极推行“无产阶级将取得国家政权，并且首先把生产资料变为国家财产”[75]的公有化政策。他们在实践中曾因过于看重消除生产资料私有制的恶，而忽视了马克思“两个绝不会”的提醒，力图将私有制强行清场；他们也曾因过于迷信共产党人“是由特殊材料制成的”[76]，进一步忽视了马克思关于“人是一切社会关系的总和”的论断，力图推动公有制全面登场。这“两个忽视”导致了一个十分严重的后果：**在全面公有制之下，官僚体系代表国家掌握生产资料，直接行使组织社会生产和社会分配的大权，一旦监督管理机制缺位或失灵，历史积淀于人们内心深处的贪欲和私心，会让官僚主义之恶借助政治权力和经济权力合一的优势，在管理国家和社会政治、经济事务中疯狂肆虐**。马克思特别是恩格斯对这些问题还是有过思考的。

> 只要劳动还占去社会大多数成员的全部或几乎全部时间，这个社会就必然划分为阶级。在这被迫专门从事劳动的大多数人之旁，形成了一个脱离直接生产劳动的阶级，它掌管社会的共同事务：劳

动管理、国家事务、司法、科学、艺术等等。因此，分工的规律就是阶级划分的基础。但是，这并不妨碍阶级的这种划分曾经通过暴力和掠夺、欺诈和蒙骗来实现，这也不妨碍统治阶级一旦掌握政权就牺牲劳动阶级来巩固自己的统治，并把对社会的领导变成对群众的加紧剥削。[77]

恩格斯在《反杜林论》和《社会主义从空想到科学的发展》两篇文章中重复论述以上观点，并重申指出，官僚体系“把对社会的领导变成对群众的加紧剥削”，认为社会阶级的消灭是以这样一个历史发展阶段为前提的。

恩格斯的这一思考显然只是探索式的，虽然前沿却未必精确。后来取得执政地位的各国共产党人及其领袖们，有的不太重视它，导致官僚主义在党内泛滥成灾，由此造成亡党亡国；有的重视评估过度，导致将官僚主义在党内的滋生现象定性过急、过高：将以权谋私现象视为阶级剥削、将特权阶层的存在视为阶级问题，由此导致在消灭了阶级剥削制度的社会里用“以阶级斗争为纲”方式彻底解决问题的偏颇。

列宁所创建的世界上第一个苏维埃政权和社会主义国家属于前者。**苏共和苏联最终并不是毁于私有制直接回潮，而是苏共领导人背离马克思主义、背叛列宁主义，官僚主义思想作风潜滋暗长并最终如洪水泛滥般冲垮公有制大堤、撕裂社会，使政权亡于严重的官民疏离。**

十月革命胜利后，列宁的社会主义建设实践是从实行公有制加苏维埃（工、农、兵政府）制度的军事共产主义开始的。按照列宁的设想，苏维埃制度是官僚制的对立物，是防止政权官僚化和官僚主义的民主形式。但实践结果表明，在官僚体系直接掌握生产资料的情况下，苏维埃体制很快就失去了对权力的控制，在苏维埃国家机关和布尔什维克党内，官僚主义迅速滋生蔓延开来。列宁对此既十分敏锐又深恶痛绝，他将官僚主义定义为“地位观念”，认为“官僚主义就是使事业的利益服从于向上爬的需要，就是一味追求地位而忽视工作”[78]。仅仅半年之后，列宁就在1918年4月发表的《苏维埃政权的当前任务》小册子中明确指出，“现在有一种使苏维埃成员变为‘议会议员’或变为官僚的小资产阶级趋势”。[79] 1919年3月俄共八大通过的新党章又提出，“官僚主义就在苏维埃制度内部部分地复活起来”[80]。1922年，列宁在《论苏维埃共和国的国内外形势》的重要演说中指出，“我们内部最可恶的敌人就是官僚主义者，这些人都是身居苏维埃要职（也有担任一般职务的）、由于勤勤恳恳而受到大家尊敬的共产党员……他没有学会同拖拉现象作斗争，他不善于同这种现象作斗争，反而为之掩护”[81]，“共产党员成了官僚主义者。如果说有什么东西会把我们毁掉的话，那就是这个”[82]，“如果不进行有步骤的和顽强的斗争来改善机构，那我们一定会在社会主义的基础还没有建成以前灭亡”[83]。

从这样的认识高度出发，列宁提出“需要采取千百个措施”来消灭官僚主义，这些措施主要包括：通过实行新经济政策让生产关系在一定程度上后退，吸收群众直接参加国家管理，明确划分党政职责，深入实际和群众保持密切联系，建立严格的监督和检查制度，建立法制和党规党法，精简机构和会议以提高工作效率，等等。可惜历史并没有留给列宁更多的时间，在只有6年的执政实践中，他虽然清醒地知道，官僚主义是一种长期存在的复杂的社会现象，尤其是在一个农民的、又是大伤了元气的国家中，同官僚主义作斗争需要很长的时间，要坚持不懈地进行这种斗争，只能对它进行治疗，只能慢慢地治疗”，应该清洗、治疗，十次百次地治疗和清洗。[84] 但列宁对官僚主义的这些认识，总体上还处于感性认识积累阶段，应对措施只能是初步、零散和治标性质的，还远谈不上系统的、理性的，他提出的改革党内权力结构的光辉思想及相应的顶层设计构想，根本没有实践和推行的机会。其结果正如列宁晚年感叹的那样，“可以赶走沙皇,赶走地主,赶走资本家。这我们已经做到了。但是，在一个农民国家中，却无法‘赶走’、无法‘彻底消灭’官僚主义”[85]。

更为遗憾的是，列宁对于官僚主义的痛恨和反击，并没有在苏共党内形成强大共识，随着列宁1924年1月病逝，一切都在历史中飘散了。随后执政的斯大林对内忙于巩固自己的权力，对外忙于缓和形势、抗击侵略。他非但没能积极对抗官僚主义顽疾，反而在某种程度上放任了官僚主义的发展。特别是反法西斯的卫国战争胜利后，斯大林和苏共的国际国内威望达到高峰，内忧外患一时消除殆尽，官僚主义开始野蛮生长。斯大林时期，苏共的特权化、官僚主义现象迅速滋生蔓延，到第二次世界大战后形成特权阶层，“党政军官僚的最高工资待遇与熟练工人工资的差别由20世纪20年代的几倍扩展到30年代的30多倍，50年代的50多倍”[86]。更为严重的是，官僚主义弥漫，苏联逐步“形成了以牺牲人的全面自由发展权利为代价的发展模式、权力结构模式和专制利己主义”，“在执政党内不断积累精神懈怠、能力不足、脱离群众和消极腐败‘四大危险’”。[87]

赫鲁晓夫1953年执政后，对此虽有所触及，但他作为在斯大林时期扭曲了的党内政治生活中成长起来的领导人，哲学思维极不健全、治政风格极不稳健，特别是其一面将斯大林“一棍子打死”，一面又沿袭斯大林手法进行各种调整，显得全无章法。1964年10月14日，趁赫鲁晓夫在黑海之滨度假时，勃列日涅夫等人在莫斯科发动了政变，赫鲁晓夫被免除了一切职务，强迫“退休”，从此远离政坛。

接替赫鲁晓夫担任苏共中央总书记的勃列日涅夫，是“这个无所不能的‘官僚党’的忠实儿子”[88]。他消极汲取前任教训，一屁股坐进官僚主义特权阶层怀里，满足于靠双向利益输送来换取他们的支持，“形成了一个个‘官僚腐败集团’，个人崇拜，高度集权，监督异化，民主缺失，官官相护，任人唯亲，职务终身，贪污渎职，腐败盛行”[89]。苏联和苏共的官僚主义疾病从此一发不可收拾，走向彻底沉沦，之后的苏联和苏共历史，不过是官僚主义不断消耗人民信心和耐心的丑恶表演，已不足一论。

1964年10月16日是一个值得记住的日子。这一天，是毛泽东写下《关于〈红楼梦〉研究问题的信》10周年；这一天，中国在西部地区成功爆炸第一颗原子弹，极大激发了国内政治热情、震动了国际舆论；这一天，苏联塔斯社对外宣布苏共中央和苏联最高苏维埃此前关于解除赫鲁晓夫职务的决定，极大震动了国际舆论，加深了毛泽东的忧思。早在1956年苏共二十大后，中苏两党就因为政治分歧逐渐走向公开决裂。后来，苏共中央发表致全体党员的公开信公然指责中共和毛泽东本人，毛泽东亲自主持撰写9篇批评苏共中央公开信的文章，并在1963年9月6

日至1964年7月14日陆续发表，文章对苏共在官僚主义泛滥下的变质，定性为现代修正主义。赫鲁晓夫下台后，毛泽东特意委派周恩来赴苏联访问沟通，他本来判断苏共可能会发生变化，否则赫鲁晓夫为什么要下台。怎料想勃列日涅夫解释，赫鲁晓夫被解除职务的原因是由于其工作作风和方法问题，至于“苏共的第二十次、二十一次、二十二次代表大会上通过的列宁主义路线，苏共纲领是正确的，是不可破坏的。这个路线，不论在对内政策方面，还是在对外政策方面，对我们来说是毫不动摇的”[90]。这表明，官僚主义对苏共的侵蚀已经是“病在骨髓，司命之所属，无奈何也”[91]。毛泽东失望地说，赫鲁晓夫的垮台和苏共新领导的走向，很可能是“无可奈何花落去，似曾相识燕归来”，“现在看来，最大的可能性就是他们要实行没有赫鲁晓夫的赫鲁晓夫主义”[92]。

毛泽东虽然很早就判定苏共中央背离了马克思列宁主义，但在苏共最高领导人发生非正常变更后，竟然不作丝毫的路线反思和调整，这一点还是让他深感意外。由列宁一手创建，曾经在政治、经济、军事、文化等方面创造了人间奇迹的那么强大的一个党，怎么会在不太长时间内蜕化变质到这种程度？毛泽东认为，苏联修正主义的出现是由于内部有了一个特权阶层，因此把列宁的党变成了修正主义的党，国家也变了颜色。联系到中共党内的情况，毛泽东本就十分强烈的忧患意识进一步升级，其忧患的核心是党如何才能始终保持同人民群众的血肉联系。

◆ “过洁世同嫌”？我注意得较多的是制度方面的问题

毛泽东对党内官僚主义及党政管理体系的不满日甚一日，在他看来，苏共和党内的官僚主义者都是胸无大志、被眼前困难所吓倒的斥鷃——蓬间雀，甚至是令人厌恶的“苍蝇”。怎么办？也许是为了重温初心，也许是为了寻找灵感，也许是为了痛下政治决心，1965年5月，毛泽东在阔别36年之后重上井冈山。在这个他领导创建第一块革命根据地的地方，毛泽东一住就是7天，在他走遍山上角角落落，深情回忆当年峥嵘岁月，感叹“犹记当年烽火里，九死一生如昨”的同时，有两个细节颇为耐人寻味：一是毛泽东的生活秘书坚持按照每天2.5元的标准，向宾馆会计室缴纳了7天共计17.5元的“首长伙食费”；二是毛泽东在听张平化背诵此前到访井冈山的末代皇帝溥仪诗作后说，我们能够把末代皇帝都改造成新人，其他人的思想怎么就不可以改造呢？前一个细节是以实际行动反对特权，后一个细节是以实际案例强化信心。这次旧地重游，绝不是一个普通老人的情感怀旧，而是一个政治领袖的精神重整，毛泽东在重温初心中下定的决心，集中体现在他离开井冈山时写下的《水调歌头·重上井冈山》和《念奴娇·井冈山》这两首词的下阙里。

> 风雷动，旌旗奋，是人寰。三十八年过去，弹指一挥间。可上九天揽月，可下五洋捉鳖，谈笑凯歌还。世上无难事，只要肯登攀。[93]
>
> 弹指三十八年，人间变了，似天渊翻覆。犹记当时烽火里，九死一生如昨。独有豪情，天际悬明月，风雷磅礴。一声鸡唱，万怪烟消云落。[94]

漫步在井冈山的五月花海，毛泽东的心情应该是沉重而又亢奋的。面对美苏两霸从不同方向压过来的严峻形势，面对党内让他忧愤不满的官僚主义思想作风的发展，毛泽东认为这是新的阶级斗争，他决意直接从人民群众那里寻找支持。人民群众是铜墙铁壁，是眼睛，是上帝，是土地，是水，[95]这一点正是在井冈山斗争中首次得到证实的。也正是在此基础上，毛泽东在延安提出“让人民起来监督政府”，就可以打破过去政权“其兴也浡焉、其亡也忽焉”的“历史周期率”；他在西柏坡提出执政是“进京赶考”，表达了“我们决不当李自成”的政治自信。他坚信只要唤起人民群众，就会“万怪烟消云落”。

走下井冈山的毛泽东下大力气重新推动社会主义教育运动深入，但终于发现阻碍破除官僚主义思想作风的最大障碍正是党政管理体系自身。1965年11月10日，上海《文汇报》抛出姚文元的《评新编历史剧海瑞罢官》一文，该文重提1962年的“单干风”“翻案风”，说作者吴晗在剧中描写的海瑞“退田”“平冤狱”，是“要拆掉人民公社的台，恢复地主富农的罪恶统治”[96]。但是，从中央、中宣部到北京市委等党政管理体系和文化战线对于这颗重磅炸弹的反应让他大失所望。由毛泽东提议为配合社会主义教育运动而成立的中央文化革命五人小组，直到近3个月后的1966年2月3日才开会研究这个问题，他们形成的汇报提纲强调“要坚持实事求是，在真理面前人人平等的原则，以理服人；要准许和欢迎犯错误的人和学术观点反动的人自己改正错误，不要不准革命；在报刊上点名给以重点批判要慎重”[97]，这种态度简直让毛泽东感到愤怒。1966年5月16日，经中共中央政治局扩大会议讨论通过，以《中国共产党中央委员会通知》的名义撤销了这个汇报提纲，并“撤销‘文化革命五人小组’及其办事机构，重新设立文化革命小组，隶属于政治局常委会之下”[98]，“文化大革命”正式开始了。

值得注意的是，毛泽东发动“文化大革命”，剑锋是指向文化、指向人的，是要在取得政治经济领导权后，解决思想文化上的领导权、主导权的，但究其初衷和目的，却是为了确保公有制生产关系不反转，确保发展生产力的方向不偏离。《评新编历史剧海瑞罢官》作为“文化大革命”的导火索，是拿1962年的“单干风”“翻案风”说事；毛泽东在修改《无产阶级文化大革命的形势和党的若干方针问题》（七月十六日草稿）时，也特别强调“文化大革命，就是为的要使人的思想革命化，因而使各项工作做得更好、更多、更快、更省”[99]，1967年他还说“文化革命是个总的名称，实际上是政治革命和经济革命”[100]。这说明，在毛泽东的思想认知中，生产关系调整不顺、生产力发展遇阻是因，“文化大革命”是果；要理顺这些，“文化大革命”是手段，确保生产关系不倒退、生产力健康发展是目的。“文化大革命”要解决的问题，就是党政管理体系中滋生的官僚主义以及由此可能导致的修正主义架空公有制的恶果，“十七年来，我们有一些干部已经不是马克思主义者了，思想上变了，安于现状，不前进了。另一种，就是做坏事。还有一种是好干部。对于第一种，要进行教育，对于第二种，就要反掉”[101]。

然而“文化大革命”到底怎么搞，毛泽东事先并没有一个清晰的设想，但他知道“既然是一场革命，就不会轻松。这是一场严重的斗争”[102]。1966年6月，毛泽东将自己关进湖南老家韶山冲后一个叫滴水洞的地方，在这里他与世隔绝般地思考了11天，终于下定决心要“烧一烧官僚主义”，以期“天下大乱，达到天下大治”，“现在的任务是要在全党全国基本上（不可能全部）打倒右派，而且在七八年以后还要有一次横扫牛鬼蛇神的运动，尔后还要有多次扫除”[103]的“文化大革命”思想。此后不久，随着毛泽东在不到百天内连续8次接见全国各地到北京“串联”的红卫兵，神州大地终于展现出他所期盼的“一阵风雷惊世界，满街红绿走旌旗”[104]的革命景象。

“共产党人在国内消灭了剥削阶级之后，本应该转而训练人民运用正常的法治、文教和经济手段”，“去防止与克服寄生在党和国家肌体上的人治官僚主义病菌”。[105]睿智如毛泽东者，怎么就会认为数千年的历史旧思想积淀，凭一时之力就可以在数年之间连根拔起？怎么就会看不透党政管理体系的本质和作用，能够得出可以抛开党政管理体系搞建设的结论？怎么就会忽略党政管理体系是从历史和群众之中生长出来的基本事实，会认为在一块韭菜地“割去一茬韭菜就能长出一茬兰花来”呢？

问题到底出在哪里？

从根本上讲，可能就是一个字“急”，如果非要说成两个字，那就是“太急”。

包括毛泽东在内的那一代中国人渴望富强、渴望平等，他们认为“一万年太久”，要“只争朝夕”。毛泽东集中代表并直接引领着这一社会思潮，他急于进行生产关系的全面彻底调整和推动生产力的大发展，力图迅速建设一个经济上的新中国；在社会因此出现集体性不适应并导致大面积功能紊乱后，生产力发展受挫，生产关系出现反弹性倒退，他又将坚持这种主张的人高规格定性为“反社会主义”的“走资本主义道路的当权派”，急于“使人的思想革命化”，力图建成一个文化上也彻底消除旧思想的新中国。这一个“急”字，就期望将需要上百年甚至需要二三百年才能完成的历史任务，一下子压缩在二三十年内来完成。

毛泽东这个“急”字，既来源于对历史教训特别是官僚主义泛滥危害的深刻理解，也来源于对当时国际形势特别苏共变质的深切体察，还来源于英雄暮年、时不我待的政治责任感。1955年7月5日，毛泽东在会议休息时，指着周恩来对爱新觉罗·载涛说："我是《红楼梦》里的老夫人，不大管事，他才是掌家的，有什么事可以找他。"这在无意之中道出了他以"老夫人"贾母自况的政治心理。在《红楼梦》里，贾母一直是荣府家政的主持人，直到年纪大了，才渐渐不管事，将管理权委托给儿媳妇王夫人和孙媳妇王熙凤。毛泽东1953年底提出中央分一线二线，1959年卸下国家主席一职，直接委托刘少奇等人负责一线工作，"'七千人大会'后，刘少奇主持西楼会议，开始全面贯彻'调整、巩固、充实、提高'八字方针"[106]。但是，在《红楼梦》情节发展中，贾家内部出现"家长制度的不断分裂"，最终导致贾家败落。贾家被抄后，贾母日夜不宁，她曾虔诚地向天祷告，并拿出自己的全部财物分给儿孙。

熟读《红楼梦》的毛泽东既然以贾母自况，就不会允许贾母悲剧在自己身上重演。他自况的只是贾母的地位，他绝不会允许农业搞包产到户"各顾各"，也绝不会容许在中共党内出现"各人又有各人的打算"的局面，更不能容忍自己开创的社会主义事业因此败落。只是这样一急，就急出了只争朝夕，急出了防患于未然，急出了定性失准和下手过重。

> 要反对新的资产阶级、新出来的资产阶级分子，他们进行贪污盗窃，投机倒把，这种人虽然为数不多，但很厉害，神通广大。如果现在不加注意，他们就会泛滥起来，苏联现在不就泛滥起来了吗？[107]

1964年3月，毛泽东还是这样认识问题。仅仅过了两年，他在修改《中国共产党中央委员会通知》时加写的几段话表明，问题性质在他眼中已完全不同。

> 中央和中央各机关，各省、市、自治区，都有这样一批资产阶级代表人物。
>
> 必须同时批判混进党里、政府里、军队里和文化领域的各界里

的资产阶级代表人物，清洗这些人，有些则要动他们的职务。尤其不能信用这些人去做领导文化革命的工作，而过去和现在确有很多人是在做这种工作，这是异常危险的。

混进党里、政府里、军队里和各种文化界的资产阶级代表人物，是一批反革命的修正主义分子，一旦时机成熟，他们就会要夺取政权，由无产阶级专政变为资产阶级专政。这些人物，有些已被我们识破了，有些则还没有被识破，有些正在受到我们信用，被培养为我们的接班人，例如赫鲁晓夫那样的人物，他们现正睡在我们的身旁，各级党委必须充分注意这一点。

“卧榻之畔，岂容他人酣睡？”[108]

“共产主义者的心，至少有一半生活在未来”。但晚年毛泽东“生活在未来”的心，显然远远超过了一半。他将自己的政治理想绝对化、急迫化了。

“文化大革命”一搞就是10年，却没有实现毛泽东的预期目标，甚至可以说与其相去甚远。它没有将“官僚主义烧焦”，党政管理体系倒是被“反复烧焦了几回”，特别是林彪那一通“要弄得翻天覆地，轰轰烈烈，大风大浪，大搅大闹，这半年就要闹得资产阶级睡不着觉，无产阶级也睡不着觉”[109]的讲话，50年后读来仍感到煞气逼人。所谓“水火无情”，主要是指放火容易、灭火难，分洪容易、控制洪水的流向难。采取“文化大革命”的办法解决官僚主义问题，正如火烧荒山和破堤行洪，火借风势、水借地势，火与水固然可以解决一些想要解决的问题，但难免伤及面过大，特别是生长在风道和行洪道内的树木花草，本身并无过错可言，但时也、运也、命也，水火过处躲无可躲，只能硬着头皮承受这一切，强者尚能劫后余生，弱者自然在劫难逃。自1957年被错划为“右派分子”20年、历经生活磨难的原作家出版社社长从维熙，在回忆录《走向混沌》中历数许多血淋淋的事例后说，“上帝分配幸运与不幸运时，并不把人的品质优劣当成分配的尺度”[110]，诚哉斯言。“文化大革命”期间，毛泽东主张放手发动群众，而群众一旦被发动起来，如何有效组织是一大难题，如何防止群众情绪中负面因素恶性泛滥、如何控制社会阴暗面沉渣泛起，更是难上加难。实际情况是，**广大人民群众反感官僚主义，也想革命，但大规模群众运动在向往和追求“善”的同时，也会自觉不自觉地释放“恶”，因为“有恶无善或有善无恶，都构不成一个社会的总体”**[111]，而这种“恶”的释放，往往意味着某种程度的荒唐和伤害。况且，旧的党政管理体系被打倒后，新崛起的林彪、江青集团打的虽是革命旗号、谋的仍然是一己私利。群众运动的热情被骑劫、被利用，在“人民专政”名义下，大批老干部和知识分子因种种原因，有的身心饱受折磨，有的含冤故去，有许多人更是在政治和精神重压之下自尽自残。

林彪事件后，面对一份份递至案前要求“解放”、要求就医、提出申诉的信件，毛泽东也深感无奈、深感迷茫，这些是他不愿看到甚至认为不应该发生的情况。他将信将疑地在大多数来信上批示“请纪、汪酌处”，也就是请纪登奎、汪东兴负责处理的意思。1972年12月中旬，在看到铁道部原副部长刘建章妻子刘淑清来信诉说丈夫在狱中接受审查所受虐待情况时，毛泽东难以置信并愤怒地批示道，“这种法西斯式的审查方式，是谁人规定的？应一律废除”[112]。但是，囿于当时社会的普遍认识和惯常做法，实际执行情况能有所收敛就算不错了，新的党政管理体系在审查方式上恐怕很难有根本性的转变。1976年6月15日，毛泽东已是重病缠身，头脑却很清醒，他虽然极其看重“文化大革命”，却不得不承认“这事拥护的人不多，反对的人不少”。

人生七十古来稀，我八十多了，人老总想后事，中国有句古话叫盖棺论定，我虽未盖棺也快了，总可以论定了吧！我一生干了两件事。一是与蒋介石斗了那么几十年，把他赶到那么几个海岛上去了。抗战八年，把日本人请回老家去了。……对这些事持异议的人不多，只有那么几个人，在我耳边叽叽喳喳，无非是让我及早收回那几个海岛罢了。另一件事你们都知道，就是发动文化大革命。这事拥护的人不多，反对的人不少。这两件事没有完，这笔遗产得交给下一代。怎么交？和平交不成就动荡中交，搞得不好；后代怎么办，就得血雨腥风了。你们怎么办，只有天知道。[113]

对上述说法，《毛泽东年谱》的编者十分慎重地将这段话写在脚注里并声明指出：毛泽东说的这段话，转引自1977年3月22日叶剑英在中共中央工作会议闭幕会上的讲话。本书编者没有查到档案根据或其他第一手权威资料。但是，这段话在社会上流传甚广。对于“文化大革命”“拥护的人不多，反对的人不少”确为实情，当时如此，四十多年来都是如此。中共十一届六中全会通过的《关于建国以来党的若干历史问题的决议》明确指出，“历史已经判明，‘文化大革命’是一场由领导者错误发动，被反革命集团利用，给党、国家和各族人民带来严重灾难的内乱”。

也正因为如此，在毛泽东身后颇有那么一些极端的人，将毛泽东发动“文化大革命”的失误等同于毛泽东思想的全部，全盘否定毛泽东晚年探索实践，并将各种脏水一股脑地泼向毛泽东和毛泽东思想，极尽造谣、诋毁之能事。

“太高人愈妒，过洁世同嫌”。毛泽东虽以贾母自况，他为国家民族计的超级理想主义担当，远超贾母之为贾府计的庸俗现实主义情怀，但其身后清誉却又与贾母有很大不同。他从来不计个人毁誉，但如何评价他对后人来讲却是件天大的事，这可能是毛泽东留给世界的又一悖论。面对当时出现的要全盘否定毛泽东和毛泽东思想的现象，当时的中央领导人邓小平、陈云等老一辈无产阶级革命家坚决顶住了这股歪风。“不提毛泽东思想，对毛泽东同志的功过评价不恰当，老工人通不过，土改时候的贫下中农通不过，同他们相联系的一大批干部也通不过。毛泽东思想这个旗帜丢不得。丢掉了这个旗帜，实际上就否定了我们党的光辉历史”[114]。邓小平“三个通不过和一个不能丢”的判断，是对毛泽东和毛泽东思想在中国乃至世界上拥有的广泛深厚群众基础和社会基础的真实、真诚回应。

一个“犯下严重错误”的政治领袖，何以能够拥有广泛深厚的群众和社会基础呢？1980年11月下旬，黄克诚在中共中央纪律检查委员会召开的第三次贯彻《关于党内政治生活的若干准则》座谈会上，即席发表题目为《关于对毛主席评价和对毛泽东思想的态度问题》的讲话说，“毛主席晚年的雄心壮志仍然非常之大，想在自己这一生中把本来要几百年才能办到的事情，在几年、几十年之内办到，结果就出了一些乱子。尽管这些乱子给我们党和人民带来了不幸和创伤，但从他的本意来讲，还是想把人民的事情办好，把革命事业推向前进。他为了这个理想操劳了一辈子”[115]。黄克诚的讲话对于当时正确评价毛泽东和毛泽东思想发挥了非常积极的作用，但现在看来也只是讲出了一半的事实和原因，即毛泽东主观愿望的一面。而另外一半，即毛泽东“为这个理想操劳了一辈子”的客观效果如何，他没有提及，这可能是碍于当时的政治环境，也可能是囿于当时的认知水平，毕竟“文化大革命”刚刚过去。实际上，毛泽东艰辛探索取得客观效果的一面，才是必须正确评价毛泽东的事实和原因当中更为重要的另一半，即毛泽东通过自己的思想和实践探索，为新中国注入了追求进步、自主创新、组织起来、注重公平的物质基础和精神气质。

随着岁月流逝，历史迷雾在时间之风的吹拂下终将渐渐消散，毛泽东晚年探索的主观愿望和客观成果、思想力量和物质建树，正在越来越完整、越来越清晰地展现在世人面前。特别是自1959年庐山会议后即被确定为“彭德怀、黄克诚、张闻天、周小舟反党集团”骨干成员的黄克诚、“文化大革命”一开始便被打倒定性为“彭、罗、陆、杨反党集团”头目的彭真等一大批被冲击、打倒、批斗的老一辈无产阶级革命家，从最初被误解的委屈和恼怒中陆续走出来，开始理解、谅解毛泽东并感佩毛泽东的政治远见。问题应当反思，成果也应继承。这才是今天中国特色社会主义制度能够始终保持强劲活力，避免走向僵化封闭的苏联式官僚社会主义老路，在苏共和苏联政权垮台的巨大冲击波面前，能够稳住阵地，再开新局的社会基础；也是今天中国特色社会主义制度能够始终高举马克思主义旗帜，绝不走西方划定的资本主义邪路，在美国“和平演变”和“颜色革命”的凌厉攻势下，能够保持强大政治定力、“风景这边独好”的社会基础。

这个社会基础，就是毛泽东在整个社会主义建设探索中，紧紧抓住生产关系这个牵动社会各方利益的关键性环节。毛泽东曾说，“我注意得较多的是制度方面的问题，生产关系方面的问题，至于生产力方面，我的知识很少”[116]。这句话是他在1962年的七千人大会上讲的，背景特殊，后一句有些自谦，前一句千真万确。1966年1月12日，毛泽东在武昌东湖客舍对此作了进一步解释。

> 我们都讲政治经济学。政治经济学讲的生产关系包括三个方面：一是生产资料所有制（谁占有生产资料）。二是谁占统治地位，是资产阶级还是无产阶级，讲相互关系。资本主义是资产阶级占统治地位，社会主义是无产阶级占统治地位。在社会主义农村中，是贫下中农占统治地位，还是富裕中农、贪污分子占统治地位的问题。三是分配。这都是讲生产关系。[117]

正是在生产关系的这三个方面，毛泽东始终坚定不移地站在“以利于团结百分之九十五的干部，团结百分之九十五的群众”的立场上，站在中华民族长远和根本利益的立场上，坚持公有制的经济基础，坚持不能出现新的贫富分化的生产力发展方向，坚持在保证基本民生基础上的国家高积累、高投入的发展模式，并努力确保最广大人民群众以组织起来的方式享有经济、政治权益，努力确保广大党员干部在参加劳动中不要脱离群众滋生出官僚主义和腐败现象，努力确保国家在高积累中加速实现工业化。

后来曾有学者指出，中国的政治权力，尤其是内地农业社会的政治权力，存在着脱离并凌驾社会之上的经济基础方面的客观原因，“新中国成立之后直到毛泽东的逝世，由毛泽东发动的一系列政治运动之主观目的，在我看来就在于防止或抑制政权脱离并凌驾社会之上的自然趋势。他想以他个人的巨大权威及群众运动的力量，把力求浮上水面并升入高空中的气球揿入水中”[118]。毛泽东政治眼光深邃，看问题极深刻、极准确：**官僚主义的滋生蔓延确实是社会主义制度的大敌，是最广大人民群众的大敌。官僚主义发展到一定程度，确实可以架空公有制为主体的经济基础，架空国家一切权力属于人民的宪法原则，架空以按劳分配为原则的社会公平公正目标追求。**毛泽东对于生产关系三个方面的把握，在理念上始终是面对未来、面向大多数的，在实践中始终是坚持底线思维、依靠大多数人，虽然他的坚持在一定程度上过于理想化、追求有些过于纯洁化，特别是在坚持以上理想化和纯洁化过程中，采取“文化大革命”的方式消除官僚主义影响有点过激、过急。但正是由于他对公有制生产关系的坚持和对官僚主义思想作风的压制，中国社会总体处在均等状态，“苦了肚子的老百姓”对此虽有怨言却无仇恨，虽有严重的政治歧见却无严重的社会撕裂。

经济发展绝不仅仅是经济问题。西方经济学特别是所谓的新自由主义经济学，将经济发展与政治、社会、民生、文化等割裂开来，视其为完全独立的一个领域，满脑子都是增长、一门心思追求着高速增长。这种以精英史观为圭臬的理论造成的实践恶果，就是资本横行、泡沫丛生、三大差距持续拉大，发展成果为少数人享有。在社会主义制度下任其发展的最后结果，就是资本主义的政治复辟、私有制的经济基础复辟，就是人民史观的艰难生发过程被压制，甚至被打断。

回望过去，我们应该深刻理解毛泽东当年对公有制近乎固执的坚守，对出现贫富分化近乎恐惧的排斥，对官僚主义近乎深恶痛绝的整治；放眼未来，我们更**应该牢记习近平总书记的警示，“市场化的商品经济就是市场经济，而高度资本化的市场经济就是资本主义市场经济”**[119]，而对于党内和党员队伍中出现的官僚主义和消极腐败问题，则要坚持“有了病就要积极治疗，该吃药的吃药，该动手术的动手术，这样才能恢复健康。讳疾忌医是不行的，正所谓‘匿病者不得良医’”[120]。

第七章

曹雪芹在《红楼梦》里还是想补天：

凭栏静听潇潇雨，故国人民有所思

曹雪芹在《红楼梦》里还是想补天，想补封建制度的天，但是《红楼梦》里写的却是封建家族的衰落，可以说是曹雪芹的世界观和他的创作发生矛盾。[1]

——1964年8月24日，毛泽东关于日本物理学家坂田昌一文章《关于量子力学理论的解释问题》的谈话。

1972年12月17日晚，毛泽东召集周恩来、张春桥、姚文元等人在中南海游泳池住处开会，话风是天马行空式漫谈，话锋却直指当时国内形势和中国历史问题要害处。特别是针对林彪叛逃以来开展的批林整风运动，毛泽东说，“批极左，还是批右？批极左思潮，少批一点吧。王若水那封信，我看不对”，“林彪路线的实质是极右，修正主义，分裂，阴谋诡计，叛党叛国”，在谈到中国历史问题时又说，“赵纪彬、杨荣国都是批郭的，认为孔是复周朝的奴隶制。历史要多读一些。历史中有哲学史，其中分派。儒法两派都是剥削本位主义，法家也是剥削，进了一步。杨荣国没有讲清，新的势力兴起，还是剥削。”[2]

毛泽东一席漫谈，任意挥洒，借古喻今，不仅直接为政治上的左和右作出定性，还以此为标准给当时的重大政治问题定调，直接引出随后开展的“批林批孔”和“评法批儒”两大运动，可谓举重若轻，在气定神闲间尽显其在掌握政治话语权上一贯的王者本色，颇有老而弥坚之势。“王若水那封信”作为这次谈话的导火索，是在10多天前的12月4日由江青转呈毛泽东案头的，王若水在信中直接提出了一个困扰他极深的哲学理论和实际工作问题。当然，这个问题也一样在困扰着王若水的所在单位人民日报社，困扰着全中国懂些政治、关心政治的很多人。

> 批修整风，也就是批林整风，究竟主要是批“左”的方面还是右的方面呢？今年八月一日，总理在一次谈话中指示：人民日报等单位，极左思潮没有批透，“左”的不批透，右的东西也会抬头。我很同意总理这个提法。八月八日，春桥、文元同志接见人民日报社几个同志时，春桥同志讲了一段话。他的用意显然是提醒我们，不要批“左”过了头，转到右的方面去。这当然是值得我们注意的。但当前批极左主要是批过头了呢？还是批得不透呢？这个问题却没有解决。[3]

王若水1948年毕业于北京大学哲学系，因1963年发表《桌子的哲学》一文引起毛泽东注意，这段绕口令般的话虽然仍有思辨文风，主旨却是将党内在批林问题上的认识分歧直接推到了毛泽东面前。毛泽东知道，林彪叛逃事件发生已达15个月之久，对林彪及林彪路线如何定性，自己必须要有一个明确态度了。

◆ 我本将心对明月：理想的丰满与现实的骨感

林彪1926年毕业于黄埔军校四期后投身北伐，后参加南昌起义并随部亲历朱毛会师。因其为人沉稳、机警，自井冈山时期就受到毛泽东赏识重用，此后一直以军事见长且战功显赫，1955年授元帅衔。1959年庐山会议批判彭德怀的同时，林彪开始在政治上崛起，特别是随着“文化大革命”的深入，林彪处心积虑地大树特树毛泽东思想、极力推高对毛泽东的个人崇拜调门，在1969年召开的中共九大上当选为党中央唯一副主席，并作为副统帅、“毛泽东同志的亲密战友和接班人”被写进党章。

这样一个毛泽东倚重颇深的重要政治人物，却在夺取更高权力阴谋败露后，于1971年9月13日携家带口从山海关机场仓皇劫机出逃，途中迫降蒙古国失败而“折戟沉沙”。接到林彪叛逃将要出境蒙古国的报告时，从中南海住处匆匆转移到人民大会堂暂住的毛泽东，嘴上虽对坐镇指挥的周恩来说“林彪还是副主席嘛，天要下雨，娘要嫁人，由他去吧”[4]，内心深处的意外、痛苦，实则极大、极深。事后看，毛泽东的身心均经受了一次大的冲击，在应急处置工作略有眉目、局势大体稳定下来的1972年2月12日凌晨，身体底子很好的毛泽东甚至一度休克，经抢救苏醒后整体健康状况便急转而下，再也没能恢复到之前状态。后来有史学家认为，九一三事件的发生，促使更多的干部和群众从个人崇拜的狂热中觉醒，客观上宣告“文化大革命”的理论和实践的破产。

写进党章的“接班人”出了这样的事情，对林彪本人进行批判、对林彪集团进行组织清理、确保全国大局稳定，只能算作正常的应急反应；1972年2月接待美国总统尼克松来访、9月接待日本首相田中角荣来访，一举打开中美关系大门和实现中日邦交正常化的这两场活动影响甚大，但也只能起到暂时转移政治注意力的作用。林彪为何如此不堪？这个问题无论如何都是躲不开、绕不过的，全党、全军、全国人民、国际舆论都在等待毛泽东给出合理解释，毛泽东也在密切观察相关方面特别是党内反映，并在紧张思考中等待恰当的发声时机。就当时来讲，按国际舆论分析，所谓的以周恩来为代表的“稳健派”和以江青、张春桥、姚文元为代表的“激进派”，对《人民日报》提出的要求主张虽然各自都留有政治余地，但核心主张的尖锐对立已经十分明显：“稳健派”倾向于将林彪的政治立场定性为左、而且是极左，“激进派”等倾向于将林彪的政治立场定性为右。

毛泽东在1972年12月17日晚的那次谈话甚为关键。一年多来，周恩来高举“批透极左思潮”大旗，在主持中央日常工作中解放大批老干部、大力整顿经济秩序的势头迅速受挫，政治处境一下子艰难起来；江青、张春桥、姚文元等人则大受鼓舞，一下子崛起为“文化大革命”政治新贵。从毛泽东这次谈话前后的心路历程看，他只是认识到，在信任和重用林彪集团的问题上有失察之责，所以他积极支持周恩来解放老干部，多次主动为“听了林彪一面之词”，“向同志们做点自我批评”，说“有几次听一面之词，就是不好”，“所以我犯了错误”“我要负责呢”。[5]但在他看来，这决不意味着“文化大革命”的理论和实践从根本上是错误的和可以否定的；相反，通过“文化大革命”“把刘少奇这个集团揪出来了嘛，又把林彪这个集团揪出来了嘛，这是个伟大胜利”[6]。既然是连续的伟大胜利，“文化大革命”就非但不能否定、不能停止，更不容倒退，必须在取得这个伟大胜利基础上继续推向前进。

为进一步打牢继续前进的现实基础，毛泽东在多次进行自我批评、支持周恩来解放老干部的基础上，还以自身经历安抚“文化大革命”中受到冲击的干部，“人要能上能下，我们的人就只能上不能下。我就是多次又上又下，正因为这样子，所以有时候就能得到机会读书。即使不是自己犯了错误而是被错怪了的，那也要安心读书，得机会嘛”[7]。

为进一步打通继续前进的理论逻辑，毛泽东针对林彪信奉“克己复礼”和林彪集团拿秦始皇比附和攻击自己的言行，深挖儒法之争历史资源，高调肯定法家进步立场，说“法家的道理就是厚今薄古，主张社会要向前发展，反对倒退的路线，要前进”[8]；高调批评儒家复古倒退主张，并从评论郭沫若《十批判书》[9]切入，认为“郭老不仅是尊孔，而且还反法，尊孔反法。国民党也是一样啊！林彪也是啊”[10]，从而建立起林彪是孔孟之道的忠实信徒、在政治路线上属于“形左实右”、也就是表面上是左实质上是右、是极右的理论链接。

新崛起的江青集团极尽揣摩迎合、拉帮结派之能事。在中共十大上作为毛泽东接班人培养对象进入中央政治局，并当选为常委、副主席的王洪文，毛泽东本来对他寄予很大希望，在他当选为党的副主席之后，特意交代他读《后汉书·刘盆子传》，又让他跟在周恩来身边，向周总理学习治国理政的工作精神和工作方法。但是，这位王副主席“纵然生得好皮囊，腹内原来草莽”，他不学无术、吃喝玩乐、钓鱼打猎，活脱脱一副《红楼梦》中薛蟠薛大公子的模样做派，非但“愚顽怕读文章”，而且“行为偏僻性乖张”，到中央工作没多久就彻底倒向江青集团。

1974年1月，江青、王洪文向毛泽东递上《林彪与孔孟之道（材料之一）》，要求向全国转发，毛泽东批示“同意转发”。江青集团迅即掀起一场全国性批林批孔运动，并声称这场运动是“第二次文化大革命”，矛头直指主持中央日常工作的周恩来，企图在接下来的四届全国人大上“更上一层楼”、取得“组阁大权”。

毛泽东将林彪路线定性为“形左实右”的极右修正主义的本意，是将林彪集团的出现与“文化大革命”理论进行政治切割，防止林彪集团的罪行拖垮“文化大革命”实践；毛泽东批评“王若水那封信，我看不对”、要求“批极左思潮，少批点吧”的本意，是对周恩来领导恢复整顿工作的侧面提醒，防止这种恢复整顿发展成为对“文化大革命”的全面否定。此时毛泽东已年过八旬，仍然以抱病之躯，放下身段、苦心孤诣地在逆境中营造一种全新局面，其真正目的主要在于维护“文化大革命”的理论正确性和实践正当性。为此，他写信抱怨江青言行乖张，说“我重病在身，八十一了，也不体谅”，提醒她“务望谨慎小心。注意团结不同意见的同志”，[11]警告她对内对外行事低调，不要胡乱放火；他将《后汉书·刘盆子传》推荐给王洪文看，告诫王洪文持身以正，莫学西汉末年农民军中“摸彩上位”“沐猴而冠”的放牛娃皇帝刘盆子；他重新请出邓小平代替重病在身的周恩来主持国务院日常工作。

可惜的是，毛泽东的良苦用心很少有人去认真体会，多数人只是一味我行我素，他的主观愿望客观上基本落空。特别是借势而起的江青集团在行事风格上几乎就是林彪集团的翻版，区别最多只是，林彪集团成员大多集中在军队、是拿枪杆子的，江青集团成员大多集中在文化舆论战线、是拿笔杆子的。他们一样都打着革命旗帜，一样都嗜权如命，一样都兴风作浪、排斥异己。江青集团以为识得几个字、能写几篇文章，便自视学问精深，热衷于钻营权术，其实只会在故纸堆里找些整人的恶法，广受广大干部尤其是老同志们的诟病；他们一样都将毛泽东的革命理想庸俗化为权位争斗，让毛泽东在精神和躯体上都得不到安宁和休息。

当毛泽东看清这一点后，他失望却又无可奈何。在发动“文化大革命”前，毛泽东对刘少奇等人不放心，向一同重上井冈山的护士长吴旭君和自己的亲属说过一段饱含深情的话，将自己内心的政治焦虑和孤独烦闷表达得淋漓尽致。

> 我多次提出主要问题，他们接受不了，阻力很大。我的话他们可以不听，这不是为我个人，是为将来这个国家、这个党，将来改变不改变颜色、走不走社会主义道路的问题。我很担心，这个班交给谁我能放心。我现在还活着呢，他们就这样！要是按照他们的做法，我以及许多先烈们毕生付出的精力就付诸东流了。
>
> 我没有私心，我想到中国的老百姓受苦受难，他们是想走社会主义道路的。所以我依靠群众，不能让他们再走回头路。
>
> 建立新中国死了多少人？有谁认真想过？我是想过这个问题的。[12]

打倒刘少奇时选择林彪作为接班人，是那样的结果，后来准备培养王洪文，是这样的情况。毛泽东感到累了。

1974年7月17日凌晨3时，毛泽东在中南海游泳池住处召开政治局会议，批评江青、王洪文、张春桥、姚文元不要搞成四人小宗派，“在会上两次当众宣布：她（江青）并不代表我，她代表她自己。总而言之，她代表她自己”[13]。当天晚上，毛泽东乘专列到南方休养身体。他在南方长住近9个月，直到1975年4月14日返京，这是新中国成立后毛泽东离开北京时间最长的一次，也是最后一次。在这期间，他反复强调“无产阶级文化大革命，已经八年。现在，以安定团结为好。全党全军要团结”[14]。

此时和之后的毛泽东陷于极大的理论困惑和极深的实践困境中：当毛泽东“破旧立新”的努力深入到社会文化这一核心层面时，阻力并不是来自于哪一个具体个人或具体集团的有意识反对，而是来源于社会最深层次——旧文化传统和旧意识形态——下意识的抗争和干扰，这种东西附着在几乎所有人身上，挥之不去、驱之难散。其实，这种下意识的抗争和干扰一直存在，只不过毛泽东始终不屈服。毛泽东于1967年7月亲赴武汉处理当地群众和驻军战士分成两派、尖锐斗争的问题，7月20日却发生了驻地被数百名群众和战士冲击的事情，现场情形犹如发生“兵变”。毛泽东和中央一度忧虑，“怀疑是不是由陈再道（笔者注：武汉军区司令员）和‘百万雄师’策动的一场‘暴乱’，决定立刻离开武汉”[15]。

毛泽东被迫从武汉撤离到上海的第三天，曾问随行的解放军代总参谋长杨成武：“你对武汉的事情有什么看法？他（笔者注：指陈再道）会反对我吗？”杨成武回答：“主席，谁也不会反对你，老红军、老干部、老党员、老百姓，都把你当成大救星，军队里的老同志都是跟你干革命的。”[16]后来在1970年的庐山会议上听说有人“反对毛主席”，不明就里的陈毅把话说得更决绝，不论在什么地方，如果有人反对毛主席，我陈毅都要把他揪出来。

杨成武和陈毅说这些话的时间相隔3年，但他们都在无意中道出了毛泽东晚年困境的实质所在——毛泽东享有崇高威信、根本无人反对却又普遍不被理解，大多数人根本跟不上他的思想，这种现象就是旧文化和旧意识形态作用下的下意识抗争和干扰。武汉“7·20”事件闹到那般程度，毛泽东仍是就事论事，他力保陈再道政治过关，在京西宾馆召开的近千名军队干部集训大会上安抚陈要继续革命，却没有对事件成因做深层次反思；包括陈再道在内的与会人员虽然感动、感激，但认识上却仍然理解不了毛泽东的思路，行动上仍然跟不上毛泽东的步伐。

毛泽东的政治思想总是走在时代前列，晚年毛泽东的政治思想更是超越了他所处的时代，他与社会和党内之间渐渐地有了一条越来越宽的思想代沟。

青年毛泽东，是在五四新文化运动大潮中以反封建、救中国的坚定信念走上革命道路的。早年，他虽然崇拜过曾国藩、孙中山、康有为和梁启超，也崇拜过华盛顿、拿破仑，他熟读四书五经、深入了解过孔孟之道，他也接触了解过无政府主义、资本主义思想。但在骨子里和思想深处，毛泽东颇具近代湘人敢为天下先的精神气质、颇具中国传统文化的平民情怀。1919年7月，他在《湘江评论》创刊宣言中曾说，“世界什么问题最大？吃饭问题最大。什么力量最强？民众联合的力量最强。什么不要怕？天不要怕，鬼不要怕，死人不要怕，官僚不要怕，军阀不要怕，资本家不要怕”[17]。如此鲜明的思想文化底色，使得毛泽东最终选择马克思主义作为自己的终身政治信仰，“破坏一个旧世界，建设一个新世界”成为他终身的政治追求和政治梦想。

说到梦想，毛泽东喜爱《红楼梦》、欣赏曹雪芹，认为曹雪芹在《红楼梦》里还是想补天，想补封建制度的天，但是《红楼梦》里写的却是封建家族的衰落，可以说是曹雪芹的世界观和他的创作发生矛盾。曹雪芹是清王朝高级贵族的遗腹子和破落少爷，他知道自己的家族既是社会上的高级贵族、也是皇家的高级奴仆，家庭败落既是失去皇家宠信后的无可奈何、也是骄横贵族们恣意妄为下的咎由自取，他对贵族的这种生存状况强烈不满、热切地希望有所改变，却又迷恋家族的那一脉温情、留恋家族过往的富贵荣华、留恋大观园里的春桃蜡梅。曹雪芹在《红楼梦》第一回“甄士隐梦幻识通灵　贾雨村风尘怀闺秀”里自述说，自己“风尘碌碌，一事无成”，“自欲将以往所赖天恩祖德，锦衣纨绔之时，饫甘餍肥之日，背父兄教育之恩，负师友规谈之德，以至今日一技无成、半生潦倒之罪，编述一集，以告天下人”。由此可以看出，曹雪芹是从个人遭遇出发、在冷静观察社会的基础上创作《红楼梦》的，这部小说就是他的精神寄托和人生目标，“残杯冷炙有德色，不如著书黄叶村”[18]，曹雪芹的“补天梦”只是想让精英主义节制一些，不要那么无耻、那么极端，但即便是这样，他也只能在自己的想象里驰骋、只能让“补天梦”保存在文学作品中。

毛泽东说，《红楼梦》是曹雪芹“有一肚子火气”的发愤之作。毛泽东也遐想过“写一本《红楼梦》那样的书”，把身边的人都写进去，但他们基本立场上的巨大差别，注定毛泽东写不出一本《红楼梦》那样的书。因为，毛泽东心怀人民，他也有“一肚子火气”，他对旧世界只有批判、没有留恋，他要把被颠倒的世界重新颠倒过来，当这“一肚子火气”付诸笔端之时，实际写出来的只能是以《毛泽东选集》为代表的战斗檄文，他要“与天奋斗、与地奋斗、与人奋斗”，他追求的是“为有牺牲多壮志、敢教日月换新天”，我们可以称其为“改天换日梦”。

“曹雪芹是要补天的”。他的补天壮举是发愤著书，“字字看来皆是血，十年辛苦不寻常”；毛泽东是要“敢教日月换新天”的。他的壮举是领导了一场“为有牺牲多壮志”的伟大共产主义革命、一场“步步走来皆是血”的长达六十年波澜壮阔的群众性实践运动。

马克思、恩格斯在《共产党宣言》中指出：“共产主义革命就是同传统的所有制关系实行最彻底的决裂；毫不奇怪，它在自己的发展进程中要同传统的观念实行最彻底的决裂。”[19]这两个“最彻底的决裂”，前者是共产主义革命的焦点，后者是共产主义革命的难点，也是确保革命成果不丧失、不反复的重点。这个“传统的观念”，集中表现为以旧意识形态为核心的旧文化传统。

在人类文明数千年乃至上万年的积累构建过程中，物质生产和思想生产同步发生、相互推动。所谓的旧世界，虽然极度不合理，但它已经是一个复杂的有机综合体，物质、制度、观念，经济、政治、文化，里三层、外三层、重重叠叠，它们相互作用、互为表里。有形的等级架构易破，无形的精神文化、道德观念、思想规制、思想观念在亿万民众的头脑当中，实难冲刷清洗。破坏旧世界，决不像摔碎暖水瓶那样简单；所谓的新世界，虽然无限美好，但要把被颠倒的世界重新颠倒过来，它一定是一个更加复杂的有机综合体的重新构建，工程浩繁、障碍多多。全新的权力结构和利益分配原则易定，要得到广泛认同、并内化为民众身心的思想观念体系难立。建设新世界，是凤凰涅槃和脱胎换骨，决不可能唾手取得。

毛泽东领导中国革命和社会主义建设探索的实践历程充分说明了这一点。

在政治革命中，毛泽东将封建地主、官僚资本和帝国主义强加到中国人民头上的政治上层建筑彻底砸烂，他推翻旧法统，建立了一个“一切权力属于人民”的政治上的新中国。

在经济革命中，毛泽东坚守公有制和严防新的贫富分化两条红线，努力探索生产关系改造和生产力发展的新路子，坚决废除旧治统，将生产资料私有制连同精英主义治国的历史传统一并扫入历史的垃圾堆，努力建设一个“以全民所有制和集体所有制”为实现形式的经济上的新中国，但在高歌猛进中遭遇重大挫折。

在文化革命中，毛泽东努力清除旧意识形态和旧文化的影响，坚信可以建设一个全社会人人自新为“一个高尚的人，一个纯粹的人，一个有道德的人，一个脱离了低级趣味的人，一个有益于人民的人”[20]的文化上的新中国。为铲除旧道统，彻底扫除社会主义政治建设和社会主义经济建设中遇到的障碍性、破坏性因素，他不惜发动“文化大革命”，最终陷于泥泞的僵局，退非所愿、进亦不能。

暮年毛泽东尤其偏爱南宋诗词，甚至专门请人将相关诗词进行标点和解释加注并印成大字本，每每读到情感共鸣处，他老泪纵横，甚至多次嚎啕大哭。引发毛泽东嚎啕大哭的诗词，有人说是陈亮的《念奴娇·登多景楼》，有人说是张元幹的《贺新郎·送胡邦衡待制赴新州》。前者有“危楼还望，叹此意，今古几人曾会”之句，讲的是作者内心深处难以言表的孤独感，又有“六朝何事，只成门户私计”之句，讲的是作者对偏安江南的南宋小朝廷中不顾大局、蝇营狗苟者的愤怒指责；后者有“天意从来高难问，况人情易老悲难诉”之句，讲的是作者面对“不以人的意志为转移”的历史规律和自然法则，难以诉说的悲愤心情。不管是哪一首、哪一句触动了老人家泪腺，暮年毛泽东的心境是一望便知的。

革命时期的毛泽东，是从现实出发去追逐理想，他做得辛苦，也赢

得漂亮。

建设时期的毛泽东，是从理想出发去改造现实，他做得亦然辛苦，却满腹忧愁。

◆ 革故鼎新层层难：论旧意识形态的历史后坐力

革故鼎新，往往从破坏旧意识形态体系开始，又以新意识形态体系的有效重建而定型，毛泽东的革命之路就是在这里陷入泥泞。那么，何为意识形态？“意识形态”（ideology）一词，是在法国大革命之后由特拉西在1797年提出来的。从字面上说，它来源于希腊文idea（观念）和logos（学说），指的是观念的学说。后来，马克思、恩格斯在《德意志意识形态》一文中将“意识形态”用作哲学概念，用来指称“占统治地位的观念系统”，由于马克思在具体论述中进一步指出意识形态有阶级性、科学性，这个词作为政治概念流行起来。现在一般认为，意识形态是在一定历史条件下，占统治地位的阶级或集团为维护和发展其统治而构建的价值观念体系和行为观念体系。当然，这样的价值观念体系和行为观念体系是动态的，需要随着社会的发展变化，不断吸纳新的养分、不断调适充实自己。

马克思主义认为，意识形态是经济基础和政治上层建筑的反映，受经济基础和政治上层建筑的决定和制约，但这种反映又不是消极的、被动的，而是能动的、辩证的，具有独立性、能动性和巨大的反作用。意识形态的反作用，主要是通过文化传播的形式弥散于整个社会的各个层面、各个角落，渗透于人的思想深处并指导和规范着人的行为，使得社会在物质文化、制度文化、行为文化和心态文化四个层面无不打上意识形态的烙印。从这个意义上讲，意识形态是社会政治经济秩序的灵魂，与其相生相符的社会文化则是社会政治经济秩序的气血。它既是整合社会各阶层、各系统的黏合剂，又是社会作为整体运转的润滑剂，它塑造和决定着社会的气质和形象。

有学者说，文化恐怕是学术研究中最重要却又最含糊、最混乱的概念，它与意识形态的关系也很微妙。文化或文明“是一个复杂的整体，它包括知识、信仰、艺术、道德、法律、风俗以及作为社会成员的人所具有的其他一切能力和习惯”[21]。它既是主流意识形态产生和形成的土壤，又反过来接受主流意识形态的制约和调节。主流意识形态一旦形成，一切与其气质相异的文化理论和文化现象，要么主动调整自己向主流意识形态靠拢，要么只能无可避免地走向边缘化、小众化，甚至凋零乃至消亡；一切与其气质相符的文化理论和文化现象，则大多能够发扬光大、大放其彩。在一个成熟社会里，从意识形态派生出来的社会文化，就像空气一样，看不见、摸不着，却又无处不在、无所不能，动则形成风暴，静则滋养万物，文化鲜活昌盛则社会生机盎然，文化僵化老旧则社会残破窒息。

中华文明能够几千年生生不息、延绵不绝，并由近及远不断融化整合包括在中原取得统治地位的少数民族在内的各种民族文化，核心就在于华夏文化有强大的吐故纳新和自我修复因子；中国传统大一统社会能够在几十次的王朝更替中分分合合，经历两千多年而道统如一，核心就在于儒家学说以其对华夏文化的强大归纳能力上升为主流意识形态后，始终坚持“周虽旧邦，其命维新”，“在亲民”，“苟日新，日日新，又日新”[22]的哲学理念，不断向统治者证明它有助于维护统治秩序的凝聚力，不断向社会各个阶层证明自己的精神境界与文化理想上的吸引力。张岱年解释中华文明“生生不息”时称，“世界是富有而日新的，万物生生不息。‘生’即是创，‘生生’即不断出现新事物。新的不断代替旧的，新旧交替，继续不已，这就是生生，这就是易”。

但是，“神龟虽寿，犹有竟时；螣蛇乘雾，终为土灰”[23]。世间万物都逃不出产生、发展、衰亡的历史规律，区别无非在于时间和周期的长短不相同。1840年鸦片战争后，延续两千多年的中国传统社会封建纲常解纽，社会秩序迅速崩溃。毛泽东从人心涣散、经济衰败、军阀混战的旧中国走来，又在五四新文化运动的思想浪潮中开启政治道路，对以意识形态为核心的社会文化建设重要性的认识异常深刻。他曾提出，笔杆子跟枪杆子结合起来，那末，事情就好办了。“凡是要推翻一个政权，总要先造成舆论，总要先搞意识形态方面的工作。无论革命也好，反革命也好”。[24]有学者甚至说，“文化革命”的概念“在毛泽东的革命思想中长期居于主导地位，而且已形成为后期毛泽东革命理论的精髓”[25]。事实上也确乎如此，早在延安时期，毛泽东就在《新民主主义论》中阐述了自己的文化理想，表达出重建国家意识形态的强烈愿望和历史自觉。

> 在这个新社会和新国家中，不但有新政治、新经济，而且有新文化。这就是说，我们不但要把一个政治上受压迫、经济上受剥削的中国，变为一个政治上自由和经济上繁荣的中国，而且要把一个被旧文化统治因而愚昧落后的中国，变为一个被新文化统治因而文明先进的中国。[26]

新中国成立后，毛泽东对意识形态领域的各种动向盯得很紧，也极敏感。他的目光和注意力一天也没有离开过作为意识形态晴雨表的文化舆论战线，他“在进行着艰苦卓绝的政治革命和经济革命的同时，终其一生都在不懈地领导着一场又一场文化上的革命”[27]。他1951年发动批判电影《武训传》的封建主义奴性文化，1954年发动批判《红楼梦》研究领域的胡适派资产阶级唯心论，1955年发动批判胡风的“小资产阶级”文艺思想，1957年发动反击资产阶级右派猖狂进攻，60年代前期发动批判苏联修正主义和组织开展社会主义教育运动。越批发现的问题越多、越大，政治领域和经济领域的很多问题，追根溯源也都在思想文化领域找到了症结。

从一定意义上讲，发动“文化大革命”，按毛泽东的理想愿望，在自己的有生之年，“要在全党全国基本上（不可能全部）打倒右派”，从根本上削弱旧文化的不良影响，“我们这批人一死，修正主义很可能起来。我们是黄昏时候了，所以现在趁着还有一口气的时候，整一整这些资产阶级复辟。总之，要把两个可能[28]放在心里：头一个可能是反革命专政、反革命复辟。把这个放在头一种可能，我们就有点着急了”[29]。有学者将毛泽东赋予“文化大革命”的任务进行总结，“它要解决社会主义条件下阶级和阶级斗争，无产阶级专政条件下的革命、社会主义道路和理想模式、人们思想革命、革命接班人、党内资产阶级当权派、资产阶级在意识形态领域统治、修正主义危险、官僚主义等一系列重大的政治和意识形态领域的问题”[30]。

为解决这些问题，毛泽东提出的理论框架被归纳为“关于无产阶级专政条件下继续革命的理论要点”。

> 一、必须用马克思列宁主义的对立统一的规律来观察社会主义社会。二、社会主义社会是一个相当长的历史阶段。在社会主义这个历史阶段中，还存在着阶级、阶级矛盾和阶级斗争，存在着社会主义同资本主义两条道路的斗争，存在着资本主义复辟的危险性。三、无产阶级专政下的阶级斗争，在本质上，依然是政权问题，就是资产阶级要推翻无产阶级专政，无产阶级则要大力巩固无产阶级专政。四、社会上两个阶级、两条道路的斗争，必然会反映到党内来，党内一小撮走资本主义道路的当权派，就是资产阶级在党内的代表人物。五、无产阶级专政下继续进行革命，最重要的，是要开展无产阶级文化大革命。六、无产阶级文化大革命在思想领域中的根本纲领是“斗私，批修”。[31]

马克思说，“理论在一个国家实现的程度，总是决定于理论满足这个国家的需要的程度”[32]。从文字上看，这六条充满概念和口号，更像是一个政治宣言，用来发动群众则可，但在群众发动起来以后，如何去做，显然缺乏具体的行动纲领。从事后来看，这六条作为毛泽东革新意识形态体系的理论要点，“满足这个国家需要的程度”明显不足，“实现程度”也就必然要打很大折扣。究其原因，主要是毛泽东所处的时代是高度意识形态化的时代。之前由于世界资本主义有力推动了交通通信条件的极大发展，人类有史以来形成的各种政治思想和文化系统走出相对隔绝的孤岛时期，而进入相互交流的江湖时期。它们最初产生的历史地理条件不同、形成的具体时代不同、面对的实际问题不同、对社会的规范方式和规范能力不同、推动社会生产力发展的能力水平也不同，却在一夜之间就必须同处一室、相互碰撞、排斥、欺凌、毁灭，在全球范围内上演了一幕幕拔枪动炮、狂轰滥炸的丛林式交流活剧。

20世纪上半叶，先后爆发两次世界性战争，将全球的政治、经济、军事和意识形态版图改写得面目全非，世界文化版图虽然相应地被覆盖上了各色旗帜，但基本底色却几乎依然如故。当革命大潮在几十年后退去，一面面旗帜飘落，文化版图重新以底色示人，反过来逼迫着世界意识形态版图乃至政治、经济、军事版图也在恢复先前的模样。最典型的例子，莫过于苏联、东欧社会主义运动失败以及随之而来的欧盟和北约大举东扩。旧文化体系和旧意识形态体系的顽固性、意识形态领域斗争对象的多样性和意识形态体系建设的系统性，由此可见一斑。

文化体系和意识形态体系一旦形成，往往具有很强的独立性和成长性，对经济基础和政治上层建筑的稳定发挥着强大的支撑作用，这种支撑主要通过向绝大多数社会成员提供思想和行为规范来实现。一种意识形态形成和生长的时间越长，它的独立性以及对社会成员的规范支配能力就越强大，即便生成和决定这种意识形态的土壤——经济基础和政治上层建筑——被打破、被摧毁，旧意识形态仍然能够余韵悠长，甚至凭此组织起相当强大的社会力量，在政治、经济领域掀起复辟旧物的血雨腥风。这种现象可以称其为旧文化体系和旧意识形态体系的历史后坐力，也可以称其为意识形态的历史惯性或者是历史发展的曲折性。翻开史书，这样的史实遍及中外古今，笔者认为，上古时代的中国“秦崩楚亡”和当今苏联解体及东欧剧变，就是其中的典型案例。

公元前400年前后，中国社会进入土地私有制大发展的战国时代。大争之世，各国都知道只有变法方能图强，但华夏各国的贵族文化十分发达，贵族势力也很强大，承载着当时思想界最新思想的法家学说往往难以落地，法家巨子吴起企图在战国初期最为强大的魏国变法，却被魏国公族势力构陷，不得不逃往楚国，他在楚国主持变法又被贵族设计射杀在楚王尸身之上。商鞅同样在魏多年也不能一展才学，只能向西入秦。秦国居于西部边陲，贵族势力偏弱，贵族分封制意识形态凝聚功能差，改革阻力小，经由秦孝公和商鞅变法，迅速崛起为一支强大的政治、经济、军事力量，并最终由秦始皇奋六世之余烈建立了中国历史上第一个大一统的秦王朝。

秦王朝以强力得天下，秦始皇企图一下子彻底根除中国远古以来建立在贵族分封制基础之上的意识形态和文化传统。其突出表现，一是不但对灭掉的华夏各国“尽灭其宗庙，贵族皆废为庶人”，对秦皇室的兄弟子侄也一个不分封；二是对天下百姓不知体恤、大量透支民力。后世普遍认为秦王朝只是一架暴力机器，没有文化规范也没有意识形态灵魂，也就没有政权稳定的共同思想基础。旧贵族和民众普遍不满，自然对秦政权缺乏认同、离心离德。西汉陆贾曾对汉高祖刘邦说：“秦任刑法不变，卒灭赵氏。向使秦已并天下，行仁义，法先圣，陛下安得而有之？”[33] 后来陈胜在大泽乡首义，举起的政治旗帜就是“张楚”，也就是“张大楚政”的意思，实际上就是主张复辟楚国贵族政治的道统、法统和治统。

陈胜、吴广出身寒微，政治经济思想都比较贫乏，只能在旧思想堆里找依据，风起云涌的农民反抗运动的领导权很快转移到六国贵族手中。六国贵族窃取领导权后，接着高举楚政大旗强势灭秦，实力强大的秦王朝因为缺乏意识形态的主导和黏合作用，犹如玻璃般“坚而脆”，一碰即碎。实际情况正如葛兰西所指出的，“国家政权的结构若只是单纯的强制机器，只拥有镇压工具，当严重的危机发生时，国家就成为正面攻击的对象，容易被摧毁”[34]。秦楚之战中最后取得领导权的项羽全面复辟此前的贵族道统，自称西楚霸王，将天下重新分封为十八路诸侯王。

但是，此时中国的经济基础毕竟是已经实行了200多年的土地私有制，分封制的贵族道统复辟只能是一次政治上的“回光返照”。十八路诸侯之一的汉王刘邦“明修栈道、暗度陈仓”夺得关中之地后，天下局势大变，只用4年工夫就一扫项羽复辟的诸侯王贵族体制，建立了汉王朝。

汉承秦制，是政治上层建筑对私有制经济基础的主动适应。这也说明秦政之失主要不在政治上层建筑，而是意识形态建设没有跟上。秦始皇君臣治国没有灵魂和方向，走的是为治理而治理的邪路。这一点，汉代思想家陆贾在《新语》中讲得十分明白。

> 夫道莫大于无为，行莫大于谨敬。……秦始皇设刑罚，为车裂

之诛，以敛奸邪，筑长城于戎境，以备胡、越，征大吞小，威震天下，将帅横行，以服外国，蒙恬讨乱于外，李斯治法于内，事逾烦天下逾乱，法逾滋而天下逾炽，兵马益设而敌人逾多。秦非不欲治也，然失之者，乃举措太众、刑罚太极故也。

汉王朝建立前后，汉初政治人物与思想家普遍对企图“传至万世”的秦王朝15年而亡感到“心有余悸”。他们最终选择了主张“德治教化”儒家学说，以“仁者以治亲，义者以利尊，万世不乱，仁义之所治也”[35]为核心，构建出一套“先圣乃仰观天文，俯察地理，图画乾坤，以定人道，民始开悟，知有父子之亲，君臣之义，夫妇之别，长幼之序。于是百官乃立，王道乃生”[36]的意识形态理论，并以此作为自己的统治基石[37]。随着这套意识形态理论的不断丰富完善，汉王朝统治大体上保持了400年的稳定。此后历朝历代基本上都是汉王朝道统的延续，儒家学说作为主流意识形态虽然也在不断发展，但最核心的部分没有根本性变化，变化的是具体的论述方法，即董仲舒所谓“道之大原出于天，天不变，道亦不变”，如何论述“道”，每个朝代都会有所改变。

即便在这种情况下，建立于春秋以前贵族分封制基础上的旧意识形态，仍然展现出顽强的生命力，并在以土地私有制为基础的新意识形态确立过程中显示出自己的能量，最显著的标志，就是分封食邑制一直保留了下来。在儒家学说独尊前的汉景帝时代，汉室的刘姓诸侯王们掀起了一场“七王之乱”；在儒家学说作为主流意识形态不断巩固的西晋初期，司马家的王爷们又掀起一场“八王之乱”。这两场封建贵族主义复辟叛乱，都使当时的社会经济遭到严重破坏。“八王之乱”甚至导致西晋亡国以及近300年的华夏大动乱，使之后的中国进入五胡十六国的大分裂、大动荡时期。旧文化体系和旧意识形态体系的顽固性之强、其历史惯性和后坐力之大，在历史长河九曲连环般的跌宕发展中展现得淋漓尽致。

苏联、东欧的情况也很典型。西欧国家特别是英、法、德三国，是马克思主义的诞生地，也是马克思观察分析和批判资本主义的主要标本。但在国际共产主义运动浪潮面前，西欧各国的革命至今也没有成功，在资本主义世界十分落后的半封建半资本主义的俄国反倒取得了十月革命胜利，成为世界上第一个社会主义国家。葛兰西认为，出现这种情况的主要原因，就在于西欧国家资本主义形态比较成熟，“国家并不是单纯的强制机器，同时也是行使领导权的一切工具的整体。它不仅拥有全部镇压工具，也拥有市民社会所提供的领导权，亦即拥有市民社会意识形态的领导权或‘文化霸权’。这两者有机结合才构成了完整的、广义的国家”[38]。也就是说，在国际共产主义运动的冲击面前，是强大的资本主义意识形态在西欧各国扮演了防波堤的角色。不但如此，资本主义意识形态在西欧各国还展现出极强的渗透进攻能力，在它们影响下，早期成立的西欧各国共产党在不长时间内纷纷放弃马克思主义最核心的阶级斗争和武装斗争学说，改走议会斗争道路，演变成为所谓的民主社会主义者。其中有不少政党性质和道路的改变，就发生在马克思、恩格斯眼皮子底下。俄国和东欧各国相对落后，它们的旧政权之于西欧国家正如当年的秦国之于山东各国，缺乏成熟的资本主义意识形态体系保护。20世纪上半叶二次世界大战后，国际共产主义运动一下子冲垮这些旧政权，苏联和东欧多国先后建立起以公有制为经济基础的社会主义国家制度，确立了马克思列宁主义在意识形态领域的指导地位。

然而，由于当时的世界在整体上仍处于帝国主义强势时代，马克思主义意识形态显然并没有在封建主义思想和资本主义思想基础依然深厚的苏联和东欧社会中扎下根来。这些国家的社会主义政权建立后，旧意识形态和旧文化的影响力和顽固性并没有受到切实有效的制度性约束和限制。特别是在作为社会主义阵营领头雁的苏联，斯大林在第二次世界大战前一直忙于在巩固政权，在第二次世界大战胜利后一直忙于与美国争夺世界领导权。他有些迷信武力和绝对权力，也有些误解政权存在和巩固的真谛，在某种程度上放松了警惕，封建主义消极思想如瘟疫一样侵蚀着党和苏维埃的肌体，“恩格斯曾揭露沙皇政府‘有多大本领就能干出多大的伤天害理的事情’，竟被斯大林斥之为恩格斯当时是‘忘乎所以’”。[39] 斯大林对俄罗斯传统政治思想的迷恋以及对其消极影响的轻视，直接导致苏共内部滋生出越来越严重的官僚主义。与此同时，马克思主义的人民立场和实践至上等最基本哲学和政治理念，在苏共党内和苏联各级行政部门逐渐脱实向虚。到了赫鲁晓夫和勃列日涅夫时期，马克思列宁主义被苏共官僚特权阶层完全架空，变成挂在墙上的标语和写在文件里的口号等抽象物。毛泽东曾经一针见血地指出，“苏联是十月革命的策源地，列宁的故乡。但是党和若干人中有许多不好的东西，有若干形而上学，资产阶级自由主义，还有大国沙文主义，这是历史遗留下来的”[40]。这也可以看作是俄国沙皇体制下意识形态的强大历史后坐力。

斯大林及其以后的苏联，表面上看共产主义意识形态十分神圣、至高无上。“苏共赋予意识形态凌驾于一切之上的特殊地位，将其延伸至社会生活的各个领域、各个方面、各个角落，以意识形态为标准判断、衡量一切”，“苏共及其主要领导人一切都从马克思主义的本本出发，从马列那里寻找行动的依据”，“将一切主张、策略、行动赋予意识形态色彩，提高到意识形态的高度来认识，用意识形态进行解释，贴上社会主义的、马克思主义的标签”。[41] 苏联简直就像是以意识形态的名义在进行统治。

实际上，苏共的实践早已脱离马克思列宁主义的基本立场。从斯大林到赫鲁晓夫，再到勃列日涅夫，越来越严重地将马克思列宁主义教条化、概念化、标签化、简单化，都是拿马克思和列宁的只言片语去论证自己的观点正确，超越了苏联社会发展实际，把理想当成现实。斯大林说苏联已经“基本建成社会主义”，赫鲁晓夫说要“全面展开共产主义建设的时期”，勃列日涅夫说苏联进入了“发达社会主义”，这与人们亲眼所见、亲身体验到的社会现实反差巨大。这种飘在天上以单纯说唱为特点的意识形态犹如一只气球，总有崩破的一天。苏共从来没有从严管党治党或者只是简单生硬地以命令主义发号施令，苏共的政治工作部门整天在搞形式主义、在做表面文章，对广大党员和领导干部的思想建设、思想教育变成各类形式主义的表演，使得民众同党及党的各级组织处于貌合神离的状态中，实质上是将他们留给甚至推向了自己的敌人。

这样一来，苏联的社会主义坚持了不到80年、东欧各国的社会主义坚持了不到50年，旧有的思想意识形态由于没有得到有力的清洗和改造，它们依然在党内和社会上存在并在潜滋暗长中积累着能量，当党的主要领导人在思想上背离和放弃马克思列宁主义时，这些积累起来的能量便在一夜之间像洪水般冲来，连带着让这些国家的经济基础和政治上层建筑全面复辟，退回到1917年或1945年之前的资本主义状态。

◆《红楼梦》里有乾坤：再论旧意识形态的历史后坐力

新生的战胜旧有的、先进的战胜落后的，这些虽是历史大趋势，但却不是自然而然就能实现的。这个趋势，必须经过艰苦卓绝的斗争方能在现实社会落地；这样的斗争，不是一蹴而就的，也不是一劳永逸的，它是以“世纪”为时间单位的长期拉锯战。其情形正如惊蛰到清明之间的北方气候，总体趋势和最终结果自然是春风浩荡、百花盛开，但冷空气不愿轻易退场，它会掀起“倒春寒”，它会撒下“桃花雪”。只是自然界一年一度的这场“斗争”只需30天左右，而人类社会中人民史观也就是社会主义思想的最终胜利，可能需要300年甚至更长的时间。

在历史变革的滚滚洪流面前，旧思想总想改变潮水的方向、找回之前的河床，旧势力总想班师回朝、再现昔日的荣耀，这并不奇怪；但在很多时候，旧思想、旧势力的这种努力和企图，还在现实世界不断地、真实地发生着，这是颇让人深思的。就苏联和东欧的情况来看，历史反转的关键在于，帝国主义、资本主义制度依然存在且相当强势，新生的社会主义制度处于总体上“敌强我弱”的局面，而内部的旧思想、旧文化又为外部思想文化的围剿和渗透提供着空间和土壤，那些马克思主义理论水平偏低的党员干部特别是高级领导干部受到感染而思想转向后，常常错将谬误歧途当作思想解放、错将个人沉浮当作理想追求，这部分人胡说乱为又会带来社会上的思想混乱。在“文化大革命”中，陈伯达投靠林彪集团，王洪文投靠江青集团；苏联后期，戈尔巴乔夫被西方资本主义思想俘虏，其背后都有旧思想、旧文化作祟的因素。这类人、此等事，《红楼梦》中有大量描述，毛泽东称其为“右派”和“封建主义的维护者”，其典型人物当数薛宝钗和花袭人等。

意识形态和文化的影响力弥散于整个社会肌体当中，其“俘获人心”的巨大威力，不仅体现在对统治阶级成员的控制能力上，也体现在对相当一部分被统治阶级成员的控制能力上。佃农出身的陈胜、吴广大泽乡起义，打出“张楚”的旗帜去捍卫贵族体制说明了这一点；《红楼梦》里许多奴仆，本身是封建奴役制度的受害者，却根本不可能“认清自己的阶级利益”，始终在主动捍卫欺压、残害他们的封建制度，也说明了这一点。

毛泽东在谈及《红楼梦》的成书背景时说，“乾隆时代，中国已经有了一些资本主义生产关系的萌芽，但是还是封建社会，这就是出现大观园里一群小说人物的社会背景”[42]。一个处于新旧交替之际，特别是生产关系发生重大变化时期的社会，往往新思想十分活跃、旧思想顽强抵抗，全社会的共同思想基础出现断裂，人的政治立场随之出现分化和重组。毛泽东在谈到《红楼梦》作者曹雪芹和小说人物的政治立场时说，曹雪芹在《红楼梦》里还是想补天，想补封建制度的天，但是《红楼梦》里写的却是封建家族的衰落。林黛玉、贾宝玉、晴雯是左派，是封建主义的叛逆者；贾政、王夫人、王熙凤这些人是右派，是封建主义的维护者。如果按照这个思路去划分，《红楼梦》中的另外一个主要人物薛宝钗无疑属于标准的右派，贾宝玉的四大丫鬟中，袭人、麝月、秋纹等三个都是右派，袭人甚至可以划为极右派。

薛宝钗是四大家族之一薛家的千金小姐，应该属于统治阶级中的一员。薛宝钗出现在贾府，是因为进京参加皇宫“选秀”投亲暂住，后来秀女落选、举家不想再回原籍。薛宝钗主动参加选秀自然是想通过入宫为妃，实现自己“好风凭借力，送我上青云”的飞天梦，落选后的薛宝钗自然满心失望。在第三十回“宝钗借扇机带双敲　龄官划蔷痴及局外”里，贾宝玉打趣她说，“‘怪不得他们拿姐姐比杨妃，原来也体丰怯热。’宝钗听说，不由的大怒，待要怎样，又不好怎样。回思了一回，脸红起来，便冷笑了两声，说道：‘我倒像杨妃，只是没一个好哥哥、好兄弟可以作得杨国忠的！’”这一细节描述，将薛宝钗对于没能入选秀女的在意、尴尬、恼怒等复杂情绪，一下子以很失态的方式暴露出来。但是，薛宝钗对封建道统的忠贞维护，并没有因为个人向上爬的努力遭遇失败而稍有减弱。

在第四十回“史太君两宴大观园　金鸳鸯三宣牙牌令”里，林黛玉在贾母处行酒令，情急之下失于检点，说出《牡丹亭》和《西厢记》里的两句戏词——“良辰美景奈何天”和“纱窗也没有红娘报”。其他人都无觉察，薛宝钗却政治警觉性极强，当时就“回头看着她”，对林黛玉在公开场合引用“邪书”和思想行为“出格”，表示了不解和警告。这还不算，到了第四十二回“蘅芜君兰言解疑癖　潇湘子雅谑补余言”里，薛宝钗专门以“颦儿，跟我来，我有一句话问你”为借口，将林黛玉拉到蘅芜苑自己房中，半真半假地说“你跪下，我要审你”。在林黛玉满口“好姐姐”的央告下，宝姐姐到底还是给林妹妹扎扎实实讲了一番封建纲常的大道理。

> 你当我是谁，我也是个淘气的。从小七八岁上也够个人缠的。我们家也算是个读书人家，祖父手里也爱藏书。先时人口多，姊妹弟兄都在一处，都怕看正经书。弟兄们也有爱诗的，也有爱词的，诸如这些‘西厢’、‘琵琶’以及‘元人百种’，无所不有。他们是偷背着我们看，我们却也偷背着他们看。后来大人知道了，打的打，骂的骂，烧的烧，才丢开了。所以咱们女孩儿家不认得字的倒好。男人们读书不明理，尚且不如不读书的好，何况你我？就连作诗写字等事，原不是你我分内之事，究竟也不是男人分内之事。男人们读书明理，辅国治民，这便好了，只是如今并不听见有这样的人，读了书倒更坏了。这是书误了他，可惜他也把书糟蹋了，所以竟不如耕种买卖，倒没有什么大害处。你我只该做些针黹纺织的事才是，偏又认得了字；既认得了字，不过拣那正经的看也罢了，最怕见了些杂书，移了性情，就不可救了。

我们不得不承认，薛宝钗算得上封建社会的优秀思想政治工作志愿者。这一席话，饱含着忠君体国、读书明理、男尊女卑等经典的封建主义意识形态，却又说得温存入心，将身为“封建主义叛逆者”的左派人物林黛玉也说得思想动摇，只是“垂头吃茶，心下暗服，只有答应‘是’的一字”。

如果说封建主义意识形态对薛宝钗的影响控制到这个程度，我们还能理解的话，那么这套意识形态对于书中被统治阶级成员也有同样的影响和控制力，就显得有些扎心了。1963年5月11日，毛泽东在杭州中央工作会议上的一次谈话中说，《红楼梦》写奴隶像鸳鸯、晴雯、小红等，都写得好，受害的就是这些人。毛泽东举出这三个人物认为“写得好”，主要是因为在他看来，这三个人物都是左派，鸳鸯以死抗争贾赦逼娶，晴雯纯真聪明却惨遭暗算，小红（红玉）机巧灵动、自找出路逃出牢笼，确实都值得歌颂和同情。这一点，就连曹雪芹也按捺不住欣赏之情，不惜借贾宝玉之口作《芙蓉女儿诔》对“心比天高、身为下贱”的晴雯大唱赞歌曰，“其为质则金玉不足喻其贵，其为性则冰雪不足喻其洁，其为神则星日不足喻其精，其为貌则花月不足喻其色”。但是，我们翻遍《红楼梦》全书，堪称“封建主义叛逆者”的左派奴仆也只有这么三个人物，其余都是地地道道的封建社会制度的殉葬者和卫道士。

以贾宝玉身边丫鬟为例，她们大多以维护自身地位为能事，虽然都是丫鬟，却也要分个三六九等，讲究上下尊卑的程度，丝毫不输于自己的主子，甚至有过之而无不及。在第二十四回“醉金刚轻财尚义侠　痴女儿遗帕惹相思”里，怡红院的外围小丫鬟小红“却因他原有三分容貌，心内着实妄想痴心的向上攀高，每每的要在宝玉面前现弄现弄。只是宝玉身边一干人，都是伶牙俐爪的，那里插的下手去”。不想这一日恰巧宝玉要茶喝却房中无人，小红只不过是进去倒了杯茶，就被提水回来的贴身大丫鬟秋纹及其亲信小丫鬟碧痕劈头盖脸臭骂一顿。

> 秋纹听了，兜脸啐了一口，骂道：“没脸的下流东西！正经叫你催水去，你说有事故，倒叫我们去，你可等着做这个巧宗儿。一里一里的，这不上来了。难道我们倒跟不上你了？你也拿镜子照照，配递茶递水不配！”碧痕道：“明儿我说给他们，凡要茶要水送东送西的事，咱们都别动，只叫他去便是了。”秋纹道：“这么说，不如我们散了，单让他在这屋里呢。”

这一顿骂，让满心希望出头的小红“心内早灰了一半”，反倒成了自己为自己找出路、找爱情的左派人物。

小丫鬟的右，表现在言语上对同类的挤兑；大丫鬟的右，却体现在行为上对同类的摧残。袭人是怡红院的领班大丫鬟，贾母说她是个“锯了嘴的葫芦”，但她甘心为奴的意志坚如铁，维护既有秩序的手法狠如刀。曹雪芹安排袭人在第三回“贾雨村夤缘复旧职　林黛玉抛父进京都”里早早出场，并介绍说：“这袭人亦有些痴处：伏侍贾母时，心中眼中只有一个贾母；如今服侍宝玉，心中眼中又只有一个宝玉。”从后续情节发展的实际表现看，袭人算得上是心中只有一个自己的极右派。

在第十九回“情切切良宵花解语　意绵绵静日玉生香”里，袭人请假回家，“听见他母、兄要赎他回去，他就说至死也不回去的。”

> 昔日原是你们没饭吃，就剩我还值几两银子，若不叫你们卖，没有个看着老子、娘饿死的理。如今幸而卖到这个地方，吃穿和主子一样，又不朝打暮骂。况且如今爹虽没了，你们却又整理的家成业就，复了元气。若果然还艰难，把我赎出来，再多掏澄几个钱，也还罢了，其实又不难了。这会子又赎我作什么？权当我死了，再不必起赎我的念头！

袭人在贾府特别是在怡红院也果然威风。她一方面牢牢把控着怡红院的秩序和领导权，用第二十回“王熙凤正言弹妒意　林黛玉俏语谑娇音”里李奶妈骂宝玉的话说，“你只护着那起狐狸，那里认得我了，叫我问谁去？谁不帮着你呢，谁不是袭人拿下马来的！我都知道那些事。”另一方面，袭人积极投靠王夫人，为自己争取到“准姨娘”的地位和待遇，一转手就通过告密等手段将一同长大、“情同姐妹”的晴雯等异己力量全部清理出大观园。就连贾宝玉这样凡事不走心的公子哥儿也满腹疑惑地质问道，“怎么人人的不是，太太都知道，单不挑出你和麝月、秋纹来?”

没有了晴雯的怡红院，才俨然真正成了袭人的天下。在第七十七回“俏丫鬟抱屈夭风流　美优伶斩情归水月”里，怡红院“阶下好好一株的海棠花，竟无故死了半边”，贾宝玉拿出“物人感应”理论，举出“孔子庙前之桧”等许多古例，说这预示着晴雯将死。袭人气得笑骂道：“真真的这话越发说上我的气来了。那晴雯是个什么东西，就费这样心思，比出这些正经人来！还有一说，他纵好，也灭不过我的次序去。便是这海棠，也该先来比我，也还轮不到他。想是我要死的了。”

另一个大丫鬟麝月，看在贾宝玉眼里是“公然又是一个袭人”。麝月伶牙俐齿，是个吵架的高手，其中真谛就在于她深谙贾府的礼制规矩和权力秩序。麝月吵架完全是拿封建礼制的大帽子压人、拿实权人物的大棒子吓人。她公然对前来领女儿的坠儿娘说：“这个地方岂有你叫喊讲理的？你见谁和我们讲过理？别说嫂子你，就是赖大奶奶、林大娘也得担待我们三分。”这句名言，承载着麝月的全部右派政治立场。

小说是现实的反映，现实是历史的延续。向前追溯历史，周、秦乃至历代转型时期，总有心存过去者，有所谓“不食周粟”者，之后则有所谓守节、殉节者，他们身上闪耀的思想和道德的光辉，是值得尊重的。相反，那些在一己私利面前政治变节者则让人唾弃，戈尔巴乔夫和陈伯达等就是现实版的“袭人”，只不过袭人背叛的对象是“姐妹情深”，他们背叛的对象是人民、是马克思主义；那些昧于历史大势的一味抱残守缺者，只能给国家和民族带来更大耻辱。清帝退位后，先后发生过袁世凯和张勋复辟帝位、日本扶持末代皇帝溥仪的丑剧。他们在做这些事情的时候，全部打着光复传统、光复儒学的口号。这些事情说明封建主义意识形态和旧思想、旧文化在中国根深蒂固、影响深远，还有相当的社会基础。毛泽东在1960年12月30日的一个会议上感叹说，“这几年说人家思想混乱，首先是我们自己思想混乱”[43]，并进一步严厉批评了在人民公社运动中暴露出来的封建残余问题。

> 机关、部队、学校圈用群众的土地，要坚决退还，机关、工厂的花园，通通都拿来种菜。今后发展副食品生产，只能开荒地，不能占用农民土地。李世民胜利后封功臣，就是采用圈农民土地的办法。清军入关后也是如此。现在是军队、学校都圈地，又不给人家钱，这实际上是封建残余，一定要纠正。[44]

封建主义意识形态和旧思想、旧文化死而不僵，一有机会就会沉渣泛起，甚至在思想文化领域卷土重来，进而在政治、经济领域露出獠牙。社会上存在的这种思想土壤，不可避免地会渗透到共产党组织里，并时时刻刻散发出它的细菌、病毒，极容易对党自身的思想纯洁性和党内政治文化生态环境造成不良影响。

恩格斯曾经警告说“小资产阶级和农民的加入的确证明，运动有了极大的进展，但是同时这对运动也是危险的……既然他们是带着小资产阶级和农民的思想和愿望来的，那就不能忘记，无产阶级如果向这些思想和愿望作出让步，它就会丧失自己在历史上的领导地位”[45]，“如果其他阶级出身的这种人参加无产阶级运动，那么首先就要求他们不要把资产阶级、小资产阶级等等的偏见的任何残余带进来，而要无条件地掌握无产阶级世界观”，否则“那党简直就是受了阉割，而不再有无产阶级的锐气了”。[46]但当时每个共产党人都来自封建或者半封建、资本主义社会，每个人都是其成长历史和所处环境的一切社会关系的总和，共产党组织也不是生活在真空中。恩格斯的愿望是良好的、警告是严厉的，但在传统思想文化树大根深的社会里都是难以实现的。即便是在中国特色社会主义进入新时代的今天，旧思想、旧文化对党的先进性、纯洁性的侵蚀能力仍然很大。习近平总书记强调，“我们抓作风，无论使好的制度和规矩真正执行起来，还是使不良风气彻底得到扭转，都要注意惯性这个问题，都要有足够的力量和长期的作为……如果遏制反弹的力量小于反弹的力量，各种虚风、浮风、歪风、邪风就会东山再起，到时再治理就事倍功半了。这方面的教训过去是有的，必须牢牢记取”[47]。

对于当时的毛泽东和中国共产党来讲，问题的复杂性还在于，自1894年甲午战败特别是1911年清帝退位以后，中国社会就成为各种政治思想的试验场。除两千年封建传统思想的深刻影响外，各种政治思想纷纷进入中国，中国知识分子对其各有认同，思想界出现了类似春秋时期百家争鸣般的大分裂。只不过那一次的思想迸发是中国社会内生的，这一次的思想横溢是外面倒灌进来的。清末民初的湖南籍学者杨度对当时的思想传播乱象有过形象的描述。

欧洲自十八世纪以来，思想横溢，沛然如骤雨之下，或主唯神论，或主唯理论，或主唯心说，或主唯物说，或主天赋人权说，或主世界主义，或主个人主义，或主实利主义，或主感觉主义，各挟其专精独到之理论，以争雄于学界，因而弥及于社会，形之于实事，使之有日进千里之事，以成今日之文化。然则自中世纪末以至今日之欧洲，何日而非培根、笛卡尔、孟德斯鸠、卢梭、亚当斯密、达尔文、斯潘塞诸贤之精神，相递禅让搀夺以成此过渡时代之现象，至今而未有已也乎？[48]

当然，最后的结果是，以毛泽东为代表的中国共产党人将马克思主义基本原理和中国革命实际相结合，解决了中国救亡图存的大问题。但是，中国共产党人在政治、军事甚至经济上的胜利，并不会自然而然地带来文化和意识形态的自动更新。当毛泽东开始着手更新中国的意识形态和思想文化体系时，发端于欧洲的各色政治思想在中国知识精英阶层中多多少少都有些影响，马克思主义虽然在知识精英中也有信众，但毕竟不占主流。新中国成立初期，留在大陆的知识分子只有不到7%的人曾参加过革命，其余大多生活在原国统区，他们的思想意识和价值观念之驳杂是可想而知的。郭沫若谈论自己的思想时打过一个比喻：一个长途辗转跋涉的旅行包，上面贴满了各个码头的标签。[49] 毛泽东盘整意识形态和思想文化体系所处的国内政治思想土壤也由此变得更加复杂。

更加悲催的是，“屋漏偏逢连夜雨”。中国共产党固然在20世纪50年代取得了政治、经济、军事方面的一连串胜利，但国际上美、苏两大阵营也凭借第二次世界大战胜利的威风，在世界范围内强势崛起，形成了美、苏两强争霸世界的态势。以美国为首的西方资本主义集团，秉持传统自由主义思想和资本主义意识形态，从一开始就对新中国极端仇视，政治上打压、军事上威胁、经济上封锁、意识形态上丑化；1956年苏共二十大以后，中苏两党在国际共产主义运动路线和策略等重大原则问题上出现分歧并逐步激化，以苏联为首的东方社会主义集团也因意识形态问题与新中国集体交恶。毛泽东盘整意识形态和思想文化体系所处的国际政治环境也由此变得十分凶险。

◆“失之东隅，收之桑榆”：历史在讲述着辩证法的逻辑

确立的前提是改造，改造必须有所批判，批判是为了更好地改造。1959年之前，毛泽东对于开展思想文化改造信心满满，是一种“不管风吹浪打，胜似闲庭信步”的状态。对于苏联在意识形态领域出现的修正主义和大国沙文主义问题，毛泽东并没有立即提升到与国内政治态势发展直接相挂钩的高度；对于美国资产阶级势力在20世纪50年代提出支持和帮助中国的“民主进步力量”，实行从内部对中共政权的“和平演变”战略，毛泽东也只是保持着一种必要的政治警惕。中共中央在全国范围开展反对美国“和平演变”的教育活动，只是提醒全党全国人民对此保持高度的政治警惕，并没有明确提出具体对象为斗争目标予以重点防范抵制，更多的只是从思想和世界观上强调，人人都要过社会主义这一关。1957年2月27日，毛泽东在最高国务会议上发表题为《关于正确处理人民内部矛盾的问题》的演讲，充分展现出新兴大国政治领袖的泱泱气度和深邃眼光。

> 人民民主专政的国家制度和法律，以马克思列宁主义为指导的社会主义意识形态，这些上层建筑对于我国社会主义改造的胜利和社会主义劳动组织的建立起了积极的推动作用，它是和社会主义的经济基础即社会主义的生产关系相适应的；但是，资产阶级意识形态的存在，国家机构中某些官僚主义作风的存在，国家制度中某些环节上缺陷的存在，又是和社会主义的经济基础相矛盾的。
>
> …………
>
> 无产阶级和资产阶级之间的阶级斗争，各派政治力量之间的阶级斗争，无产阶级和资产阶级之间在意识形态方面的阶级斗争，还是长时期的，曲折的，有时甚至是很激烈的。无产阶级要按照自己的世界观改造世界，资产阶级也要按照自己的世界观改造世界。在这一方面，社会主义和资本主义之间谁胜谁负的问题还没有真正解决。无论在全人口中间，或者在知识分子中间，马克思主义者仍然

是少数。因此，马克思主义仍然必须在斗争中发展。马克思主义必须在斗争中才能发展，不但过去是这样，现在是这样，将来也必然还是这样。正确的东西总是在同错误的东西作斗争的过程中发展起来的。真的、善的、美的东西总是在同假的、恶的、丑的东西相比较而存在，相斗争而发展的。当着某一种错误的东西被人类普遍地抛弃，某一种真理被人类普遍地接受的时候，更加新的真理又在同新的错误意见作斗争。这种斗争永远不会完结。这是真理发展的规律，当然也是马克思主义发展的规律。[50]

这篇讲话，闪耀着马克思主义辩证法的真理光芒，至今读来仍然荡气回肠。即便随后国内发生了极少数资产阶级右派分子借“百花齐放、百家争鸣”方针为掩护向社会主义猖狂进攻的情况；国际上发生了西方帝国主义公开宣称将从思想意识形态上改变共产主义的希望更多地寄托在共产党第三代、第四代人身上的“和平演变”新战略，毛泽东对国际国内政治形势忧心加重、判断有所改变，但对待思想意识形态问题的基本态度没有反转，他还是把这篇讲话根据原始记录加以整理，在作了若干重要补充和修改后，将其公开发表在1957年6月19日的《人民日报》上，以此来表明自己和中国共产党的政治态度。

但是到了1959年，庐山会议开始暴露出中共内部特别是党内高层在思想认知上的差异；国际上，苏共中央第一书记、苏联部长会议主席赫鲁晓夫当年9月访问美国，与美国总统艾森豪威尔举行了几轮会晤。赫鲁晓夫虽然在美国夸下海口说“我们要埋葬你们”，但这次访问的实质，是美国对苏联此前提出的两种社会制度“和平共处、和平竞赛、和平过渡”等建议的呼应。毛泽东判断：“美国的企图就是要把整个世界的革命浪潮压下去。现在看来，所谓和平浪潮，就是西方垄断资产阶级跟拉丁美洲、亚洲的这些反动的民族主义者，跟苏联结合起来，打击的对象就是共产党，工人运动，中国。”[51]从这个判断出发，毛泽东迅即提出“现在就是要硬着头皮顶着，硬着头皮顶他十年”的观点和主张。

艾森豪威尔打糖衣炮弹，赫鲁晓夫也打糖衣炮弹，对着世界人

> 民的斗志，经过赫鲁晓夫的口讲出来，比艾森豪威尔讲出来不同一些。现在，硬着头皮顶着是对两方面的：一方面对赫鲁晓夫，一方面对艾森豪威尔。[52]

这样一来，中国在思想意识形态领域斗争方面，就必须在国内和国际两个战场同时展开，形成了对封建主义、资本主义、修正主义三面作战的态势，毛泽东明显感到了巨大的精神和现实压力。

“山雨欲来风满楼”，毛泽东预感到问题复杂、形势严峻。从1959年开始，他在不同场合多次反复提及古代笔记体小说中“不怕鬼”的故事，并将西藏的达赖、美国的艾森豪威尔、苏联的赫鲁晓夫等反动势力和修正主义代表人物及其制造的事端，统统视为“鬼”。5月6日，他向十一个国家访华代表团介绍西藏分裂分子搞武装叛乱和中印关系的紧张情况，随即把话题引向不怕鬼的问题，“世界上有人怕鬼，也有人不怕鬼。鬼是怕他好呢，还是不怕他好？中国的小说里有一些不怕鬼的故事。我想你们的小说里也会有的。我想把不怕鬼的故事编成一本小册子。经验证明鬼是怕不得的。越怕鬼就越有鬼，不怕鬼就没有鬼了。”[53]

这项政治任务，很快交到中国科学院文学研究所所长何其芳手上。何其芳放下1954年开始着手的《红楼梦》研究，《不怕鬼的故事》到这年夏天便基本编成。这部书稿从古代笔记体小说里选出几十篇与鬼魅斗智斗勇的故事，毛泽东又让何其芳进一步精选充实书稿，遂成70篇，共6万多字，每篇又相应做了注解，何其芳还亲自写了一篇序言。1961年1月4日，毛泽东在仔细阅读何其芳送编的《不怕鬼的故事》初稿后，专门约何其芳谈序言修改，并于23日将何其芳修改后的序言作了多处加写，其中有一句说：“难道我们越怕‘鬼’，‘鬼’就越喜爱我们，发出慈悲心，不害我们，而我们的事业就会忽然变得顺利起来，一切光昌流丽，春暖花开了吗？”[54] 在序言末尾加写的一大段话里，毛泽东将“我是把不怕鬼的故事作为政治斗争和思想斗争的工具”的初衷表达得格外直接。

> 这本书从一九五九年春季全世界帝国主义、各国反动派、修正主义组织反华大合唱的时候，就由中国科学院文学研究所着手编

辑，到这年夏季已基本上编成。那时正是国内修正主义起来响应国际修正主义、向党的领导举行猖狂进攻的时候，我们决定将本书初稿加以精选充实，并决定由我（注：何其芳）写一篇序。一九六〇年底，国际情况起了很大变化，八十一个共产党和工人党在莫斯科举行了代表会议，发表了反对帝国主义、反对反动派、反对修正主义的声明。这个“不怕鬼”的声明使全世界革命人民的声势为之大振，妖魔鬼怪感到沮丧，反华大合唱基本上摧垮。但是读者应当明白，世界上妖魔鬼怪还多得很，要消灭它们还需要一定时间；国内的困难也还很大，中国型的魔鬼残余还在作怪，社会主义伟大建设的道路还有许多障碍需要克服，本书出世就显得很有必要。[55]

在毛泽东看来，封建主义的本质是直接将人民群众当作奴隶，它的毒素弥散于中国社会的“空气和水”中，必须批死；资本主义表面上将人身自由和政治权利还给了人民群众，本质上却使人民群众成为资本的奴隶，它有美国这个世界上最强大的资本主义国家作后盾和样板，在中国知识精英中还有相当影响力和迷惑性，必须批臭；修正主义表面上将人民群众捧为历史和国家的主人，本质上却让人民群众一无所有，正在上演这一幕的正是“十月革命的策源地、列宁的故乡”苏联。因为苏联以前取得过巨大成功，这个时候仍处于实力高峰，毛泽东以自己敏锐的政治眼光和深刻的政治洞察力看出苏联已露败象，但大多数人只是执迷于苏联的历史光环和外在风光，再加上苏共还在假装自己高举着马克思列宁主义旗帜，在中国共产党内部、在国际共产主义运动中仍有相当的迷惑性和影响力。所有这一切，皆属鬼或鬼类势力，都应视为思想意识形态的大敌，必须批倒。

在这三方面的斗争对象中，封建主义是滋生修正主义的土壤，资本主义是修正主义的外在诱惑者、吹鼓手和最终归宿，最核心、最关键的环节是防止修正主义在中国特别是在中国共产党内部滋生和坐大。由此展开，毛泽东反修防变的紧迫感越来越强。1963年中苏两党分歧公开化，毛泽东形象地说，“我们现在转入了反攻，有大闹天宫的势头，打破了他们的清规戒律”[56]。在此之前的1962年11月17日，也就是在与何其芳谈完《不怕鬼的故事》及序言稿一事10个月后，毛泽东曾以与郭沫若和诗的方式写下了《七律·和郭沫若同志》，主旨是借表达与郭沫若在对待孙悟空及唐僧的认知不同，抒发自己爱憎分明、不怕各种邪妖的政治气概。

一从大地起风雷，便有精生白骨堆。
僧是愚氓犹可训，妖为鬼蜮必成灾。
金猴奋起千钧棒，玉宇澄清万里埃。
今日欢呼孙大圣，只缘妖雾又重来。[57]

在这首诗中，毛泽东还是在提醒和启迪自己的战友和全党及全国人民，对世界上的资本主义、修正主义等“一切害人虫”都不要怕，怕也无用。为此，他在思想意识形态斗争领域正式开启两条线作战模式：一条线是让中共中央总书记邓小平具体牵头，在国际上与苏共中央公开论战，从理论上揭穿修正主义者的假马克思列宁主义、假共产主义本质；一条线是让中共中央副主席、国家主席刘少奇具体牵头，在国内开展广泛深入的社会主义教育运动。

在双方论战正酣之际，苏联的赫鲁晓夫突然下台，但接任的勃列日涅夫却说他们在对华政策上和赫鲁晓夫“甚至在细节上也是没有分歧的”。当时毛泽东认为社会主义苏联已蜕变为现代修正主义帝国，所以更加忧虑国内的政治动向，在一线实际主持中央日常工作的刘少奇因为在经济政策、对开展社会主义教育运动重点方式等方面的歧见，最终被划入“修正主义者”的行列。李慎明先生认为，极可能就是在此时，毛泽东完全放弃了自己在没有经过生产一线锻炼过的青年知识分子中直接培养接班人的想法。

毛泽东在构想“文化大革命”时，延续和发展了新中国成立初期有关“今天的青年学生”、“男的绝不要学贾宝玉，女的绝不要学林黛玉”的思想，政治目光直接跨越两代人，将意识形态建设的希望寄予新中国成立后出生的一代青年学生身上。1968年12月，毛泽东作出“知识青年到农村去，接受贫下中农的再教育，很有必要”的重大政治决策。在此后几年时间内，全国又有1200万到1800万左右的青年学生离开了长期生活的城市，离开了父母家人，奔向了原本陌生的农村。“在毛主席看来，知青上山下乡是改造青年学生、‘反修防修’的有效途径”。当时的《人民日报》等权威报刊将这一决策的政治含义讲得十分清楚，是“实现知识青年思想革命化、培养无产阶级革命事业接班人的根本途径”。[58]

如果将毛泽东他们这个年龄段的人视为中国共产党第一代的话，那么，新中国成立前后出生的人，基本上就是杜勒斯梦想演变的第三代、第四代。毛泽东曾对身边工作人员说：“我考虑发动群众。我把批判的武器交给群众，让群众在运动中受到教育，锻炼他们的本领，让他们知道什么道路可以走，什么道路是不能走的。我想用这个办法试一试。我也准备它失败。”“‘文革’中这些群众主要是年轻人、学生，正是杜勒斯们寄托和平演变希望的最年轻的一代。让他们亲身体验斗争的严重性，让他们把自己取得的经验和认识再告诉他们将来的子孙后代，一代一代传下去，也可能使杜勒斯的预言在中国难以实现。”[59]

在马克思主义话语体系中，“批判的武器”是指革命理论，亦即用先进的理论武装群众头脑，动员更多的人加入革命队伍。马克思在《〈黑格尔法哲学批判〉导言》一文中说：“批判的武器当然不能代替武器的批判，物质力量只能用物质力量来摧毁；但是理论一经掌握群众，也会变成物质力量。理论只要说服人，就能掌握群众；而理论只要彻底，就能说服人。所谓彻底，就是抓住事物的根本。而人的根本就是人本身。”[60]中国古人对这一问题的认识也很深刻，《淮南子》讲“昔者仓颉作书，而天雨粟，鬼夜哭”，就是说文字这一“批判的武器”一经出现，就吓坏了天地、气哭了鬼神。可惜文字这一“批判的武器”出现后便掌握在少数人手中，而与最广大的人民群众无关。毛泽东的这一想法做法，可谓体现了理论的彻底，也就是抓住了事物的根本——“人本身”。而且他抓住的这个根本，是面向大多数、面对未来的。

《孙子兵法》讲究“未战而庙算胜”，也就是算赢了再打，毛泽东也一贯主张打得赢就打、打不赢就跑。但这一次，他远没有那么自信，毛泽东决定冒险犯难，他用了“试一试”“可能”等概念，这说明他清醒地知道，他发动的是一场并没有太大把握的斗争。1966年7月8日，他在武汉写给江青的信中对已经发动起来的“文化大革命”做了十分谨慎的政治定位。

> 这次文化大革命，就是一次认真的演习……这是一次全国性的演习，左派、右派和动摇不定的中间派，都会得到各自的教训。结论：前途是光明的，道路是曲折的，还是这两句老话。[61]

毛泽东政治志向宏大，可谓胸藏宇宙、吞吐八荒，但现实的社会秩序、动荡风险又是他必须考虑的。发动“文化大革命”需要军队支持，于是他选择并扶持林彪这个他眼里的“娃娃”，但此时的林彪早已不是井冈山上的毛头小伙，也不再是长征路上的青年悍将，甚至不再是将兵百万席卷全国战场的开国将帅。他在新中国成立后知道戒急用忍、引而待发，他的政治企图心极强、政治理念和思想观念却极落后，在军中大肆培养亲信、打击异己。40年相处，却没有从思想灵魂深处彻底看透和了解这个人，对毛泽东而言实为一大憾事，由此也可见人心之险、识人之难。

当林彪在政治上彻底破产之时，毛泽东说他“形左实右，是极右”，还是对的，但是这样的定位和切割在当时并不具有完全说服力。林彪事件让毛泽东的意识形态建设理论和实践同步面临重大挑战，中共党内再次出现政治上服从毛泽东、思想上难以认同毛泽东的情况。这虽然令人唏嘘扼腕，却实属必然。

好在当林彪政治企图破产时，“文化大革命”已进行5年之久，“演习”的任务已经基本完成。毛泽东特别强调的“学生最严重、最严重的缺点，就是脱离农民，脱离工人，脱离军队，脱离工农兵，就是脱离生产者”[62]的问题，已经在两代人身上相当程度地得到有效缓解甚至是根本性解决。

这个时刻，成千上万的党的各级领导干部被下放农村、工厂或被安排在五七干校从事劳动生产，邓小平被下放江西农村当工人；百千万的知识青年上山下乡接受贫下中农再教育，北京知青习近平插队陕西省延川县文安驿公社梁家河大队当农民，最终成为北京知青当中“年龄最小、去的地方最苦、插队时间最长的知青”[63]。在“这场演习”中，两个人年龄相差48岁，一个由党的总书记变为工人、一个由高级干部的子弟变为农民；他们相隔千里，却以不同的方式融入普通群众当中。两年多以后的1974年元旦前，被毛泽东“请回”北京的邓小平出任中共中央政治局常委、中央军委委员；1974年元旦后，习近平被任命为梁家河大队党支部书记，陕北7年“是他读懂人生、读懂中国、读懂中国共产党的重要起点。在这里，他学到了书本上学不到的东西，收获到一部不著一字却可以受用终身的人生宝典。这些对他以后的成长和进步奠定了坚实基础”[64]。在毛泽东身后，他们对中国社会实际情况、对社会主义本质的理解极其深刻，他们知道中国必须走社会主义道路、中国的老百姓也想走社会主义道路，在这样的共同思想基础之上，他们已经和正在领导中国共产党、领导中华民族不断走向新的成功。

毛泽东的晚年忧虑，一转眼却是为中国共产党和中国再开新局打下了各方面的历史性基础。“失之东隅，收之桑榆”。我们是否可以这样说，这是历史给予毛泽东坚守人民立场的思想境界和敢于实践的大无畏精神的最大回报，这是对唯物辩证法和唯物史观科学性的最佳诠释。

从这个意义上讲，毛泽东说的“破字当头、立也就在其中了”还是有道理的。毛泽东在天有灵，他应该感到宽慰。只不过这个“立”从一颗种子到发芽生根，再到巨木参天，需要时间作养，需要实践砥砺。

有人可能会说，毛泽东让中国付出的代价太大了，完全可以不必如此。然而，一个整天赖床、泡吧的学渣，怎么可能仅凭着这样的状态实现向超级学霸的逆袭。天下没有免费的午餐，天上不会掉馅饼。艰难困苦、玉汝于成。如果我们不带政治偏见、又能克服自己的政治幼稚，那就应该严肃和诚恳地看待毛泽东当年提出的问题和作出的努力。

如果我们再拿苏联和苏共的命运做对比，可以看得更清楚一些。始终生活在苏共体系内的勃列日涅夫少年得志，在尽享特权和高官厚禄中完全脱离人民、脱离实际，他掌握最高权力18年，成为“世界上获奖章最多的人”，却把苏联和苏共双双带进权贵横行的死胡同；自称“苏共二十大产儿”的戈尔巴乔夫世界观完全混乱，他既不真懂社会主义，也不真懂资本主义，执政只有6年，就一手葬送了苏联和苏共。

当然，这并不是说毛泽东当年的决策和做法就是没有瑕疵的。我们只是说，在思想意识形态建设和文化建设方面，马克思主义政党承担的是将被颠倒的世界重新颠倒过来的历史使命，人类社会过往的一切政治思想在世界观上都是与此相对立的，坚守基本立场，也就是坚守人民立场，坚持基本途径，也就是坚持实践创新，这是马克思主义政党承担起自己历史使命的两块基石。**放弃立场就是放弃使命，放弃实践就是放弃前途；六神不定，就会输个干净，没有创新，就会功败垂成，这是基本的“道”**。至于具体的方式方法，也就是“术”层面的问题，回顾包括毛泽东时代在内的中国历史，我们可以汲取的教训颇多。

◆ 背负青天朝下看：试论意识形态和思想文化建设的有关问题

习近平总书记指出：“当今时代，社会思想观念和价值取向日趋活跃，主流的和非主流的同时并存，先进的和落后的相互交织，社会思潮纷纭激荡。”[65]“一个国家的文化软实力，从根本上说，取决于其核心价值观的生命力、凝聚力、感召力。培育和弘扬核心价值观，有效整合社会意识，是社会系统得以正常运转、社会秩序得以有效维护的重要途径，也是国家治理体系和治理能力的重要方面。”[66]中国特色社会主义进入新时代，我们只有进一步增强道路自信、理论自信、制度自信、文化自信，切实增强政治意识、大局意识、核心意识、看齐意识，在毛泽东大力“破旧”的基础上，更加深入地研究有关“立新”的规律，才能将“立新”的工作做得更好一些。

思想意识形态应当为人民提供价值、方向和希望。人类从一开始就是活在对未来美好生活的憧憬之中的，马克思主义追求的终极目标是人的自由全面发展。春秋时代的诸子百家纷纷立说问政，无非就是社会的先觉分子企图以自己对人与物、人与人、人与自己的内心关系的理解，为君王和百姓提供价值、方向和希望罢了。后来战国混乱，仗越打越大，死人越来越多，百姓希望天下安定，秦王室捕捉到这一动向，并通过变法自强最终在始皇帝手中实现了这一宏愿。在战国后期，“一些有远见的知识分子纷纷投向秦国，并为秦国战胜其他六国，完成统一事业出谋划策，也为统一后的未来规划蓝图”[67]。应该说，在统一战争中，秦国遇到的抵抗整体上并不是你死我活的全民式抵抗，大多是贵族势力的抵抗，民众的心是向往统一的。但在接下来的历史中，秦王朝并没有兑现还天下以太平的百姓愿景，而是走上了建万世功业的歧途，百姓从饱受战乱之苦转入惨遭劳刑之苦，希望破灭了，政权的合法性也就没有了。刘邦入咸阳后，一个尽废秦法、约法三章，竟让有500年基业的秦地百姓感念不已，绝大多数秦军成建制地不战而降、尽数归汉。诸葛亮治蜀，只想着用蜀地之力恢复汉室，蜀地百姓苦不堪言，司马氏大兵一到，举国而降。明王朝后期王爷遍地的同时是流民遍地。苏共倒台、柬埔寨红色高棉倒台、清王朝倒台、蒋介石倒台，无一不是陷人民于绝望境地而被人民抛弃的。《孙子兵法》说“主孰有道”，“令民与上同意者”胜，毛泽东则指出“军民团结如一人，试看天下谁能敌”。所以，好的政权、好的思想意识形态一定是有道德、讲仁义的，一定是能够理解、揭示和遵循历史规律，并能够让自己的道义之光和实践努力照进百姓的生活和内心，给百姓提供光明。

思想意识形态应当为人民提供秩序和规则。好的政权要有道德、讲仁义，但仁义道德不是不负责任、更不是天真和愚蠢。政权的本质是强制，国家一定要提倡高尚，但首先要能够控制人性中最任性、最丑陋、最残暴的部分发作，底线是能够给民众提供最基本的公共产品——秩序和规则。王莽以道德高尚者的社会形象接受禅让，他“痛恨吏治国家，又不想要封建贵族”，他想用儒家想象出来的、历史上并不存在的周礼治天下，“幻想周政不是依靠任人唯私的封建贵族，而是依靠道德高尚的志愿者”，结果是“民众尚未得到减轻负担的实惠，却首先领教了丧失秩序的恶果”。有学者说“没有一个王朝比他们更加罪有应得，因为他们的荒谬是如此肆无忌惮；没有一个王朝比他们更加值得同情，因为他们的灭亡主要是因为善行而非恶行”。[68]此论还算透彻。国民党建政几十年，从未实现过真正意义上的国家统一，军阀林立、内斗不止，当时的中国基本上是丛林法则之下的世界，一些“民国粉”眼中的幸福不过是极少数人躲在外国租界里的暂时逍遥罢了。毛泽东在新中国成立前的新政协会议上说新中国“要迅速涤荡帝国主义留下来的污泥浊水”，并在新中国成立后开展“三反”“五反”，在全国迅速恢复秩序并制宪行宪，就是当时最大的善政。

思想意识形态应该引导国家珍惜民力并切勿透支之。国家要行政就要有成本，财政民力取之于民本是应有之义，一味反对国家使用这些权力，甚至以维护民众的自由和权益为由搞反国家主义或者无政府主义，在道德上是伪善的，在政治上是幼稚的。当年，周宣王征戎战败，“既亡南国之师，乃料民于太原。仲山甫谏曰：‘民不可料也。’宣王不听，卒料民”。从那以后，在一些人眼中，周宣王的这次人口统计就成了恶政之源，后来商鞅变法搞编户齐民就成了恶中之恶。至今还有人将我们的户籍登记管理制度称为“集体监视体系”。此类谬言之肤浅无知和可笑幼稚，已到了“伟大的”天真程度。但是，如何防止国家的权力冲动，确保财政民力取之有道、取之有度，的确也是一个大问题。民众是财富的源泉，但绝不是君王或国家敛财的目标，民众创造财富的根本目的是追求更好的生活，绝不是为了成人之名或任人挥霍。当年刘备、诸葛亮在四川建政，一心恢复汉室，不顾客观条件连续对外用兵，诸葛亮《隆中对》中说的“沃野千里，天府之土”的四川，不到10年就被搞成《出师表》里的“今天下三分、益州疲弊”，又一年竟成了《后出师表》里的“今民穷兵疲”。让司马懿讥笑说，“亮每以粮少为恨，必归积谷，以吾料之，非三稔不能动矣”。[69] 其结果当然难以如愿。如果说诸葛亮六出祁山和姜维九伐中原，是政治上的不得已，那么秦皇汉武和隋炀帝的好大喜功，就是君王毫无节制的权力冲动；“二战”后美国历届政府的穷兵黩武，走的是一种永不量力的任性邪路。对任何一个政权和当政者来讲，严重透支民力民心，就是在透支自己的信用和生命。毛泽东时代实行低消费、高积累，在加快国家工业化进程同时，也难以避免地使群众生活困苦，这一情形在一段时间内也不易得到明显改变，影响了一些政策得到社会更好更有力的支持，确实让毛泽东晚年心急难耐。

思想意识形态应该能够让全社会保持血性与理性的平衡。对于一个成熟的民族、国家和政权来讲，血性和理性犹如一枚硬币的正反面，是统一存在的。失去理性把握的血性会演变成盲动，没有血性支撑的理性很容易滑向懦弱。秦始皇的血性在功业、汉武帝的血性在用兵、唐明皇的血性在尽信胡人，但都没有在理性之下很好地把握住分寸界限，局面尽坏后，乱由内生；宋太祖的理性在防止武人黄袍加身、明太祖的理性在防止宗室夺宫、慈禧的理性在防止民众造反，但到最后都在一叶障目中没有了血性，局面尽坏后，立即招来了外患敌寇。毛泽东时代，我国国际处境十分复杂，强敌虎视眈眈、恶邻心有不甘，没有血性就是“人为刀俎、我为鱼肉”；没有理性就是“好汉难抵拳多”。毛泽东立场坚定、分寸拿捏得恰到好处，对敌斗争坚持“有理、有利、有节”[70]的原则，实收“打得一拳开，免得百拳来”[71]的效果，在国际上赢得了远超多国、举世难以想象的尊重，在国内有效激发了全社会的自信心、自豪感。

以上认识难免粗浅。回顾历史、环视现实、展望未来，行进在中华民族伟大复兴道路上的中国共产党和中国人民，最根本的一条，就是要坚持和发展中国特色社会主义，意识形态建设最核心的主线，就是要学懂、弄通、做实习近平新时代中国特色社会主义思想，并以此为指导，加大与其相适应的文化体系建设的力度，“要通过教育引导、舆论宣传、文化熏陶、实践养成、制度保障等，使社会主义核心价值观内化为人们的精神追求，外化为人们的自觉行动”[72]。从而形成作为大众的文化与作为国家灵魂的思想意识形态的良性互动关系，让思想意识形态为大众文化建设注入魂魄，让大众文化建设为思想意识形态发展提供营养，形成两者“琴瑟和鸣、水乳交融”的那样一种生动活泼的局面。

大众文化建设在理念上要能够引领时代风尚，占据真理和道义的制高点。一般来讲，文化是指相对于政治、经济而言，人类精神活动及其产品的总和。单就人的精神活动来讲，它主要包括人对宇宙世界、人的社会关系以及人自身价值意义、精神追求和行为方式的理解。文化具有创造性、积累性和基于发展变化的相对稳定的传承性。文化产生于物质实践和精神创造，代表着时代特征，又引领着时代风尚。古人有“文以载道”之说，如果将这里的“文”理解为文化的话，这里的“道”就是指引领社会发展进步的核心精神理念。这个“道”与时代精神同频共振，便能产生超越物质、降伏人心的巨大威力。比如，春秋中晚期天下厌战，所谓“兵，民之残也，财用之蠹，小国之大灾也”成为天下共识，向戌作为小国宋国的掌权相“欲弭诸侯之兵以为名”，很多人都认为他疯了；而他则看透了时代潮流，认为诸侯大国对于弭兵之议“虽曰不可，必将许之”，竟然就说动晋楚两强带领各自附属小国，在宋国举办了后代称之为“弭兵之会”[73]的重要盟会。东汉末年天下大乱，曹操“挟天子而令诸侯”统一北方，但慑于汉室道统和君臣大义的主流文化力量，终生只能是“吾为周文王”，而将登上帝位的机会留给儿子曹丕。辛亥革命后，时代潮流已是共和，袁世凯却活在过去、一心称帝，结果连追随他多年、被其视为股肱和“开国相将”的徐世昌、段祺瑞，对其所作所为都不认同。新中国成立后，中国共产党高举人类解放的旗帜，积极支持全世界无产阶级解放的正义事业，大力弘扬团结、互助、自由、平等、和平、解放等代表人类进步事业的价值观，在世界上不仅得到了广大发展中国家的拥护和支持，还赢得了美、苏等大国的尊重。冷战结束后，欧美国家将自己那一套包装成所谓普世价值在世界范围内大力传播和推广，让我们背负着诸多无端的污蔑指责，承受着“颜色革命”的巨大压力，加强文化建设、提出并高扬能够引领时代风尚和人类发展进步大旗的价值体系的任务已十分紧迫。作为共产党人，远大的共产主义理想和坚定的社会主义理念是根、是魂。“皮之不存，毛将焉附”，我们所建设的大众文化要引领时代风尚，就必须站稳立场、不忘初心，坚持用马克思主义唯物史观去观察、分析世界，深化对世界未来、人类前途以及个人当代精神追求的理解，并将其核心理念外化出一套能够占据真理和道义制高点的话语体系。

大众文化建设在现实中要根植于生活并提升生活，塑造清爽健康的生活方式。生活创造文化、文化提升生活。在人类社会活动中，物质的相对丰富是维持生命尊严的基础，文化的相对高尚是体现生命尊严的保证。富足、清爽、健康的生活方式总是为人称道、羡慕和向往的。在中国历史上，中原王朝因其物质丰富被称为锦绣之地、因其道德秩序被视为礼仪之邦，千百年来始终吸引着四方少数民族。当中原王朝强盛时，文化力量外溢，归化者众；当中原王朝衰落时，强大的少数民族进入中原后也都纷纷汉化。中华文化如熔炉一般将生活在东亚这片土地上的不同民族融合为一个大家族，也使历史上的中国成为世界上唯一一个以文化一致性为认同标准和地理边界的国家。但到宋代特别是明清以降，因为统治阶级文化素养式微，而使我们的文化活力衰降、日益僵化，森严的礼教不但严重压制了生产力发展，也严重束缚了人的生活方式甚至精神世界，中华文化早期的热情奔放、自由气息和任侠好义之情逐渐窒息，人的活动空间变小、生活方式变少、人生选择变窄。婚姻变成了父母之命、媒妁之言，甚至出现了童养媳，指腹为婚大行其道，“关关雎鸠”和“蒹葭苍苍”只能成为久远的文学传说；生命变成家族传承、光宗耀祖，甚至是传宗接代；读书变成追求“颜如玉、黄金屋、马如簇”等功名利禄的工具；保家卫国变成一种耻辱，“好铁不打钉，好男不当兵”；男人变成“奴才”；女人缠起小脚，以变形的“三寸金莲”为美；就连我们的山水画，也从唐以前色泽艳丽的重彩画变成只有黑白两色的水墨画。敦煌莫高窟第220窟表层展现的是黑白两色的宋代壁画，1934年有人剥下这一层，下面竟是色彩艳丽的唐代壁画。传统文化当中消极落后的一面影响和危害甚大，鲁迅先生曾激愤地说：“我翻开历史一查，这历史没有年代，歪歪斜斜的每叶上都写着‘仁义道德’几个字。我横竖睡不着，仔细看了半夜，才从字缝里看出字来，满本都写着两个字是‘吃人’！”[74] 西方文化也经历过严重危机，想当年罗马帝国盛极一时，但后期也出现了文化上的腐化堕落，社会风俗败坏、生活骄奢淫逸、精神空虚无聊，被基督教文化长驱直入，两希文明被封入历史长达千年。基督教文化一统西方后也堕入黑暗，直到文艺复兴，西方才以新一轮文化创新和生产创新，形成了今天西方生活的大致模样。西方列强的侵略掳掠，给中华民族带来了深重灾难，也迫使我们绝处求生。五四运动以“打倒孔家店”为口号，有人甚至提出废除汉字，表现出对文化落后的痛恨与决绝。近百年来，我们在文化建设方面破多立少。从最近一些年的某一特别时段的社会氛围看，很明显的一点是，“破”已基本走到了尽头，眼下“立”的任务已经很严肃地摆在全党面前。有人想从西方文化中找样板，有人想从传统文化中找灵感，急需中国共产党以自己的纲领性主张强化领导，也需要社会各界，特别是广大文化工作者增强自信、坚定方向、担起责任，作出不懈努力。

大众文化建设在影响上要能够激发创造活力，推动物质技术的持续发展。物质生产是文化创造的基础，文化创造又反作用于物质生产本身。一种文化不能激发甚至严重束缚社会创造活力，这种文化就必然是落后的、腐朽的文化，就应该被打破、被改造。中国自秦汉以来，社会政治结构不断变化，由贵族制度到门阀制度、再到科举制度，政治参与的范围越来越广，上下流动的通道越开越大，社会文化结构也在不断变化，从诸子百家到独尊儒术，从佛教传入到儒学自新，但唯独在经济和科学技术领域几乎止步不前，生产工具是秦犁汉耙，生活资料是秦砖汉瓦，军事武器是弯弓长矛。如果这个世界只有我们一家，这样的日子虽然穷困些，倒也没有污染、没有核、没有生化；如果能够将政治改良一下，大家“日出而作，日入而息，凿井而饮，耕田而食。帝力于我何有哉?”过得可能就像陶令想象出的桃花源一样优哉游哉。可惜世界远不是这样！没有工业和科学技术支撑，单靠农耕和商业经济得来的物质丰富，终究不能转化为国家能力，一片看似繁花似锦，往往抵不过一支马队的冲杀。近代以来，经过工业革命武装起来的西方列强，则是一帮有文化的强盗，生产出蒸汽机、高科技、核武器，利用坚船利炮对全世界予取予求，也曾打得我们满地找牙。虽然不能将之完全归于我们的传统文化，但旧文化至少要负相当的责任。新中国成立以来，我们在打破旧文化之后，在工业和科学技术发展方面也取得了很大成绩，但这种缺乏新文化支撑的发展也出现了诸多问题，如果不加强相应的文化建设，发展还能走多远，确实也让人担心。更何况，西方的发展并没有停步，对我们的藐视和欺凌、围堵也还在继续。获得新生的中华民族是要回望过去的，但决不能停留在穿汉服、背《三字经》的浅薄状态，而是要着眼未来，不仅要创造出丰富的物质文明，还要创造更加灿烂的精神文化，两者相互促进、交相辉映，从而为人类的发展进步作出自己的贡献。儒家学说如果不能做更为彻底的反省，不能从根本上革除自己袖手谈心性、等级森严、男尊女卑那一套，就没有任何资格参与中华民族的文化重建工作。

大众文化建设在内涵上要崇尚规则守住底线，形成拒绝野蛮的社会共识。在中国历史上，法家曾经盛极一时，造就了大一统的秦王朝，但随着秦的迅速崩溃，法家学说也被扫进了历史的垃圾堆，只留下术治派躲在儒学的身影里存活着，终究没能形成浩浩荡荡的法治文明。甚至在若干历史时期，我们还陷入背离规则、嗜血成性的无边黑暗之中，最典型的是魏晋南北朝时期。毛泽东考察中国历史，得出过“枪杆子里面出政权”的结论，他曾直截了当地说：“什么叫政权？什么叫力量？没有别的，只有军队。”[75]这样的认识固然使我党丢掉了对反动统治的一切幻想，取得了革命的胜利，但在以后治理国家时也有规则意识不强和规则确立不及时的问题。“文化大革命”之所以背离初衷演化为一场混乱，一则是原本秉持的政治宗旨就是“破字当头”，二则也与不讲法治、缺乏规则有很大关系。在1958年8月那次首倡人民公社制度的北戴河会议上，毛泽东曾说：“民法、刑法有那么多条，谁记得了？宪法是我参加制定的，我也记不得。我们基本上不靠那些，主要靠决议、开会。”刘少奇在旁插话说，到底是法治还是人治，看来实际是靠人，法律最多只能做办事的一种参考。后来，果然连毛泽东亲自主持制定、“每一条、每个字都是认真搞了的”1954年宪法，也废弃重立、化繁就简。最近40年，是我国法治建设和党内法规建设取得巨大进步的时期，但要全面确立法治文化、全面推进依法治国，要克服的东西还有很多、要走的路还很漫长。

总之，思想意识形态和文化建设是管灵魂、管精神、管方向的。只要我们始终高举中国特色社会主义伟大旗帜，“永远与人民同呼吸、共命运、心连心，永远把人民对美好生活的向往作为奋斗目标”[76]，“不懈探索和把握中国特色社会主义规律，永葆党的生机活力，永葆国家发展动力”[77]，只要中华民族一代接一代追求真善美的道德境界，我们的民族就永远健康向上、永远充满希望，中华民族伟大复兴的梦想就一定能实现。

第八章

凤姐说『大有大的难处』：

壁上红旗飘落照，彩云长在有新天

大家担心的是形势问题，尤其是国际形势。有些同志担心苏、美合作对我们不利。我总相信《红楼梦》上王熙凤说的那句话，“大有大的难处”。现在，美、苏两国都很困难。美国政策委员会主席罗特斯曾发表一篇文章，基调是说美、苏都碰到了许多困难，而且是没法解决的。我也不认识这个人，他同我的某些想法不谋而合，差不多。美国不论国内、国际到处都碰钉子，赫鲁晓夫也是这样。不要忘记这一点。还是《红楼梦》上冷子兴说的，“百脚之虫，死而不僵”。美国《锤与钢》杂志也说：美国像一株空了的大树，里边已被虫子咬空了，外边还枝叶茂盛。[1]

——1963年9月27日下午，毛泽东在中共中央工作会议最后一次全体会议上的讲话。

1974年3月20日，毛泽东提议由邓小平担任出席联合国大会第六届特别会议的中国代表团团长。这是1971年10月25日第二十六届联合国大会通过《关于恢复中华人民共和国在联合国的一切合法权利和立即把台湾国民党集团的代表从联合国及其所属一切机构中驱逐出去的提案》后，新中国政府首次派出国家级领导人出席联合国大会。

在此之前的2年多时间内，美国总统尼克松访华签署上海公报、中国与日本实现邦交正常化等外交突破纷至沓来。中国的国际处境颇有些摆脱了力抗两霸、左支右绌的“四战之地”，划入化敌为友、柳暗花明的“缓和之海”的意味，这种局面与当时国内因发动“批林批孔”运动而紧绷的政治形势形成了鲜明对比。如果将目光再向历史的深处投射一下，这也是自1840年鸦片战争失败，被西方列强强行拉入现代国际体系、在强权政治面前“人为刀俎、我为鱼肉”100多年，又在毛泽东宣告“中国人从此站立起来了”25年以后，中国真正赢得国际强权战略尊重、取得国际政治战略主动的重要开端。

近在咫尺的强邻苏联虽然恨得牙根发痒，枉自在中苏、中蒙边境地区陈兵百万，却也无计可施；远隔重洋的宿敌美国虽然并不情愿，但因先后在朝鲜和越南两场热战中败下阵来，也只能抱憾言和。

毛泽东对邓小平这次出访联合国之行高度重视。他以书面指示方式警告提出反对意见的江青，“邓小平同志出国是我的意见，你不要反对为好。小心谨慎，不要反对我的提议”[2]；随后，不但亲自主持召开中共中央政治局会议讨论相关问题、面授机宜，还亲自审阅邓小平在联大特别会议上的发言稿，并批示“好，赞同”[3]。

1974年4月10日，邓小平在联大特别会议上代表中国政府发言，首次在国际正式场合详细阐述毛泽东关于“三个世界”划分的战略思想和中国政府的政策主张。

目前世界上各种政治力量经过长期的较量和斗争，发生了急剧

> 分化和改组。现在的世界实际上存在着互相联系又相互矛盾的三个方面、三个世界。美国、苏联是第一世界；亚非拉发展中国家和其他地区的发展中国家，是第三世界；处于这两者之间的发达国家，是第二世界。
>
> …………
>
> 第三世界国家强烈要求改变目前极不平等的国际经济关系，并且提出了许多合理的改革建议，中国政府和人民热烈赞同并坚决支持他们提出的一切正义主张。
>
> …………
>
> 中国是一个社会主义国家，也是一个发展中的国家，中国属于第三世界。中国政府和人民，坚决支持一切被压迫人民和被压迫民族的正义斗争，这是我们应尽的国际主义义务。中国现在不是，将来也不做超级大国。[4]

毛泽东有关“三个世界”的战略思想，视野宏大、视角独特、论述精妙，饱含着他本人和中国共产党自延安时期接触和参与国际格局以来的深入思考，既反映出毛泽东熟练运用“利用矛盾，争取多数，反对少数，各个击破”[5]的唯物辩证法哲学思维和斗争策略原则，深刻体察世界局势发展走向的历史深度，又展现出毛泽东彻底告别主要以国家政治意识形态划线，转而站在世界人民立场上要平等、反压迫的时代高度，堪称毛泽东国际战略思想发展的理论高峰和神来之笔。“三个世界”的理论能够在联大会议铿锵道来，能够让世界各国坐下来仔细聆听，能够对当时和之后的世界格局产生广泛而深远影响，就不只是哲人思想精华那么简单，它的背后是毛泽东几十年实践努力之下，一个强大的中国呼之欲出。

◆ 宅兹中国五千年：打扫干净屋子再请客

中国自1840年开始的积弱变贫、任人宰割，被李鸿章称为“三千年未有之变局”。一个重要原因是，在东亚这片相对封闭的地理环境中，发端于黄河中下游地区的华夏文明自形成以来，始终以中央之国的高端文明体不断同化四夷，她从未遇到过需要加入更加强势的其他文明搭建起来的所谓国际体系的情况。在先秦文献当中，远古中国本有许多盘古开辟混沌、女娲炼石补天一类的创世神话，这些很可能就是东亚大陆上不同原始部落族群的多文明胎芽。《红楼梦》开篇根由说贾宝玉“一落胎胞，嘴里便衔下一块五彩晶莹的玉”，就是经女娲氏煅炼而“单单的剩下了一块未用”的补天石所变，体现着曹雪芹在文化上的慎终追远。传说孔子删订《尚书》本着“不语怪、力、乱、神”[6]的原则，将华夏历史断自唐尧、虞舜，直接从两个圣王在关中、晋南、豫西一带的中原地区改造渭河、汾河和洛河等黄河主要支流的流域自然条件，开创以农耕为主要生产生活方式的人文世界讲起，并将华夏民族真正的人文源头统一定位于尧舜之世的“大禹治水”。

大禹当年主要活动在今天的河南省嵩山一带，他上承尧、舜，在这里领民治水成功，并由子启建立了中国历史上第一个家天下政权——夏王朝。在儒家经典历史叙事中，大禹既是中原环境的拯救者，也是华夏文明的开创者。孔子反复称赞说：“禹，吾无间然矣。”[7]《左传》赞美说：“美哉禹功，明德远矣！微禹，吾其鱼乎！”[8]此后，华夏文明便以此为中心，如水中涟漪一般向四周一圈圈地扩展。在这样的历史构建中，华夏文明的性质是“圣人以崇高精神，克服自然灾害，救人于水火，开创文明社会，实现德治”[9]。她从产生到发展，都是合人之力与自然斗争的结果，以后的扩展也不是后来西方文明叙事中的武力征服和殖民统治，而是怀德服远、四方归化。这就是后人归纳的“芒芒禹迹，画为九州”：商、周之际，周在关中一带崛起并逐步控制了豫、徐、扬、荆、雍、梁等六州，商纣王只剩下冀、兖、青三州。《论语》称赞周文王姬昌说“三分天下有其二，以服事殷。周之德，其可谓至德也已矣”[10]，这固然是孔子以自己的政治偏见来扭曲历史公正的言辞，但也不能否认，孔子确实讲出了九州的文明一体性。

周武王姬发伐纣灭商后，其弟周公旦遵武王遗命，居九鼎，在河洛小盆地也就是现在的洛阳地区营建洛邑，并把洛邑作为统治天下四方的政治中心，号为成周。在记载武王克商和成王命周公营建洛邑史实的何尊铭文里，有成王初迁宅于成周时召诰宗室的话，“余其宅兹中国，自兹乂（治）民”[11]，中国之说由此而来。“武王、成王、康王三代持续向东方华夏农耕地域广泛进行分封，北有燕蓟，东至齐鲁，南达江淮，‘乃伻我有夏’（乃使我周家王有华夏），基本占据了当时农耕区域（华夏）的全部土地”，“在中国历史上第一次出现了华夏世界作为一个整体（王国维称其为‘道德之团体’）直接面对夷狄世界的局面”。[12]

在儒家思想后来构建的天下秩序中，华夏居于中央乐土，是需要绝对尊崇的文明世界；夷狄属于未开化的野蛮世界，虽然广袤荒远，却没有任何意义，属于时间还没有开始的“混沌”状态，越荒远越不足论，并由此形成了华夏世界与夷狄世界两分的天下秩序观。由于两个世界是以文化为界限的、华夏文明又有教化天下的吸引力，所以也就没有固定的疆域和地理界线，没有血统上所谓民族种族观念。

华夏文明就是带着这样的天下秩序观，在东亚地区存续生活了五千多年。其间虽然也有其他文明传播进来，如佛教文明、基督教文明等，但它们基本上属于思想和知识的传播，既没有带枪带炮，也没有铺天盖地的物质载体。这些思想虽与华夏文明多有抵牾，甚至造成了一定纷扰，但大多数还是在交流交融中为华夏文明发展提供了养分，自身面貌也发生了较大改变。所以，华夏之外的世界“在华夏王朝人士的认识中，只是概念性、模糊的地带。那里的人群社会是落后的，表现好的时候，他们会朝贡中国，表现坏的时候，他们会侵边抢掠，如此而已。在中国人所崇尚的价值（道德、礼教、诗书）方面，他们一无是处”[13]。

公元1500年后，西方进入资本主义文明的萌芽发展期，中国人对此却几乎一无所知。1793年，马戛尔尼率领英国使团鬼敲门式的访问，根本没有引起包括乾隆帝在内的任何中国人重视。此时，中央王朝机构设置也只有理藩院、宣化院之类的部门，根本不存在所谓外交工作，随后不久用坚船利炮武装起来的西方列强大举侵华，中国就这样被拖入一个完全陌生的国际体系之中，任人嘲弄，被人吊打。

由自己主导的基于文化“声教益广”的天下秩序，一下子被列强打得彻底崩盘，并进入别人构建的基于实力“任人吊打”的国际体系中，中国在隆隆炮声中走得步步惊心。1840年之后的中国人开始面临从藐视到震惊、从不服到自强、从反抗到失败的境地。由于生产力发展水平低下、生产关系极端不合理、政治思想文化上层建筑僵化落后、整个社会一盘散沙，在洋人枪炮声中开启的晚清外交工作，最终无可避免地走上了割地赔款、屈辱议和的道路。作为清廷直隶总督兼北洋大臣的李鸿章主持了一系列不平等条约谈判和签署，他起初曾经梦想依靠“以夷制夷”之策维护国家利益，义和团运动后接近生命终点的这位“中堂大人”，却无奈地自嘲为“大清的裱糊匠”。

清廷退位后，新立的民国政府不但优待清室，也优待列强，它原封不动地继承了清朝留下的外交遗产：割出去的土地再也要不回来，定下来的款项还得接着赔付，大城市几乎被各国租界瓜分，全国驻满了列强的兵营。

将希望寄托在强权慈悲之上，这是弱者的普遍心态，下场也总是如同与虎谋皮一般不堪。孱弱的民国北洋政府和后来的国民政府希望改变格局，说它们无奈也好、迂腐也罢，总之它们选择了相信列强、相信国际公义。结果是，中国作为第一次世界大战的战胜国，由美国主导的巴黎和会却将原来德国享有的山东权益划转给了日本；日本人侵占东北三省，国联出面主持调查，却引来中日全面战争在北京西南郊的卢沟桥开打；作为第二次世界大战的战胜国，中国在不知情的情况下，国家权益就成了美苏两强在雅尔塔的秘密交易对象。

1945年2月11日，美国总统罗斯福和苏共中央总书记斯大林在克里米亚半岛南岸的历史名城雅尔塔签署秘密协议。美国的条件是，苏联红军要在欧洲战争结束后3个月内出兵中国东北，参加对日战争以减轻美国的压力和伤亡，战后还要求与中国国民政府签订一项苏中友好同盟协定，从而达到用武力协助中国从日本枷锁下解放之目的，并支持中国的国民党政府、支持蒋介石的领导地位；苏联得到的回报是，外蒙古维持现状（独立），苏联获得在中国东北大连的优越权益、租借中国旅顺港作为军港及控制纵贯东北三省的中长铁路。

雅尔塔协议的精神，是由美国驻华大使赫尔利返回重庆后以“私人性质”向蒋介石转述传达的。蒋介石虽然感到别扭生硬和有伤尊严，但随着苏联出兵东北后日本百万关东军土崩瓦解，之前被日本人一个夏季攻势就溃败千里、压缩在西南一隅的国民政府，生怕得罪苏联后东北三省落在近在咫尺的中共之手，只得赶在日本1945年8月15日宣布投降的前一天，十分勉强地签署了《中苏友好同盟条约》，算是十分不情愿地正式承认了雅尔塔协议精神。出卖国家权益的苦果虽然难咽，但能换来“苏联不能支持和帮助中共推翻国民政府”的承诺，还是让包括蒋介石在内的国民党高层普遍“受到相当大的鼓舞”[14]。

从这个过程看，蒋介石由“攘外必先安内”调整成为“安外自能攘内”，从过去对日本人的退让到现在对苏联人的退让，实质上都是服从于“彻底消灭共产党”的需要。毛泽东则直到一年多后雅尔塔协议公布才知悉其具体内容，当时自然不会知道这个协议还为中共留下了一定位置。作为这个位置的象征，美国强压国民政府同意，在中国代表团中，由董必武以国民参政会参政员的身份，代表中共参加1945年4月25日在美国旧金山召开的联合国成立大会。6月25日，董必武以5名中国代表之一的身份，庄严地代表中国共产党领导的中国解放区人民、也是代表全体中国人民，用毛笔在《联合国宪章》上签上了“董必武”三个刚劲有力的楷体字。不过，后来随着《中苏友好同盟条约》的签订，以及蒋介石在条约签署当天即电邀毛泽东赴重庆“共同商讨”“国际国内各种重要问题”，并表示“幸勿吝驾，临电不胜迫切悬盼之至”等情况接踵而来，毛泽东开始感受到美、苏和国民政府以雅尔塔协议为依据，施加出来的排山倒海般的战略压力。

从艰难困苦中一路血战冲出来的中国共产党，当然也渴望外部的承认和支持。当1940年10月国共摩擦严重之际，毛泽东甚至预言抗战胜利后可能会出现“最困难、最危险、最黑暗”的局面。“美国把中国英美派从财政上军事上武装起来，中国由日本殖民地变为美国殖民地，国共合作变为大规模内战”[15]。预计到了，就要努力避免，毛泽东哲学思想有一个重要特点，就是在无限困难之中去抓住任何一丝光明。他当时的具体思路是，可以将国内统一战线的政治策略运用于处理对外关系，在利用矛盾和利益会合两个方面同时着力，尝试与美国建立合作，尽可能地减少美国对国民党的支持。

一个重要时机出现在1944年夏季。

此前一年的1943年5月，共产国际宣布解散，中国共产党摆脱最后仅有的外部羁绊，完完全全地作为一支独立的政治力量活跃在中国乃至世界反法西斯舞台上。当时，面对美国作为世界头号强国及其对共产主义的敌视态度、面对苏联的利益本位主义及其对中国共产党的深刻猜疑、面对日本人在正面战场发动的激烈攻势和国民党军队从河南北部到湖南南部的一溃千里，国际国内形势如此错综复杂，中华民族和中国共产党的命运实在是前途难料，以毛泽东为代表的中国共产党人的机会看上去并不多。但从美国的战略布局看，没有了共产国际，怎么着也要尝试着不再将全世界的共产党看成铁板一块；中共在延安展现出来的精神风貌和在抗日战争中表现出来的英勇作为，也确实让美国产生了需要“获取关于中共实力的精确估计”的愿望，中国共产党和毛泽东的“机会”就是这样出现的。

1944年7月22日和8月7日，美国政府派出由18人组成的“迪克西”军事观察组分两批到达延安。中共中央8月18日发出一份外交工作指示电说，不要把美军观察组到延安“当做普通行动”，而是“我们外交工作的开始”。[16]从这份文件的内容看，美军观察组的到来，确实让毛泽东心头一振。他在指示电中写道：“就国家言，美苏英与中国关系最大，而在目前美英与中国共同抗日，尤以美为最密。美军人员来我边区及敌后根据地的理由，为有对敌侦察和救护行动之需要，准此可争取其逐渐扩张到对敌作战方面的合作和援助。有了军事合作的基础，随后文化合作，随后政治与经济合作就可能实现。”[17]10月25日，毛泽东到中共中央党校作报告，他甚至作出了更加乐观的估计。

> 鸦片战争以后，104年以来，没有一次这样好的环境，全世界民主国家都在帮助我们。过去只有苏联帮助我们，现在英美不反对我们，还帮助我们，起了很大变化，马克思书本里也找不出这样的变化，只能找出这种变化的原理，而找不出这种变化的具体描写。[18]

这段话反映了毛泽东的一种兴奋之情，而不能再作更加深入的理论和现实追问。因为我们翻遍“马克思书本”，也搞不清楚能够反映“这种变化的原理”何在，如果非要说有的话，可能就是“辩证法”。此后没多久，毛泽东就在延安接待了赫尔利，甚至还通过赫尔利与美国总统罗斯福有了电报互动。罗斯福在电报里说，期望与所有（一切）中国力量的强有力的合作。但是，赫尔利只是一个资产阶级政客，他离开延安返回重庆后马上对共产党恶言相向，变脸比翻书都快，推动美国政府一屁股坐在国民党和蒋介石一边。

100多年来，中国实在是已经被列强抢空了、被战争耗干了，各方政治力量迫切需要外在帮助的心情是真实的、也是完全可以理解的。中国共产党如此，当时的国民政府更是如此。不过，外部力量帮不帮助、主要帮谁，都有自己的利益考量。在包括中国抗日战争在内的世界反法西斯战争接近尾声的时候，各方力量团结对敌的需要，开始让位于战后利益算计的需要，强权大国看重地缘政治利益的本色迅速归位。美国不愿意看到共产主义浪潮在亚洲“泛滥肆虐”，更不愿意看到一个由共产党执掌的中国；苏联对于中共的性质及其与美国的往来心存疑虑，斯大林甚至只是将中共视作“最大的农民抗日武装”。

中国共产党的“外交工作”开局之初就陷入颇为困顿的境地。“在抗日战争即将结束时，中共与外部世界几乎失去了联系。它与美国原本就十分脆弱的关系濒临破裂；与苏联的关系也相当冷淡，以致无法知道斯大林与国民政府之间的协议内容；当然，与亚洲其他国家更谈不上来往”[19]。实际上，苏美两国在如何对待中共的问题上，政治和意识形态考量只是浅层次因素；真正的深层次因素是，两强都想在战后将中国纳入自己的势力范围内，至少是成为它们的战略缓冲地带，谁也不想看到一个统一强大的中国出现。从这一考量出发，政治上依附美英而又软弱涣散的国民政府和蒋介石，自然是美国的首选支持对象；深具中华民族家国情怀的中国共产党和性格独立倔强的毛泽东，自然成为美国打压防范和苏联存疑待察的对象。

经此一役，毛泽东对于外交的本质、对于国际政治的本质，在领教强权逻辑后有了更加深刻的认识，有了“冬天喝冰水、点滴在心头”的真切感受。在1945年6月25日召开的中共七大闭幕会上，毛泽东带着一种略感悲愤的语气发表题为《愚公移山》的著名演讲，提出了“人民大众是上帝”的重要理念。

> 现在也有两座压在中国人民头上的大山，一座叫做帝国主义，一座叫做封建主义。中国共产党早就下了决心，要挖掉这两座山。我们一定要坚持下去，一定要不断地工作，我们也会感动上帝的。这个上帝不是别人，就是全中国的人民大众。全国人民大众一齐起来和我们一道挖这两座山，有什么挖不平呢？[20]

在随后召开的中共中央政治局扩大会议上，毛泽东进一步讲到党的重要性。他说：“决定的一点就是我们内部的团结，只要我们团结一致，敌人是不能压倒我们的。”[21] **求人不如求己，眼睛向内、依靠人民，不仰人鼻息、不看人脸色，**毛泽东性格中坚毅果敢的一面，在斗争实践中得到了进一步的强化。

1946年8月6日下午3时许，延安杨家岭雨过天晴，在自己窑洞前一棵苹果树下的石桌旁，毛泽东会见了第五次到访中国的美国进步作家、记者安娜·路易斯·斯特朗。为表示对客人的礼貌，毛泽东特意穿了件稍好的蓝布衣服[22]，神情和蔼自信，谈话内容却石破天惊，“纸老虎”的概念横空出世。就这一概念的原始创意而言，深谙历史、历经磨难且擅长在古体诗词中借用典故的毛泽东，看透了一切张牙舞爪者大多色厉内荏，正如用纸裱糊出来的鬼怪，故而化用李鸿章“纸糊的老虎”说。只不过，李鸿章搜肠刮肚，说的是自己；毛泽东信手拈来，说的却是敌人。

> 一切反动派都是纸老虎。看起来，反动派的样子是可怕的，但是实际上并没有什么了不起的力量。从长远的观点看问题，真正强大的力量不是属于反动派，而是属于人民。在一九一七年俄国二月革命以前，俄国国内究竟哪一方面拥有真正的力量呢？从表面上看，当时的沙皇是有力量的；但是二月革命的一阵风，就把沙皇吹走了。归根结蒂，俄国的力量是在工农兵苏维埃这方面。沙皇不过是一只纸老虎。希特勒不是曾经被人们看作很有力量的吗？但是历

史证明了他是一只纸老虎。墨索里尼也是如此，日本帝国主义也是如此。相反的，苏联以及各国爱好民主自由的人民的力量，却是比人们所预料的强大得多。

蒋介石和他的支持者美国反动派也都是纸老虎。提起美国帝国主义，人们似乎觉得它是强大得不得了的，中国的反动派正在拿美国的“强大”来吓唬中国人民。但是美国反动派也将要同一切历史上的反动派一样，被证明为并没有什么力量。在美国，另有一类人是真正有力量的，这就是美国人民。

拿中国的情形来说，我们所依靠的不过是小米加步枪，但是历史最后将证明，这小米加步枪比蒋介石的飞机加坦克还要强些。虽然在中国人民面前还存在着许多困难，中国人民在美国帝国主义和中国反动派的联合进攻之下，将要受到长时间的苦难，但是这些反动派总有一天要失败，我们总有一天要胜利。这原因不是别的，就在于反动派代表反动，而我们代表进步。[23]

正是带着这样的精神气质、哲学信仰和政治理想，毛泽东再无犹豫和彷徨，他开始强调“自力更生”，强调将一切都“放在自己力量的基点上”，[24]开始在全党全军深入开展反美和不怕美国的思想教育和精神解放动员。结果只用3年多的时间，就彻底打败蒋家王朝，建立了一个政治上的新中国。

毛泽东深具文学素养和人民情怀，很多“高大上”的事情被他描述后总是生动形象、朴素易懂。比如，他将一切反动派比作“纸老虎”，将革命比作“铲地基”，将建设比作“造房子”。至于新中国的国际环境开创工作，毛泽东对于“自1840年英国人侵略中国以来”的百年屈辱史有切肤之痛，对于“中华民族的独立解放必须实现”的政治目标有坚定追求。在百万大军强渡长江前夕召开的中共七届二中全会上，他提出了在全国革命胜利后“另起炉灶”和“打扫干净屋子再请客”的重要思想。

关于“另起炉灶”，毛泽东主张新中国成立后，“不承认国民党时代的任何外国外交机关和外交人员的合法地位，不承认国民党时代的一切卖国条约的继续存在，取消一切帝国主义在中国开办的宣传机关，立即统制对外贸易，改革海关制度，这些都是我们进入大城市的时候所必须首先采取的步骤。”[25]

关于“打扫干净屋子再请客”，毛泽东提出：“关于帝国主义对我国的承认问题，不但现在不应急于去解决，而且就是在全国胜利以后的一个相当时期内也不必急于去解决。我们是愿意按照平等原则同一切国家建立外交关系的，但是从来敌视中国人民的帝国主义，决不能很快地就以平等的态度对待我们，只要一天它们不改变敌视的态度，我们就一天不给帝国主义国家在中国以合法的地位。”[26]

从后来的历史发展看，毛泽东这一刀切下去，不但一举将在中国领土上盘踞百年、盘根错节的外国势力消除得一干二净，使中华民族获得彻底的解放，从根本上改变了中国人在列强百年压迫下造成的屈辱的思想状态和精神面貌，而且使得新中国在法理和道义上不必对联合国体系承担任何义务、不受国际秩序的任何约束，为毛泽东根据自己的实力和利益需求，盘整和重构东亚国际秩序赢得了政治主动。

从1949年开始，毛泽东在国内继续深入推进从生产力、生产关系到政治思想文化上层建筑深刻变革的同时，在将近20年时间内，他还通过在东北方向的朝鲜半岛、东南方向的印度支那半岛、西南方向的印度半岛三个方向的一系列军事行动，有效清除了敌对军事政治强权在我国周边的存在，为新中国发展创造了和平环境。

◆ 外容闲暇中心苦：贾府轰轰烈烈的排场和美国“纸老虎”的本质

在交通条件和技术能力比较落后的古代，东亚地区地理环境条件十分特殊。它东临大海，犹如天然屏障；北部从蒙古高原再到俄罗斯远东苦寒之地皆广袤人稀；西部是高耸入云、终年积雪的连绵山脉和荒无人烟的戈壁沙漠；南部是沼泽湖泊密布和热带雨林丛生。华夏文明本质上是农耕文明，她的发展和影响始终伴随着生产条件和技术能力的提高，以及由此带来的社会组织化程度和改造自然能力的提升，可以组织起一定规模农业生产的范围，基本上也就是中国自古形成的天下秩序范围，近代以来中国的衰落几乎是与这个天下秩序的崩溃同步发生的。即便是被强行带入西方列强构建的国际秩序之后，有觉悟的中国人在观察思考中国问题时，也往往带有强烈的天下观，即从东亚的天下秩序看中国安危：如果有任何一个敌对强国在东亚地区侵门踏户、兵锋逼近中国边境，则中国断然会有唇亡齿寒、堂破室危之感。青年毛泽东和早年中国共产党就有这样的政治和战略自觉。

埃德加·斯诺在《西行漫记》中，引用毛泽东对自己早年生涯的追述说，他在韶山的少年时期就亲眼看到许多社会不公、农民反抗和政府弹压的事情，对国家前途形势有了自己的认识。

> 在这个时期，我也开始有了一定的政治觉悟，特别是在读了一本关于瓜分中国的小册子以后。我现在还记得这本小册子的开头一句："呜呼，中国其将亡矣！"这本书谈到了日本占领朝鲜、台湾的经过，谈到了越南、缅甸等地的宗主权的丧失。我读了以后，对国家的前途感到沮丧，开始意识到，国家兴亡，匹夫有责。[27]

从这段谈话看，这本小册子的作者和毛泽东本人，几乎都是下意识地就将朝鲜、越南、缅甸等地区局势与中国的国家兴亡放在一起来认识的。

无独有偶，1922年召开的中共二大通过了一份《宣言》。在痛陈中国的肥美土地、丰富物产和廉价劳动力“使各个资本主义的列强垂涎不置：你争我夺，都想夺得最优越权利，因而形成中国目前在国际上的特殊地位”之前，这份宣言用一大段话来描述“东亚各民族被踏在英美法日等国铁踵压迫之下”的惨痛景象。

> 美国勒住菲律宾群岛，一面用假装慈悲的态度，一面继续他的经济侵略，不稍放松。英国扼着印度的喉颈，刚柔并用的压倒印度独立运动，以维持每年一百万印度劳动群众死于英国资本家的长爪之下的现状。安南农民更是奴伏在法兰西帝国主义压迫之下，牛马

一般的种出米谷来供法商的榨取，安南尽可每年饿死多少万种米的农民，但何时都缺不了法国米商成千万石的米粮输出。日本榨取高丽人民的血汗，更是横暴无比，日货尽量的输入，米粮强迫的输出，使二千万高丽农民处在饥饿而死的境遇。[28]

第二次世界大战之后，世界性的民族解放运动浪潮也涌向东亚，各国人民争取独立解放的斗争迅速高涨，但强权已经划定势力范围，谁也不甘心就此退出。美国在西太平洋从北向南构筑了一个军事岛链；法国以越南南部为支点在印支半岛卷土重来；后来的越南企图称霸印支半岛、印度企图称霸南亚。这些军事强权像违章建筑的高墙，堵住了中国几乎所有的通道和门窗，又如强行支起的火炮，炮口从四面八方直接对准中国。不推倒这些高墙、不拆除这些火炮，新中国别说在天空下正常沐浴阳光雨露、享受惠风和畅，恐怕就连在国内从容开展经济社会建设所需的片刻安宁局面，也面临随时被打破的危险。宋代开国皇帝赵匡胤面对弱邻南唐使者徐铉“李煜无罪，陛下兵出无名”的争辩，尚知“卧榻之侧，岂容他人鼾睡耶”[29]的道理，取得全国革命胜利的毛泽东，手握雄兵数百万、携数亿民众昂扬之气，不管是从中国自身战略利益考量，还是从共产主义革命的政治道义出发，断然不能对新中国虎狼环伺、大兵逼境的恶劣周边环境无动于衷、无所作为。

当时的世界形势是，丘吉尔在美国富尔顿威斯敏斯特学院发表了题为《和平砥柱》的演讲，宣称“从波罗的海的什切青到亚得里亚海边的得里雅斯特”拉下了“一副横贯欧洲大陆的铁幕”[30]，宣布揭开了冷战的序幕。罗斯福身后的美国战略膨胀得厉害，它自认为实力强劲，一手在西欧组建北大西洋公约组织（北约）对抗苏联经由东欧西进，一手在西太平洋建立多个双边军事同盟，对新中国采取“恼羞成怒”这种极端不理性的态度，在全球摆出左右开弓、两面作战、咄咄逼人的对抗态势；苏联是社会主义阵营“带头大哥”，颇具国际共产主义精神和国际战略眼光的斯大林，深知自己虽然在第二次世界大战胜利后一跃成为世界强国，但苏联工业基础尚欠雄厚根基、卫国战争内伤太深，很难独立应对美国全面攻势，他一方面在西线迅速成立华沙条约组织（华约）应对北约，另一方面，不得不主动提出将东线防务压力交给中国承担。当然，斯大林在向1949年7月秘密访问莫斯科的刘少奇提出这项任务时，使用的仍然是革命色彩强烈的政治语言。

> 团结就是力量！我们之间的团结，是与世界革命和人类命运息息相关的，是具有重大意义的。
>
> …………
>
> 西欧人由于骄傲，在马克思、恩格斯死后，他们就落后了。革命的中心由西方移到了东方，现在又移到了中国和东亚。
>
> …………
>
> 在国际革命运动中，中苏两家都应多承担些义务，而且应该有某种分工，就是说要分工合作。希望中国今后多担负些对殖民地、半殖民地、附属国家的民族民主革命运动方面的帮助，因为中国革命本身和革命经验会对它们产生较大的影响，会被它们参考和吸取。苏联在这方面起不到像中国那样的影响和作用。这个道理是明显的，犹如中国难以像苏联那样在欧洲产生影响一样。因此，为了国际革命的利益，咱们两家来个分工：你们多做东方和殖民地、半殖民地国家的工作，在这方面多多发挥你们的作用和影响。我们对西方多承担些义务，多做些工作。总而言之，这是我们义不容辞的国际义务！[31]

斯大林的表态，是在美国强势压力之下的无奈之举。精于地缘政治算计的斯大林未尝不知道，这个态度一出来，就相当于将东方革命的领导权，实际上也就是将东亚地区甚至更大范围内的政治权力让渡给了中国和毛泽东。所以，在酒会现场亲耳聆听这段讲话的师哲专门交代说，斯大林先是夸赞“中国党是一个在烈火中锻炼成熟的党”，尔后“斯大林离开了大家，忽而又转回来，似乎带着一种隐情，又带着某种伤感说：‘我们（中、苏）两兄弟之间的友好团结是最重要的，对世界革命是具有重大意义的。斯大林在世，我们两国人民应该是团结的，斯大林不在世了，仍然应该是团结的’”。[32]斯大林的犹豫、谨慎、无奈以及对未来的无力感，体现在这段话里，也体现在他的一系列肢体语言上。

就当时情况来讲，斯大林极力提升中国在社会主义阵营的位置，既是对实力原则的确认，也是稳固自己阵营东方防线的需要，目的在于求稳、不在于求战；中共默认“多担负些对殖民地、半殖民地、附属国家的民族民主革命运动方面的帮助”的任务分工，是向斯大林表明自己属于社会主义阵营、采取“一边倒”外交政策的坚定态度，一方面争取苏联对新中国即将开展大规模经济建设的强有力支持，一方面谋求新中国在社会主义阵营的政治认同和战略主动。但是，朝鲜的金日成和越南的胡志明都没有这样想，他们只看到世界革命形势向好的一面，热切希望完成自己国家的民族解放和民族统一大业；他们没有看到或者低估了以美国为首的资本主义阵营对共产主义革命的恐惧程度和打压决心。其结果，新中国成立一年前后时间，毛泽东就不得不在南、北两个方向同时开辟两个境外战场。南边越南战场的开辟，毛泽东是从歼灭国民党军队残部于亚洲大陆、防止其盘踞东南亚地区祸害中国边境地区的考虑，还属于“打扫干净屋子”的主动选择；北边朝鲜战场的开辟，则是被卷进去后的被动反应。

“人不犯我，我不犯人；人若犯我，我必犯人”[33]，是毛泽东性格中十分典型和突出的一面。不管是主动选择、还是被动应战，既然鬼已上门，毛泽东就不可能消极避战。新中国很快开启了在东亚地区恢复天下秩序、打破列强一百年来强加于中国的政治军事牢笼的新征程。有苏联支持，毛泽东援越抗法、抗美援朝；没有苏联支持，毛泽东对印自卫反击、援越抗美，20年内在三个方向公开半公开地打赢四场热战，不但为新中国赢得了政治尊严和国际尊重，也为新中国的发展消除了周边威胁、创造了较好的战略安全空间。

特别是在20世纪60年代，面对国内严重经济困难和严峻政治风险挑战，毛泽东同时高举反帝、反霸两面大旗，硬着头皮顶住东西两霸的战略压力，在盘整东亚政治格局的问题上不退不让，硬生生地将一个两极对立、冷战正酣的世界格局改造成一个美、苏、中大三角关系，其战略之高、目光之远、气魄之大、手笔之妙、力道之准，常让人叹为观止。

毛泽东敢于如此、能够如此，核心原因就在于，他从中华民族根本利益出发，看穿了现代国际政治的本质，看穿了强权和霸权的本质：强者图霸，贪欲会诱其不断下注，心虚之下又不敢押上全部身家，正所谓摘玫瑰怕扎手、吃羊肉怕烫嘴，"大有大的难处"。

强权之难、霸权之难，难就难在，世界上受苦难受压迫的民族和人民占世界的多数、绝对的多数、绝对的大多数，强权和霸权者作为少数甚至只是极少数，实际上并不具备在世界人民面前称王称霸、发号施令的力量，也没有这样做的道义基础。它们为维护和扩大自己的利益，在许多时候只是以硬撑的方式掩盖其内在的虚弱，是一种拉大旗扯虎皮的吓唬效应。在中外历史上，强权、霸权者之所以能够在大喊大叫中吼怕吓倒和统治压迫很多人，是因为绝大多数弱者分散地跪倒一片，一旦拒绝下跪的弱者们觉醒，站立和团结起来，强权者的神话就会被戳破，弱者们自立、自强的空间也就产生了。

毛泽东有关"纸老虎"哲学思维的灵感，既源自马克思主义的唯物辩证法和唯物史观，更源自中华民族数千年来"一生二、二生三、三生万物"和"物极必反、盛极必衰"的传统哲学思想，而最直接的启迪，或许就是《红楼梦》，就是王熙凤对贾家"外头看着虽是烈烈轰轰的"，实际上已经只剩下一个空架子的含蓄表述——"殊不知大有大的艰难去处"。

贾家宁、荣两府是《红楼梦》的主要描写对象，也是《红楼梦》故事的主要发生地。当曹雪芹将叙事镜头切入贾家时，作为"一母同胞弟兄两个"的第一代宁国公贾演与荣国公贾源早已作古，第二代宁国公贾代化与荣国公贾代善也已谢世，只有代善遗孀史老太君被称为贾家的"老祖宗"。这时贾家主体已是第三代贾敬、贾赦、贾政等人和第四代的贾珍、贾琏、贾宝玉等。此时贾家如何？曹雪芹提供了多个答案。

一般人看贾家，大多是停留在过去或者对过去表象的认识。如贾雨村所言："从他老宅门前经过。街东是宁国府，街西是荣国府，二宅相连，竟将大半条街占了。大门前虽冷落无人，隔着围墙一望，里面厅殿楼阁，也还都峥嵘轩峻；就是后一带花园子里面树木山石，也还都有蓊蔚洇润之气，那里象个衰败之家？"

明眼人看贾家，则大多从当前迹象中分析未来趋势。如冷子兴反驳贾雨村所言，“亏你是个进士出身，原来不通！古人有云：‘百足之虫，死而不僵。’如今虽说不似先年那样兴盛，较之平常仕宦之家，到底气象不同。如今生齿日繁，事物日盛，主仆上下，安富尊荣者尽多，运筹谋画者无一；其日用排场费用，又不能将就省俭，如今外面的架子虽未甚倒，内囊却也尽上来了”。

当家人看贾家，则常能在过去和当下的对比中作出真实判断。王熙凤此时正是贾家荣国府当家人。《红楼梦》第六回“贾宝玉初试云雨情　刘姥姥一进荣国府”里，刘姥姥因其女婿王狗儿的爷爷曾“作过小小的一个京官，昔年与凤姐之祖王夫人之父认识。因贪王家的势力，便连了宗认作侄儿”，在家道艰难的当口，只得拉下脸来通过陪房周瑞家的这条渠道到荣国府找王夫人打秋风，其出发点倒也简单，实指望“要是他发一点好心，拔一根寒毛比咱们的腰还粗呢”。周瑞家的一则为了报恩，二则为了显摆，竭力周旋让刘姥姥见到了王熙凤。凤姐在听明刘姥姥来意、弄清原委后，讲了一番颇为入情入理、真假参半的话。

> 凤姐笑道：“且请坐下，听我告诉你老人家。方才的意思，我已知道了。若论亲戚之间，原该不等上门来就该有照应才是。但如今家内杂事太烦，太太渐上了年纪，一时想不到也是有的。况是我近来接着管些事，都不大知道这些亲戚们。二则外头看着虽是烈烈轰轰的，殊不知大有大的艰难去处，说与人也未必信罢。今儿你既老远的来了，又是头一次见我张口，怎好叫你空回去呢。可巧昨儿太太给我的丫头们做衣裳的二十两银子，我还没动呢，你若不嫌少，就暂且先拿了去罢。”
>
> 那刘姥姥先听见告艰难，只当是没有，心里便突突的；后来听见给他二十两，喜的又浑身发痒起来，说道：“嗳，我也是知道艰难的。但俗语说的，‘瘦死的骆驼比马还大’，凭他怎样，你老拔根寒毛比我们的腰还粗呢！”周瑞家的见他说的粗鄙，只管使眼色止他。凤姐看见，笑而不睬，只命平儿把昨儿那包银子拿来，再拿一吊钱来，都送到刘姥姥的跟前。凤姐乃道：“这是二十两银子，暂

且给这孩子做件冬衣罢。若不拿着，就真是怪我了。这钱雇车坐罢。改日无事，只管来逛逛，方是亲戚们的意思。天也晚了，也不虚留你们了，到家里该问好的问个好儿罢。”一面说，一面就站了起来。

王熙凤这段话说得堂皇、得体，但在不同人听来感受却完全不同。刘姥姥眼里盯的是贾府的富贵，根本不管什么艰难不艰难，她也理解不了。一句“瘦死的骆驼比马还大”就完全暴露出刘姥姥对道理的不屑，能拿二十两银子就喜得“浑身发痒起来”。

世界上绝大多数人看待事物的角度和态度，与《红楼梦》里的贾雨村和刘姥姥看贾家并无大的区别。对于“大”特别是权势熏天的那种“大”，只看到其烈烈轰轰的一面，甚至直接被这种“大”过往的烈烈轰轰散发出来的光芒遮蔽了双眼、摄去了魂魄，从而心甘情愿地做了人家精神上的俘虏，根本看不清事物当下的真实面目和未来趋势，更看不到即便是“鲜花着锦、烈火烹油”之盛的事物也有花落成泥、柴烬油干的时候。王熙凤的难言之隐，在刘姥姥面前也只能是点出为止、不能也无法点破，但《红楼梦》对贾府生存状态的大量细节描述，还是相当直接地展示了“殊不知大有大的艰难去处”的具体含义，概括起来至少包括维持大场面窟窿越来越大、权大招祸麻烦越来越大、树大乘凉成本越来越大等三个方面，这三个方面不断汇聚演化，最终成为贾家不可承受之重，这里分别举个小例子说明之。

维持大场面，窟窿会越来越大。“大”首先意味着要强撑起足够的场面，一旦撑不起场面，所谓的“大”，看在世人眼里也就塌了半截，就可能出现威风不再、树倒猢狲散的局面。《红楼梦》前二十回，宁国府为秦可卿举办过一场超级豪华的葬礼，荣国府为元妃举行过一场超高规格的省亲。一场大丧、一场大喜，经过这两场声势浩大的面子工程，宁荣二府难堪的经济窘境显露无遗。“春江水暖鸭先知”，管家婆王熙凤最清楚贾府“寅吃卯粮”的窘况，她使出浑身解数，整日里拆东墙补西墙，弄得身心疲惫，苦不堪言。为显示自己能干会当家，她对上死撑着架子不倒，对下“穷追苦克”，哪怕是姨娘、丫头们的一两月例银也不放过，惹得奴仆们恨得牙根痒痒。王熙凤再会忙、再会哄，贾府经济上的破洞窟窿依然是越来越大。有一件小事，足可看尽凤姐左支右绌的狼狈相。宫里有位夏太监常来贾府敲竹杠，贾府对其既惹不起也躲不开，逼得凤姐竟以演双簧的方式，将自己首饰典当了四百两。说句题外的话，就在这个时候丈夫贾琏凑热闹道，“昨儿周太监来，张口一千两。我略应慢了些，他就不自在。将来得罪人之处不少。这会子再发个三二百万的财就好了”。这一个“再”字，让好多人都认为，他们夫妻以前是发过一笔“三二百万的财”的，不少人还一口咬定，他们发过的这笔横财就是侵吞了黛玉父亲林如海的遗产。话再说回贾家，哪怕是吞了表妹家产、哪怕是勾结鸳鸯偷偷典当贾母物件，最后仍然应付不下来。但王熙凤咬紧牙关，不能说一句软话，大有“小车不倒只管推”的一股蛮劲。宁肯戳心刺肝，绝不失了场面，这是所有为“大”者的通病。

权大作歹招祸，麻烦会越来越大。“大”还意味着权力的任性，甚至有为了获得更大利益而失控的风险。这种权力任性一旦尝到利益的甜头就会在冒险失控的道路上越玩越大。王熙凤弄权也是从小事开始的，起初不过是放些高利贷，打一打这类不道德的经济擦边球，后来迅速发展到关说官司、干涉国家司法，甚至害人性命等直接违法犯罪的地步。《红楼梦》第十五回“王凤姐弄权铁槛寺　秦鲸卿得趣馒头庵”、第十六回“贾元春才选凤藻宫　秦鲸卿夭逝黄泉路”里，王熙凤到铁槛寺为秦可卿送殡，铁槛寺老尼净虚请托王熙凤帮长安府太爷的小舅子抢亲。她贪图人家送上的三千两银子贿赂，通过关节，暗地唆使逼婚，结果害得金哥和王守备的儿子双双自尽，“可怜张李二家没趣，真是‘人财两空’。这里凤姐却安享了三千两。王夫人连一点消息也不知。自此，凤姐胆识愈壮，以后所作所为，诸如此类，不可胜数”。这样的事情多起来之后，就是在不断地为自家树立越来越多的对立面、也在不断地为自己和家族挖坑，实为得小利而招巨祸。

树大自有乘凉人，成本会越来越大。“大”还意味着自己成为“小”的依附对象。拒绝“小”的依附，“大”就不成其为“大”，而依附过来的“小”总是鱼龙混杂、良莠不齐的，有的依附固然是众人拾柴火焰高和如虎添翼，但更多的是背靠大树好乘凉和寄生物。刘姥姥一进荣国府根本就没有想着自己能给贾府作什么贡献，是完完全全的“打秋风”，就是来占便宜的。王熙凤对这个八竿子打不着的假亲戚，一出手就是白银二十两。第二次来，虽然带了两口袋“枣儿、倭瓜并些野菜”等，但在贾府住了三四天后，因为讨得贾母欢喜，走的时候不但自己的两个大口袋被更高级的东西填满，银子又得了一百零八两。在第四十二回“蘅芜君兰言解疑癖　潇湘子雅谑补余香”里，刘姥姥回家前，王熙凤的大丫头平儿将各种赠品、赠银指给她说，“这一包是八两银子。这都是我们奶奶的。这两包每包里头五十两，共是一百两，是太太给的，叫你拿去或者做个小本买卖，或者置几亩地，以后再别求亲靠友的”。假亲戚尚且如此，正经亲戚纷至沓来的接纳成本就可想而知了。《红楼梦》里从第三回“贾雨村夤缘复旧职　林黛玉抛父进京都”里黛玉进府开始，就在不断地接纳着从四方八面投奔过来求避风雨的各色亲戚，林黛玉如是，薛宝钗一家如是，尤老太和尤二姐、尤三姐一家亦如是，史湘云、薛宝琴、薛蝌、邢岫烟等，都是如此。

大家族如此，霸权国家特别是超级大国的实际情况，只会更甚于此。第二次世界大战后，美国和苏联成为超级大国，国际格局走向美苏争霸条件下的东方社会主义阵营和西方资本主义阵营对峙冷战，苏联的情况后面再说，先来看看西方资本主义阵营的龙头老大美国。

美国成立于1776年，也就是《红楼梦》已经成书、传抄，但乾隆帝还没有看到的清乾隆四十一年。它最初是作为英国殖民地的北美13个州，在反抗英国殖民者的独立战争中通过《独立宣言》宣告成立，后来通过一系列对外扩张战争和一次内战，逐步发展成为以北美大陆的50个州和华盛顿哥伦比亚特区为主体、再加上关岛等众多海外领土组成的立宪共和制联邦国家。

美国的创立者，基本上是15世纪末从西班牙、荷兰、英国等地流放以及移民到北美地区的清教徒的后代。这些人，从宗教背景上大多深具理想主义情怀，北美地区残酷的原始生存环境，又使他们深具现实主义做派。这样看似矛盾的两大特质，在美国人和美国这个国家身上融合为统一的美国精神。他们的理想主义，主要表现为基督教原教旨主义，他们认为自己是上帝和地球人之间的沟通者和纽带，是已经背叛了基督教的欧洲人中的例外者，他们以伟大和高人一等的神圣感为自身行为在《圣经》中寻找灵感，相信自己能够建立起一个完全不同的社会类型；他们的现实主义，主要表现为对资本主义的彻底拥抱，也就是坚决地将银行资本和工业资本融合为金融资本，进而企图在世界范围内控制整个生产过程并坐享产品的定价、分配权，为此他们不惜采取包括血腥压榨、种族灭绝在内的一切手段发展壮大自己的实力，增强资本对世界的控制能力。

美国开国元勋托马斯·潘恩在名著《常识》中宣称，“美国的事业在很大程度上是人类的事业”。美国的开国一代臆想出来的这种所谓理想和优越感，起初表现为对北美土著印第安人的清洗和屠杀，随着实力增强，开始演变为控制和支配世界的勃勃野心，表现为将整个世界彻底资本主义化的经济文化扩张和军事武力征伐。在崛起过程中，美国依托坐拥东西两大洋的地理优势，“坐山观虎斗，借刀杀人，引风吹火，站干岸儿，推倒油瓶不扶”[34]，使出了“全挂子的武艺”，在世界范围内大发战争横财、大享接收暴利。在赢得两次世界大战特别是赢得第二次世界大战胜利后，美国不但将整个美洲[35]和欧亚大陆上的几十个资本主义国家纳入自己的羽翼之下，还想当然地将世界上大多数非资本主义化的国家和地区视为自己的势力范围，进而将东方社会主义阵营视为自己建立这种势力范围的最大障碍和消灭对象。

这个时候的美国总统杜鲁门虽然嘴上承认，现代史上没有一支西方军队能够征服俄国和中国，试图通过武力把美国式生活方式强加到那片广大地区，不管是过去还是现在，都是愚蠢的行为。但这些认识，并不妨碍美国“子系中山狼，得志便猖狂”的本性爆发。野心和欲望膨胀到极致的美国，第二次世界大战之后开始习惯于动用自己强大的军事力量，配合利用媒体、情报机构的隐蔽行动、院外行动、贿赂行为等非军事手段，在全球范围内推进自身利益。这时的美国，骨子里是个孙绍祖式的“无情兽”，“觑着那，侯门艳质同蒲柳；作践的，公府千金似下流”，美国如此毫无顾忌地蹂躏世界，但看在普罗大众眼里，却像极了贾雨村眼里的贾家。

唯物辩证法认为，任何事物相对于其他所有事物的优势地位都是相对的、暂时的。美国的盎格鲁—撒克逊文化始自英国及欧洲，被带至美国和北美洲后有了进一步发展，它能够在近代以来催生出丰富、灿烂的物质和精神文明，自有其内在优秀因子；但美国历史上海盗、强盗和杀人犯的斑斑劣迹，特别是屠杀印第安人的滔天罪行，也展现出其文化当中十分丑陋的一面。在良好国运支撑下，美国以“一俊遮百丑”，惯常以文化上绝对优势者自居，排斥和贬低世界其他所有民族文化，视其为需要“拯救和改造”的对象，这就把自己摆在所有其他民族和文化的对立面，将自己推到了“极致”。

亢龙有悔、物极必反、盛极必衰、盛筵必散，盎格鲁–撒克逊文化睥睨天下，但它恰恰缺少中华文化独有的哲学智慧。美国独大之后，它认为天下就会臣服、历史就会终结，哪里知道自己要面对的挑战才刚刚开始。“大有大的艰难去处”，这也是曹雪芹在《红楼梦》第十三回“秦可卿死封龙禁尉　王熙凤协理宁国府”里，通过秦可卿向王熙凤托梦的方式专门阐述的哲学道理。秦可卿当时说：“婶婶，你是个脂粉队里的英雄，连那些束带顶冠的男子也不能过你，你如何连两句俗语也不晓得：常言‘月满则亏，水满则溢’，又道是‘登高必跌重’。”

2001年，江泽民主席在接见美国驻华大使时讲到，中国文化讲“月盈则亏，水满则溢，盛极必衰”，而美国文化里没有这一条。现在美国非常强大，全世界没有哪个国家可以和美国相比，正因为如此，希望大使你能转告布什总统，美国应该慎重行事。江泽民引用的有关中国文化的这些话，就出自《红楼梦》上述第十三回。无独有偶，毛泽东早在1958年9月的第十五次最高国务会议上，讲到美国在全世界许多国家建立的几百个军事基地，“都是套在美帝国主义脖子上的绞索。不是别人而是美国人自己制造这种绞索，并把它套在自己的脖子上，而把绞索的另一端交给了中国人民、阿拉伯各国人民和全世界一切爱和平反侵略的人民。”[36]这段话讲的也是中华文化早已揭示出的“登高必跌重”的哲学道理。正如秦可卿所说，“若目今以为荣华不绝，不思日后，终非长策”，面对“烈火烹油，鲜花着锦之盛，要知道，也不过是瞬息的繁华，一时的欢乐，万不可忘了那‘盛筵必散’的俗语”。

拥有“至高无上政治权力”的强势美国，整日里待人处事采取“明是一盆火，暗是一把刀”的态度。长此下去的美国终有一日会“落了片白茫茫大地真干净”的下场。谙熟中华文化思想精髓的毛泽东在哲学层面上视美国和它所拥有的原子弹为“纸老虎”，其根本道理即源于此。

但第二次世界大战后，美国威势赫赫。能够洞察美国深层次哲学危机的人并不多，相反，存在大量的美化和神化美国的声音，的确给世人造成一种美国“君临天下”的印象，崇美、惧美，迅速成为世界性潮流。中国很多人自然不能免俗，中国共产党人当年开启解放战争模式，就是以在党和军队内部消除惧美情绪作为重要思想基础的。

◆ 无爪狮子不如猫：美国人“是可以打败的，这是一条经验”[37]

毛泽东从“大有大的难处”的哲学思维出发，对于美国和世界显然有自己的见解。在毛泽东看来，第二次世界大战不但是同盟国打败了法西斯势力，更是世界人民一举打破了西方列强在世界范围内建立的殖民体系；超级大国划分势力范围的做法，与世界上大多数国家特别是最广大的世界人民谋求国家独立和民族解放的愿望是相冲突的。根据毛泽东与斯特朗那次著名谈话的阐述，战后世界政治的主要矛盾不是美苏之间的斗争，“美国和苏联中间隔着极其辽阔的地带”，这里有欧、亚、非三洲的许多非资本主义化国家和殖民地、半殖民地国家。这个辽阔的中间地带，并不会因为美国的强大而自然成为美国的势力范围，也就是说美国对于辽阔的中间地带国家，根本不具备“万邦来朝”或者“传檄而定”的道义优势和实际能力。美国在没有压服这些国家之前，是谈不上进攻苏联的，而美国为了压服这些国家，必然到处侵略扩张，激起中间地带国家和人民的反对，从而必然遭受美国人民的反对。

看穿了这一点，毛泽东在战略上藐视美国的观点便确立了起来。他在1948年1月与陈毅谈话时明确指出，“帝国主义国家对革命国家一定要干涉，干涉方式多种多样，出兵参战亦可打退。我们不去挑战，只应战，美国人还有几年凶的，你若被他吓倒，就上了他的当。吓不倒也就算了”[38]。

第二次世界大战之后的事态发展也确实如毛泽东预料的这样。美国挟胜利之威和强大的综合国力，迅速向全球范围内投放力量，竭力压缩苏联的势力范围和战略空间，镇压世界各地的共产主义革命运动。在新中国成立前的几年里，美国确实以霸主身份“建立了一个联盟体系，该体系内的盟约有条件维持并得到履行。美国能够按照自身的短期和长远利益支配其他国家的意愿。列宁所想象的资本主义大国之间发生战争的可能性已不复存在”[39]。但实际上，美国这个体系所能控制的国家和地区并不多，不但在北非、亚洲、中南欧洲各国，革命运动风潮涌动，正在摧毁旧的殖民主义体系，英、法这些旧宗主的殖民统治在难以维持时需要美国接手；即便是美国视为后院的美洲也不太平，在巴西、危地马拉、委内瑞拉等国，与美国经济利益相左或者不服从华盛顿政治方针的反抗运动也颇有声势。美国对此十分恼火，将世界上风起云涌的民族解放运动称为“带毒的民族主义”，但为了自己的霸权梦想和世界野心，却不得不拿出大量经费物资和军力撒向世界各地。

> 此时美国的安全已包括整个资本主义体系，这意味着美国要保护其利益和特权安全、原料和市场安全、财产和资本安全、企业经营权以及设在世界各地工厂的安全。不管在哪里，中东或拉美，欧洲或亚洲，只要有标准石油公司的一个平台、可口可乐的一个工厂、联合果品公司的一个庄园、Wilson&Sons公司的一个冷库、西尔斯罗巴克（Sears Roebuck）的一家商店，或任何美国企业一个设施的存在，那里便是美国的边界。[40]

为了将这些投资和成本收回，甚至获取高额利润，美国又通过布雷顿森林体系于1945年推动成立国际货币基金组织和世界银行，继续按照自己的利益和目的塑造世界经济结构，迫使经济彻底自由化，从而使自己成为“造成各国发展不平等日益显著的罪魁祸首”[41]，遭到了更加广泛和更加强烈的反对。

忙于将军事力量投向世界各地、忙于组建资本主义联盟、忙于收割成本不高的果实的美国，面对中国发生的内战、面对已经被抢得精穷的中国，注意力本就很难集中，注意到中国共产党胜利的可能性之后，又很难放下在其他地区唾手可得的利益。这是美国没有武装干涉也不可能武装干涉中国解放战争的根本原因。

中国的这场解放战争，对于毛泽东来说是不得不打、是被迫应战；对于蒋介石来说却是非打不可、主动生战。“庆父不死，鲁难未已”[42]。退守台湾地区的蒋介石集团如同贾雨村成为赖在贾府身上的蚤子那样，一头扎进美国的军事怀抱，将自己牢牢地绑在美帝国主义的战车上，为一己私利，直接蜕变成为美帝绞杀中华民族的帮凶，直接造成中国在战后地缘政治格局中没有缓冲地带和战略空间十分窄仄的状况。

新中国成立后，迫使毛泽东下决心在外交方面另起炉灶、打扫干净屋子再请客的因素很多。帝国主义列强100年来强加给中国的各种不平等条约是历史因素；美苏争霸造成的世界格局大震荡是外部因素；国民党和蒋介石集团执意内战以及由此造成的国家战略困境则是最主要的现实因素。在这些因素的综合作用下，毛泽东必须如此。不如此，就不能解除人民共和国新生政权面临的基本安全威胁；不如此，新中国的建设和发展就没有基本的外部条件保证。被内外敌人逼到墙角的中国共产党和毛泽东只能背水而战、向死求生，他抓住美苏两霸“大有大的难处”的特点，因时因势发力，通过四个回合的坚决斗争，为新中国打出了一片战略空间和基本安全的生存发展环境，争得了政治尊严和大国地位。

1950—1954年，是第一回合。

在这一回合斗争中，毛泽东在南北两个方向以不同方式打赢了两场战争，最终通过日内瓦和谈赢得了两片战略缓冲区。

这一回合的起因，是1949年8月苏联首次核试验成功和同年10月新中国成立，令美国十分恐慌。进入1950年以后，受这两个因素鼓舞，越南的胡志明加大了对法国控制的南越政权的军事攻势，而朝鲜的金日成发动了谋求打垮美国支持的李承晚政权的统一朝鲜的战争。这些又进一步加剧了美国的恐慌。

越南的情况比较特殊。整个印度支那地区在第二次世界大战前本是法国的殖民地。法国在第二次世界大战中沦陷于纳粹德国之手，日本侵占印度支那地区，法国军事力量被消灭、行政当局被废除。第二次世界大战胜利后复国的法国政府，企图恢复在印度支那地区的殖民秩序并得到英美军事政治支持。与此同时，抗战胜利后的国民党部队，迅速占领包括越南北部在内的北纬16度线以北印度支那地区，因为打内战需要部队，国民党政府于1946年2月28日签署一项对法条约，承认法国对整个印度支那的主权，换来的是法国人放弃早已名存实亡的在华条约权益。胡志明领导越南共产主义同盟也就是越南劳动党，从1946年12月19日开始在全越南范围内武装抗击法国新殖民统治，并在新中国成立后积极寻求中国共产党和中国人民的支持。

毛泽东出于坚决歼灭退至印度支那地区的国民党军队残部的考虑，迅速决定向越南提供军事援助，并与当时还是“丛林政权”的越南民主共和国建立外交关系。后来，毛泽东将援越抗法进一步上升为履行无产阶级国际主义的神圣使命，正式采取“通过提供军事援助和派遣军事顾问团的方式，帮助越共打败法国殖民统治”的援越抗法政策。当然，这个政策的背后始终包含着另一层含义——通过越共驱逐法国殖民者出越南，这样中国的南部边疆也就解除了法国殖民者的威胁。

其实，美国最初也是反对法国搞恢复殖民统治那一套的。因为这既不符合美国提倡自由民主的政治道义，也不符合美国建立统一的国际资本主义体系的利益。但新中国的援助和介入却很快引发美国的过度反应，他们认为自己“要么支持印度支那的法国人，要么眼看着共产主义在东南亚蔓延”，于是美国宣布承认法国扶植的南越保大政府，同时开始向法国和保大政府提供援助，直至法国力量在1954年遭受奠边府战役的彻底失败，再也难以承受战争的巨大成本，遂不顾美国反对于当年7月签署《日内瓦会议最后宣言》。鉴于法国军队几乎已全部于1955年2月撤离越南，美国顾问于是就着手组建和训练越南共和国（南越）的军队，这实际上标志着，法国力量退出印支地区后，美国接手法国，以南越政权不承认这个宣言为由，直接派出军事力量扶持南越政权。

明清以降，越南和朝鲜同为中国藩属国，并在晚清天下秩序大崩溃中先后被法国和日本侵占。1945年苏联红军出兵中国东北并挥师入朝，“美国国务院、陆军部和海军部的有关人员于1945年8月10日连夜召开会议，讨论如何限制苏军的行动。他们于匆忙之中在地图上找到北纬38

度线，决定将此划定为美军和苏军在朝鲜执行对日军事行动的临时分界线”[43]，“三八线”从此作为南北朝鲜的分界线。1949年6月，美、苏军事力量撤出朝鲜半岛，金日成在苏联支持下建立的北部朝鲜民主主义人民共和国和李承晚在美国支持下建立的南部大韩民国，都有吃掉对方、统一朝鲜的民族雄心。

越南革命形势的发展变化，让金日成看在眼里、急在心头。他急急忙忙地穿梭于莫斯科和北京之间，在斯大林默许、毛泽东不好坚决反对的情况下，于1950年6月25日大举发兵南下。美国的反应更加过度，不但迅速出兵朝鲜、不顾中国一再警告将战火烧到中朝边境，还派出第七舰队直接封锁台湾海峡，打断中国正在准备的解放台湾步伐，并直接威胁中国东南沿海安全。被逼到战略底线的毛泽东虽决策艰难，但最终还是决定“我们认为应当参战，必须参战。参战利益极大，不参战损害极大”[44]，并于10月19日派遣中国人民志愿军跨过鸭绿江赴朝作战。这也是1894年中国军队退出朝鲜半岛后，时隔近60年重返这一区域。

毛泽东在朝鲜战场和越南战场的用兵方式十分清楚地说明，他心中非常明白，美国也好、法国也罢，它们一北一南而来，打的不仅是朝鲜、越南，它们真正惧怕和担忧的是中国，是在世界东方领导着数亿人口的大国走上社会主义道路的中国共产党，这是西方资本主义的梦魇，它们的南北夹击，实质上就是对中国的战略绞杀。打好这两仗，既是捍卫中国战略利益，也是履行无产阶级国际主义责任。对于越南战场，毛泽东是主动介入，但用兵却十分谨慎，只是派出军事顾问团，还要求行动要绝对保密。尤其是北线出兵朝鲜后，他在南线坚决拒绝在靠近中越边界地区实施小规模的支援作战，甚至不允许越军将法军战俘送到广西境内。毛泽东这样做，一是因为越共战斗力较强，中国没有直接出兵的必要；二是因为越南战场的直接对手是法国，直接出兵可能导致美国军事干涉，加大战争升级失控的风险。对于朝鲜战场，毛泽东是被迫介入，但一旦出兵却极其坚决，后来甚至是大张旗鼓的“全国总动员”。这是因为此时的朝鲜人民军已被打残，不出兵根本挡不住美军直犯中朝边境，再加上朝鲜战场的对手就是美国，不用担心背后还有更大的老虎，也就无所谓保密问题。

这两场战争，毛泽东都是适时坚决收手，绝不在战前利益格局面前再迈一步，越南战场甚至还从北纬16度线退到17度线。这样的决策，是从中国自身的承受能力和有限战略目标来考虑问题的，既不无谓地用中国人的血肉之躯为别人火中取栗，也不冒险给美国留下损害自己来之不易的政治威望的机会。

志愿军入朝后发动了五次大的战役，并作出了巨大牺牲，不但实现了将美国主导的联合国军赶到“三八线”以南地区的战略意图，还在持续2年之久的“停停打打、打打停停”的相持阶段，顶住美军压力，迫使美国于1953年7月27日在“三八线”附近的板门店签订了《关于朝鲜军事停战的协定》。

在这一回合的斗争中，毛泽东在南北两个战场上同时指挥一明一暗两场与美帝国主义的惨烈战争，新中国在战略空间上“周边不宁，四肢不灵”的安全威胁得到极大缓解。

从朝鲜半岛的北纬38度线经过台湾海峡到印度支那的北纬17度线，在美国的军事力量和中国边疆地区之间出现了一片缓冲地带，这个地带的外沿便是新中国最终取得的地缘安全疆界，也是中美在军事安全领域对抗的边界。尽管后来曾风云再起，但直到中苏交恶和中美关系缓和，这个时期形成的地缘安全格局都没有根本性的改变。

这一回合的斗争，极大地激发了中国人民的民族自豪感和民族自信心，一洗中国人“东亚病夫”的百年耻辱，为我国开展社会主义改造和大规模社会主义建设，赢得了巨大的政治威望；在世界上为新中国赢得了广泛的国际尊重，不但拉近了中苏两国关系，赢得了“后来苏联在更为广阔的领域里向中国进行战略性投资”[45]，进一步助力了国内建设事业，而且还赢得了一大批新获独立和解放的中间地带国家的拥护和支持，为新中国以大国姿态参与国际政治博弈提供了强有力的道义和“国际民意”基础。

当日内瓦和谈进行到最后阶段时，毛泽东早已看清这一回合的斗争结果，他在1954年7月7日听取周恩来的相关汇报后总结说，“我们几个国家，苏联、中国，还有朝鲜和越南，是团结得很好的，方针是正确的，活动是有成绩的”，“现在要和平的人多了，我们要跟一切愿意和平的人合作，来孤立那些好战分子，就是孤立美国当局，主要还是那里头急于要打仗的那一派”，“继续执行这个方针，并且在有些具体问题上抓紧一点，估计可以达成协议，就可以开展一个局势”。[46]

◆ 树欲静而风不止：一场二十年的炮战和一仗打出的三十年稳定

1958—1963年，是第二回合。

在这一回合里，毛泽东高举社会主义和民族利益大旗，在与苏联逐渐交恶的情况下，东驱美日蒋势力于台湾海峡中线以东，西向推动西藏社会改革、击碎印度的南亚霸权梦想，在东西两个战场上不同程度地进一步扩展了新中国的战略安全空间。

第一回合大局初定，毛泽东的目光就投向了台湾问题。他在1954年7月7日的汇报会上说，“现在美国同我们关系中的一个重要问题就是台湾问题，这个问题是个长时间的问题。我们要破坏美国跟台湾订条约的可能。我们要组织一些宣传，要大骂美国搞台湾，蒋介石继续卖国”[47]。同年7月26日，美国海军飞机在海南岛海域上空击落两架解放军战机的挑衅之举，使毛泽东对台湾海峡局势的担忧一下子增加了很多，他在随后会见英国客人时进一步指出，“美国这样的大国如果不要和平，我们就不得安宁，大家也不得安宁”，“美国人做的事太不像样子，他们支持蒋介石差不多每天都骚扰大陆”。[48]但是，此后的美国仍然放不下它对共产主义和新中国的强烈敌意，执意在当年9月与东南亚国家签订了《东南亚集体防务条约》，12月与台湾当局签订了《共同防御条约》。这些都激起毛泽东的强烈不满，部署实施了炮击金门的作战行动，要求解放军总参谋部下达尽早攻占浙江沿海岛屿的作战命令。但从整体战略格局考量，毛泽东暂时没有使用更大规模的军事行动解决全部台湾问题，仅以炮击金门、马祖的方式，警告美国不要干涉我国主权和内部事务，警告蒋介石不要滋扰沿海。

1955年4月在印度尼西亚召开的万隆会议以及会议通过的包括“和平共处五项原则”在内的大会声明，标志着中国这一战略目标的初步实现，此后的国际形势特别是中国周边形势转入一个相对无事的状态。毛泽东决定结束“打扫干净屋子再请客”的方针，努力在争取和团结中间地带国家的过程中为自身安全营造环境、为自身发展赢得时间。用周恩来的说法，“前几年，我们说先打扫干净房子再请客。现在经过初步整理，房子已经基本打扫干净了，因此可以请一些客人来”[49]，而毛泽东则进一步说，“门要关死已经不可能了，而且很有一种有利的局势，需要我们走出去”[50]。在这之前，毛泽东深受美国叫嚣对华使用核武器的刺激，开始高度关注开发核武器问题。他在1955年1月15日主持召开的一次重要会议上明确说，原子能“这件事总是要抓的。现在到时候了，该抓了。只要排上日程，认真抓一下，一定可以搞起来。现在苏联对我们援助，我们一定要搞好，我们自己干，也一定能干好。我们只要有人，又有资源，什么奇迹都可以创造出来”[51]。万隆会议之后，毛泽东就全身心地投入到国内社会主义改造和社会主义建设的热潮之中了。

1956年召开的苏共二十大，特别是赫鲁晓夫以反对个人崇拜为名所作的全面否定斯大林的秘密报告，让毛泽东对苏共特别是对赫鲁晓夫本人十分不满的同时，还要面对因为这个报告搅动得波澜再起的国际形势。一方面，苏共对斯大林的严厉态度导致了社会主义阵营的思想混乱。波兰、匈牙利等国本就存在的对于苏联大国沙文主义的不满情绪借机爆发，赫鲁晓夫对这些问题的粗暴处理手法以及对中国主权和国内事务的不尊重态度，也激起毛泽东的进一步不满；另一方面，美国对秘密报告的出笼兴趣十足，美国国务院公布全文，并通过西方媒体和政界人士大做文章，掀起了一场大规模的反苏反共浪潮。

但是，苏共揭露斯大林的错误，并不能反证美国的正确。美国在全世界推行恶性掠夺的经济政策，也同步遭到越来越多的反对。美国支持的独裁政权普遍出现政局动荡，世界上许多地区和国家反美情绪高涨。1958年5月，美国副总统尼克松在对拉美数国进行礼节性访问时，遭到群众示威。在委内瑞拉，愤怒的群众甚至向尼克松夫妇的座驾投掷石块，尼克松的脸部被砸伤。更让美国吃惊的是，1959年1月1日，卡斯特罗领导的古巴革命取得胜利，在距离迈阿密只有90英里的美国势力范围的核心区，共产主义者居然建立了一个国家政权。这个政权迅速得到苏联的公开支持。赫鲁晓夫甚至公开承诺，“假如五角大楼‘侵略势力’胆敢对古巴采取任何军事行动，携带弹道导弹的苏联大炮必要时将对古巴人民予以支持”[52]。赫鲁晓夫还写信给美国总统肯尼迪说，对古巴任何所谓的“微型战争”都可能引发全球范围内的一系列反应。

毛泽东是善于在“风起于青蘋之末”看清趋势的战略家。他对国际形势的变化向来敏感、极善抓住机会有所作为，而在这一波次的形势变化当中，他却基本上是以静制动。究其原因，主要是国内政治经济议程拖住了他的精力，一则是受苏共二十大精神鼓舞，国内出现右派进攻的问题，当然这对中国只是癣疥之疾，关键是二则，即国内经济形势经由“大跃进”的大起大落，从全面向好一下子跌进严重经济困难的深谷，需要认真反思调整。这一时期，毛泽东一再强调“必须争取十年到十五年的和平”，因为“归根结底，我们要争取十五年和平。到那个时候，我们就无敌于天下了，没有人敢同我们打了，世界也就可以得到持久和平了”。[53]

问题在于“树欲静而风不止”[54]。毛泽东要静，周边一些势力却静极思动。面对国际形势特别是美苏遇到的新情况、新问题，各有盘算，搅得中国周边形势，特别是东西两线形势开始趋紧，迫使毛泽东从1958年开始只能应战。

东线主要是蒋介石集团勾结美国、日本势力蠢蠢欲动。1949年，国民党在大陆失败，剩下50多万军队连同100多万官员和眷属逃到台湾，企图反攻大陆。苏共二十大以后，战后经济快速恢复的日本岸信介政府和蒋介石集团一拍即合，于1957年3月12日成立“日台合作委员会”，岸信介还于6月2日出访台湾，与台湾当局发表联合声明，公然支持台湾当局反攻大陆。1958年7月，美英先后出兵侵略黎巴嫩、约旦，台湾国民党当局在美国支持下，叫嚷“加速进行反攻大陆的准备”，并以大陆沿岸的金门、马祖两个小岛为前哨阵地进行武装挑衅。

毛泽东的应对方式被后人称为世界战争史上的奇观，即“第二次炮击金门”。此前的1954年9月，为彰显新中国维护国家主权的决心和试探美国对台军事保护的底线，曾有过一次中规中矩的炮击金门。第二次炮击金门则完全不同，毛泽东深知台湾问题的长期性、复杂性，在解决这一问题过程中，既要将美蒋力量驱离东南沿海，使其不能对大陆构成经常性、实质性威胁，还要保留大陆与台湾的地理联系，防止一下子将其推得过远，埋下两岸永久分裂的隐患。经过一番筹划之后，毛泽东真正将战争打成了艺术。

1958年8月23日，“中国人民解放军福建前线部队奉命向驻守金门岛的国民党军队实施大规模的猛烈炮击”[55]。在彻底摧毁金门、马祖两岛的军事阵地后，针对美国劝说蒋介石撤出金、马，企图“以放弃金、马来换取盘踞台湾的合法地位，从而达到制造‘两个中国’的阴谋”，中国人民解放军遂于10月5日上午暂停炮击金门，“使金门、马祖的蒋军能够生存下去”。在这之前的10月3日晚上，毛泽东在中央政治局常委扩大会议上说，“我们可以通过这里同国民党保持接触，什么时候需要就什么时候打炮，什么时候需要紧张一点就把绞索拉紧一点，什么时候需要缓和一下就把绞索放松一下，不死不活地吊在那里”[56]。10月26日干脆通过《人民日报》发表《再告台湾同胞书》公开宣告，对于金门、马祖的炮击“逢双日不打”，“逢单日我们也不一定打炮，但是你们不要来，以免受到可能的损失”，只是逢双日不打“仍以不引进美国人护航为条件。如有护航，不在此例”。[57]

此后的炮击金门，就一直按照以上公告打打停停、停停打打，这一打就是20年，直到1979年1月1日中美正式建交，美国对台湾废约、从台湾撤军。在此过程中，蒋介石不甘心在一个海岛上终老一生，常有趁势再战之念。他曾念叨，建设台湾为的是反攻大陆，当前革命形势对己有利，过去在台12年，虽有机会，但没有现在的形势有利，再不奋斗打回去，则决回不去了。但是，经过第二次炮击金门，美国再不愿为此陷入与新中国的战火。美国总统肯尼迪1963年在记者会中公开表示，台湾如果“反攻大陆”需提前与美国协商，这就相当于变相宣布了蒋介石反攻大陆梦想的终结。

正当东线战事因为金门炮声渐稀而走向尾声之际，西线形势却开始陡然紧张。1959年3月10日，西藏达赖集团发动武装叛乱并进攻拉萨驻军失败后，达赖于17日逃离拉萨前往印度，人民解放军20日上午奉命平叛，并于22日彻底平定拉萨叛乱。就在拉萨平叛的同时，印度总理尼赫鲁给周恩来写信，向中国提出大片领土要求，直接挑起中印争端，中国西部边境局势骤然紧张。

在旧中国积贫积弱的年代，英国势力从其殖民统治的印度翻越喜马拉雅山东来，曾一度控制西藏地区。第二次世界大战后英国殖民体系在印度率先崩溃，但是英国殖民统治者也在印度和西藏之间留下了一条所谓的“麦克马洪线（McMahon Line）”。印度不但想继承这条线，居然还想当然地认为自己可以继承英国人在西藏曾经享有的治外法权。所谓的“麦克马洪线”，是一条由英国探险家在地理测量时划的一条英属印度和西藏的“边界线”。其走向起自不丹和西藏交界地，沿分水岭和山脊线至云南的尖高山。这条线罔顾历史事实，将传统上由西藏当局享有管辖权、税收权和放牧权的约9万平方公里领土都划进印度。英属印度政府和印度都声称这条线就是正式疆界。对于这条“边界线”，历届中国政府都不予承认。英国政府也迟迟未敢公布，直到1936年，非法的麦克马洪线才开始出现在英属印度的地图上。

新中国成立后，由于1951年5月23日签订的《西藏和平解放十七条协议》规定：“对于西藏的现行政治制度，中央不予变更”，“有关西藏的各项改革事宜，中央不加强迫”。再加上新独立的印度不在东西两大阵营当中选边站队，表现出较强的中立性，印度总理尼赫鲁更是大力倡导和平主义且对华友善，新中国政府没有立即解决中印边界问题的紧迫感。毛泽东甚至还从建立国际和平统一战线的角度出发，对于搞好与印度这一类国家的关系寄予了很大希望。1954年4月29日，中印两国发表谈判公报，并签署《关于中国西藏地方和印度之间的通商和交通协定》，两国政府一致同意把和平共处五项原则列入公报和协定中，把它作为指导两国关系的准则，“印度政府承认西藏是中国的一个不可分割的组成部分，同意放弃它从英国人继承来的在藏治外法权”[58]。这让毛泽东对于团结以尼赫鲁为代表的新生民族主义国家有了更大的信心。

现在世界上有三个主义：我们叫社会主义，纳赛尔、尼赫鲁、苏加诺这些人叫民族主义或者叫中立主义，还有一个帝国主义。后面这两个都叫资本主义，但是资本主义分裂为两派，一派是民族主义，一派是压迫别的民族的资本主义，就是帝国主义。中间这一派民族主义，本来是帝国主义的后方，但因为它又反帝，就转化为我们无产阶级的后方，社会主义的后方。[59]

后来的事实表明，在现实利益诱惑面前，除极少数像毛泽东这样具有彻底哲学立场和彻底政治理性的伟人，包括那些威望卓著、重权在握的政治人物在内的绝大多数人是世俗者，他们很容易看不清自己、看不清自己所代表的阶层甚至自己所代表的民族和国家的长远利益和根本利益。禅宗有诗云："直指人心亲见佛，何劳打瓦作龟爻。一片白云横谷口，几多归鸟尽迷巢。"[60] 对于世俗者来说，横在谷口的"这片白云"就是遮挡视线的眼前利益。

毛泽东对印度总理尼赫鲁格外高看一眼。尼赫鲁多次访华，毛泽东都在住处热情接待，两人常常彻夜长谈。可惜的是，尼赫鲁根本不具备毛泽东这样彻底的哲学立场和政治理性，他成长在英国殖民统治时期，对于殖民统治者，也就是毛泽东眼中的帝国主义者怀抱的感情十分复杂，是痛恨中带有几分敬畏、敬畏中带有几分亲近、亲近中带有几分排斥、排斥中还带有几分认同。尼赫鲁高举和平主义旗帜在国际政坛崛起后，既是社会主义阵营认为可以团结的对象，也是资本主义阵营竭力拉拢的对象，他开始像贾雨村一般，以"玉在椟中求善价，钗于奁中待时飞"的心态，游走于两大阵营之间，谋求自身利益最大化。这才是一个真实的"抱负不浅"的尼赫鲁，也是所谓民族主义者的本来面目和思想底色。

1959年之后的尼赫鲁，在国际格局变化中看到了政治机会——一个巨大的利益诱惑摆在他的面前，认为印度对西藏提出领土要求并由此建立南亚霸权的时机已到。这是因为印度觉得，在国际国内建立起来巨大政治威望的新中国政府，此时面临与美国对立、与苏联交恶、内部经济困难等复杂局面。这样的机会可谓千载难逢。如果能在此时伸手，不但能够攫取大片领土利益，还可以凭借其重挫新中国，提升印度和尼赫鲁本人的政治地位和国际形象；美苏两霸不但不会反对他，甚至还有可能支持他、感谢他。

面对诱人的利益，尼赫鲁盘算清楚之后断然出手了。显然，他也认为中国“大有大的难处”，这次只能咽下国家利益双重受损的苦果。尼赫鲁在完成了接纳达赖喇嘛和向中国提出领土要求两项工作后，直接出兵占领双方争议地区，并且拒绝中国提出的所有谈判建议。“接下来的两年里，尼赫鲁不断加强在争端地区的印度部队，显然相信中国困于国内麻烦并且与苏联不和，将既无力量亦无意志挑战印度的权利声称”[61]。

可惜的是，尼赫鲁遇到的对手是毛泽东，在中南海的多次彻夜长谈中，双方都没能看透对方。毛泽东没有看透尼赫鲁，需要应对的只是一场需要妥善处理的麻烦；尼赫鲁没有看透毛泽东，最终导致的却是一次灾难性的误算。这次误算，不但随着中国1962年的反击，一下子击碎了印度“天上一轮才捧出，人间万姓仰头看”的南亚霸权梦，还一下子击垮了尼赫鲁的身体。一场中风在1964年5月要了他的命。

面对尼赫鲁落井下石式的政治军事挑衅，毛泽东知道尼赫鲁依仗的是美苏可能的支持、利用的是中国暂时的困难，他选择了隐忍和在积极准备中等待时机。这场隐忍和准备持续了3年之久，终于，随着国内经济形势开始出现根本性好转，美苏因古巴问题呈现日趋激烈的对抗，解决西线问题的时机出现了。

古巴革命是美国对美洲残酷压榨和剥夺的结果，卡斯特罗的革命本来也不是苏联主导的国际共产主义运动的组成部分，但美国在其革命成功后采取的绞杀政策却将古巴逼向了苏联一边。不管是在道义上还是战略利益上，苏联都必将接下保护古巴革命成果的重任。这样一来，本来趋于缓和的美苏关系重新回归紧张，双方轮番加柴，火也越烧越烈，谁都想避免最坏结局，却谁也不想当“悬崖边上那个先眨眼睛的孬种”。1962年，赫鲁晓夫为兑现苏联有关“防止对古巴主权的任何侵犯，保证古巴人民有能力主宰他们自己的国家”[62]的承诺，秘密向古巴运送带有核弹头的导弹。当年10月14日，美国通过U-2侦察机获取相关证据后反应极其强烈，肯尼迪向全国发表电视讲话，动员所有美洲国家抗议，并向苏联发出最后通牒，极其强硬地要求赫鲁晓夫“中止和取消对世界和平的这一隐蔽、鲁莽和挑衅性的威胁”[63]。

美苏两霸为古巴导弹问题闹得不可开交，世界绝大多数国家，很可能也包括尼赫鲁在内都在看热闹，一个突出的标志是，印度对于中国的一连串警告无动于衷。这个时候，毛泽东断然出手了。

1962年10月20日“拂晓，中国军队在中印边境自卫反击作战开始”[64]，并在全线击溃印军取得重大战果后，一边呼吁双方进行谈判，一边将军队后撤至原先的实际控制线一侧。作出这般举动，既有战场地形复杂、后勤补给困难的顾虑，也有为中印关系留下回旋余地以免造成彻底对立的考虑，还有不给美苏干涉或支持印度的口实和时间的考虑。在战争开打前的10月5日，毛泽东在与来访的越南人民军总司令武元甲谈话中谈及的是越南问题，却包含着对解决西线安全问题时机选择的基本逻辑。

> 对于帝国主义如何进攻的问题，我们想得不多，现在得想一想。如果敌人进攻，它必定失败，我们必定胜利，这一点是可以肯定的。帝国主义的手伸得太长了，什么地方都想抓，第一是欧洲，第二是亚洲，第三是非洲，第四是拉丁美洲，十个指头按十只跳蚤，结果一个也抓不到。[65]

这次对印度的反击，毛泽东隐忍3年，等来了一个美苏两霸在拉丁美洲激烈对决、根本无暇东顾的绝佳时机，充分调动一线部队以“三年以来，憋了一口气”的高昂志气，一举荡平当面之敌。这次自卫反击战是一场军事政治仗，或者叫政治军事仗，至少保证了后来中印边境30年的稳定。

在3年隐忍过程中，毛泽东始终怀疑，印度在西线大肆进行军事挑衅和领土蚕食的背后，有苏联的挑唆和支持。这也难怪，自苏共二十大以来，中共中央与苏共中央因对斯大林的评价引发的意见分歧，先是上升为意识形态之争，后上升为民族利益之争，最终上升为革命战略之争。1957年11月，毛泽东第二次访问莫斯科期间，为挽回中苏两党两国关系作了最大努力。但是，赫鲁晓夫之后表现出的大国沙文主义倾向让毛泽东颇为不满，特别是赫鲁晓夫几次三番提出建立联合舰队、长波电台、中国参与社会主义阵营经济分工等严重有损中国主权的要求，更是让毛泽东十分反感。赫鲁晓夫并不高明的政治素养和战略素质，也很难让毛泽东在频繁的接触交流中对他保持必要的尊重，就连从事翻译工作的师哲都直言说，“赫鲁晓夫不讲原则，不动脑子，不深入思考问题……我认为赫鲁晓夫是个混蛋，也曾向毛主席谈过。对我的话，毛主席既没有反驳，也没有肯定”[66]。

从赫鲁晓夫执政期间的一系列理论阐述、政策选项和实际作为看，他在政治眼光、精神境界、哲学素养、组织能力、思想作风和人格魅力等许多方面，确实都与一个大国领袖的要求并不般配。他严厉地批判斯大林，自己却与斯大林相差甚远。如果用国际共产主义运动核心人物甚至领袖的标准衡量，赫氏的实际水平应该远在“及格线”之下。1959年12月的杭州会议上，毛泽东提前对他作出了极为负面的“盖棺式评价”。

> 赫鲁晓夫不是一个好的马克思主义者……他的宇宙观是实用主义，思想方法是形而上学，有大国主义，有资产阶级自由主义。形而上学始于斯大林。
>
> …………
>
> 赫鲁晓夫有两种可能性：一种可能性是继续向严重恶化的方向发展；一种可能性是改变，向好的方向发展。从同赫鲁晓夫这么多次接触看，这个人不大懂马列主义，比较浮浅，不大懂阶级分析的方法，有点像新闻记者，随风转，容易变。
>
> …………
>
> 赫鲁晓夫如果不改正，几年后，可能是八年之后，他将完全破产。[67]

有了这样的判断，即便没有尼赫鲁横插一杠，中苏关系的全面恶化也是不可逆转的。苏共这样一个马克思列宁主义的大党，产生这样一位最高领导人，党的政治土壤和领导机制必定是出了大问题，毛泽东将其称为“苏联出了修正主义”[68]。从1963年9月6日开始，为反驳苏共中央7月14日发给苏联各级党组织和全体共产党员的一封指名攻击中共中央和毛泽东的公开信，中共中央连续发表后来称为“九评苏共中央公开信”的长篇文章，中苏关系在公开论战中走向决裂。就在毛泽东酝酿起草第十篇评论文章时，赫鲁晓夫下台了。如果从毛泽东在杭州作出预言算起，他只用了不到5年时间就“完全破产”，看来毛泽东还高估了赫氏的水平。

第二回合的斗争以赫鲁晓夫下台和中国成功爆炸第一颗原子弹而告终。在这一回合的斗争中，毛泽东在国内政治特别是经济形势出现严重困难的情况下，展现出“不怕鬼”的勇气和“不蛮干”的定力，展现出对于国际斗争形势的精准把握能力和高超的政治斗争艺术。用他在看待台湾问题时的话说，就是不要把斗争简单化，“而要把它看作是包括军事、政治、外交、经济、宣传上的错综复杂的斗争”[69]。5年间，毛泽东不但在东西退敌中扩展了战略安全空间，还以第一颗原子弹的爆炸，让中国拿到了世界大国入场券。即便是在世人看来危若累卵的中苏破裂，后来再看，也是在有惊无险中为第三回合斗争的展开和胜利埋下了最大伏笔。

◆ 起看敌焰正阑干[70]：基于实力和意志的外交革命

1969—1974年，是第三回合。

在这一回合里，毛泽东高举国际和平主义和反对霸权主义旗帜，基于“从当前两霸争夺的全局来看，美居守势，苏居攻势”和“苏联霸权主义是当代最危险的战争策源地”的战略判断出发，开始提出并执行“一条线、一大片”的外交政策设想，划“一条线”，连接美国、日本、中国、巴基斯坦、伊朗、土耳其、欧洲，同时团结这条战略线以外的“一大片”国家，共同抵制苏联的霸权主义扩张势头。经过5年努力，不但有效防止了苏联可能的军事干涉和军事入侵，成功催生了中美外交革命，赢得了争取美国军事力量退出印度支那半岛和台湾地区的决定性胜利，决定性地缓解了周边战略紧张，还一举取得世界大多数国家的政治承认，顺利恢复了中国在联合国的一切权利，推动世界政治格局发生了新的根本性调整。

赫鲁晓夫下台，并没有迎来中苏关系好转。继任者勃列日涅夫变本加厉，他不但在社会主义阵营内部以“有限主权论”频频干涉别国内政、侵犯相关国家主权，并在中苏、中蒙边境线上陈兵百万，摆出一副随时南下的姿态；他还进一步大规模扩大苏联武力，在世界范围内进一步加大与美国争霸力度，“到60年代末期，苏联人已将自己的洲际导弹库存翻了两番，在导弹潜艇的数量上超过美国人，并且挑战美国的远程轰炸机优势”[71]。1969年2月19日，感受到来自北方巨大压力的毛泽东，正式交给陈毅、叶剑英、徐向前、聂荣臻4位元帅一项研究国际形势的任务。4位老帅从3月至10月召开了24次战略务虚讨论会，向中央提交了《从世界森林中看一棵珍宝树》《对目前国际战争形势的分析》等4份书面报告。报告全面分析了中美苏三大力量之间的矛盾斗争，提出中美都各自以苏修为敌，苏修不敢同时进行两面作战，不会发动大规模侵华战争。陈毅还提出了从战略上利用美苏矛盾，打开中美关系的设想。

但是，美国自1955年2月从法国手中接过对南越政权的扶植责任后，在亚洲几乎就被越南局势遮蔽住了自己全部的视线。“美国政府继续将自己的政策建立在一个前提假设的基础上，那就是中国及苏联坚定地站在北越共产党政府背后，如果未能制止共产党接管越南，就会给共产党势力伸展到亚洲其余地区、中东和非洲敞开门路”，面对中苏关系的破裂，“美国领导人竟然对东亚权势结构的这一急剧转变予以那么少的注意”[72]，这让后来的观察家和学者们十分困惑。1969年3月和6月，中苏在东部边境珍宝岛和西部边境塔斯拉河畔爆发军事冲突，这才让美国人的目光从越南局势的执迷中拔了出来，开始认真打量和思考这个已经深刻变化的世界。当然，也可能有另外一个原因，即旷日持久的印度支那战争已使美国不堪重负。至1970年，美国已在越南、老挝和柬埔寨投入约1200亿美元（且仍在增加）。此前美国干涉多米尼加共和国仅投入1.5亿美元，朝鲜战争也仅耗资180亿美元。

“大有大的难处”。美国领导人开始意识到，寻求绝对安全是一种空想，因为那会使其他所有国家感到不安全。只有认识到世界局势永远不可能彻底和谐，才能实现一种相对安全。在巨大的战略威胁面前，“长期交恶20年”的中美两国都不得不面对现实，毛泽东提出“无论美国也好，中国也好，都不能两面作战。口头上说两面、三面、四面、五面作战都可以，实际上就是不能两面作战”[73]；美国也不得不承认自己的超级实力也有局限性，世界是有多样性的。中美接触甚至结盟的想法开始在双方决策者头脑中迅速成长。这种想法推动中美关系发展变化的速度和力度超出绝大多数人的想象，后来学者甚至称之为“中美外交革命”。

有意思的是，在美国主导这场“外交革命”的是1968年上台执政的总统理查德·尼克松。尼克松是西方政客中反共意识最为强烈的一个，“其政治生涯基于其吼声宣告的对共产主义的敌意”，在当时的美国政治气氛里，也“只有一位具备无懈可击的反共资历的政客，才能冒险接近中国而避免在政治上自杀”。[74] 尼克松此举显然赢得了美国人民的支持，他在1972年竞选连任时以60.7%的得票率顺利胜出。但是，他的第二个任期刚刚开始十天，所谓“水门丑闻”开始发酵，并迅速演变为一场政治风暴。1973年9月，为避免被弹劾，尼克松宣布辞去美国总统职务，他也由此成为美国历史上第一个也是截至目前唯一因弹劾调查而辞职的总统。美国内部政治暗流涌动之激、精英与大众政治分歧之深，由此可见。毛泽东当时就对水门事件的性质表示怀疑。他在1974年5月25日会见英国首相希思时说：“那个水门事件我们不懂，为什么闹得这么大，借题发挥。”[75]

中美关系的转变，是以1969年中苏冲突后尼克松对莫斯科表示“对这一争端深感忧虑”为起点，正式浮出水面的。这个表态在外交语言体系中的意思，就是美国可能会以某种方式支持中国。中美双方经过一段时间相互试探，在第三国原本存在的接触渠道悄然升级，并从1970开始迅速上演了一系列让人眼花缭乱的外交大戏。其中的关键是1971年7月美国国务卿基辛格借道巴基斯坦秘密访华，高潮是1972年2月21日尼克松访华。当然，在此前后还伴随着毛泽东着意打造的氢弹、导弹、卫星、核潜艇等大国重器陆续突破。在尼克松的这次访问中，美国最终还是做出了多项承诺，其中包括不支持被中国视为属自己一个省的台湾的“独立”；越战结束后撤走部署在那里的军队。更重要的是，中美关系变化迅速牵动世界各国对华态度转变，急剧拉升了中国在美国主导的国际政治体系中的地位。1971年10月25日，尼克松刚刚披露基辛格赴北京秘密访问的消息、自己还没有来得及安排访华行程，在众多第三世界国家的热切支持下，联合国大会就表决通过了关于恢复中华人民共和国在联合国的一切合法权利和立即把台湾国民党集团的代表从联合国及其所属一切机构中驱逐出去的提案。这让本想使这个问题再拖一拖的美国深感无奈。随之而来的，就是许多第三世界国家以及西方国家纷纷与中国建立外交关系，掀起了新中国历史上第三次建交高潮：非洲26国、拉丁美洲13国、欧洲10国、东南亚5国……到1979年底，同中国建交的国家已达120个，遍及五大洲。

当然，美国并不是罗马帝国或者秦王朝那样的军事机器和“勇夫莽汉”，它是有着高度文明化的政治文化和思想意识形态作支撑的现代化帝国。第二次世界大战后，美国之所以到处用兵，一则是挟战争胜利之威，对自身军事实力信心爆棚，二则是挟发展成果之丰，对自己信奉的资本主义文明和制度体系过于执迷，从某种意义上讲，后者可能更具根本性。正因为如此，当期望收到“立竿见影”之效的前线战事不利、硬实力攻伐受挫时，美国政界的精英领袖很自然地会转而想到“细火慢炖”式的思想渗透和政治颠覆，让自己的软实力一试锋芒。哈佛大学教授约瑟夫·奈提出“软实力”[76]这一概念并引发国际政界、学界的广泛关注，虽然还是许多年后的事情，但约瑟夫·奈的研究成果无疑也是建立在冷战期间美国大搞政治颠覆和思想意识形态渗透的实践基础之上的。

事实上，在毛泽东为巩固新生政权和拓展战略安全空间而斗争的过程中，除以上三个回合的政治、军事、外交明战之外，还始终伴随着一场以反对“和平演变”为主题的暗战。尼克松访华和之后的中美建交，只是美国在明暗两条战线上都对中国无可奈何情况下的暂时性妥协，意味着他们需要换一种战略打法，用尼克松自己的话说，“我们所做的就是把门打开——把旅行的门打开，把贸易的门打开”[77]。

这场暗战，我们也可以称之为第四个回合。

这个回合，从新中国一成立甚至在新中国成立前就开始了，但美国真正将对中国开展政治颠覆和思想意识形态领域渗透提到战略高度，应该是在中国取得抗美援朝胜利和完成社会主义改造之后。这个时候，美国看到新中国政权在其多年的全面遏制和战争讹诈下却完全巩固下来，不得不从居高临下的政治傲慢和恼羞成怒的情绪冲动中逐渐冷静下来，将中国共产党作为值得尊重和重视的战略对手认真对待。时任美国国务卿杜勒斯认为，中国人民首先是个人主义者。我们有信心把这样一种假设作为我们政策的根据，国际共产主义强求一致的统治，在中国和其他地方一样，是一种要消逝的而不是一种永久的现象。我们认为，尽一切可能使这种现象消逝，是我们自己、我们的盟国和中国人民的责任。

西方社会确实喜欢“理论假设”。美国对中国的“和平演变”战略就是带着这样的“假设”上路的。但美国毕竟是西方资本主义世界的领头雁，“大有大的难处”的困境在实施“和平演变”战略问题上再次显现出来。一方面，没有正常的交往渠道也就无所谓渗透，而美国统治阶级一向将马克思主义理论和社会主义制度视为仇敌，对新中国更是极尽遏制、封锁、绞杀之能事，政治上孤立、外交上不承认、经济贸易上禁运、科学技术上封杀，如今说一声接触，要在“唾面自干”中转过这个弯来并不容易。一直到1968年，美国国务卿腊斯克还认为，在苏联和共产党中国面前表现任何迟疑和胆怯将被认为是对他们现行道路的鼓舞，如此放不下“大”的架子，交流交往的渠道建立不起来，美国要想直接地、大规模地对华施展思想意识形态渗透魔力，其抓手和着力点也有限。另一方面，美国威势太大，它的任何战略变化和政策调整，哪怕只是露出一些苗头，都足以引发有战略远见的对手的高度重视和全力应对，从而消解其政策威力。战略上高度清醒的毛泽东对于来自美国的变化更是格外重视，不可能给其留下得手的任何机会。1959年12月，就在杜勒斯提出“和平演变”战略之后不久，毛泽东在杭州召开的中央政治局扩大会议上十分郑重地提出了这个问题。

敌人的策略是什么？硬的软的两种策略。目的是保存自己——保存资本主义，消灭敌人——消灭社会主义。策略：一是在和平的旗帜下准备战争，大搞基地、导弹，准备用战争的方法消灭社会主义。这是第一手。二是在和平的旗帜下，大搞腐蚀、演变，用各种办法包括文化、人员往来等等，以腐蚀、演变的方法消灭社会主义。这是第二手，是着重的一手，杜勒斯在世的时候，这个政策就定下来了。基本原则是有时和解，有时紧张；这里和解，那里紧张，欧洲和解，亚洲紧张；争取机会主义，孤立马列主义。

…………

我们也会走到自己的反面，我们的办法是两年整一次风。目前情况好起来，好好掌握，不要过了。反“左”不出右，反右不出“左”，命令主义值得注意。[78]

以上两个方面中，第一个方面是美国太大，自己不好转弯、渗透着力点不多；第二个方面是美国太大，毛泽东高度警惕、渗透得手机会不多。美国推行的“和平演变”战略真正展现威力是在多年之后，对苏联实现了尼克松期盼的“不战而胜”，对中国则是掀起了一场不小的政治风波。邓小平在1989年政治风波发生之后说，“这场风波迟早要来”，“而现在来，对我们比较有利。最有利的是，我们有一大批老同志健在，他们经历的风波多，懂得事情的利害关系”，[79]这场风波“从反面教育了我们。国家的主权、国家的安全要始终放在第一位，对这一点我们比过去更清楚了。西方的一些国家拿什么人权、什么社会主义制度不合理不合法等做幌子，实际上是要损害我们的国权”[80]。

乱云飞渡霞满天。四个回合之后的世界情形，与毛泽东1919年在《〈湘江评论〉创刊宣言》中描述的场景倒颇有些相似：“时机到了！世界的大潮卷得更急了！洞庭湖的闸门动了，且开了！浩浩荡荡的新思潮业已奔腾澎湃于湘江两岸了！顺他的生。逆他的死。”[81]

形势如洪水，一旦闸门打开，便一泻千里。毛泽东是1949年在“水枯河竭”时关闭闸门的那个人，也是20年来领导新中国对内勒紧腰带搞建设、对外审时度势搞斗争积蓄力量的那个人，他还是在新中国基本完成能量积蓄后打开闸门的那个人。尼克松确定访华后，陈毅已病重卧床，最终未能以外长身份见证这一历史性事件。熊向晖回忆说，他到医院看望陈毅，陈毅对中美关系终于打开感到兴奋，说，尼克松为了美国的利益，居然会不合常规，让人出乎意外。只有毛主席才会下这个决心，只有毛主席才敢于打美国这张战略牌。毛主席下了这着棋，全局都活了。

经过25年、四大回合的斗争，以邓小平1974年4月在联合国大会上阐述毛泽东“三个世界”划分的理论为标志，中国革命排除了在东亚这片大陆被绞杀的危险，新中国基本实现了将美国军事力量驱离自己的边境地区、驱离东亚大陆的目标，中华民族大体上为自己赢得了较为从容的战略安全空间，为自己的复兴和发展塑造了一个比较有利的外部环境。

我们也来谈谈苏联。苏维埃社会主义共和国联盟是由列宁和列宁所领导的布尔什维克党亲手创建的，它在成立之初曾经作为一面高高飘扬的共产主义旗帜，代表着人类对美好社会前景的一种崇高理想，点亮了世界上许许多多被压迫、被剥削民族的希望，在被世界资本主义势力重重围困和残酷绞杀中展现出强大的生存和建设能力。毛泽东也是受十月革命感召选择马克思主义、决定走俄国人道路的，他与列宁从未谋面，但对列宁崇敬有加。毛泽东当年在党内高层相关会议或与相关领导人谈话时，常常十分痛心地感叹，苏联是十月革命的故乡，苏共是列宁一手缔造的党，怎么会变成这个样子。

这样的感叹，在影响到他对国际关系处理时，是一种深深的无奈；在影响到他对国内党内政治问题处理时，是一种深深的警醒。20世纪60年代以后，苏联对外昧于国力渐衰的事实穷兵黩武，武力干涉其他社会主义国家内政，让社会主义阵营离心离德，又深陷阿富汗战争，失去了世界道义支持；对内昧于群众生活日益困难的事实造成权贵治国，三年内三个总书记病死任上，失去了民心支持，急匆匆上台的戈尔巴乔夫毫无立场、行事轻浮，导致庞大的苏共人心涣散。从毛泽东预言“出了修正主义”只支撑了35年，在毛泽东身后只支撑了15年，苏联就轰然倒下，应验了当年毛泽东的判断。

难道苏联就没有困难吗？我看它自顾不暇，它不能对付欧洲、中东、南亚、中国、太平洋。我看它会输的。[82]

学者潘维在谈到中共和苏共决裂的必然性时说，苏共是“立国为党”，中共是“立党为国”[83]。苏共立国为党，如果说在列宁和斯大林手里，苏共从本质上讲还是一个马克思列宁主义政党，他们建立和壮大苏维埃社会主义共和国联盟还是为了共产党的立场和理想的话，那么，到了赫鲁晓夫特别是勃列日涅夫以及其后这些领导人手里，苏共已经蜕变为一个特权官僚阶层，这时的社会主义共和国联盟只是在为这个特权官僚阶层的利益服务。这样变了质的苏共被真正的社会主义者和它的人民所抛弃，是有历史必然性的。中共立党为国，这个国的实质是历史和文化上的中国的伟大复兴，是中国最广大人民群众的根本利益。在革命时期，苏共参与中国共产党的建立却将中共作为共产国际的一个支部来建设和领导，遭到以毛泽东为代表的中国共产党人的坚决反对；在建设时期，苏共给了我们相应的援助但企图将中国纳入它所领导的阵营参与相应分工，也理所当然地遭到以毛泽东为代表的中国共产党人的坚决反对。

中国与苏联关系的决裂，让另一个超级大国美国看到了机会，也产生了错觉。特别是苏共解散、苏联崩溃，又进一步加重了美国的错觉，从而得出了“历史终结论”这种基于历史唯心主义和形而上学的错误结论。冷战结束后，美国以世界的唯一领导者自居，毫无顾忌地释放着被社会主义力量压抑多年的贪婪欲望、毫无顾忌地挥舞起战争和制裁的大棒，不但主动挑起一场又一场消耗巨大的地区战争，还大搞所谓“颜色革命”，将许多本来平静的地区搞得一片狼藉、哀鸿遍野，极大地消耗着自己的实力，也让自己陷入了越来越严重的衰退中。

中华民族的伟大复兴，还需要更加广阔的战略空间，我们还要走向更远的前方，我们需要清楚界定自己的力量和利益边界。我们应该坚持量力而行和有利方行的统一，不充胖子、不好面子，苏联的崩溃、美国的衰落都包含着十分深刻的教训，值得我们认真总结和深刻汲取，万不可重蹈覆辙。

“大有大的难处”，这个“难”字的学问是一座哲学富矿。新中国在毛泽东手里由弱变强，在美苏两霸面前，我们是“小”，但是我们敢于斗争，我们量力而行，我们审时度势，面对“大”时不气馁，展现了以斗争求团结甚至以战争求和平的勇气和智慧；在周边国家和众多第三世界国家面前，我们是“大”，但是我们讲究道义，我们尊重多样，我们不求一律，面对“小”时不自傲，展现出以合作求共赢甚至以支援换支持的气度和原则。这两个方面的经验，无疑是一笔十分宝贵的思想和战略资产，在中美战略博弈的新形势下、在实施“一带一路”倡议的大格局下、在构建人类命运共同体的新理念下，值得我们不断地总结借鉴。

结束语

在实践论中突出矛盾论

1976年9月9日凌晨，毛泽东在北京逝世，享年83岁。毛泽东走了，在他身后的中国和世界出现了一幕十分奇特也极其罕见的政治现象。这一世界级的政治现象，从对毛泽东的政治评价和毛泽东所开创的人民事业蓬勃发展两个层面演绎至今，并必将如洪流般走向更加深远的未来。

毛泽东是彻底的马克思主义者，亦即彻底的辩证唯物主义和历史唯物主义者。《孙子》有云“进不求名，退不避罪，唯人是保，而利合于主，国之宝也”[1]，这句话几乎就是毛泽东一生事业的写照，他将自己的毕生心血全部奉献给了中国人民解放和中华民族救亡图存事业，连带着有6位亲人相继为此献出生命。毛泽东作决策、办事情，完全是从自己的哲学立场、政治理想出发，个人毁誉和所谓的身后议论，从来不在他考虑范围之内。但对于后人来讲，如何评价毛泽东却是一个极其重要的政治问题，他犹如明镜高悬，能够清晰、真实地反映出一切政治人物、政治组织、政治势力的政治立场。

毛泽东是人民的领袖，在中共党内和中国人民中乃至在世界范围内都享有崇高威望。毛泽东是中华人民共和国的重要政治象征，毛泽东思想是中华民族走向新生和复兴的重要精神源泉。

国际国内总有一些组织或势力，对毛泽东和毛泽东思想存在极端的憎恨仇视。这种憎恨仇视，在更深层次和更大程度上，是出于对毛泽东和毛泽东思想在中国乃至世界上所产生的难以估量的政治影响，及其产生的影响在反压迫、反剥削方面所发挥的无可替代作用的内心恐惧。它们对毛泽东百般攻击诋毁或下流谩骂，企图极力否定毛泽东的历史地位、攻击毛泽东思想，甚至无中生有地向毛泽东大泼脏水，极尽诬蔑造谣之能事。

历史肯定会让这股势力失望、绝望。因为辩证唯物主义对立统一律的根本法则告诉人们，事物发展从来不以某些人的意志为转移，与最广大人民群众的衷心爱戴相比，这些势力只不过如“几个苍蝇碰壁，嗡嗡叫，几声凄厉，几声抽泣”[2]，它们永远都只是极少数人的代表，它们的企图和声音，终将被人民群众衷心爱戴毛泽东的热潮所淹没，它们秉持的精英史观，早已是“一朝春尽红颜老”，终将会“一朝漂泊难寻觅”[3]。

从中共十二大开始，历届党的全国代表大会开幕式上，全体代表都会一同肃立向毛泽东等革命先辈默哀致敬；天安门广场南端的毛主席纪念堂前，总有来自全国乃至世界各地瞻仰毛泽东遗容的群众排着长龙般的队伍；中共中央党校礼堂前的毛泽东铜像广场上，经常会有学员自发敬献的鲜花；每年12月26日，在中华大地的许多地方都可以看到人民群众自发聚集纪念缅怀毛泽东的场景。这些都让我们从不同侧面看到，在人民群众和党员干部心目中自有一个伟大的毛泽东真实地存在着。“大地微微暖气吹”，毛泽东从来都没有远离过中国人民、没有远离过他缔造的党和国家。

“我敢大胆地说：他可能有过许多敌人，但未必有一个私敌。”[4]

恩格斯对马克思的这个评价，同样也适用于毛泽东。随着毛泽东时代的远去，那些因时代遭遇而产生的恩怨感伤乃至身心创伤，逐渐被历史之手抚平，对待毛泽东的态度日益成为检验一切政治势力和政治人物政治立场的“试金石”：**秉持人民史观，真正站在人民立场上的，自然而然地会从思想情感和行为准则上发自内心地肯定毛泽东；秉持精英史观，站在极少数固守剥削思想立场上的顽固势力和个人，自然会死死地抱着自己的成见否定毛泽东。**

毛泽东所开创的人民事业，源于马克思主义的哲学立场和列宁主义的实践启迪。从世界范围内的国际共产主义运动发展历史看，思想的真理力量并不能自动地改变客观世界和人的主观世界，马克思列宁主义的生命在于实践。

毛泽东的思想理论宏大深远、他的革命实践更是波澜壮阔，且不说在他涉足的任何一个领域，截取出任何一个认识见地和实践成效的片段，都是一般人终其一生也难以企及的高度。即便是从总体上平心而论，从1919年7月14日毛泽东在湖南长沙创办《湘江评论》发表自己的政治见解，到新中国成立进行社会主义革命与建设，中国从一个内部军阀横行、饿殍遍野，外部列强欺凌、从巴黎和会上铩羽而归的“国破山河在”，在一场场生死厮杀中，崛起为外拒强敌、内扫污淖，最终与美苏两强鼎足而立的政治、经济、军事独立体。毛泽东作为一个以实践追逐梦想的超级逐梦者，其终生梦想的实现程度、实现速度都是十分惊人的。任何一个个体在有限的生命中，面对如此宏大的时代命题，能够做到这个程度，都尽可以俾睨天下、笑慰平生了。

可是，毛泽东从不这样看待问题，在他的哲学世界里，永远是要看淡过去的进步和成绩，永远是要紧盯当下的隐忧和风险。个人生命有限，思想和理想只有通过强大的党才能传承和实现，毛泽东的忧患从来都不在于个人荣辱得失，而在于中国共产党的性质和颜色、在于中国共产党的作风和能力。

从延安时期开始，毛泽东就在苦苦思考着他所领导的中国共产党在由弱变强过程中如何永葆革命青春、永不改变颜色的大问题。1945年7月，褚辅成、黄炎培、冷遹、傅斯年、左舜生、章伯钧六位国民政府参政员应邀访问延安。7月4日下午，毛泽东邀请黄炎培到他居住的窑洞做客，黄炎培很严肃地提出了历史周期率的问题。

> 我生六十余年，耳闻的不说，所亲眼见到的，真所谓“其兴也浡焉”，“其亡也忽焉”，一人，一家，一团体，一地方，乃至一国，不少单位都没有能跳出这周期率的支配力。大凡初时聚精会神，没有一事不用心，没有一人不卖力，也许那时艰难困苦，只有从万死中觅取一生。既而环境渐渐好转了，精神也就渐渐放下了。有的因为历时长久，自然地惰性发作，由少数演为多数，到风气养

成；虽有大力，无法扭转，并且无法补救。也有为了区域一步步扩大了，它的扩大，有的出于自然发展，有的为功业欲所驱使，强求发展，到干部人才渐见竭蹶、艰于应付的时候，环境倒越加复杂起来了，控制力不免趋于薄弱了。一部历史，“政怠宦成”的也有，“人亡政息”的也有，“求荣取辱”的也有，总之没有能跳出这周期率……中共诸君从过去到现在，我略略了解的了。就是希望找出一条新路，来跳出这周期率的支配。[5]

毛泽东庄重作答：**“我们已经找到新路，我们能跳出这周期率。这条新路，就是民主。只有让人民来监督政府，政府才不敢松懈。只有人人起来负责，才不会人亡政息。”**[6]话虽如此说，但黄炎培所提问题带给毛泽东内心深处的震动以及由此引发的政治忧患感，可能要深切、深远很多。

1949年3月5日，中共七届二中全会在西柏坡召开，这也是中国共产党夺取全国革命胜利前的最后一次中央全会。毛泽东在会上的讲话金声玉振，初听起来是满满信心，再品之下是谆谆告诫，仔细品味则是深深的忧患。

因为胜利，党内的骄傲情绪，以功臣自居的情绪，停顿起来不求进步的情绪，贪图享乐不愿再过艰苦生活的情绪，可能生长。因为胜利，人民感谢我们，资产阶级也会出来捧场。敌人的武力是不能征服我们的，这点已经得到证明了。资产阶级的捧场则可能征服我们队伍中的意志薄弱者。可能有这样一些共产党人，他们是不曾被拿枪的敌人征服过的，他们在这些敌人面前不愧英雄的称号；但是经不起人们用糖衣裹着的炮弹的攻击，他们在糖弹面前要打败仗。我们必须预防这种情况。夺取全国胜利，这只是万里长征走完了第一步。如果这一步也值得骄傲，那是比较渺小的，更值得骄傲的还在后头。在过了几十年之后来看中国人民民主革命的胜利，就会使人们感觉那好像只是一出长剧的一个短小的序幕。剧是必须从序幕开始的，但序幕还不是高潮。中国的革命是伟大的，但革命以

> 后的路程更长，工作更伟大，更艰苦。这一点现在就必须向党内讲明白，务必使同志们继续地保持谦虚、谨慎、不骄、不躁的作风，务必使同志们继续地保持艰苦奋斗的作风。我们有批评和自我批评这个马克思列宁主义的武器。我们能够去掉不良作风，保持优良作风。我们能够学会我们原来不懂的东西。我们不但善于破坏一个旧世界，我们还将善于建设一个新世界。[7]

在距离1949年10月1日中华人民共和国成立前仅半年多一点的时间，毛泽东在一篇面向全体中央委员的讲话中包含着如此复杂的心绪，这是许多陶醉在胜利的喜悦之情和沉浸在对未来憧憬当中的人们很难拿出足够的心思去体会的：**中国共产党必须永不褪色、必须永葆革命精神、必须永远谦虚谨慎，必须永远艰苦奋斗。**很多人根本不知道也没有认真去想，这样的要求对全党、对自己究竟意味着什么！

毛泽东深谙中华历史文化、深具哲学辩证思维，他要防患于未然、他要防微杜渐。在1956年11月15日召开的中共八届二中全会上，毛泽东再一次明确指出，“县委以上的干部有几十万，国家的命运就掌握在他们手里。如果不搞好，脱离群众，不是艰苦奋斗，那末，工人、农民、学生就有理由不赞成他们。我们一定要警惕，不要滋长官僚主义作风，不要形成一个脱离人民的贵族阶层”[8]。新中国成立后，就是带着这样的深切忧思，毛泽东管党治党的步伐从未停歇。1951年、1952年的“三反”“五反”，1956年、1957年由反对官僚主义而后演化出的反右派斗争，1959年的党内反右倾斗争，1964年、1965年的城乡社会主义教育运动演化出的反对“四不清”，直至发展到1966—1976年的十年“文化大革命”。

可以说，全国革命胜利后的毛泽东始终在为维护他心目中的中国共产党的纯洁性而战。他为什么如此执着地坚持这一点呢？“人民，只有人民，才是创造世界历史的动力”，对人民的信仰就是根本原因所在。从这一根深蒂固、誓死不渝的哲学和政治信仰出发，毛泽东反复强调人民群众是共产党的衣食父母，为捍卫人民群众的根本利益，他毅然决然地亲自发动了让许多人尤其是让中共中高级干部、让他的生死战友们十分不理解，后来又被彻底否定的“文化大革命”，留下了一个“欲说还休”的毛泽东晚年之憾。

年逾朝杖（80岁）之期，毛泽东环顾世界，美欧资本主义世界精英们在第二次世界大战后认真分析研究资本主义制度的缺陷和问题，积极吸收借鉴马克思主义理论当中可以为资本主义制度缓解矛盾的政策措施，使得资本主义一时间似乎起死回生、迅猛发展；再看看列宁的故乡和列宁创建的党，却在官僚权贵集团的把持下走向异化歧途，暮气沉重、败象已现；审视国内，“文化大革命”造成的政治乱象不断。这些情况，让他压抑到了极点、悲怆到了极点、辛酸到了极点。1976年6月25日，他甚至十分无奈地说：“这笔遗产得交给下一代。怎么交？和平交不成就动荡中交，搞得不好，后代怎么办，就得血雨腥风了。你们怎么办，只有天知道。”[9]此时的毛泽东，不管是在身体状况方面，还是在精神心境方面，都与1954年第一届全国人大开幕式上讲话时的意气风发、信心满满，有着天壤之别。晚年毛泽东陷入了深深的政治忧思。

很多人禁不住要问：晚年毛泽东能否换一种活法、换一种做法？不管如何推演这个假设性的问题，答案都是“不能”，他对待《红楼梦》的认真态度，也从一个侧面给出了这个“不能”的答案。毛泽东曾对护士长吴旭君说过，《红楼梦》他都读过二十几遍了，到现在有些地方，他还没有完全弄懂。一个日理万机的政治家，将一本上百万字的小说读二十几遍，原因何在？原因就在于这部小说不简单，它不但有很高的艺术性，它还有着丰富的史料性和深厚的哲理性，它是一面镜子，血淋淋地警示着盛极而衰、树倒猢狲散的历史悲剧。新中国政权的创立，是中国千百万人民群众牺牲奉献换取的，是上百万共产党人用鲜血和生命换取的。这样得来的政权，在三代、四代之后，会不会变成一个被人“抄检”的“大观园”呢？打天下难、治天下更难，历代封建皇帝知之却不能解之，毛泽东熟知历史，他要解决这个问题。他朝思暮想的是如何确保人民群众永远掌握政权、永远当家做主人，他难以割舍的是他视为衣食父母的最广大人民群众。

《红楼梦》第十三回“秦可卿死封龙禁尉　王熙凤协理宁国府”

里，秦可卿讲，“瞬息的繁华，一时的欢乐，万不可忘了那‘盛筵必散’的俗语”。秦可卿想的是“将来败落之时”怎么办，毛泽东的政治眼光和思想境界则要深远得多，他考虑的是如何才能避免“败落”的结局，是对党的性质和国家前途命运的深深忧患。为了更加全面地认识和更加深入地思考这一点，我们不妨用心重温一下曹雪芹阐述的那番道理。

> 秦氏（向王熙凤托梦）道：“婶婶，你是个脂粉队里的英雄，连那些束带顶冠的男子也不能过你，你如何连两句俗语也不晓得？常言‘月满则亏，水满则溢’；又道是‘登高必跌重’。如今我们家，赫赫扬扬已将百载，一日倘或乐极悲生，若应了那句‘树倒猢狲散’的俗语，岂不虚称了一世的诗书旧族了！”凤姐听了此话，心胸不快，十分敬畏，忙问道：“这话虑的极是，但有何法，可以永保无虞？”秦氏冷笑道：“婶子好痴也。否极泰来，荣辱自古周而复始，岂人力能可保常的？但如今能于荣时筹画下将来衰时的世业，亦可谓常保永全了。即如今日诸事都妥，只有两件未妥，若把此事如此一行，则后日可保永全了。”
>
> 凤姐便问何事。秦氏道：“目今祖茔虽四时祭祀，只是无一定的钱粮；第二，家塾虽立，无一定的供给。依我想来，如今盛时固不缺祭祀供给，但将来败落之时，此二项有何出处？莫若依我定见，趁今日富贵，将祖茔附近多置田庄、房舍、地亩，以备祭祀供给之费皆出自此处，将家塾亦设于此。合同族中长幼，大家定了则例，日后按房掌管这一年的地亩、钱粮、祭祀、供给之事。如此周流，又无争竞，亦没有典卖诸弊。便是有了罪，凡物可入官，这祭祀产业连官也不入的。便败落下来，子孙回家读书务农，也有个退步，祭祀又可永继。若目今以为荣华不绝，不思后日，终非长策。眼见不日又有一件非常喜事，真是烈火烹油、鲜花着锦之盛。要知道，也不过是瞬息的繁华，一时的欢乐，万不可忘了那‘盛筵必散’的俗语。此时若不早为后虑，临期只恐后悔无益了。”

秦氏的这番见识，历来为诸方家点赞称道，都说她见识深远，也就是知道“诸事留后路”。这样的理念落实到现实生活中，就是社会上广泛存在的“积攒家业”现象。

“生年不满百，常怀千岁忧。”[10]秦氏的逻辑是“否极泰来，荣辱自古周而复始”，这不是人力能够改变的，所以在手中有权有势、眼下有条件的时候，就要靠山吃山、在水吃水，为日后子孙们置办些产业。秦氏的信徒们对此见识高度认同，思想上都视之为极高明的为政之道。与毛泽东所思所想不同，他的所作所为，是要为这个民族、这个党积攒些管根本、管长远的“祖产”。

毛泽东从自己的“产业观”出发，为中华民族和中国共产党积攒“祖产”，既要有物质上的，更要有精神上的；既要有管当下的，更要有管长远的。这份“祖产”的意义和价值，在毛泽东身后渐次展现，在时代发展中不断增值。

当毛泽东个人意志的作用随着他个人思想和实践的停止，而在历史惯性当中逐渐消失的时候，让他十分悲观并认定为“修正主义”的苏共和苏联政权，果然应声而倒，国际共产主义也因此遭受到严重挫折；而在中国，由他构建又让他多有抱怨和很不放心的党政体系在几破几立之后，不但有效运转，还日益散发出强大的生机和活力，并在他领导革命和建设实践所创造的物质基础、建立起来的国民经济体系和国民教育体系、创造的全新国际环境等诸多“祖产”的基础上，在新的实践中形成了新的强大的历史合力，迅速将中国推向一个全新的历史方位和全新的实践境界。

随之而来的改革开放，在中国创造了40年的经济发展奇迹。2006年，中国的美元名义GDP一举超过英国，达到27135亿美元，占美国的19.58%；2010年超过日本，达到59312亿美元，稳居世界第二位，占美国的39.65%；2018年达到13.6万亿美元，占美国的66%。按照这个势头，超过美国只是一个并不太远的时间问题。更为重要的是，经济的高速发展和经济实力的快速提升，推动着整体经济发展水平不断转型升级，为科学技术发展和国防强大提供了强大的物质基础，有效推动着中国综合国力迅速提升。在几十年的改革开放和经济社会发展中，人民群众的创造力竞相迸发，党和政府对经济社会发展规律的认知水平不断深化、对经济社会发展活动的驾驭能力不断增强。

毛泽东竭力避免的是贫富分化，是“出现资本主义复辟的危险”，是“防修反修”。

苏联的情况被他不幸言中，偌大的一个社会主义国家，终因主要领导人的背叛而被资本主义意识形态控制了神经中枢，在毛泽东身后只支撑了十五年就轰然解体。中国也经历了一场政治风波，虽然最终站稳了脚跟，但在特定时间段内，随着市场经济的推进和党内资产阶级自由化思想的影响，西方资本主义的政治、经济、文化和司法自由化理念蜂拥渗入，在社会上蔓延泛滥、在中共党内生根坐大，竟然导致连“党校姓党”这样常识性的问题，也能成为社会非议的话题。最为怪异的是，在以马克思主义为指导的中国社会科学领域，专门研究《资本论》的学者最少时竟然不足三位数，马克思主义政治经济学一时陷入“古调虽自爱，今人多不弹。向君投此曲，所贵知音难”[11]的境况。与此同时，西方经济学却成为显学，从业者大多抱着原版西方教材并奉若圭臬、食洋不化，人数何止十万、数十万。

在这种思潮驱动下，社会贫富差距拉大、腐败现象丛生，以丑为美者、历史虚无主义者盛行，共同富裕、公平正义等社会主义核心价值观受到严峻挑战。这些问题在党的十八大之前达到相当严重的程度。

从党的十八大以来揭露出来的问题看，情况远比一般人所能够想象和估计的程度要严重得多。如果没有当年毛泽东对资产阶级思想的大批特批，如果不是在7年知青岁月当中成长起来的习近平成为“全党拥护、人民爱戴、当之无愧”的党中央和全党的领袖核心，那样的问题发展将把中共和中国引向何方，想想都让人脊背发凉。

“两岸猿声啼不住，轻舟已过万重山”。这话说起来轻松、浪漫，实践的过程则充满惊险和艰辛。改革开放40年以来，世界形势风云变幻、各方面的风险挑战纷至沓来，在毛泽东开创的政治、经济、文化、军事发展等基础上，我们的国家和民族能够顶住压力、稳住心神、压好阵脚、见招拆招，一次次逆风前行，一次次化险为夷，造就出“比历史上任何时期都更接近、更有信心和能力实现中华民族伟大复兴的目标”[12]

的全新局面，中国共产党的实践创新能力当真让诸多中外政治学、经济学专家和世界各种政治势力大跌眼镜：**明明是山穷水尽，怎么转眼间就是柳暗花明？明明是陷阱密布，怎么转眼间就是一片坦途？明明是山雨欲来风满楼，怎么转眼间就是云淡风轻处处花？**

长期以来，哈佛大学的罗德里克·麦克法夸尔、加州大学圣地亚哥分校的谢淑丽、布鲁金斯学会的李成等一批美国中国问题专家们，都在年复一年地对中国发展前景和中国共产党能否持续执政，开展着一次又一次的评估和预测，但这些评估和预测全部失准，甚至完全南辕北辙。这些掌握着学术和舆论话语权的专家们自觉尴尬滑稽，纷纷从“偶然性”甚至“运气好”中寻找原因，也为自己的误判、误读开脱。

对于这些专家的解释，我们承认“偶然性”，却决不承认有什么“运气好”。承认“偶然性”，是因为历史本身就是由无数个偶然性构成的必然性，偶然性往往是推动历史走向必然结果的催化剂。正如马克思所说，“如果‘偶然性’不起任何作用的话，那么世界历史就会带有非常神秘的性质。这些偶然性本身自然纳入总的发展过程中，并且为其他偶然性所补偿。但是，发展的加速和延缓在很大程度上是取决于这些‘偶然性’的”[13]。不承认“运气好”，是因为中国共产党从诞生那一天起就伴随着血和泪，她的每一点进步、每一次成功，都是奋斗牺牲得来的，用金一南先生的话说，“中国共产党绝不是命运的幸运儿”，“1921年中国共产党的成立，只是当时中国社会300多个政治团体又多了一个党派而已。当时的旧中国，每天成立的政治组织和每天解散的政治组织一样多，谁都不知道这个新成立的党能持续多长时间，甚至连参加者都不知道”。[14] **中国共产党一路走来，除中国最广大的人民群众之外，从来就没有得到任何自视高贵的政治经济势力的真诚支持，甚至不曾得到过他们的真诚祝福，她是在被打被抓、被剿被杀、被诅咒被谩骂中成长的。**

2010年，美国的中国问题专家沈大伟在介绍西方汉学家对中国共产党的各种不靠谱预测时，说了一段很有意思的话。

> 中国的现实是如此之复杂，国家是如此之大，历史是如此之悠久，现代化对中国许多人的影响是如此之深远，因此，西方的中国

> 观察家们应当谨言慎行，不要冒险预言中国共产党的未来。中国学的领域充斥着失败的预言。还应当记住的是，中国共产党是一个拥有将近90年历史的执政党，始终坚持不懈地维护它的执政地位，一再证明了它维护执政地位的意志。中国共产党或许会遇到威胁，但它不会安静地走开。[15]

沈大伟的话虽充满政治偏见，但他点到了一个实质，中国“历史是如此之悠久”，“中国共产党是一个拥有将近90年历史的执政党”。毛泽东说“我们看历史，就会看到前途”[16]，中国共产党能够从血泊中走出来，成为中华民族的先锋队、成为凤凰涅槃的中华民族领导核心和中坚力量，其核心密码就包含在这些历史当中。

这套核心密码西方人看不明白，我们自己应该清楚，那就是中国共产党坚定的马克思主义理论品质和在实践创新中强大的自我调整、自我纠错能力。这套密码浓缩起来，就是中国共产党“党要管党、从严治党”的强大基因。毛泽东是这套核心密码的主要编写者。他编写这套核心密码的唯一底本和最大底气，就是彻底的人民立场。习近平总书记在党的十九大报告中称其为“初心和使命”：

> 不忘初心，方得始终。中国共产党人的初心和使命，就是为中国人民谋幸福，为中华民族谋复兴。这个初心和使命是激励中国共产党人不断前进的根本动力。全党同志一定要永远与人民同呼吸、共命运、心连心，永远把人民对美好生活的向往作为奋斗目标，以永不懈怠的精神状态和一往无前的奋斗姿态，继续朝着实现中华民族伟大复兴的宏伟目标奋勇前进。[17]

“不忘初心，牢记使命”之所以如此重要，重要到被确立为党的十九大的主题，那是因为：**坚持人民立场，党就是公器，从严治党就是应有之义、就是顺理成章的必然要求和自觉实践；丧失人民立场，党就是私器，从严治党就是无本之木、就是瞒天过海的虚应故事和欺人之谈。**

“初心和使命”，就是毛泽东为中华民族和中国共产党积攒下的最为核心、最为丰厚的一笔“祖产”。毛泽东不是追求个人功业的精英主义者，而是追求人民解放和人的自由全面发展的马克思主义者。毛泽东在革命实践中认识到人民群众的力量、得到人民群众的广泛支持和衷心拥戴，他能够回报人民群众的只有将人民群众更好地组织起来，让他们自己去争取本应属于自己的更加美好的未来。把国民经济搞上去是他的现实追求；不能退回到贫富分化、少数人欺压和剥削多数人的旧时代是他的底线；少数党员和领导干部的思想蜕变和生活腐化，在他看来就是对人民的背叛，他坚持零容忍。

在长达60年的革命生涯中，不管革命形势、革命条件、革命环境和革命队伍的成分如何变化，毛泽东的“初心”和“使命”从未动摇、从未改变、从未褪色。

1954年前特别是1949年之前，毛泽东领导革命遇到的敌人和对手是有形的，那就是由占人口极少数比例者构成的“三座大山”，是由他们组建的国家机器和统治秩序，其核心力量和组织体系就是“以蒋介石等人为首的中国反动派”“国民党的反动统治”[18]；1949年执政后，毛泽东领导新中国进行社会主义建设遇到的敌人和对手是无形的，他们是人类几千年阶级社会发展中积淀下来的贪念、私欲以及由此衍生出来的种种政治经济和社会文化理念——精英史观。“以蒋介石为首的中国反动派”作为组织体系被赶出了中国大陆，但它所代表的那种官僚买办思想、封建剥削思想并不会自动消失，甚至还有相当大的市场，还有人企图把“帝国主义、封建主义和官僚资本主义的残余当作神物供养起来，以免这几种宝贝在世界上绝了种”[19]。

这些无形的思想残余，渗透并影响党内政治生态，不但是毛泽东政治理想的敌人和对手，也是马克思主义追求“人的自由全面发展”的敌人和对手。这些无形的敌人和对手，如影随形地存在于许多人的内心深处，拔除的难度极大、需要的时间极漫长。当年王阳明所言“破山中贼易，破心中贼难”，这一理念用在这里是正合适的。毛泽东也知其难，但他义无反顾地踏上了这个历史征程。究其实质，是要求每位革命者都应“从灵魂深处爆发革命”，而一切被革命的对象从来“都不会自行退出历史舞台”[20]，抵抗是它们的本能，弥散于每个人灵魂深处的贪念和私欲也是这样。于是，历史的合力开始带给毛泽东完全不同的政治体验和心理感受。

所谓历史的合力，本是恩格斯在解释历史发展进程时提出和阐述的概念。

> 历史是这样创造的：最终的结果总是从许多单个的意志的相互冲突中产生出来的，而其中每一个意志，又是由于许多特殊的生活条件，才成为它所成为的那样。这样就有无数互相交错的力量，有无数个力的平行四边形，由此就产生出一个合力，即历史结果，而这个结果又可以看做一个作为整体的、不自觉地和不自主地起着作用的力量的产物。因为任何一个人的愿望都会受到任何另一个人的妨碍，而最后出现的结果就是谁都没有希望过的事物。所以到目前为止的历史总是像一种自然过程一样地进行，而且实质上也是服从于同一运动规律的。但是，各个人的意志——其中的每一个都希望得到他的体质和外部的、归根到底是经济的情况（或是他个人的，或是一般社会性的）使他向往的东西——虽然都达不到自己的愿望，而是融合为一个总的平均数，一个总的合力，然而从这一事实中决不应作出结论说，这些意志等于零。相反，每个意志都对合力有所贡献，因而是包括在这个合力里面的。[21]

毛泽东在1956年之前的革命实践，虽然也伴随着巨大的牺牲和付出了极大的成本，但在所有人看来，他是成功的，因为这个阶段毛泽东设定的奋斗目标，是与陷于绝境的最广大人民群众的眼前利益高度一致的，政治领袖与党员队伍、与人民群众是完全站在一起的，三者意志形成的历史合力，是一致指向由极少数人构成的思想和组织体系、社会统治秩序的。毛泽东在1958年之后的建设实践探索，仍然伴随着巨大的牺牲和付出了极大的成本，但在不少人看来，似乎他的失误越来越严重，毛泽东自身的体验恐怕也是举步维艰。因为这个阶段的毛泽东是要从思想上解决可能会滋生私有制的思想意识形态，而他的战友们以及包括广大党员在内的许多人民群众，大多并没有从思想意识形态和文化领域领导权的占领和巩固的政治站位高度上想问题、看事情，许多人仍然停留在与拿枪的敌人作战的思想层面上。他们没有或没能完全意识到，可能会出现“经不起人们用糖衣裹着炮弹的攻击”，“在糖衣炮弹面前要打败仗”的情况；他们中的许多人还没有想过、更没有想到也不会想到，“以蒋介石为首的中国反动派”作为组织体系和统治秩序虽然败退到台湾地区了，但它们所代表和反映的落后思想文化在大陆、在中国社会仍有相当的遗留，这里面就包括有对私有制的深度迷恋、对欧美力量的惧恐媚思等。秦可卿建议王熙凤“多置些田庄、房舍、地亩”以“常保永全”的事情，在这些遗留思想的支配影响下会仍渗透到共产党内部，稍不注意、稍有松懈和麻痹，想尽办法利用职权为后代留“祖产”的消极腐败现象就会发生、蔓延开来。后来的实践证明，所谓的消极腐败现象绝不仅仅是经济问题和刑事犯罪问题那么简单，经济腐败的背后有政治企图，社会上不时沉渣泛起的所谓“民国粉”“蒋介石粉”，就是这种政治企图的社会思想基础。它们的梦想就是要推翻中国共产党的执政地位，让广大人民群众重新回到原来受剥削、被压迫的政治经济地位。

毛泽东从最广大人民群众的根本利益和长远利益出发，要求继续革命，这在理性认知上是与他们站在一起的，谁也没有理由反对他。但他要求所有人“将革命进行到底”，不仅革别人的命，还要从灵魂深处自我革命，这就在感性认知上使其站到了相当一部分人内心深处残留的贪念和私欲的对立面，相当多的人根本理解不了他。这样一来，毛泽东的思想意志与相当一部分个体思想意志形成的历史合力，在许多情况下或特定时段内，是处于一种不自觉的矛盾状态，甚至会表现为冲突的情况。

在这样的矛盾和冲突面前，如果毛泽东的哲学立场当中掺杂哪怕一丁点儿杂质，如果他的思想意志品质当中有丝毫软弱和动摇，如果他的斗争经验当中有任何一个方面的短板，他要么可能会退却、让步，要么可能会翻车、止步。苏共和苏联的失败即源自此。但是，毛泽东不仅是彻底的历史唯物主义者，他视中国贫苦民众、视人民为共产党的衣食父母，故终其一生的精神“产业”仅有五个字——**为人民服务**；他还是彻底的马克思主义革命家，是一个从火海、血水中走出来，能够驾驭复杂局面的高水平政治家。他选择的是迎难而上，在前进过程中，只要这些阻力和对手从无形化为有形，也就是集中表现为具体的人，不管是谁，他坚持批评教育和团结争取先行，一旦无效则坚决推倒。毛泽东对人民群众和人民群众解放事业倾注的最深厚感情，却往往以相对冷漠和牺牲个别人甚至一批批党员干部"政治前途"的方式表现出来。这样的道理，乍听之下像是矛盾的，细细思量，却是十分真实而又合乎哲学和现实政治逻辑的：

> 站在占全人口百分之九十五以上的人民群众一边，还是站在占全人口百分之四、五的地、富、反、坏、右一边呢？必须站在人民群众这一边。这是一个马克思列宁主义者的根本立场问题。
>
> 在国内是如此，在国际范围内也是如此……一个真正的马克思列宁主义者，必须坚定地站在占世界人口百分之九十以上的人民大众这一边。[22]

这种逻辑，体现在毛泽东身上，就是他终生一以贯之的以"思想建党、纪律管党、作风兴党"为主要内容的"党要管党、从严治党"思想，就是毫不放松、毫不手软的"党要管党、从严治党"实践。

在思想建党方面，毛泽东向来坚持政治纯洁、教育为先。经历过王明"左"倾教条主义错误的毛泽东，对"残酷斗争、无情打击"那一套极端反感，强调"如果在主观上没有团结的愿望，一斗势必把事情斗乱"[23]，他始终坚持将"着重从思想上建设党"作为重大原则，"我们共产党不是谁想入就能入，党章规定要经过支部大会表决通过，入党是有条件的"[24]，"对待思想上的毛病和政治上的毛病，决不能采用鲁莽的态度，必须采用'治病救人'的态度，才是正确有效的方法"[25]。

"着重从思想上建设党"，并不是不重惩戒，恰恰相反，毛泽东向来坚持法纪面前人人平等的原则。在政治标准上，对党员的要求高于群众、对领导干部的要求高于普通党员、越是高级领导干部越是要求严格，触及司法底线的，不论功劳多大、资历多老、职级多高，一律严惩不贷。对延安时期的黄克功案件和萧玉璧案件、新中国成立初期的刘青山和张子善案件的严肃处理，都对管党治党发挥了特殊的警示作用。

黄克功15岁参加革命并随红军长征。1937年10月5日，担任抗日军政大学第六队队长的黄克功，因对陕北公学女学生刘茜逼婚未遂，拔枪将刘茜打死，最终被依法执行死刑。毛泽东为此给陕甘宁边区高等法院院长雷经天写信指出，“共产党与红军，对于自己的党员与红军成员不能不执行比较一般平民更加严格的纪律”[26]。萧玉璧同样是有功之臣，身上有几十块伤疤，利用职务之便贪污银圆3050元，也在从严原则下被依法处以死刑。

刘青山、张子善都是党的高级领导干部，因贪污挪用公款被判处死刑。公审大会前有人提出“不要枪毙，给他们一个改过的机会”，毛泽东说，“正因为他们两人的地位高，功劳大，影响大，所以才要下决心处决他们。只有处决他们，才可能挽救二十个，二百个，二千个，二万个犯有各种不同程度错误的干部”[27]。毛泽东真正在意的是这个党的性质，是维护这个党的生死存亡，是这个国家的贫苦民众不能再回到旧社会、旧制度当中去。1952年1月，面对刘、张严重贪污和盗窃国家资财的犯罪事实，毛泽东亲笔将两人的政治定性由“变质的分子”更改为“叛徒和毒虫”[28]，并完全同意《人民日报》社论中“对于这样的叛徒和毒虫，有多少就必须清除多少。清除了他们，不是党的损失，而是党的胜利；不是降低了党的威信而是提高了党的威信”的提法。

在坚持标准、守住底线的同时，毛泽东着力更多的是通过整风的方式，要求全党始终保持“理论和实践相结合的作风，和人民群众紧密地联系在一起的作风以及自我批评的作风”[29]、始终坚持“两个务必”和保持革命热情、拼命精神。

毛泽东“党要管党、从严治党”的思想和实践，不仅仅着眼当下，更注重面向未来。1964年6月16日，毛泽东选择在北京十三陵水库管理处大楼主持召开中共中央政治局常委和各中央局第一书记会议。他在会上郑重提出“怎样培养无产阶级革命接班人”的问题，并列出了五条标准。

要准备后事，即接班人问题。苏联出了修正主义，我们也有可能出修正主义。如何防止出修正主义，怎样培养无产阶级的革命接班人？我看有五条。第一条，要教育干部懂得一些马列主义，懂得多一些更好。第二条，要为大多数人民谋利益，为中国人民大多数谋利益，为世界人民大多数谋利益。第三条，要能够团结大多数人，包括从前反对过自己反对错了的人，也不能“一朝天子一朝臣”。第四条，有事要和同志们商量，要听各种意见，要讲民主，不要“一言堂”。第五条，自己有了错误，要作自我批评。毛泽东最后说：我想得不完全，你们开会研究一下，要部署一下。从中央局、省、地、县到支部，都要搞几层接班人。[30]

毛泽东选择在埋葬着明朝历代皇帝的十三陵提出这样一个面向未来的话题，本身就极具历史和现实政治深意。他在这里讲的培养接班人问题，不仅仅是指中央领导集体如何培养几位、几十位接班人，而且是指全党各级领导干部都要自觉地培养好千百万革命事业接班人的大问题，更是指如何使党的革命传统能够代代相传，始终保持革命政党本色，归根结底讲的是中共应该建设一个什么样的党的问题。这五条标准，既是对未来的要求，更是对过去“党要管党、从严治党”历史经验的总结，毕竟政治科学是以历史为根据的，毛泽东自己也说过“如果要看前途，一定要看历史”[31]。

触动毛泽东选择在十三陵水库召开会议并提出这一话题的因素很多。外部因素，是苏联修正主义的发生、发展，是美国“和平演变”的舆论叫嚣和现实压力；内部因素是党内官僚主义思想的滋生蔓延；内外因素结合起来，就是敌人在中共内部寻找扶持政治代理人以及党内“出修正主义”的潜在和现实风险。此后面对一些材料反映的情况，他曾进一步指出，“如果我们不注意严格要求我们的子女，他们也会变质，可能搞资产阶级复辟，无产阶级的财产和权力就会被资产阶级夺回去”[32]，以干部子弟为重点的青年人“如不教育好，会成为将来反革命复辟的祸根之一。好在还不占干部子弟的多数，多数还是较好的”[33]；《红楼梦》里贾家的悲惨结局，是重要的历史警示因素。

巧合的是，十三陵有一个“十三”，在《红楼梦》里，曹雪芹将秦可卿托梦王熙凤讲述“常言‘月满则亏，水满则溢’，又道是‘登高必跌重’”这番道理的情节，也放在书中第十三回“秦可卿死封龙禁尉王熙凤协理宁国府”里。秦可卿说“万不可忘了那‘盛筵必散’的俗语。此时若不早为后虑，临期只恐后悔无益了”，可惜王熙凤根本就没有听进去，虽然说她即便听进去并照着做，也根本无用。

毛泽东不同，他不但听进去了，还进一步从中警醒，将防止出现“盛筵必散”“树倒猢狲散”的局面，当成自己的政治追求，进而将建设一个永远忠于人民的党作为自己的最高政治使命。为此，他让数千万还是娃娃的青年学生以知识青年的身份到农村去接受贫下中农再教育。

而在农村广阔天地中磨炼出来的知青一代，迅速地成长为中国社会主义建设的中流砥柱。有人做过统计，十八大常委中，有4人是当年的知青，有1人当年在公社进行过劳动锻炼，有2人出身是工人。政治局7名常委全部都有工农的经历。在十八大中央政治局25名委员中，有12人是知青（含劳动锻炼，下同），占比达48%；加上刚参加工作是工人和战士的9人，有工农兵经历的21人，占总人数的84%。党的十九大常委中，习近平等3人是当年的知青，有2人为工人出身，政治局常委7人中，有5人有工农的经历，占比71.4%。在政治局26名委员中，有11人为知青，占比42.3%；加上刚参加工作是工人和战士的10人，有工农兵经历的21人，占总人数的比例达81%。习近平总书记在西北黄土高原一待就是7年，他在2004年接受采访时的一段总结和感悟，道出了其中真谛。

> 我的成长、进步应该说起始于陕北的七年。最大的收获有两点：一是让我懂得了什么叫实际，什么叫实事求是，什么叫群众。这是让我获益终生的东西。……二是培养了我的自信心。常言说，刀在石上磨，人在难中练。艰难困苦能够磨炼一个人的意志。七年上山下乡的艰苦生活对我的锻炼很大，后来遇到什么困难，就想起那个时候在那样的困难条件下还可以干事，现在干嘛不干?你再难

都没有难到那个程度。这个对人的作用很大。一个人要有一股气，遇到任何事情都有挑战的勇气，什么事都不信邪，就能处变不惊、知难而进。[34]

从“党要管党、从严治党”的高度分析认识问题，毛泽东1954年10月16日把那封《关于〈红楼梦〉研究的信》写给中央政治局全体成员，后来又在1967年5月27日的《人民日报》上公开发表。这两件事相隔也是13年，可以看作是他坚持以人民史观教育全党、教育群众的一次努力。顺着这样的思路深入到《红楼梦》内部，进一步分析贾家败亡的原因，就会发现“有家不管、治家不严”和接班人培养不力，必然导致“树倒猢狲散”和“落了片白茫茫大地真干净”的悲惨结局。由此更加衬托出，秦可卿的见识并不高明，甚至是舍本求末、荒唐可笑到了极点：如果一个家族、一个政党的思想和组织体系出了严重问题，置办再多的“祖产”，也必将被败坏一空。

在《红楼梦》中，贾家的族长一直由宁国府一支担任，但这个族长显然从贾敬一辈就出现了严重的“理想滑坡”和思想退化问题。贾敬是第一代宁国公贾演的孙子，京营节度使、世袭一等神威将军贾代化的次子。关键是贾敬还是“乙卯科进士”，这在封建社会算得上极好的政治出身，想必也有极好的学问，在整个贾家几代人当中是独一份。但就是这样一个进士出身的族长，却主动放弃族长职位和职责，“如今一味好道，只爱烧丹炼汞，余者一概不在心上”，“只在都中城外和道士们胡羼”。曹雪芹很严厉地批评说“箕裘颓堕皆从敬，家事消亡首罪宁”，也就是说贾府之败，从宁国府开始，宁国府之败，始于贾敬出家，曹雪芹最终甚至直接“处罚”贾敬，让他“误吃”“仙丹”而死，可谓是将自己的痛恨之情直接流诸笔端。贾敬因“一心想作神仙”，把官位和族长的职位职责都交给他的儿子贾珍，可“这珍爷那里肯读书，只一味高乐不了，把宁国府竟翻了过来，也没有人敢来管他”。

族长、家长如此，贾家和宁国府的风气之败坏就可想而知。曹雪芹通过三个人物的言语、行为，对此作了或明或暗的揭露：一个是第四回“薄命女偏逢薄命郎　葫芦僧乱判葫芦案”里呆霸王薛蟠的堕落体验。薛蟠随母进京，原本害怕住在姨夫贾政家里受拘束。“谁知自从在此住了不上一月的光景，贾宅族中凡有的子侄，俱已认熟了一半，凡是那些纨绔气习者，莫不喜与他来往，今日会酒，明日观花，甚至聚赌嫖娼渐渐无所不至，引诱的薛蟠比当日更坏了十倍。”一个是第七回“送宫花贾琏戏熙凤　宴宁府宝玉会秦钟”里宁国府奴才焦大的当街醉骂，“我要往祠堂里哭太爷去。那里承望到如今生下这些畜牲来！每日偷狗戏鸡，爬灰的爬灰、养小叔子的养小叔子，我什么不知道？咱们‘胳膊折了往袖子里藏’！”一个是第六十六回“情小妹耻情归地府　冷二郎一冷入空门”里冷面二郎柳湘莲对贾宝玉的当面冷讽，“你们东府里除了那两个石头狮子干净，只怕连猫儿狗儿都不干净。”

整个贾氏宗族如此，族长的宁国府尤其不堪，荣国府如何呢？虽然曹雪芹明显偏爱荣府，荣府的风气也确实比宁府好了许多，但他还是将这个既有老祖宗贾母坐镇、又有道学先生贾政示范的荣国府“治家不严”，特别是不注意培养接班人的一面揭露了出来。

荣国府的第三代是贾赦、贾政。贾赦不去说他，这是一个公认的从头到脚、从内到外完全一塌糊涂的坏人。贾政看上去是好的，但也全无才学、特别是根本不会管理家族事务。曹雪芹为他遮掩道，“虽然贾政训子有方，治家有法，一则族大人多，照管不到这些；二则现任族长乃是贾珍，彼乃宁府长孙，又现袭职，凡族中事，自有他掌管；三则公私冗杂，且素性潇洒，不以俗务为要，每公暇之时，不过看书着棋而已，馀事多不介意”。这些理由完全像是“为尊者讳”“为长者讳”的睁眼说瞎话，贾政在全书中除“下死手”将儿子贾宝玉打了一顿之外，唯一的训子手段就是板着脸一顿训斥或一声断喝，从未见他有治家举措，说“贾政训子有方，治家有法”，完全是作者的“春秋笔法”。

荣国府的第四代是贾珠、贾琏、贾宝玉、贾环等。贾珠早逝、贾环猥琐，希望似乎寄托在贾琏、贾宝玉身上，但贾母等人对这两个人只是一味娇惯宠纵，从无标准要求，也没有任何培养方向和培养方案。第四十四回“变生不测凤姐泼醋　喜出望外平儿理妆”里，贾琏在妻子王熙凤小产休养期间与人厮混，偏偏又在九月初二日凤姐生日当天被抓个正着，凤姐闹得要打要杀的，贾母却轻描淡写地笑道，“什么要紧的事！

小孩子们年轻，馋嘴猫儿似的，那里保得住不这么着。从小世人都打这么过的。”事后也不见对贾琏有任何训导和惩治。第三十三回“手足眈眈小动唇舌　不肖种种大承笞挞”里，贾政痛打甚至要拿绳子勒死贾宝玉，这些非理性训子方式固然大有可议之处，但贾宝玉之前的言行多有不端，接受些教训也是必要的，贾母和王夫人对贾宝玉的回护完全是更加非理性的。王夫人抱住贾宝玉不让打，她的理由是“老爷虽然应当管教儿子，也要看夫妻分上。我如今已将五十岁的人，只有这个孽障，必定苦苦的以他为法，我也不敢深劝。今日越发要他死，岂不是有意绝我。既要勒死他，快拿绳子来先勒死我，再勒死他”；贾母赶到现场时就“颤巍巍”声明，“先打死我，再打死他，岂不干净了！”然后对贾政一通训斥，命人扶了贾宝玉就走。事后，贾宝玉反倒像立了奇功一般，非但受到各个方面的热情慰问，而且有贾母作依仗，任凭是谁就再也管教不得，贾母本人对其从来不管不问，王夫人也只是收买了一个袭人作为贾宝玉身边的内线。这样的手段，无论如何都不能说是堂正之举。

荣国府的第五代只有一个贾兰。曹雪芹将其写得又是操演骑射、又是刻苦读书，高鹗续书按照前面李纨判词中“气昂昂头戴簪缨，光灿灿胸悬金印”的意思，将贾兰写的是考中“第一百三十名举人”。曹、高毕竟是封建社会鼎盛时期的传统知识分子，他们超越不了自己所处时代，笔下便会有“不忍之仁”，他们借此给贾家留下火种，甚至更进一步胡说他与贾宝玉的“遗腹之子”“将来兰桂齐芳”，实际上只是在虚无缥缈中寄托着自己那一线并不确定的希望罢了。事物发展的真实逻辑绝不是这样，这样的贾家培养不出一个让它起死回生的贾兰来，更不可能“善者修缘，恶者悔祸”，至于说他们“将来兰桂齐芳，家道复初，也是自然的道理”，不但极其牵强，甚至只是高鹗的臆想，贾家的命运只能是“树倒猢狲散”和“落了片白茫茫大地真干净”。

“有家不管、治家不严”、接班人“一代不如一代”的贾家败落了，熟读《红楼梦》并且主张“把《红楼梦》当历史读”的毛泽东“以永不懈怠的精神状态和一往无前的奋斗姿态”，将“党要管党、从严治党”作为核心密码写进了中国共产党的灵魂和血液里。1989年9月16日，邓小平在会见李政道教授时说，“多年来，我们的一些同志埋头于具体事务，对政治动态不关心，对思想工作不重视，对腐败现象警惕不足，纠正的措施也不得力”[35]；1992年邓小平在南方谈话中专门提到，帝国主义搞和平演变，把希望寄托在我们以后的几代人身上，因此必须“要把我们的军队教育好，把我们的专政机构教育好，把共产党员教育好，把人民和青年教育好。中国要出问题，还是出在共产党内部。对这个问题要清醒，要注意培养人”[36]。2000年6月9日，江泽民再次提出“加紧培养适应新世纪要求的中青年领导干部”这一重大历史课题时，十分自然地展现出共产党人的高度历史自觉。他饱含深情地说，“不断培养造就中青年领导干部，始终是我们党的一项战略任务。毛泽东同志、邓小平同志都把这项工作放在关系党的事业兴旺发达和几千万烈士用鲜血换来的红色江山永不变色的高度来认识和强调”，“这个问题如果解决得不好，我们就难以向毛泽东同志、邓小平同志和革命先辈们交代，难以向党和人民交代”。[37]

中国共产党正是带着这样的核心密码一路走来，才攻克了一个又一个看似不可攻克的难关，创造了一个又一个彪炳史册的人间奇迹，迎来了“比历史上任何时期都更接近、更有信心和能力实现中华民族伟大复兴的目标”[38]的全新局面。但是，所有的认识都不是一次成型的，所有的实践也不是一次成功的，正如毛泽东自己1937年在《实践论》当中写下的著名论断：

> 实践、认识、再实践、再认识，这种形式，循环往复以至无穷，而实践和认识之每一循环的内容，都比较地进到了高一级的程度。这就是辩证唯物论的全部认识论，这就是辩证论的知行统一观。[39]

换句通俗一点的话说，就是认识和实践如江河流水，永远在路上。变革意味着痛苦，广泛而深刻的变革则意味着广泛而深刻的痛苦。在毛泽东所处的那个大变革的时代，那么多的政治思潮和政治力量，在包括中国在内的世界政治舞台上粉墨登场，其中绝大多数结局并不美妙，毛泽东“眼看他起朱楼，眼看他宴宾客，眼看他楼塌了”[40]，就连列宁亲手缔造、经受过激烈战火洗礼的苏联共产党，说变质就那么快变质。救亡难、图存更难，这样的警醒和警示，给作为政治领袖的毛泽东带来的心理和思想震撼，是生活在和平稳定环境当中的人不大容易能够想象和充分体验到的。新中国成立后，毛泽东是带着“进京赶考”的心态和“让人民群众起来监督政府”的理念，组织和投入到社会主义改造和社会主义建设实践当中的。在这场波澜壮阔的伟大实践中，人民既是考官也是主体。

毛泽东所组织的这场实践，的确是“我们的前人从来没有做过”的事业。这场实践发展到后来出现了“群众参与无序化”的状况，造成了严重的“十年内乱”问题。有人因此就说，毛泽东时代实践探索的代价过于沉重。**中华民族在近代已经沦落为一个“超级学渣”，“超级学渣”要完成对于“超级学霸”的逆袭，怎么可能在舒服自在、轻轻松松中实现，那必然是要经历一番寒彻骨的。**如果我们将40年的改革开放和社会发展看作漫天绽放的礼花、看作一次学渣的逆袭，毛泽东时代的实践探索就是在研制这些礼花本身、就是那番寒彻骨，而“文化大革命”就是这些礼花研制过程中的一次冒险实验，就是学渣发奋路上的一段废寝忘食和通宵苦读。没有研制实验，礼花绽放的效果就难以保证，而研制实验往往伴随着风险和代价；没有废寝忘食和通宵苦读，就没有成绩的提升，而苦读也会给身体造成伤害，甚至可能带来疾病。这是历史的悖论，也是历史的逻辑。

改革开放以来，中国共产党汲取“文化大革命”的教训，否定了“大鸣、大放、大辩论、大字报”等高成本、无序化的群众监督方式，放弃了通过发动大规模政治运动解决思想和社会问题的做法，同时积极探索通过健全社会主义法治实现“党要管党、从严治党”的新路径，但在特定时段内也曾出现了执法执纪不严格、“管党治党宽松软”的问题，导致腐败问题在党内滋生蔓延，后来甚至发展到“政治腐败和经济腐败相互交织形成利益集团，严重危害党和国家政治安全”的地步，出现了“周永康、孙政才、令计划等人严重违反党的政治纪律和政治规矩，政治野心膨胀，搞阴谋活动”[41]的情况。

苏共解散和苏联崩溃的教训并不久远，一旦党自身出了根本性问题、蜕变成为特权官僚集团，失去了人民的拥护和支持，一切发展成果都会丧失和毁灭。

路漫漫　歌未央

党的十八大之后，以习近平同志为核心的党中央“深刻洞察党面临的执政考验、改革开放考验、市场经济考验、外部环境考验和精神懈怠危险、能力不足危险、脱离群众危险、消极腐败危险是长期的、复杂的、严峻的，最根本的风险和挑战来自党内，不正之风和腐败问题严重侵蚀党的肌体”，并将全面从严治党纳入“四个全面”战略布局，“把党风廉政建设和反腐败斗争摆到前所未有的新高度”。[42] 经过五年的努力，方才实现了“不敢腐的目标初步实现，不能腐的笼子越扎越牢，不想腐的堤坝正在构筑，反腐败斗争压倒性态势已经形成并巩固发展”[43]的良好局面。

“在中国这样的社会历史条件下建设社会主义，没有先例，犹如攀登一座人迹未至的高山，一切攀登者都要披荆斩棘、开通道路”[44]。包括毛泽东的实践探索在内的中共近百年奋斗史和今后的历史发展，已经并将反复证明一条哲学真理：在改造客观世界和改造主观世界的问题上，我们只能是在认识与实践的循环往复中前行，任何问题都没有现成的答案，任何时代都不可能同步解决所有矛盾，更不可能预先去解决尚未出现的矛盾。在事物发展过程中，有许多矛盾存在，其中必有一种是主要矛盾，由于它的存在和发展规定或影响着其他矛盾的存在和发展，一定要在“实践论”中突出“矛盾论”。

在中华民族救亡图存和伟大复兴的实践征程中，中国共产党的自身建设是一切矛盾的关键所在，“不忘初心，牢记使命”是中国共产党永葆本色的命脉所在。中国共产党在这一关键性问题上面临的挑战并未终结、也永远不会终结。对此，习近平总书记讲得很明确，也很清醒。

全面从严治党永远在路上。一个政党，一个政权，其前途命运取决于人心向背。人民群众反对什么、痛恨什么，我们就要坚决防范和纠正什么。全党要清醒认识到，我们党面临的执政环境是复杂的，影响党的先进性、弱化党的纯洁性的因素也是复杂的，党内存在的思想不纯、组织不纯、作风不纯等突出问题尚未得到根本解决。

伟大的事业必须有坚强的党来领导。只要我们党把自身建设好、建设强，确保党始终同人民想在一起、干在一起，就一定能够引领承载着中国人民伟大梦想的航船破浪前进，胜利驶向光辉的彼岸！[45]

最后，让我们还是回到《红楼梦》，回到毛泽东阅读、评论和推荐《红楼梦》上来。《红楼梦》是中国最伟大的一部现实主义文学作品，但到了毛泽东这里，《红楼梦》还是一部资料极为丰富的历史，这部历史当中包含着能够指导实践的深刻哲理。毛泽东将《红楼梦》当作历史读，他看到的是一个“颠倒的世界”以及这个颠倒的世界中的丑陋和罪恶，是革命的必然性和必要性，是自己必须承担起将这个颠倒的世界重新扳正的历史使命。毛泽东从《红楼梦》当中读出的哲学道理也很丰富，在长期的社会实践中，毛泽东对《红楼梦》及其中的典故、语言信手拈来，用来观察和说明经济、政治、文化、社会乃至国际关系当中遇到的重大现实和理论问题，其贴切、其简洁、其深刻，往往与他要说明的问题浑然一体，在妙趣横生中常让人有豁然开朗之感。

《红楼梦》，是毛泽东精神宝库的重要资源；对《红楼梦》的阅读评荐，是毛泽东精神宝库的重要组成部分。

也许是巧合，也许是必然，归根结底是一种必然的巧合：毛泽东没能在有生之年完成其“破坏一个旧世界、建设一个新世界”的历史宏愿，晚年陷入“红色江山谁来守”的忧虑之中；曹雪芹没有在有生之年完成《红楼梦》这部千古奇书的最后撰写和定稿工作，正值壮年在贫病交加中抱憾而逝。不同的是，毛泽东所开创的是一项属于最广大人民群众的事业、是一项面向现实世界的伟大实践，他如源头活水，这项事业在他手中虽属破土艰难、千回百转，也还会有曲折、有艰险，但随着越来越多的涓涓细流不断汇入，终将形成浩荡之势奔腾入海；曹雪芹所开创的是一项属于他自己的精神事业、是一项面向虚构世界的文字盛宴，他是这场盛宴的不完整提供者，后世续貂者虽众，但却再也达不到曹雪芹的高度，后世评论者更多，但却大多不得要领。

毛泽东在实践中对于《红楼梦》的关注和运用，是另外一种必然，由此带来的《红楼梦》普及是这种必然的必然。但是，不管是毛泽东开创的伟大实践和他所开创的红学研究方向以及我们对于“两个开创”的再认识和再实践，都不会就此终结，都是永远在路上。

1918年，是马克思诞辰100周年。毛泽东在这一年来到北京大学，从李大钊处接触和接受了马克思主义，随后投身民族独立和民族解放事业，亲手缔造了中国共产党、中国人民解放军和中华人民共和国，推动着人民史观在这片古老的大地上生根壮大；2018年，是马克思诞辰200周年。习近平总书记在这一年来到北京大学马克思主义学院调研考察，随后出席纪念马克思诞辰200周年大会并发表重要讲话指出，学习马克思，就要学习和实践马克思主义关于坚守人民立场的思想，坚持全心全意为人民服务的根本宗旨，始终保持同人民群众的血肉联系，团结带领人民共同创造历史伟业。他正带领着有8900万党员的世界第一大党开创中国特色社会主义新时代。

“中国特色社会主义是社会主义，不是别的什么主义”[46]，“新时代是中国特色社会主义新时代，而不是别的什么新时代”[47]。在前进的征程中，资本化、金融化的精英史观颓势明显却仍在奋力挣扎，艰难生发的人民史观根基渐稳尚待发展壮大，“不忘初心，牢记使命”，我们每一个个体意志的参与，都在为历史合力的形成作出贡献，从而推动着认知和实践不断进入更高一级的程度。习近平总书记强调，“实现‘两个一百年’奋斗目标，我们不知还要爬多少坡、过多少坎、经历多少风风雨雨、克服多少艰难险阻。我曾经引用过杨万里的一首诗：‘莫言下岭便无难，赚得行人错喜欢。正入万山圈子里，一山放出一山拦。’应对和战胜前进道路上的各种风险和挑战，关键在党”[48]。全书收笔之际，让我们跟着总书记的思绪，仔细品味一下杨万里诗中意境及诗外哲理吧。

莫言下岭便无难，赚得行人错喜欢。

正入万山圈子里，一山放出一山拦。

（全文完）

2017年11月7日北京掠燕湖初稿

2017年12月26日北京掠燕湖二稿

2018年5月5日郑州龙子湖三稿

2018年6月26日郑州龙子湖定稿

2019年6月7日端午节郑州龙子湖终审稿

注　释

写在前面的话

［1］习近平：《决胜全面建成小康社会　夺取新时代中国特色社会主义伟大胜利》，人民出版社2017年版，第10页。

［2］习近平：《决胜全面建成小康社会　夺取新时代中国特色社会主义伟大胜利》，人民出版社2017年版，第10页。

［3］习近平：《决胜全面建成小康社会　夺取新时代中国特色社会主义伟大胜利》，人民出版社2017年版，第14页。

［4］台湾美学家蒋勋对阅读的建议有三：一是致广大而尽精微，二是文学不见得只是文学，三是无所不在的阅读，才是真正的阅读。

［5］金冲及：《一本书的历史：胡乔木、胡绳谈〈中国共产党的七十年〉》，中央文献出版社2014年版，第210页。

［6］《毛泽东传》第3册，中央文献出版社2011年版，第1253页。

［7］蒋勋：《蒋勋说文学：从唐代散文到现代文学》，中信出版社2014年版，第238页。

［8］习近平：《决胜全面建成小康社会　夺取新时代中国特色社会主义伟大胜利》，人民出版社2017年版，第15页。

［9］《马克思恩格斯选集》第1卷，人民出版社2012年版，第380页。

［10］［美］黄仁宇：《万历十五年》，中华书局2015年版，第5页。

［11］《马克思恩格斯全集》第1卷，人民出版社1956年版，第456页。

［12］《毛泽东选集》第4卷，人民出版社1991年版，第1375页。

［13］师哲回忆，李海文整理：《在历史巨人身边：师哲回忆录》，中央文献出版社1991年版，第263页。自己的事，意指中国革命；别人的事，意指苏联利益。

[14]《毛泽东选集》第1卷，人民出版社1991年版，第115页。

[15]《毛泽东选集》第2卷，人民出版社1991年版，第511页。

[16]《毛泽东选集》第4卷，人民出版社1991年版，第1195页。

[17]《毛泽东年谱（1893—1949）》（修订本）上册，中央文献出版社2013年版，第218页。

[18]《毛泽东文艺论集》，中央文献出版社2002年版，第207—208页。

[19] 这些精神，是1960年11月3日以中央《紧急指示信》的形式明确下来的，后来在1962年召开的八届十中全会上做了重申和强调。

[20]《毛泽东年谱（1949—1976）》第3卷，中央文献出版社2013年版，第554页。

[21] 张乐天：《告别理想——人民公社制度研究》，上海人民出版社2005年版，第385页。

[22]《马克思恩格斯选集》第1卷，人民出版社2012年版，第906页。

[23] 语出《左传·庄公十一年》。

[24] 习近平：《决胜全面建成小康社会　夺取新时代中国特色社会主义伟大胜利》，人民出版社2017年版，第8页。

[25]《十八届中央纪律检查委员会向中国共产党第十九次全国代表大会的工作报告》（2017年10月24日中国共产党第十九次全国代表大会通过），《新华每日电讯》2017年10月30日。

[26] 习近平：《决胜全面建成小康社会　夺取新时代中国特色社会主义伟大胜利》，人民出版社2017年版，第1页。

[27] 习近平：《决胜全面建成小康社会　夺取新时代中国特色社会主义伟大胜利》，人民出版社2017年版，第17页。

楔　子

[1]《人民日报》1954年10月2日。

[2]《毛泽东选集》第4卷，人民出版社1991年版，第1244页。

[3]《毛泽东传》第3册，中央文献出版社2011年版，第1302—1303页。

[4]《毛泽东文集》第5卷，人民出版社1996年版，第348页。

[5]《毛泽东传（1893—1949）》，中央文献出版社2004年版，第945页。

[6] 1953年1月13日，毛泽东在中南海勤政殿主持召开的中央人民政府委员会第二十次会议上强调，办选举、搞宪法，“困难总会有的，但是经过我们的努力，训

练好干部、安排好工作，是可以克服这些困难的"，"中心问题还是这样一个：凡是爱国者都会一道进入社会主义，我们没有理由不同他们一道进入社会主义"。

[7] 陈徒手：《故国人民有所思》，生活·读书·新知三联书店2013年版，第113页。

[8]《毛泽东年谱（1949—1976）》第2卷，中央文献出版社2013年版，第281页。

[9]《毛泽东文集》第6卷，人民出版社1999年版，第352—353页。

[10]《建国以来重要文献选编》第5册，中央文献出版社1993年版，第646页。"毛泽东在这封信的信封上写有：'刘少奇、周恩来、陈云、朱德、邓小平、胡绳、彭真、董老、林老、彭德怀、陆定一、胡乔木、陈伯达、郭沫若、沈雁冰、邓拓、袁水拍、林淡秋、周扬、林枫、凯丰、田家英、林默涵、张际春、丁玲、冯雪峰、习仲勋、何其芳诸同志阅。退毛泽东。'"

[11]《毛泽东传》第3册，中央文献出版社2011年版，第1256页。

[12] 袁小荣：《毛泽东离京巡视纪实（1949—1976）》上卷，人民日报出版社2014年版，第117页。

[13]《毛泽东年谱（1949—1976）》第2卷，中央文献出版社2013年版，第309—310页。

[14]《毛泽东传》第3册，中央文献出版社2011年版，第1259页。

[15] 陈徒手：《故国人民有所思》，生活·读书·新知三联书店2013年版，第18页。

[16] 陆健东：《陈寅恪的最后20年》，生活·读书·新知三联书店1995年版，第129页。

[17] 陈晋：《毛泽东与文艺传统》，东方出版社2014年版，第29页。

[18]［美］约翰·布莱恩·斯塔尔：《毛泽东的政治哲学》，中国人民大学出版社2006年版，第1页。

[19]《毛泽东选集》第4卷，人民出版社1991年版，第1438—1439页。

[20] 韩毓海：《"漫长的革命"：毛泽东与文化领导权问题》，新浪博客2013年7月11日。

[21]《毛泽东传》第3册，中央文献出版社2011年版，第1260页。

[22] 韩毓海：《"漫长的革命"：毛泽东与文化领导权问题》，新浪博客2013年7月11日。

[23] 韩毓海：《"漫长的革命"：毛泽东与文化领导权问题》，新浪博客2013年7月11日。

［24］《马克思恩格斯全集》第12卷，人民出版社1962年版，第618页。

［25］李慎明：《毛泽东：忧患百姓忧患党》，社会科学文献出版社2012年版，第1—14页。

［26］蔡义江：《增评校注红楼梦》（全6辑）第1辑，作家出版社2007年版，第6页。

［27］习近平：《在纪念毛泽东同志诞辰120周年座谈会上的讲话》，新华社2013年12月26日。

第一章

［1］《马列著作毛泽东著作选读》（政治经济学部分），人民出版社1978年版，第525页。

［2］《毛泽东传（1949—1976）》下册，中央文献出版社2003年版，第1676页。

［3］柯岚：《红楼梦成书传世之谜》，中国民主法制出版社2017年版，第54页。柯称其转引自清人赵烈文《能静居日记》。也有研究指称，乾隆帝夜访怡亲王弘晓府，“适某不在，检书籍，得《石头记》，挟其一两册而去。某归，大惧。急就原本删改进呈”。因情节过于离奇，故采信和珅进呈说。

［4］柯岚：《红楼梦成书传世之谜》，中国民主法制出版社2017年版，第186页。据台湾历史学家王汎森先生统计，康熙朝文字狱10起，雍正朝25起，乾隆朝135起。

［5］《红楼梦》中《葬花吟》诗句。

［6］李广柏：《曹雪芹评传》，南京大学出版社1998年版，第141页。

［7］鲁迅：《清小说之四派及其末流》。文见《红楼四大家》，东方出版社2014年版，第97页。

［8］语出《红楼梦》（程甲本）程伟元序言。

［9］蔡元培：《石头记索隐》。文见《红楼四大家》，东方出版社2014年版，第10页。

［10］胡适：《红楼梦考证》（改定稿）。文见《红楼四大家》，东方出版社2014年版，第136页。

［11］《毛泽东文艺论集》，中央文献出版社2002年版，第208—209页。

［12］《毛泽东选集》第3卷，人民出版社1991年版，第865页。

［13］《毛泽东选集》第3卷，人民出版社1991年版，第873页。

［14］胡适：《介绍我自己的思想》（节录）。文见《红楼四大家》，东方出版社

2014年版，第197—199页。

［15］陈晋：《毛泽东与文艺传统》，东方出版社2014年版，第84页。

［16］刘梦溪等：《红楼梦十五讲》，北京大学出版社2007年版，第54页。

［17］陈晋：《毛泽东读书笔记精讲》战略卷，广西人民出版社2017年版，代序第1页。

［18］龚育之等：《毛泽东的读书生活》，生活·读书·新知三联书店2010年版，第22页。

［19］陈晋：《毛泽东阅读史》，生活·读书·新知三联书店2014年版，第24页。

［20］周溯源等：《毛泽东的读书生活》，中国社会科学出版社2015年版，第24页。

［21］韩毓海：《重读毛泽东，从1893到1949》，中国少年儿童出版社2016年版，第300页。

［22］《毛泽东文集》第7卷，人民出版社1999年版，第23页。

［23］《毛泽东年谱（1893—1949）》（修订本）中卷，中央文献出版社2013年版，第109页。

［24］龚育之等：《毛泽东的读书生活》，生活·读书·新知三联书店2010年版，第2页。

［25］陈晋：《毛泽东读书笔记精讲》文学卷，广西人民出版社2017年版，第230—231页。

［26］《毛泽东传（1949—1976）》下册，中央文献出版社2003年版，第1586页。1970年12月18日，毛泽东在会见埃德加·斯诺时说："比如什么'四个伟大'，'Great Teacher，Great Leader，Great Supreme Commander，Great Helmsman'（伟大导师，伟大领袖，伟大统帅，伟大舵手），讨嫌！总有一天要统统去掉，只剩下一个'Teacher'，就是教员，因为我历来是当教员的，现在还是当教员。其他的一概辞去。"

［27］陈晋：《毛泽东与文艺传统》，东方出版社2014年版，第97页。

［28］《马克思恩格斯选集》第3卷，人民出版社2012年版，第654—655页。

［29］徐四海：《毛泽东诗词全编笺译》，东方出版社2017年版，第242页。

［30］《毛泽东选集》第3卷，人民出版社1991年版，第1031页。

［31］《毛泽东年谱（1949—1976）》第5卷，中央文献出版社2013年版，第346页。

［32］陈晋：《毛泽东读书笔记精讲》文学卷，广西人民出版社2017年版，第183页。

［33］汉语中的“精英”一词，最早出现在唐代杜牧《阿房宫赋》。赋曰：“燕赵之收藏，韩魏之经营，齐楚之精英，几世几年，摽掠其人，倚叠如山”。精英的本意是指最为宝贵的事物，后来用以指“精选出来的少数”或“优秀人物”并逐步成为政治概念，指一个社会中的优势阶层。

精英主义认为，一些特定阶级的成员或人群，由于在血统、心智、社会地位或是资本资源上的优势，天然地应该享有社会治理权，民众应该自觉服从他们的治理，虽然他们治理社会的根本目的只是维护和扩大自身的利益。以精英主义的立场和观点认识和分析问题，就是精英史观。

精英是一个社会中的客观存在，是社会差别化发展的必然结果；精英主义是将这种差别倒果为因而形成的一种政治理念和哲学立场，这一理念和立场的核心是将社会差别化发展先验化、绝对化、永恒化。精英和精英主义之间没有内在的必然联系，更不能画等号。社会精英可以秉持人民史观，“中国共产党是工人阶级的先锋队，同时是中国人民和中华民族的先锋队”，从来都是群英荟萃，是以“全心全意为人民服务”为宗旨的；相反，身处社会底层的人也可以是精英主义者。

［34］［英］阿诺德·汤因比：《文明经受考验》，上海人民出版社2016年版，第224页。

［35］［英］阿诺德·汤因比：《文明经受考验》，上海人民出版社2016年版，第127页。

［36］［英］阿诺德·汤因比：《文明经受考验》，上海人民出版社2016年版，第9—10页。

［37］《史记·货殖列传》。

［38］《左传·襄公四年》。

［39］《诗经·小雅·北山》。

［40］《论语·季氏》。

［41］《史记·太史公自序》。

［42］《史记·秦始皇本纪》。

［43］瞿同祖：《中国封建社会》，商务印书馆2015年版，第100页。

［44］《通鉴纪事本末》第1册，中华书局2018年版，第9页。

［45］《通鉴纪事本末》第1册，中华书局2018年版，第3页。

［46］《孟子·尽心下》。

［47］《孟子·滕文公上》。

［48］瞿同祖：《中国封建社会》，商务印书馆2015年版，第236页。

［49］田余庆：《东晋门阀政治》，北京大学出版社2012年版，第1页。

［50］《唐摭言》。

［51］欧阳修《本论》。

［52］叶梦得《避暑漫抄》。

［53］尹洙语。尹洙是北宋时期洛阳人，登进士第。

［54］语出宋熙宁四年三月宰相文彦博与宋神宗的对话。文见王瑞来著《宰相的故事——士大夫政治下的权力场》，中华书局2010年版，第257页。

［55］张宏杰：《朱元璋：隐居不为我用者杀》，《社会科学论坛》2005年第7期。

［56］唐诺：《尽头》，广西师范大学出版社2013年版，第246页。

［57］吕思勉：《中国政治思想史》，中华书局2016年版，第45页。

［58］《史记·平准书》。

［59］《论语·八佾》。

［60］《论语·述而》。

［61］《史记·秦始皇本纪》。

［62］吕思勉：《中国政治思想史》，中华书局2016年版，第69页。

［63］陈晋：《毛泽东读书笔记精讲》哲学卷，广西人民出版社2017年版，第80页。

［64］韦庄诗《寓言》。

［65］吴冷西：《回忆毛主席与战友》，人民出版社2016年版，第133页。毛泽东的“五不怕”就是：“一不怕撤职，二不怕开除党籍，三不怕老婆离婚，四不怕坐牢，五不怕杀头。有了这五不怕的准备，就敢于实事求是，敢于坚持真理了。”

［66］《毛泽东选集》第4卷，人民出版社1991年版，第1438页。

［67］《毛泽东年谱（1949—1976）》第3卷，中央文献出版社2013版，第35页。

第二章

［1］《毛泽东年谱（1949—1976）》第5卷，中央文献出版社2013年版，第390页。

［2］《毛泽东年谱（1949—1976）》第6卷，中央文献出版社2013年版，第480页。

［3］唐德刚：《从晚清到民国》，中国文史出版社2015年版，第24—26页。

［4］董志新：《毛泽东读〈红楼梦〉》，万卷出版公司2009年版，第8页。

［5］柯岚：《红楼梦成书传世之谜》，中国民主法制出版社2017年版，第180页。

[6] 龚育之等：《毛泽东的读书生活》，生活·读书·新知三联书店2010年版，第258—259页。

[7]《毛泽东文艺论集》，中央文献出版社2002年版，第208页。

[8]《毛泽东年谱（1949—1976）》第5卷，中央文献出版社2013年版，第389页。

[9]［美］黄仁宇：《万历十五年》，中华书局2015年版，第5页。

[10] 文徵明词《满江红·拂拭残碑》。

[11]《明史纪事本末》第4册，中华书局2015年版，1382页。

[12] 吴蔚：《1644：中国式王朝兴替》，陕西师范大学出版社2005年版，第5页。

[13]［德］黑格尔：《黑格尔历史哲学》，九州出版社2011年版，第233页。

[14] 张宏杰：《饥饿的盛世：乾隆时代的得与失》，湖南人民出版社2012年版，第263页。

[15]《清史稿·选举志七》。

[16]《清史稿·选举志七》。

[17]《三国志》第4册《蜀书》，中华书局1982年版，第920页。

[18]［法］托克维尔：《旧制度与大革命》，商务印书馆2012年版，第145、146页。

[19]［美］史景迁：《曹寅与康熙：一个皇室宠臣的生涯揭秘》，上海远东出版社2005年版，第163页。

[20]［美］史景迁：《曹寅与康熙：一个皇室宠臣的生涯揭秘》，上海远东出版社2005年版，第147页。

[21]［美］史景迁：《曹寅与康熙：一个皇室宠臣的生涯揭秘》，上海远东出版社2005年版，第160、161页。

[22] 赵云田：《大清帝国的得与失：乾隆出巡记》，江西人民出版社2017年版，前言第2页。

[23]《清史稿·吴熊光传》。

[24]《清史稿·吴熊光传》。

[25] 赖惠敏：《乾隆皇帝的荷包》，中华书局2016年版，第7页。

[26] 赖惠敏：《乾隆皇帝的荷包》，中华书局2016年版，第92页。

[27] 赖惠敏：《乾隆皇帝的荷包》，中华书局2016年版，第178页。

[28] 参照高王凌《乾隆十三年》和美国学者孔飞力《叫魂》中的说法。

[29] 高王凌：《乾隆十三年》，经济科学出版社2012年版，第23—24页。

［30］《清史稿·吴熊光传》。

［31］《清史稿·林则徐传》。

［32］《毛泽东选集》第4卷，人民出版社1991年版，第1473页。

［33］《南京条约》规定，广州、厦门、福州、宁波、上海五处开放为通商口岸，准许英国派驻领事，准许英商及其家属自由居住。

［34］《马克思恩格斯选集》第1卷，人民出版社2012年版，第566页。

［35］《毛泽东选集》第4卷，人民出版社1991年版，第1469—1470页。

［36］［美］史景迁：《追寻现代中国：1600—1912年的中国历史》，上海远东出版社2005年版，第255页。

［37］李剑农：《中国近百年政治史》，商务印书馆2011年版，第176页。

［38］海瑞当年上疏嘉靖皇帝，就以此勉励皇帝。

［39］李剑农：《中国近百年政治史》，商务印书馆2011年版，第179页。

［40］详情为按当时中国人口每人一两赔偿四亿五千万两白银，分三十九年还清，本息共计约九亿八千万两。

［41］尚明轩等：《孙中山生平事业追忆录》，人民出版社1986年版，第699页。

［42］傅国涌：《百年寻梦——傅国涌最新历史随笔自选集》，厦门大学出版社2015年版，第94—95页。

［43］陈意映（1891—1913），螺江陈氏十九世孙女，幼年受庭训，耽诗书好吟咏，尝著《红楼梦》人物诗一卷。

［44］李剑农：《中国近百年政治史》，商务印书馆2011年版，第320页。

［45］李剑农：《中国近百年政治史》，商务印书馆2011年版，第404页。

［46］刘杰：《黑白袁世凯》，中国书店出版社2012年版，第273页。

［47］何兆武口述，文靖执笔：《上学记》，人民文学出版社2016年版，第11页。何先生亲历北洋军队排队唱军歌，感到“他们把这个故事作为军歌，非常滑稽可笑，表明北洋军阀没有抓住意识形态这一环”。

［48］李剑农：《中国近百年政治史》，商务印书馆2011年版，第582页。

［49］《毛泽东年谱（1893—1949）》（修订本）上卷，中央文献出版社2013年版，第120页。

第三章

［1］《毛泽东年谱（1949—1976）》第5卷，中央文献出版社2013年版，第218页。

［2］《毛泽东选集》第1卷，人民出版社1991年版，第106页。

[3]《毛泽东年谱（1949—1976）》第5卷，中央文献出版社2013年版，第329页。

[4] 李剑农:《中国近百年政治史》，商务印书馆2011年版，第484页。

[5] 李剑农:《中国近百年政治史》，商务印书馆2011年版，第484页。

[6] 李剑农:《中国近百年政治史》，商务印书馆2011年版，第603页。

[7] 李剑农:《中国近百年政治史》，商务印书馆2011年版，第541页。

[8]《毛泽东选集》第4卷，人民出版社1991年版，第1474页。

[9] 黄修荣、黄黎:《共产国际与中国共产党关系探源》上卷，人民出版社2016年版，第281页。

[10] 黄修荣、黄黎:《共产国际与中国共产党关系探源》上卷，人民出版社2016年版，第278页。

[11] 韩毓海:《卡尔·马克思》（纪念版），人民出版社2018年版，第22页。

[12]《列宁全集》第37卷，人民出版社1986年版，第324页。

[13]《斯大林选集》上卷，人民出版社1979年版，第128页。

[14] 黄修荣、黄黎:《共产国际与中国共产党关系探源》上卷，人民出版社2016年版，第127页。

[15] 韩毓海:《卡尔·马克思》（纪念版），人民出版社2018年版，第163页。

[16] 语出高明曲《琵琶记》。

[17] 李剑农:《中国近百年政治史》，商务印书馆2011年版，第513页。

[18] 韩毓海:《卡尔·马克思》（纪念版），人民出版社2018年版，第163、165页。

[19] 毛泽东词《蝶恋花·从汀州向长沙》。

[20]《毛泽东选集》第4卷，人民出版社1991年版，第1471页。

[21] 金民卿:《青年毛泽东的思想转变之路——毛泽东是怎样成为马克思主义者的?》，社会科学文献出版社2015年版，前言第1页。

[22]《毛泽东传》第1册，中央文献出版社2011年版，第35页。

[23] 陈晋:《毛泽东读书笔记精讲》战略卷，广西人民出版社2017年版，第61—62页。

[24] 陈晋:《毛泽东读书笔记精讲》战略卷，广西人民出版社2017年版，第53页。

[25] 陈晋:《毛泽东阅读史》，生活·读书·新知三联出版社2014年版，第57页。

[26]《毛泽东选集》第1卷，人民出版社1991年版，第3—9页。

［27］《毛泽东选集》第1卷，人民出版社1991年版，第17页。

［28］韩毓海：《卡尔·马克思》（纪念版），人民出版社2018年版，第158页。

［29］据称，这句话是台湾学者朱云汉的老师张佛千为其撰制。意思是说，思想有高度深度时，研究思考探究世界奥秘与脚步的空间就有无限广阔迅捷；地球人类有华夏时，天做纸云作笔描绘大千世界恒星行星彗星皆是华彩文章。

［30］李剑农：《中国近百年政治史》，商务印书馆2011年版，第350—351页。

［31］黄修荣、黄黎：《共产国际与中国共产党关系探源》上卷，人民出版社2016年版，第93页。

［32］毛泽东诗《七绝·改诗呈父亲》。

［33］《毛泽东年谱（1893—1949）》（修订本）上卷，中央文献出版社2013年版，第206页。

［34］《毛泽东年谱（1893—1949）》（修订本）上卷，中央文献出版社2013年版，第207页。

［35］《毛泽东年谱（1893—1949）》（修订本）上卷，中央文献出版社2013年版，第290页。

［36］毛泽东词《清平乐·蒋桂战争》。

［37］《毛泽东选集》第4卷，人民出版社1991年版，第1487页。

［38］徐中远：《毛泽东读书十法》，中央文献出版社2013年版，第263—264页。

［39］《毛泽东诗词集》，中央文献出版社1996年版，第24页。

［40］二十八半个布尔什维克，是指1927年底在苏联莫斯科中山大学学习的中国留学生组成的松散团体，他们自称是共产国际最坚定的支持者和当时中国共产党瞿秋白路线的坚决反对者，计二十九人。在所有的名单中，至少有两个人是可以确定的：一个是“二十八个半”的头头王明，另一个是被称为“半个”的徐一新（原名徐以新）。后来，人们借助“二十八个半布尔什维克”这一专用名词，讥讽和嘲笑当时以“百分之百正确的布尔什维克”自居的王明和他的追随者。

［41］《毛泽东年谱（1949—1976）》第3卷，中央文献出版社2013年版，第311页。

［42］黄修荣、黄黎：《共产国际与中国共产党关系探源》上卷，人民出版社2016年版，第173页。

［43］黄修荣、黄黎：《共产国际与中国共产党关系探源》上卷，人民出版社2016年版，第173—174页。

［44］黄修荣、黄黎：《共产国际与中国共产党关系探源》上卷，人民出版社2016年版，第174页。

[45] 指苏联政府对国民政府的借款。这笔钱由鲍氏掌握，各路军阀也因此有求于鲍。

[46] 黄修荣、黄黎：《共产国际与中国共产党关系探源》上卷，人民出版社2016年版，第528—529页。

[47]《毛泽东年谱（1893—1949）》（修订本）上卷，中央文献出版社2013年版，第206页。

[48]《毛泽东文集》第7卷，人民出版社1999年版，第105页。

[49] 黄修荣、黄黎：《共产国际与中国共产党关系探源》下卷，人民出版社2016年版，第690页。

[50] 黄修荣、黄黎：《共产国际与中国共产党关系探源》下卷，人民出版社2016年版，第714页。

[51] 黄修荣、黄黎：《共产国际与中国共产党关系探源》下卷，人民出版社2016年版，第708页。

[52] 黄修荣、黄黎：《共产国际与中国共产党关系探源》下卷，人民出版社2016年版，第700页。

[53] 黄修荣、黄黎：《共产国际与中国共产党关系探源》下卷，人民出版社2016年版，第718页。

[54]《毛泽东选集》第1卷，人民出版社1991年版，第115页。

[55]《建国以来重要文献选编》第15册，中央文献出版社1997年版，第125页。

[56] 胡乔木：《胡乔木回忆毛泽东》，人民出版社2014年版，第649页。

[57] 师哲回忆，李海文整理：《在历史巨人身边：师哲回忆录》，中央文献出版社1991年版，第263页。自己的事，意指中国革命，别人的事，意指苏联利益。

[58] 黄修荣、黄黎：《共产国际与中国共产党关系探源》下卷，人民出版社2016年版，第718页。

[59] 章猷才、时新华、葛丽、尹传政：《从延安整风到党的七大》，济南出版社2016年版，第43页。

[60] 陈晋：《读毛泽东札记》，生活·读书·新知三联书店2009年版，第39页。

[61]《毛泽东年谱（1893—1949）》（修订本）中卷，中央文献出版社2013年版，第480页。

[62] 黄修荣、黄黎：《共产国际与中国共产党关系探源》下卷，人民出版社2016年版，第973页。

[63] 周国全、郭德宏原著，郭德宏增补：《王明传》（增订本），人民出版社2014年版，第268页。

［64］陈晋：《读毛泽东札记》，生活·读书·新知三联书店2009年版，第43页。

［65］《毛泽东传》第2册，中央文献出版社2011年版，第646页。

［66］《毛泽东选集》第1卷，人民出版社1991年版，第161页。

［67］《毛泽东年谱（1949—1976）》第3卷，中央文献出版社2013年版，第346页。

［68］胡乔木：《胡乔木回忆毛泽东》，人民出版社2014年版，第46页。

［69］陈晋：《毛泽东读书笔记精讲》战略卷，广西人民出版社2017年版，第67页。

［70］《毛泽东选集》第2卷，人民出版社1991年版，第509、511页。

［71］《毛泽东哲学批注集》，人民出版社1986年版，第112页。

［72］《毛泽东选集》第3卷，人民出版社1991年版，第800页。

［73］《毛泽东年谱（1949—1976）》第4卷，中央文献出版社2013年版，第247页。

［74］《毛泽东选集》第2卷，人民出版社1991年版，第606页。1939年10月，毛泽东在《〈共产党人〉发刊词》一文中，总结两次国内革命战争的经验教训指出："十八年的经验，已使我们懂得：统一战线，武装斗争，党的建设，是中国共产党在中国革命中战胜敌人的三个法宝，三个主要的法宝。"

［75］《毛泽东年谱（1893—1949）》（修订本）中卷，中央文献出版社2013年版，第600页。

［76］韩毓海：《重读毛泽东，从1893到1949》，中国少年儿童出版社2016年版，第350页。

［77］《毛泽东选集》第2卷，人民出版社1991年版，第547页。

［78］《毛泽东选集》第3卷，人民出版社1991年版，第1074页。

［79］《孙子兵法·用间》。

［80］《毛泽东选集》第2卷，人民出版社1991年版，第512页。

［81］根据刘仁静回忆访谈。

［82］黄修荣、黄黎：《共产国际与中国共产党关系探源》下卷，人民出版社2016年版，第1013页。

［83］《毛泽东选集》第3卷，人民出版社1991年版，第1102页。

［84］《毛泽东年谱（1893—1949）》（修订本）中卷，中央文献出版社2013年版，第595页。

第四章

[1]《毛泽东文艺论集》，中央文献出版社2002年版，第207—208页。

[2]《毛泽东文集》第5卷，人民出版社1996年版，第350页。

[3]《关于建国以来党的若干历史问题的决议》用语，文见《建国以来重要文献选编》第10册，中央文献出版社1994年版，第286页。

[4]《毛泽东诗词集》，中央文献出版社1996年版，第198页。

[5] 吴冷西：《回忆主席与战友》，人民出版社2016年版，第60页。据时任《人民日报》总编辑兼新华社社长吴冷西回忆，1958年南宁会议期间，毛泽东在1月15日晚找他和胡乔木谈话时说，社论写得好，题目用《乘风破浪》也很醒目。南朝宋人宗悫就说过“愿乘长风破万里浪”。我们现在是要乘东风压倒西风，十五年赶上英国。你们办报的不但要会写文章，而且要选好题目，吸引人看你的文章。新闻也得有醒目的标题。

[6]《毛泽东年谱（1949—1976）》第3卷，中央文献出版社2013年版，第271页。

[7]《毛泽东年谱（1949—1976）》第3卷，中央文献出版社2013年版，第305页。

[8] 周恩来在人民英雄纪念碑奠基典礼上致辞：“我们中国人民政治协商会议第一届全体会议为号召人民纪念死者，鼓舞生者，特决定在中华人民共和国首都北京建立一个为国牺牲的人民英雄纪念碑。”

[9] 王立胜：《晚年毛泽东的艰苦探索》，陕西人民出版社2008年版，第277页。

[10] 程连升：《筚路蓝缕：计划经济在中国》，中共党史出版社2016年版，第41页。

[11]《毛泽东年谱（1949—1976）》第3卷，中央文献出版社2013年版，第149页。

[12]《毛泽东年谱（1949—1976）》第5卷，中央文献出版社2013年版，第1页。

[13]《毛泽东年谱（1949—1976）》第3卷，中央文献出版社2013年版，第551页。

[14]《毛泽东年谱（1949—1976）》第3卷，中央文献出版社2013年版，第553页。

[15]《若干重大决策与事件回顾》（修订本）下卷，人民出版社1997年版，第

801—802页。

［16］《中共中央文件选集（1949年10月—1966年5月）》第29册，人民出版社2013年版，第297页。

［17］《毛泽东年谱（1949—1976）》第3卷，中央文献出版社2013年版，第550页。

［18］《毛泽东年谱（1949—1976）》第3卷，中央文献出版社2013年版，第554页。

［19］张乐天：《告别理想：人民公社制度研究》，上海人民出版社2005年版，第387页。

［20］张乐天：《告别理想：人民公社制度研究》，上海人民出版社2005年版，第385页。

［21］“名家领读经典”课题组：《人民公开课——中国共产党与国家治理体系和治理能力现代化》，浙江人民出版社2017年版，第194页。

［22］先秦佚名氏民歌《击壤歌》。皇甫谧《帝王世纪》说，帝尧之世，天下大和，百姓无事。有八九十老人，击壤而歌。

［23］韩愈《送孟东野序》。

［24］［古希腊］柏拉图：《理想国》，华夏出版社2011年版，第3页。

［25］［英］托马斯·莫尔：《乌托邦》，商务印书馆1982年版，第134页。

［26］陶渊明《桃花源记》。

［27］陶渊明《挽歌辞》。

［28］［英］托马斯·莫尔：《乌托邦》，商务印书馆1982年版，第8页。

［29］《鲁迅小说全集》，北京燕山出版社2009年版，第56页。

［30］《马克思恩格斯选集》第2卷，人民出版社2012年版，第527、532页。

［31］《马克思恩格斯选集》第3卷，人民出版社2012年版，第781页。

［32］《列宁选集》第2卷，人民出版社2012年版，第297—298页。

［33］《毛泽东传》第2册，中央文献出版社2011年版，第532页。

［34］《马克思恩格斯选集》第3卷，人民出版社2012年版，第153页。

［35］《列宁选集》第1卷，人民出版社2012年版，第286页。

［36］《列宁选集》第2卷，人民出版社2012年版，第297页。

［37］周黎燕：《“乌有”之义：民国时期的乌托邦想象》，浙江大学出版社2012年版，第55页。

［38］周黎燕：《“乌有”之义：民国时期的乌托邦想象》，浙江大学出版社2012年版，第66—67页。

[39] 周黎燕：《“乌有”之义：民国时期的乌托邦想象》，浙江大学出版社2012年版，第73页。

[40] 系指“能量守恒和转化定律、细胞学说、进化论”。

[41] 顾城诗《一代人》。

[42]《毛泽东年谱（1893—1949）》（修订本）上卷，中央文献出版社2013年版，第47页。

[43]《毛泽东年谱（1893—1949）》（修订本）上卷，中央文献出版社2013年版，第218页。

[44]《马克思恩格斯选集》第1卷，人民出版社2012年版，第853—854页。

[45]《马克思恩格斯选集》第1卷，人民出版社2012年版，第526页。

[46] 张文木：《重温毛泽东战略思想》，山东人民出版社2016年版，第116页。

[47]《毛泽东年谱（1893—1949）》（修订本）上卷，中央文献出版社2013年版，第219页。

[48]《毛泽东选集》第1卷，人民出版社1991年版，第65页。

[49]《毛泽东选集》第1卷，人民出版社1991年版，第63—64页。

[50]《毛泽东年谱（1893—1949）》（修订本）上卷，中央文献出版社2013年版，第287页。

[51]《毛泽东选集》第1卷，人民出版社1991年版，第149—150页。

[52]《毛泽东诗词集》，中央文献出版社1996年版，第55页。

[53]《毛泽东年谱（1893—1949）》（修订本）中卷，中央文献出版社2013年版，第175页。

[54] 谢觉哉：《谢觉哉日记》上卷，人民出版社1984年版，第310页。

[55]《党中央在延安13年》，中央文献出版社2010年版，第55页。

[56]《延安时期大事记述》，中央文献出版社2010年版，第242—244页。

[57]《毛泽东年谱（1893—1949）》（修订本）中卷，中央文献出版社2013年版，第342页。

[58]《毛泽东著作选读》下册，人民出版社1986年版，第560页。

[59] 梁漱溟：《忆往谈旧录》，上海人民出版社2016年版，第160页。

[60] 秦立海：《“中国的希望在延安”——陈嘉庚对国共两党的近距离观察》，《同舟共进》2010年9月第1期。

[61]《毛泽东年谱（1893—1949）》（修订本）下卷，中央文献出版社2013年版，第177页。

[62]《毛泽东选集》第3卷，人民出版社1991年版，第1077—1078页。

[63]《毛泽东年谱（1893—1949）》（修订本）中卷，中央文献出版社2013年版，第595页。

[64]《刘少奇年谱（1898—1969）》下卷，中央文献出版社1996年版，第277、283页。

[65] 张乐天：《告别理想——人民公社制度研究》，上海人民出版社2016年版，第52页。

[66]《毛泽东年谱（1949—1976）》第1卷，中央文献出版社2013年版，第440页。

[67]《毛泽东文集》第2卷，人民出版社1993年版，第162页。

[68]《毛泽东年谱（1949—1976）》第2卷，中央文献出版社2013年版，第167页。

[69]《毛泽东年谱（1949—1976）》第2卷，中央文献出版社2013年版，第189页。

[70] 白云涛：《中共党史珍闻录》，四川人民出版社2012年版，第178页。

[71] 胡乔木：《胡乔木回忆毛泽东》，人民出版社2014年版，第645页。

[72] 这些精神，是1960年11月3日以中央《紧急指示信》的形式明确下来的，后来在1962年召开的党的八届十中全会上作了重申和强调。

[73]《毛泽东年谱（1949—1976）》第4卷，中央文献出版社2013年版，第507页。

[74]《建国以来重要文献选编》，第15册，人民出版社1997年版，第110页。

[75]《毛泽东年谱（1949—1976）》第5卷，中央文献出版社2013年版，第126页。

[76]《毛泽东年谱（1949—1976）》第5卷，中央文献出版社2013年版，第128页。

[77]《毛泽东年谱（1949—1976）》第5卷，中央文献出版社2013年版，第131—132页。

[78]《毛泽东年谱（1949—1976）》第5卷，中央文献出版社2013年版，第130页。

[79]《毛泽东年谱（1949—1976）》第5卷，中央文献出版社2013年版，第132页。

[80]《毛泽东传》第5册，中央文献出版社2011年版，第2207—2208页。

[81] 本句与前句语出毛泽东词《浣溪沙·和柳亚子先生》。

[82] 毛泽东词《浪淘沙·北戴河》。

［83］毛泽东诗《七律·送瘟神其二》。

［84］毛泽东诗《七律·和郭沫若同志》。

［85］《毛泽东传》第5册，中央文献出版社2011年版，第2214页。

［86］《毛泽东传》第5册，中央文献出版社2011年版，第2225页。

［87］《毛泽东传》第5册，中央文献出版社2011年版，第2218页。

［88］《建国以来重要文献选编》第10册，中央文献出版社1994年版，第126页。

［89］毛泽东诗《七律·读报有感》。面施朱，指女人脸上搽胭脂，以取悦男人，这里暗讽赫鲁晓夫1959年9月同美国总统艾森豪威尔戴维营会谈时的献媚取宠之态。

［90］毛泽东诗《满江红·和郭沫若同志》。

［91］《毛泽东文集》第3卷，人民出版社1996年版，第388页。

［92］《毛泽东年谱（1949—1976）》第5卷，中央文献出版社2013年版，第1页。

［93］《毛泽东年谱（1949—1976）》第5卷，中央文献出版社2013年版，第198页。

［94］《毛泽东诗词集》，中央文献出版社1996年版，第105页。

［95］《毛泽东诗词集》，中央文献出版社1996年版，第110页。

［96］梁漱溟：《这个世界会好吗？梁漱溟晚年口述》（增订本），生活·读书·新知三联书店2015年版，第60页。

［97］王安石绝句《梅》。

［98］《毛泽东诗词集》，中央文献出版社1996年版，第129页。

［99］刘汉民：《毛泽东诗词佳话》，人民出版社2013年版，第200页。

［100］刘汉民：《毛泽东诗词佳话》，人民出版社2013年版，第199页。

第五章

［1］冯文彬：《毛泽东与青年》，辽宁人民出版社1992年版，第168页。

［2］语出李白诗《落日忆山中》。

［3］《刘少奇年谱（1898—1969）》下卷，中央文献出版社1996年版，第630页。

［4］《邓小平思想年编（1975—1997）》，中央文献出版社2011年版，第25页。

［5］白居易诗《长恨歌》。

［6］《毛泽东文集》第7卷，人民出版社1999年版，第43页。

［7］《毛泽东年谱（1949—1976）》第3卷，中央文献出版社2013年版，第353页。

［8］《毛泽东文集》第7卷，人民出版社1999年版，第44页。

［9］《毛泽东文集》第7卷，人民出版社1999年版，第23页。

［10］《毛泽东文集》第7卷，人民出版社1999年版，第34页。

［11］《马克思恩格斯选集》第1卷，人民出版社2012年版，第165页。

［12］《马克思恩格斯全集》第30卷，人民出版社1995年版，第107页。

［13］《马克思恩格斯选集》第1卷，人民出版社2012年版，第405页。

［14］《资本论》第1卷，人民出版社2018年版，第871页。

［15］《史记·货殖列传》。

［16］［以色列］尤瓦尔·赫拉利：《人类简史——从动物到上帝》，中信出版社2014年版，第336页。

［17］王蒙：《王蒙的红楼梦：讲说本》，湖南文艺出版社2010年版，第250页。

［18］李广柏：《曹雪芹评传》，南京大学出版社1998年版，第206页。

［19］《马克思恩格斯选集》第1卷，人民出版社2012年版，第166页。

［20］《毛泽东文集》第3卷，人民出版社1996年版，第432页。

［21］《毛泽东文集》第3卷，人民出版社1996年版，第108—109页。

［22］毛泽东诗《七律·读封建论呈郭老》。

［23］《毛泽东早期文稿》，中央文献出版社1990年版，第368页。

［24］《毛泽东著作选读》下册，人民出版社1986年版，第740—743页。

［25］《资本论》第1卷，人民出版社2018年版，第17页。

［26］语出俾斯麦1862年9月上台后在普鲁士下院的第一次演讲。

［27］美国国务卿艾奇逊在1949年7月30日关于送呈《美国与中国的关系》白皮书致总统杜鲁门的信。

［28］《列宁选集》第4卷，人民出版社2012年版，第569—570页。

［29］《列宁全集》第52卷，人民出版社1988年版，第40页。

［30］陈先达：《马克思主义十五讲》，人民出版社2017年版，第130页。

［31］《李大钊全集》第3卷，人民出版社2006年版，第277页。

［32］《毛泽东选集》第1卷，人民出版社1991年版，第134页。

［33］《毛泽东文集》第3卷，人民出版社1996年版，第432页。

［34］《毛泽东著作选读》下册，人民出版社1986年版，第692页。

［35］程连升：《筚路蓝缕：计划经济在中国》，中共党史出版社2016年版，第125页。

［36］鲁迅：《鲁迅杂文全集》，北京燕山出版社2011年版，第712页。鲁迅说“听说四川有一只民谣”，大略是这个意思。

［37］《中华人民共和国史稿》第1卷，人民出版社2012年版，第73页。

［38］程连升：《筚路蓝缕：计划经济在中国》，中共党史出版社2016年版，第37页。

［39］《中华人民共和国史稿》第1卷，人民出版社2012年版，第256页。

［40］《毛泽东选集》第3卷，人民出版社1991年版，第892页。

［41］《毛泽东年谱（1893—1949）》（修订本）中册，中央文献出版社2013年版，第100、101页。

［42］米晓蓉、刘卫平：《陕甘宁边区大生产运动》，陕西师范大学出版社2014年版，第7页。

［43］《毛泽东年谱（1893—1949）》（修订本）中卷，中央文献出版社2013年版，第543页。

［44］米晓蓉、刘卫平：《陕甘宁边区大生产运动》，陕西师范大学出版社2014年版，第12页。

［45］《毛泽东年谱（1893—1949）》（修订本）中卷，中央文献出版社2013年版，第544页。

［46］《毛泽东选集》第3卷，人民出版社1991年版，第911页。

［47］《毛泽东选集》第3卷，人民出版社1991年版，第1017页。

［48］《毛泽东选集》第4卷，人民出版社1991年版，第1512页。

［49］陈占安：《毛泽东领导理论研究》，人民出版社2008年版，第190页。

［50］《毛泽东文集》第6卷，人民出版社1999年版，第166页。

［51］《毛泽东年谱（1949—1976）》第3卷，中央文献出版社2013年版，第35页。

［52］胡乔木：《胡乔木回忆毛泽东》，人民出版社2014年版，第92页。

［53］陈坚、王钦双：《往事回眸：共和国成长记录》，人民出版社2011年版，第25页。

［54］《毛泽东年谱（1949—1976）》第3卷，中央文献出版社2013年版，第11页。

［55］《毛泽东年谱（1949—1976）》第3卷，中央文献出版社2013年版，第83页。

［56］《毛泽东年谱（1949—1976）》第3卷，中央文献出版社2013年版，第338页。

[57]《毛泽东年谱（1949—1976）》第4卷，中央文献出版社2013年版，第318页。

[58]程连升：《筚路蓝缕：计划经济在中国》，中共党史出版社2016年版，第141页。

[59]《马克思恩格斯列宁斯大林论经济危机》，人民出版社1974年版，第45页。

[60]语出花蕊夫人诗《口占答宋太祖述亡国诗》。

[61]《毛泽东年谱（1949—1976）》第4卷，中央文献出版社2013年版，第259—279页。

[62]《建国以来重要文献选编》第11册，人民出版社1995年版，第275页。

[63]陈晋：《毛泽东读书笔记精讲》战略卷，广西人民出版社2017年版，第206—216页。

[64]《列宁全集》第33卷，人民出版社1985年版，第53页。

[65]《毛泽东文集》第8卷，人民出版社1999年版，第129页。

[66]《毛泽东年谱（1949—1976）》第4卷，中央文献出版社2013年版，第318页。

[67]《建国以来重要文献选编》第8册，中央文献出版社1994年版，第251页。

[68]《人民日报》1958年10月4日。

[69]童小鹏：《风雨四十年》第2部，中央文献出版社1996年版，第392页。

[70]《毛泽东年谱（1949—1976）》第3卷，中央文献出版社2013年版，第345—346页。

[71]程连升：《筚路蓝缕：计划经济在中国》，中共党史出版社2016年版，第159页。

[72]《毛泽东传》第5册，中央文献出版社2011年版，第2217页。

[73]《毛泽东传》第5册，中央文献出版社2011年版，第1867页。

[74]《毛泽东年谱（1949—1976）》第5卷，中央文献出版社2013年版，第61页。

[75]《毛泽东年谱（1949—1976）》第5卷，中央文献出版社2013年版，第12页。

[76]《毛泽东文集》第8卷，人民出版社1999年版，第300—302页。

[77]徐远和等：《东方哲学史》中古卷，人民出版社2010年版，第629页。中国哲学和政治思想历来重视经、权之论。宋代朱熹总结说："经者，道之常也，权者，道之变也。"孟子曾以"嫂子溺水"为例对此作过形象说明："嫂溺不援，是豺狼也。男女授受不亲，礼也；嫂溺，援之以手者，权也。"语出《孟子·离娄上》。

[78] 胡乔木：《胡乔木回忆毛泽东》，人民出版社2014年版，第270页。

[79]《毛泽东年谱（1949—1976）》第5卷，中央文献出版社2013年版，第569页。

[80]《毛泽东年谱（1949—1976）》第6卷，中央文献出版社2013年版，第359页。

[81] 程连升：《筚路蓝缕：计划经济在中国》，中央党史出版社2016年版，第329、330页。

[82]《毛泽东年谱（1949—1976）》第4卷，中央文献出版社2013年版，第279页。

[83]《毛泽东年谱（1949—1976）》第5卷，中央文献出版社2013年版，第19页。

[84]《毛泽东传》第5册，中央文献出版社2011年版，第2171页。

[85]《毛泽东传》第5册，中央文献出版社2011年版，第2218页。1962年8月6日，毛泽东在北戴河中央工作会议上讲话中还说，“在我们中国，也有跟中国的修正主义的矛盾。我们过去叫右倾机会主义，现在恐怕改一个名字为好，叫中国的修正主义”。有关1962年的中共党内意见分歧、演变及影响，将在本书第六章作具体分析。

[86]《毛泽东传》第5册，中央文献出版社2011年版，第2185—2192页。

[87]《毛泽东年谱（1949—1976）》第5卷，中央文献出版社2013年版，第215页。

[88]《毛泽东年谱（1949—1976）》第5卷，中央文献出版社2013年版，第221页。

[89]《毛泽东传》第6册，中央文献出版社2011年版，第2286—2287页。

[90]《毛泽东传》第6册，中央文献出版社2011年版，第2283—2288页。

[91]《毛泽东传》第6册，中央文献出版社2011年版，第2278页。

[92]《毛泽东年谱（1949—1976）》第6卷，中央文献出版社2013年版，第393页。

[93]《毛泽东诗词集》，中央文献出版社1996年版，第259页。

[94] 邓遂夫校订：《脂砚斋重评石头记庚辰校本》第1卷，作家出版社2007年版，第378页。

[95] 何毅亭：《学习马克思主义中国化最新成果》，人民出版社2017年版，第215页。

[96]《毛泽东传》第6册，中央文献出版社2011年版，第2285页。

[97]《毛泽东年谱（1949—1976）》第4卷，中央文献出版社2013年版，第287页。

[98]《毛泽东传》第6册，中央文献出版社2011年版，第2296页。

[99]《毛泽东年谱（1949—1976）》第5卷，中央文献出版社2013年版，第499页。

[100]《毛泽东年谱（1949—1976）》第6卷，中央文献出版社2013年版，第223页。

[101]《毛泽东年谱（1949—1976）》第6卷，中央文献出版社2013年版，第224页。

[102]何毅亭：《学习马克思主义中国化最新成果》，人民出版社2017年版，第215—216页。

[103][法]潘鸣啸：《失落的一代：中国的上山下乡运动1968—1980》，中国大百科全书出版社2010年版，第60—61页。

[104]《新中国六十五年》，中国统计出版社2014年版，第168—191页。

[105]宋婕：《中国革命的现代变奏——毛泽东革命思想研究》，社会科学文献出版社2015年版，第220页。

[106]《毛泽东年谱（1949—1976）》第4卷，中央文献出版社2013年版，第326页。

第六章

[1]《毛泽东年谱（1949—1976）》第4卷，中央文献出版社2013年版，第257页。

[2]《毛泽东传》第6册，中央文献出版社2011年版，第2408—2409页。

[3]《历史上的今天》，人民网2003年8月18日。

[4]《毛泽东年谱（1949—1976）》第5卷，中央文献出版社2013年版，第610页。

[5]《毛泽东传》第6册，中央文献出版社2011年版，第2409页。

[6]《新中国六十五年》，中国统计出版社2014年版，第168—227页。

[7]《毛泽东年谱（1949—1976）》第5卷，中央文献出版社2013年版，第58页。

[8]《毛泽东年谱（1949—1976）》第5卷，中央文献出版社2013年版，第70页。

[9]《共和国重大决策和事件述实》，人民出版社2005年版，第228页。

[10] 张素华：《变局——七千人大会始末》，中国青年出版社2006年版，第4页。

[11] 白云涛：《中共党史珍闻录》，四川人民出版社2012年版，第242页。

[12]《共和国重大决策和事件述实》，人民出版社2005年版，第241页。

[13] 张素华：《变局——七千人大会始末》，中国青年出版社2006年版，第5页。

[14]《毛泽东年谱（1949—1976）》第5卷，中央文献出版社2013年版，第85页。

[15]《毛泽东年谱（1949—1976）》第5卷，中央文献出版社2013年版，第85页。

[16]《毛泽东传》第5册，中央文献出版社2011年版，第2217页。

[17] 顾龙生：《毛泽东经济年谱》，中共中央党校出版社1993年版，第556页。

[18]《毛泽东传》第5册，中央文献出版社2011年版，第2193页。1962年6月30日，毛泽东离开武汉，“在返回北京途中，向几个省的负责人着重了解他十分关心的夏收情况”，得到的结论是“今年河南麦收秩序空前好。湖南也很好。麦收秩序空前好，出乎干部群众的意料”。

[19]《毛泽东年谱（1949—1976）》第5卷，中央文献出版社2013年版，第126页。

[20]《毛泽东年谱（1949—1976）》第5卷，中央文献出版社2013年版，第152页。

[21]《毛泽东年谱（1949—1976）》第5卷，中央文献出版社2013年版，第176页。

[22]《毛泽东诗词集》，中央文献出版社1996年版，第133页。

[23]《毛泽东年谱（1949—1976）》第5卷，中央文献出版社2013年版，第179页。

[24]《毛泽东年谱（1949—1976）》第5卷，中央文献出版社2013年版，第132页。

[25]《毛泽东年谱（1949—1976）》第5卷，中央文献出版社2013年版，第338页。

[26] 萧心力：《毛泽东与共和国重大历史事件》，人民出版社2001年版，第321页。

[27]《毛泽东年谱（1949—1976）》第5卷，中央文献出版社2013年版，第121页。

［28］《毛泽东年谱（1949—1976）》第5卷，中央文献出版社2013年版，第452页。

［29］《毛泽东年谱（1949—1976）》第5卷，中央文献出版社2013年版，第406页。

［30］《毛泽东年谱（1949—1976）》第5卷，中央文献出版社2013年版，第448—450页。

［31］《毛泽东年谱（1949—1976）》第5卷，中央文献出版社2013年版，第453页。

［32］《马克思恩格斯选集》第1卷，人民出版社2012年版，第135页。

［33］《庄子·列御寇》。

［34］潘阆词《酒泉子·长忆观潮》。

［35］陈晋：《读毛泽东札记》，生活·读书·新知三联书店2009年版，第34页。

［36］陈晋：《读毛泽东札记》，生活·读书·新知三联书店2009年版，第35页.

［37］张素华：《变局——七千人大会始末》，中国青年出版社2006年版，第147—167页。

［38］《毛泽东选集》第4卷，人民出版社1991年版，第1438—1439页。

［39］《毛泽东年谱（1949—1976）》第6卷，中央文献出版社2013年版，第641页。

［40］习近平：《以时不我待只争朝夕的精神投入工作　开创新时代中国特色社会主义事业新局面》，《人民日报》2018年1月6日。

［41］《列宁选集》第4卷，人民出版社2012年版，第193页。

［42］《马克思恩格斯全集》第31卷，人民出版社1998年版，第412页。

［43］《毛泽东年谱（1949—1976）》第3卷，中央文献出版社2013年版，第318页。

［44］从进：《曲折发展的岁月》，河南人民出版社1996年版，第484页。

［45］胡乔木：《胡乔木回忆毛泽东》，人民出版社2014年版，第645页。

［46］孙业礼、熊亮华：《共和国经济风云中的陈云》，中央文献出版社1996年版，第261页。

［47］《毛泽东年谱（1949—1976）》第5卷，中央文献出版社2013年版，第116页。

［48］林小波、郭德宏：《“文革”的预演：“四清”运动始末》，人民出版社2013年版，第9页。

［49］《毛泽东传》第6册，中央文献出版社2011年版，第2360页。

[50]《毛泽东年谱（1949—1976）》第5卷，中央文献出版社2013年版，第221页。

[51]《毛泽东年谱（1949—1976）》第5卷，中央文献出版社2013年版，第329页。

[52]《毛泽东年谱（1949—1976）》第4卷，中央文献出版社2013年版，第299页。毛泽东曾说："公是对私来说的，私是对公来说的。公和私是对立的统一，不能有公无私，也不能有私无公。我们历来讲公私兼顾，早就说过没有什么大公无私，又说过先公后私。"

[53]《关于赫鲁晓夫的假共产主义及其在世界历史上的教训——九评苏共中央的公开信》，人民出版社1964年版，第25页。

[54]《毛泽东年谱（1949—1976）》第3卷，中央文献出版社2013年版，第249页。

[55]《毛泽东传》第6册，中央文献出版社2011年版，第2499页。

[56]《习近平总书记重要讲话文章选编》，中央文献出版社2016年版，第232页。

[57]《毛泽东年谱（1949—1976）》第6卷，中央文献出版社2013年版，第207页。

[58]《马克思恩格斯著作选读》第1卷，人民出版社2012年版，第139页。

[59]《列宁选集》第3卷，人民出版社2012年版，第770页。

[60]《毛泽东年谱（1949—1976）》第5卷，中央文献出版2013年版，第270页。

[61]《毛泽东年谱（1949—1976）》第3卷，中央文献出版社2013年版，第249页。

[62]《家庭、私有制和国家的起源》，人民出版社2018年版，第189页。

[63]孙越生：《官僚主义的起源和元模式》，福建教育出版社2012年版，第1页。

[64]《家庭、私有制和国家的起源》，人民出版社2018年版，第191页。

[65]孙越生：《官僚主义的起源和元模式》，福建教育出版社2012年版，第81页。

[66]《明史纪事本末》第4册，中华书局2015年版，第1382页。

[67]《二十五史》编委会：《二十五史》（简体标点本）卷十五，中国文史出版社2002年版，第1404页。

[68]吴蔚：《1644：中国式王朝兴替》，陕西师范大学出版社2005年版，第

282—283页。

[69] 孙越生：《官僚主义的起源和元模式》，福建教育出版社2012年版，第81—82页。

[70] 张养浩词《山坡羊·潼关怀古》。

[71] 孙越生：《官僚主义的起源和元模式》，福建教育出版社2012年版，第80页。

[72]《共产党宣言》（纪念版），人民出版社2018年版，第41—51页。

[73]《马克思恩格斯选集》第3卷，人民出版社2012年版，第1003页。

[74]《马克思恩格斯选集》第2卷，人民出版社2012年版，第3页。

[75]《马克思恩格斯选集》第3卷，人民出版社2012年版，第812页。

[76]《斯大林全集》第6卷，人民出版社1956年版，第42页。《悼列宁——一九二四年一月二十六日全苏苏维埃第二次代表大会上的演说》的开头就说“同志们!我们共产党人是具有特殊性格的人，我们是由特殊材料制成的。伟大的无产阶级战略家的军队，列宁同志的军队，就是由我们这些人组成的”。

[77]《马克思恩格斯选集》第3卷，人民出版社2012年版，第669页。

[78]《列宁全集》第8卷，人民出版社1986年版，第363页。

[79]《列宁全集》第34卷，人民出版社1985年版，第184页。

[80]《列宁全集》第36卷，人民出版社1985年版，第408页。

[81]《列宁全集》第43卷，人民出版社1987年版，第14页。

[82]《列宁全集》第52卷，人民出版社1988年版，第300页。

[83]《列宁全集》第41卷，人民出版社1986年版，第376页。

[84]《列宁全集》第50卷，人民出版社1988年版，第330—333页。

[85]《列宁全集》第50卷，人民出版社1988年版，第330页。

[86] 李永忠、董瑛：《苏共亡党之谜——从权力结构之伤到用人体制之亡》，商务印书馆2012年版，第269页。

[87] 李永忠、董瑛：《苏共亡党之谜——从权力结构之伤到用人体制之亡》，商务印书馆2012年版，第281页。

[88]［俄］尼·雷日科夫：《大动荡的十年》，中央编译出版社2006年版，第289页。

[89] 李永忠、董瑛：《苏共亡党之谜——从权力结构之伤到用人体制之亡》，商务印书馆2012年版，第269页。

[90]《毛泽东年谱（1949—1976）》第5卷，中央文献出版社2013年版，第434页。

[91] 语出《韩非子·喻者》中的《扁鹊见蔡桓公》一文。

[92]《毛泽东年谱（1949—1976）》第5卷，中央文献出版社2013年版，第435页。

[93]《毛泽东诗词集》，中央文献出版社1996年版，第149—150页。

[94]《毛泽东诗词集》，中央文献出版社1996年版，第212—213页。

[95] 黄相怀等：《不忘初心：中国共产党为什么能永葆朝气》，中国人民大学出版社2016年版，第58—59页。毛泽东在不同历史时期对人民群众作用地位的五个形象比喻。

[96]《毛泽东年谱（1949—1976）》第5卷，中央文献出版社2013年版，第536页。

[97]《毛泽东年谱（1949—1976）》第5卷，中央文献出版社2013年版，第555—556页。

[98]《毛泽东年谱（1949—1976）》第5卷，中央文献出版社2013年版，第583页。

[99]《毛泽东年谱（1949—1976）》第5卷，中央文献出版社2013年版，第601页。

[100]《毛泽东年谱（1949—1976）》第6卷，中央文献出版社2013年版，第146页。

[101]《毛泽东年谱（1949—1976）》第6卷，中央文献出版社2013年版，第110页。

[102]《毛泽东年谱（1949—1976）》第6卷，中央文献出版社2013年版，第111页。

[103]《毛泽东年谱（1949—1976）》第5卷，中央文献出版社2013年版，第597页。

[104]《毛泽东诗词集》，中央文献出版社1996年版，第217页。

[105] 孙越生：《官僚主义的起源和元模式》，福建教育出版社2012年版，第7页。

[106] 董一冰：《刘少奇社会主义思想研究》，中共党史出版社2007年版，第164页。

[107]《毛泽东年谱（1949—1976）》第5卷，中央文献出版社2013年版，第320页。

[108] 这个通知后来通称为《五·一六通知》，系1966年5月16日由中共中央政治局扩大会议通过，是毛泽东发动“文化大革命”的纲领性文件。通知主要内容

自当年6月1日起经由《人民日报》的多篇社论发表后流传全国，次年5月17日在《人民日报》全文发表。

[109]《毛泽东年谱（1949—1976）》第5卷，中央文献出版社2013年版，第611页。

[110] 从维熙:《走向混沌》，作家出版社2012年版，第29页。

[111] 从维熙:《走向混沌》，作家出版社2012年版，第110页。

[112]《毛泽东年谱（1949—1976）》第6卷，中央文献出版社2013年版，第459页。

[113]《毛泽东年谱（1949—1976）》第6卷，中央文献出版社2013年版，第649页。

[114]《邓小平文选》第2卷，人民出版社1994年版，第298页。

[115]《人民日报》1981年4月11日。

[116]《毛泽东年谱（1949—1976）》第5卷，中央文献出版社2013年版，第79页。

[117]《毛泽东年谱（1949—1976）》第5卷，中央文献出版社2013年版，第552页。

[118] 曹锦清:《黄河边的中国：一个学者对乡村社会的观察与思考》，上海文艺出版社2000年版，第768页。

[119] 习近平:《对发展社会主义市场经济的再认识》，《东南学术》2001年第4期。

[120]《习近平总书记重要讲话文章选编》，中央文献出版社、党建读物出版社2016年版，第154—155页。

第七章

[1]《毛泽东文集》第8卷，人民出版社1999年版，第393页。

[2]《毛泽东年谱（1949—1976）》第6卷，中央文献出版社2013年版，第458页。

[3]《毛泽东年谱（1949—1976）》第6卷，中央文献出版社2013年版，第456页。

[4]《毛泽东年谱（1949—1976）》第6卷，中央文献出版社2013年版，第405页。

[5]《毛泽东年谱（1949—1976）》第6卷，中央文献出版社2013年版，第

514、515页。

［6］《毛泽东年谱（1949—1976）》第6卷，中央文献出版社2013年版，第479页。

［7］《毛泽东年谱（1949—1976）》第6卷，中央文献出版社2013年版，第479页。

［8］《毛泽东年谱（1949—1976）》第6卷，中央文献出版社2013年版，第488页。

［9］《十批判书》是郭沫若关于先秦思想史的著作。写于1943—1945年，由《古代研究的自我批判》《孔墨的批判》《儒家八派的批判》《稷下黄老学派的批判》《庄子的批判》《荀子的批判》《名辩思潮的批判》《前期法家的批判》《韩非子的批判》《吕不韦与秦王政的批判》10篇文章集成。

［10］《毛泽东年谱（1949—1976）》第6卷，中央文献出版社2013年版，第485页。

［11］《毛泽东年谱（1949—1976）》第6卷，中央文献出版社2013年版，第523、555页。

［12］《毛泽东传（1949—1976）》下册，中央文献出版社2003年版，第1390页。

［13］《毛泽东年谱（1949—1976）》第6卷，中央文献出版社2013年版，第540页。

［14］《毛泽东传（1949—1976）》下册，中央文献出版社2003年版，第1697页。

［15］《毛泽东传》第6册，中央文献出版社2011年版，第2463页。

［16］《毛泽东传》第6册，中央文献出版社2011年版，第2464页。

［17］《毛泽东年谱（1893—1949）》（修订本）上卷，中央文献出版社2013年版，第41页。

［18］语出敦诚诗《寄怀曹雪芹》。

［19］《马克思恩格斯选集》第1卷，人民出版社2012年版，第421页。

［20］《毛泽东选集》第2卷，人民出版社1991年版，第660页。

［21］［英］泰勒：《原始文化》，浙江人民出版社1988年版，第1页。

［22］《礼记·大学》。

［23］曹操诗《龟虽寿》。

［24］《毛泽东年谱（1949—1976）》第5卷，中央文献出版社2013年版，第153页。

[25]［美］林毓生：《中国意识的危机》，贵州人民出版社1986年版，第3页。

[26]《毛泽东选集》第2卷，人民出版社1991年版，第663页。

[27]宋婕：《中国革命的现代变奏——毛泽东思想研究》，社会科学文献出版社2015年版，第224页。

[28]你晓得“哪一天修正主义占领北京？现在这些拥护我们的人摇身一变，就可以变成修正主义。这是第一种可能。第二种可能是部分分化”。这是1966年5月5日毛泽东在接见谢胡率领的阿尔巴尼亚党政代表团时提出的。

[29]《毛泽东年谱（1949—1976）》第5卷，中央文献出版社2013年版，第584页。

[30]吴建国、陈先奎、刘晓、杨凤城：《当代中国意识形态风云录》，警官教育出版社1993年版，第285页。

[31]《毛泽东年谱（1949—1976）》第6卷，中央文献出版社2013年版，第137页。

[32]《马克思恩格斯选集》第1卷，人民出版社2012年版，第11页。

[33]《史记·郦生陆贾列传》。

[34]林聪舜：《儒学与汉帝国意识形态》，上海人民出版社2017年版，第67—68页。

[35]《春秋·穀梁传》。

[36]陆贾《新语》。

[37]林聪舜：《儒学与汉帝国意识形态》，上海人民出版社2017年版，第73—74页。

[38]林聪舜：《儒学与汉帝国意识形态》，上海人民出版社2017年版，第66页。

[39]张宏毅等：《意识形态与美国对苏联和中国的政策》，人民出版社2011年版，第427页。

[40]《毛泽东年谱（1949—1976）》第4卷，中央文献出版社2013年版，第247页。

[41]范树成：《国外意识形态新变化对中国的影响及其对策研究》，社会科学文献出版社2017年版，第9页。

[42]《毛泽东文集》第8卷，人民出版社1999年版，第301—302页。

[43]《毛泽东年谱（1949—1976）》第4卷，中央文献出版社2013年版，第511页。

[44]《毛泽东文集》第8卷，人民出版社1999年版，第228—229页。

[45]《马克思恩格斯选集》第4卷，人民出版社2012年版，第536页。

[46]《马克思恩格斯选集》第3卷，人民出版社2012年版，第739页。

[47]《习近平总书记重要讲话文章选编》，中央文献出版社、党建读物出版社2016年版，第230页。

[48]杨度：《“游学译编”序》，《游学译编》1902年11月第1期。

[49]《〈毛泽东文集〉与毛泽东思想》，人民出版社2002年版，第198页。

[50]《毛泽东文集》第7卷，人民出版社1999年版，第215—231页。

[51]《毛泽东年谱（1949—1976）》第4卷，中央文献出版社2013年版，第232页。

[52]《毛泽东年谱（1949—1976）》第4卷，中央文献出版社2013年版，第238—239页。

[53]《毛泽东年谱（1949—1976）》第4卷，中央文献出版社2013年版，第38页。

[54]《毛泽东年谱（1949—1976）》第4卷，中央文献出版社2013年版，第529页。

[55]《中共党史重大事件述实》（增补本），人民出版社2008年版，第154—155页。

[56]《毛泽东文集》第8卷，人民出版社1999年版，第358—359页。

[57]《毛泽东诗词集》，中央文献出版社1996年版，第124页。

[58]中央党校采访实录编辑室：《习近平的七年知青岁月》，中共中央党校出版社2017年版，第432页。

[59]《毛泽东传》第6册，中央文献出版社2011年版，第2400页。

[60]《马克思恩格斯选集》第1卷，人民出版社2012年版，第9—10页。

[61]《毛泽东年谱（1949—1976）》第5卷，中央文献出版社2013年版，第597—598页。

[62]《毛泽东年谱（1949—1976）》第6卷，中央文献出版社2013年版，第176页。

[63]中央党校采访实录编辑室：《习近平的七年知青岁月》，中共中央党校出版社2017年版，第429页。

[64]中央党校采访实录编辑室：《习近平的七年知青岁月》，中共中央党校出版社2017年版，第450页。

[65]《习近平谈治国理政》第二卷，外文出版社2017年版，第238页。

[66]《习近平谈治国理政》第一卷，外文出版社2018年版，第163页。

[67]葛剑雄：《统一与分裂：中国历史的启示》，商务印书馆2013年版，第

7页。

［68］刘仲敬：《经与史：华夏世界的历史建构》，广西师范大学出版社2015年版，第164页。

［69］《晋书·宣帝纪》。

［70］《毛泽东传》第2册，中央文献出版社2011年版，第559页。

［71］《毛泽东年谱（1949—1976）》第1卷，中央文献出版社2013年版，第230页。1950年10月27日，毛泽东在中南海与周世钊等谈及出兵入朝决策时说美国“比日本搞得更凶。它要把三把尖刀插在我们的身上，从朝鲜一把刀插在我们的头上，以台湾一把刀插在我们的腰上，把越南一把刀插在我们的脚上。天下有变，它就从三方面向我们进攻，那我们就被动了。我们抗美援朝就是不许它的如意算盘得逞。‘打得一拳开，免得百拳来。’我们抗美援朝，就是保家卫国”。

［72］《习近平谈治国理政》第一卷，外文出版社2018年版，第164页。

［73］《左传·襄公二十七年》。

［74］鲁迅：《鲁迅小说全集》，北京燕山出版社2009年版，第9页。

［75］《毛泽东年谱（1949—1976）》第6卷，中央文献出版社2013年版，第295页。

［76］习近平：《决胜全面建成小康社会 夺取新时代中国特色社会主义伟大胜利》，人民出版社2017年版，第1页。

［77］《习近平谈治国理政》第一卷，外文出版社2018年版，第6页。

第八章

［1］《毛泽东传》第5册，中央文献出版社2011年版，第2254页。

［2］《毛泽东年谱（1949—1976）》第6卷，中央文献出版社2013年版，第523页。

［3］《毛泽东年谱（1949—1976）》第6卷，中央文献出版社2013年版，第527页。

［4］《毛泽东年谱（1949—1976）》第6卷，中央文献出版社2013年版，第528—529页。

［5］《毛泽东选集》第2卷，人民出版社1991年版，第764页。

［6］《论语·述而》。

［7］《论语·泰伯》。

［8］《左传·昭公元年》。

[9] 唐晓峰：《从混沌到秩序——中国上古地理思想史述论》，中华书局2010年版，第50页。

[10]《论语·泰伯》。

[11] 何尊铭文。

[12] 唐晓峰：《从混沌到秩序——中国上古地理思想史述论》，中华书局2010年版，第209页。

[13] 唐晓峰：《从混沌到秩序——中国上古地理思想史述论》，中华书局2010年版，第297页。

[14] 牛军：《冷战与新中国外交的缘起（1949—1955）》，社会科学文献出版社2012年版，第40页。

[15]《毛泽东军事文集》第2卷，军事科学出版社、中央文献出版社1993年版，第567页。

[16] 牛军：《冷战与新中国外交的缘起（1949—1955）》，社会科学文献出版社2012年版，第55页。

[17]《建党以来重要文献选编（1921—1949）》第21册，中央文献出版社2011年版，第474页。

[18]《毛泽东年谱（1893—1949）》（修订本）中册，中央文献出版社2013年版，第552—553页。

[19] 牛军：《冷战与新中国外交的缘起（1949—1955）》，社会科学文献出版社2012年版，第76页。

[20]《毛泽东选集》第3卷，人民出版社1991年版，第1102页。

[21] 胡乔木：《胡乔木回忆毛泽东》，人民出版社1994年版，第394页。

[22]《毛泽东传》第2册，中央文献出版社2011年版，第780页。

[23]《毛泽东选集》第4卷，人民出版社1991年版，第1195页。

[24]《毛泽东选集》第4卷，人民出版社1991年版，第1132页。

[25]《毛泽东选集》第4卷，人民出版社1991年版，第1434页。

[26]《毛泽东选集》第4卷，人民出版社1991年版，第1435页。

[27]［美］埃德加·斯诺：《西行漫记》，东方出版社2010年版，第125—126页。

[28]《建党以来重要文献选编（1921—1949）》第1册，中央文献出版社2011年版，第121—122页。

[29]《宋史纪事本末》，中华书局2015年版，第34页。

[30] 牛军：《冷战与新中国外交的缘起（1949—1955）》，社会科学文献出版社

2012年版，第77页。

[31] 师哲口述，李海文整理：《中苏关系见证录》，当代中国出版社2005年版，第22—23页。

[32] 师哲口述，李海文整理：《中苏关系见证录》，当代中国出版社2005年版，第22页。

[33]《毛泽东传》第2册，中央文献出版社2011年版，第544页。

[34]《红楼梦》中兴儿描述王熙凤语。

[35] 1954年3月，美国主导第十次美洲国家组织会议批准的《加拉加斯声明》宣称，国际共产主义运动对任何美洲国家政治机构的支配和控制，以及把外大陆国家的政治体系延伸至本大陆，都是对美洲国家主权和政治独立的威胁，将使美洲的和平面临危险。这实际上就是将美洲视为美国的美洲。

[36]《毛泽东著作专题摘编》上，中央文献出版社2003年版，第1133页。

[37]《毛泽东年谱（1949—1976）》第5卷，中央文献出版社2013年版，第536页。

[38]《毛泽东年谱（1893—1949）》（修订本）下册，中央文献出版社2013年版，第275页。

[39]［巴西］路易斯·阿尔贝托·莫尼斯·班代拉：《美帝国的形成：从美西战争到伊拉克战争》（第3版），中国人民大学出版社2013年版，第94页。

[40]［巴西］路易斯·阿尔贝托·莫尼斯·班代拉：《美帝国的形成：从美西战争到伊拉克战争》（第3版），中国人民大学出版社2013年版，第114页。

[41]［巴西］路易斯·阿尔贝托·莫尼斯·班代拉：《美帝国的形成：从美西战争到伊拉克战争》（第3版），中国人民大学出版社2013年版，第115页。

[42]《左传·闵公元年》。

[43] 牛军：《冷战与新中国外交的缘起（1949—1955）》，社会科学文献出版社2012年版，第233页。

[44]《毛泽东传》第3册，中央文献出版社2011年版，第1084页。

[45] 牛军：《冷战与新中国外交的缘起（1949—1955）》，社会科学文献出版社2012年版，第248页。

[46]《毛泽东年谱（1949—1976）》第2卷，中央文献出版社2013年版，第255、256页。

[47]《毛泽东年谱（1949—1976）》第2卷，中央文献出版社2013年版，第256—257页。

[48]《毛泽东年谱（1949—1976）》第2卷，中央文献出版社2013年版，第

272、273页。

[49]《周恩来年谱（1949—1976）》上卷，中央文献出版社1997年版，第420页。

[50]《毛泽东年谱（1949—1976）》第2卷，中央文献出版社2013年版，第256页。

[51]《毛泽东年谱（1949—1976）》第2卷，中央文献出版社2013年版，第338页。

[52][巴西]路易斯·阿尔贝托·莫尼斯·班代拉：《美帝国的形成：从美西战争到伊拉克战争》（第3版），中国人民大学出版社2013年版，第118页。

[53]《毛泽东年谱（1949—1976）》第3卷，中央文献出版社2013年版，第251页。

[54]语出《韩诗外传》卷九。

[55]《毛泽东年谱（1949—1976）》第3卷，中央文献出版社2013年版，第420页。

[56]《毛泽东年谱（1949—1976）》第3卷，中央文献出版社2013年版，第456、457页。

[57]《毛泽东年谱（1949—1976）》第3卷，中央文献出版社2013年版，第476、477页。

[58][美]诺曼·里奇：《大国外交：从第一次世界大战至今》，中国人民大学出版社2015年版，第295页。

[59]《毛泽东年谱（1949—1976）》第3卷，中央文献出版社2013年版，第411页。

[60]僧人释印肃诗《赞三宝》。

[61][美]诺曼·里奇：《大国外交：从第一次世界大战至今》，中国人民大学出版社2015年版，第295页。

[62][美]诺曼·里奇：《大国外交：从第一次世界大战至今》，中国人民大学出版社2015年版，第324页。

[63][美]诺曼·里奇：《大国外交：从第一次世界大战至今》，中国人民大学出版社2015年版，第325页。

[64]《毛泽东年谱（1949—1976）》第5卷，中央文献出版社2013年版，第165页。

[65]《毛泽东年谱（1949—1976）》第5卷，中央文献出版社2013年版，第163页。

[66] 师哲口述，李海文整理：《中苏关系见证录》，当代中国出版社2005年版，第203页。

[67] 吴冷西：《十年论战（1956—1966）》上，中央文献出版社1999年版，第231—234页。

[68]《毛泽东年谱（1949—1976）》第5卷，中央文献出版社2013年版，第363页。

[69]《毛泽东年谱（1949—1976）》第3卷，中央文献出版社2013年版，第429页。

[70] 语出毛泽东诗《七律·改鲁迅诗》。

[71] [美] 诺曼·里奇：《大国外交：从第一次世界大战至今》，中国人民大学出版社2015年版，第331、332页。

[72] [美] 诺曼·里奇：《大国外交：从第一次世界大战至今》，中国人民大学出版社2015年版，第343页。

[73]《毛泽东年谱（1949—1976）》第6卷，中央文献出版社2013年版，第422页。

[74] [美] 诺曼·里奇：《大国外交：从第一次世界大战至今》，中国人民大学出版社2015年版，第344页。

[75]《毛泽东年谱（1949—1976）》第6卷，中央文献出版社2013年版，第533页。

[76] 按照约瑟夫·奈的定义，“软实力”作为国家综合国力的重要组成部分，特指一个国家依靠政治制度的吸引力、文化价值的感召力和国民形象的亲和力等释放出来的无形影响力。“软实力”主要包括以下几种内容：一是文化的吸引力和感染力；二是意识形态和政治价值观的吸引力；三是外交政策的道义和正当性；四是处理国家间关系时的亲和力。五是发展道路和制度模式的吸引力；六是对国际规范、国际标准和国际机制的导向、制定和控制能力；七是国际舆论对一国国际形象的赞赏和认可程度。

[77] 张宏毅等：《意识形态与美国对苏联和中国的政策》，人民出版社2011年版，第342页。

[78]《毛泽东年谱（1949—1976）》第4卷，中央文献出版社2013年版，第245—247页。

[79]《邓小平文选》第3卷，人民出版社1993年版，第302页。

[80]《邓小平文选》第3卷，人民出版社1993年版，第348页。

[81]《毛泽东传》第1册，中央文献出版社2011年版，第50、51页。

［82］《毛泽东年谱（1949—1976）》第6卷，中央文献出版社2013年版，第533—534页。

［83］潘维：《信仰人民——中国共产党与中国政治传统》，中国人民大学出版社2017年版，第87页。

结束语

［1］《孙子兵法·地形》。

［2］毛泽东《满江红·和郭沫若同志》。

［3］语出《红楼梦》中《葬花吟》。

［4］《马克思恩格斯选集》第3卷，人民出版社2012年版，第1004页。

［5］《毛泽东传》第2册，中央文献出版社2011年版，第729页。

［6］《毛泽东传》第2册，中央文献出版社2011年版，第729页。

［7］《毛泽东选集》第4卷，人民出版社1991年版，第1438—1439页。

［8］《毛泽东年谱（1949—1976）》第3卷，中央文献出版社2013年版，第34页。

［9］《毛泽东年谱（1949—1976）》第6卷，中央文献出版社2013年版，第649页。

［10］语出汉代无名氏《古诗十九首·生年不满百》。

［11］语出唐代刘长卿诗《杂咏八首上礼部李侍郎·幽琴》。

［12］习近平：《决胜全面建成小康社会　夺取新时代中国特色社会主义伟大胜利》，人民出版社2017年版，第15页。

［13］《马克思恩格斯文集》第10卷，人民出版社2009年版，第354页。

［14］金一南：《中国共产党是最大的成功学！靠的是韧性而非任性!》，http：//www.sohu.com/a/135202786_693064。

［15］［美］沈大伟：《中国共产党：收缩与调适》，中央编译出版社2012年版，第236页。

［16］《毛泽东年谱（1949—1976）》第5卷，中央文献出版社2013年版，第373页。

［17］习近平：《决胜全面建成小康社会　夺取新时代中国特色社会主义伟大胜利》，人民出版社2017年版，第1页。

［18］《毛泽东选集》第4卷，人民出版社1991年版，第1375页。

［19］《毛泽东选集》第4卷，人民出版社1991年版，第1378页。

[20]《毛泽东选集》第4卷，人民出版社1991年版，第1374页。

[21]《马克思恩格斯文集》第10卷，人民出版社2009年版，第592—593页。

[22]《马列著作毛泽东著作选读》(党的学说部分)，人民出版社1978年版，第475—476页。

[23]《毛泽东著作选读》下册，人民出版社1986年版，第763页。

[24]《毛泽东文集》第3卷，人民出版社1996年版，第385页。

[25]《毛泽东选集》第3卷，人民出版社1991年版，第828页。

[26]《毛泽东文集》第2卷，人民出版社1993年版，第39页。

[27]《毛泽东传》第3册，中央文献出版社2011年版，第1179—1180页。

[28]《毛泽东年谱（1949—1976）》第1卷，中央文献出版社2013年版，第461页。

[29]《毛泽东选集》第3卷，人民出版社1991年版，第1094页。

[30]《毛泽东年谱（1949—1976）》第5卷，中央文献出版社2013年版，第363页。

[31]《毛泽东年谱（1949—1976）》第5卷，中央文献出版社2013年版，第372页。

[32]《毛泽东年谱（1949—1976）》第6卷，中央文献出版社2013年版，第73页。

[33]《毛泽东年谱（1949—1976）》第6卷，中央文献出版社2013年版，第87页。

[34] 习近平:《我是黄土地的儿子》,《政策》2018年第2期。

[35]《邓小平文选》第3卷，人民出版社1993年版，第325页。

[36]《邓小平文选》第3卷，人民出版社1993年版，第380页。

[37]《江泽民文选》第3卷，人民出版社2006年版，第42、43页。

[38] 习近平:《决胜全面建成小康社会　夺取新时代中国特色社会主义伟大胜利》，人民出版社2017年版，第15页。

[39]《毛泽东选集》第1卷，人民出版社1991年版，第296—297页。

[40] 出自清代戏曲家孔尚任所作《桃花扇》中的唱词，为套曲《哀江南》中的第七段，曲牌是“离亭宴带歇指煞”。

[41]《中国共产党第十九次全国代表大会文件汇编》，人民出版社2017年版，第136页。

[42]《中国共产党第十九次全国代表大会文件汇编》，人民出版社2017年版，第127页。

［43］习近平：《决胜全面建成小康社会　夺取新时代中国特色社会主义伟大胜利》，人民出版社2017年版，第8页。

［44］习近平：《在纪念毛泽东同志诞辰120周年座谈会上的讲话》，人民出版社2013年版，第11页。

［45］《中国共产党第十九次全国代表大会文件汇编》，人民出版社2017年版，第55、49页。

［46］《十八大以来重要文献选编》上卷，中央文献出版社2014年版，第109页。

［47］习近平：《以时不我待只争朝夕的精神投入工作，开创新时代中国特色社会主义事业新局面》，《人民日报》2018年1月6日。

［48］《习近平总书记重要讲话文章选编》，中央文献出版社、党建读物出版社2016年版，第156页。

后　记

党的十八大以来，习近平总书记多次强调，历史、现实、未来是相通的，并不断提醒全党同志要认真思考：我们是谁、我们从哪里来、我们要到哪里去等根本性问题。2017年，我奉命在中共中央党校学习一年，东风解枝、落红化泥，师长鞭策、笔记积淀，原本只是认真听课、好好读书的小愿想，竟然拔升为从毛泽东同志领导革命和建设绝处逢生、柳暗花明的那段血泪奋斗史中感悟哲理、把握方向、学习方法的大愿想。“三杯吐然诺，五岳倒为轻”，才思不足如我者，以李白诗句相勉，一年初稿、一年修改、一年送审，这本《一山放出一山拦》竟然能够付之梨枣，手抚浙江人民出版社送来的校样，有几句感谢的话和几分不安的心，总要一吐为快。

这本书的初稿，基本上是在中共中央党校学习期间完成的。愿想乍起的那个初夏时节，为敲定规模、搭建框架，我周末每每往返于大有庄和清华园，在顶尖学府的花草林木和亭台阁榭间徜徉冥思、寻问知音。清华大学公共管理学院的梅赐琪老师远比我年轻，却是我硕士论文的指导教授，他熟悉我的文风思路，鼓励热忱、批评中肯。水木清华，亦师亦友，文章切磋，白水清茶，间或一壶浊酒，好不快哉！

这本书的初稿十分粗疏，北京大学习近平新时代中国特色社会主义思想研究院副院长韩毓海教授不弃后进，仔细审读，为后期修改敲黑板、划重点。更为难得的是，韩老师还力邀原中央文献研究室副主任陈晋老师点评推荐，并和陈晋老师分别为本书作序。我是陈晋老师和韩毓海老师系列作品的忠实读者，增见识、受启迪，获益良多，大家肯定是殷切勉励，让人仰望动容。韩毓海老师作序饱含深情，升华性地概括了本书主题：

《红楼梦》讲的，不是哪一朝哪一代的故事，它讲的其实是一个简单的道理：前辈爬冰卧雪、茹毛饮血、一次次从死人堆里爬出来，啃草根、吃树皮、喝马尿，拽着马尾巴，在刀山火海里九死一生打出的江山，由于后人的不争气，被轻而易举地败坏了。

这就是因为他们忘记了“枪杆子里面出政权”的道理，忘记了“艰苦奋斗”的道理，忘记了“枪可以杀人”的道理，他们被胜利冲昏了头脑，从而不能冷静地反思自己并观察周边残酷的世界，他们把自己关在“大观园”里，看不到“谁是我们的朋友，谁是我们的敌人”，而是骄奢淫逸、尔虞我诈、安富尊荣，他们在“大观园”里泯灭了初心，自己消灭了自己，同时也背叛并消灭了自己前人的事业。

这是极为残酷的故事，这是常人不以为是悲剧的大悲剧，这不是哪朝哪代的故事，因为这就是中国的历史——二十五史和《资治通鉴》很长，但总起来说，讲的就是这样同一个故事。

因此，毛泽东同志才说，中国两千多年，只有一本《红楼梦》。

这些话，体现着韩毓海老师对毛泽东同志和《红楼梦》理解的政治高度、历史深度，这本书可能反映出这样的意思，但以我之能无论如何也提炼不出如此精到深邃的观点，方家概括如醍醐灌顶，值得反复品味。

站在这样的高度，韩老师将本书推荐给浙江人民出版社总编辑虞文军老师。虞老师与我素昧平生，这次因书结缘，他亲自担负起本书的责任编辑工作，认真审读书稿，一次次提出编审修改意见，并往返杭州、北京送审报批。虞老师与我联系沟通相关事宜，基本上都是周末休息时间，他的热情和敬业精神让人感动、他的敏锐和专业素养让人敬佩。我是一名菜鸟作者，写作缺乏规范，特别是在引文出处的权威性、版本的统一性和文字的准确性等方面问题多多，给一线编辑们造成不少困扰。2020年春节，新冠肺炎疫情肆虐，虞老师防疫不忘工作，几乎将整个延长后的春节假期用于审校引文、尾注，梳妆之细、磨镜之诚，常使我在汗颜之余，警戒自己以后当认真些才是。

这本书的出版，要感谢的人还有很多，中共中央党校、中央党史和文献研究院、浙江人民出版社的老师们，我的相关同学和朋友们。当然，特别要感谢老一代革命者，本书从选题、立意到文字，都浸透着师长的心血，没有他的精心指导，就没有这本书。

颜回称颂孔子说："仰之弥高，钻之弥坚，瞻之在前，忽焉在后。"这话也可用来形容毛泽东同志和《红楼梦》。对于《红楼梦》，尽可见仁见智；对于毛泽东同志、毛泽东思想和那一代人的奋斗、奉献、牺牲，中共中央关于历史问题的两个决议是最高政治权威，我们根本没有资格论是非、道短长，唯有自问到底学习了多少、认识了多少、感悟了多少。从这个意义上讲，本书仍然是肤浅、片面的，有些地方还可能贻笑大方或让读者失望；再者，我虽抱有"为求一字稳，宁消半夜寒"的信念，但囿于水平见识，行文难免粗疏错谬。想到这些，总有几分不安。

特向读者请教。

慕芝群

2020年3月31日